FAZHIHUA
YINGSHANG HUANJING
JIANSHE DE
LILUN YU SHIJIAN

法治化
营商环境建设的
理论与实践

钱斌◎主编

法律出版社
LAW PRESS · CHINA
北京

图书在版编目(CIP)数据

法治化营商环境建设的理论与实践 / 钱斌主编. --
北京 : 法律出版社, 2023
ISBN 978 - 7 - 5197 - 8367 - 9

Ⅰ. ①法… Ⅱ. ①钱… Ⅲ. ①投资环境—社会主义法
治—研究—中国 Ⅳ. ①D922.294

中国国家版本馆 CIP 数据核字(2023)第 184302 号

法治化营商环境建设的理论与实践
FAZHIHUA YINGSHANG HUANJING
JIANSHE DE LILUN YU SHIJIAN

钱 斌 主编

责任编辑 冯雨春 李 军
装帧设计 鲍龙卉

出版发行 法律出版社
编辑统筹 法律应用出版分社
责任校对 王晓萍 王语童
责任印制 刘晓伟
经　　销 新华书店

开本 710 毫米×1000 毫米 1/16
印张 33.5 **字数** 667 千
版本 2023 年 10 月第 1 版
印次 2023 年 10 月第 1 次印刷
印刷 三河市兴达印务有限公司

地址:北京市丰台区莲花池西里 7 号(100073)
网址:www.lawpress.com.cn
投稿邮箱:info@lawpress.com.cn
举报盗版邮箱:jbwq@lawpress.com.cn
销售电话:010 - 83938349
客服电话:010 - 83938350
咨询电话:010 - 63939796

书号:ISBN 978 - 7 - 5197 - 8367 - 9
定价:128.00 元
凡购买本社图书,如有印装错误,我社负责退换。电话:010 - 83938349

编辑委员会

序

良好的营商环境是一个国家和地区软实力及核心竞争力的重要体现。党的十八大以来,习近平总书记高度重视优化营商环境工作,多次作出重要指示批示,指出“社会主义市场经济是信用经济、法治经济”“法治化营商环境最能聚人聚财、最有利于发展”,强调“法治是最好的营商环境”;在党的二十大报告中,习近平总书记在谈到“加快构建新发展格局,着力推动高质量发展”时,再次强调要营造市场化、法治化、国际化一流营商环境。这些重要论述,深刻阐明了法治和营商环境的关系,法治既是改善营商环境的重要手段,也是营商环境的重要组成部分,为新时代新征程做好优化法治化营商环境工作指明了正确方向、提供了根本遵循。

无锡是近代民族工商业的发祥地和现代乡镇工业的诞生地,城市基因中根植了重商、亲商、安商、惠商的优良传统。一直以来,无锡高度重视营商环境建设,提出擦亮“无难事、悉心办”品牌、打造最优营商环境城市目标,出台实施优化营商环境系列政策举措,包括法治环境在内的营商环境建设实现了关键性变化、突破性提升。

良好的营商环境离不开有力的司法保障。人民法院作为能够通过发挥审判职能作用,对经济社会活动进行最全面、最彻底司法保护的国家审判机关,既能惩治破坏市场规则、损害市场主体权益的违法犯罪行为,又能维护市场交易公平公正,还能纠正不当行政行为等,是营造良好法治化营商环境的“主力军”。持续优化法治化营商环境对于破解发展“瓶颈”、整合发展要素、激活发展潜力、营造发展环境具有重大而现实的意义,是一项极具基础性和牵引性的工作,是人民法院能动司法服务大局的重要载体,也是提升人民法院工作水平的重要方面。

近年来,无锡法院坚持以习近平新时代中国特色社会主义思想为指导,深学笃行习近平法治思想,始终把营造最优法治化营商环境作为抓实"公正与效率"的头等大事,做深做实能动司法,牢固树立"人人都是营商环境、案案都是营商环境、事事关乎营商环境"的理念,以强化"用户思维"、提升"用户体验"为关键点,紧紧围绕市场主体需求精准施策,推动形成"尊重企业家、学习企业家、服务企业家"的良好氛围,努力让法治成为打造最优营商环境城市的"最硬内核"。无锡法院持续开展"法护营商促发展"深化行动,先后出台优化法治化营商环境行动方案1.0至5.0版,设立无锡知识产权法庭、无锡国际商事法庭等专业化法庭,实施了一系列优化法治化营商环境的硬核举措,创新了一系列特色鲜明的制度机制,打造了优化法治化营商环境的"无锡经验"。

为深入总结无锡法院优化法治化营商环境建设的理论成果和实践经验、展现法院能动司法服务大局的担当作为和创新举措、探索法院推进营商环境建设的新思路和新路径,我们组织编写了《法治化营商环境建设的理论与实践》一书。本书立足无锡法院实践,全面展示法院优化营商环境建设的改革探索与创新经验,系统研究法治化营商环境建设中的前沿、热点、难点问题。本书正文分成理论篇、实践篇与案例篇三部分。理论篇分为营商环境评估与营商环境建设问题研究、司法服务保障营商环境问题研究、产权司法保护问题研究、府院联动与区域一体化协作机制问题研究四大主题,选编了一批体现理论与实践深度融合的主题论文、调研报告;实践篇与案例篇选录了一批彰显探索性、创新性的改革创新举措、典型司法案例和特色制度机制,力求成为兼具理论性与工具性的营商环境建设参考用书。

本书编写时间紧、任务重,囿于精力和水平所限,书中难免存在疏漏和不妥之处,敬请各位读者批评指正。

是为序。

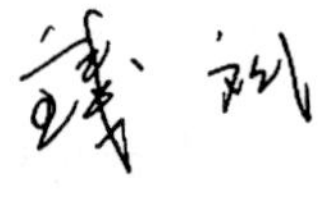

2023年8月10日

目录

上篇　法治化营商环境建设理论

中篇 法治化营商环境建设实践

第 5 章 创新联动机制

第 6 章 智慧法院建设

第 7 章 审判创新工作

第 8 章　多元解纷机制

下篇　优化营商环境典型案例

附录一　优化营商环境特色制度

附录二 优化法治化营商环境大事记

附录三 媒体报道

上篇

法治化营商环境建设理论

第 1 章 营商环境评估与营商环境建设问题研究

营商环境司法评价指标体系的构建

——基于无锡法院司法实践的考察

钱 斌*

摘 要:法治是最好的营商环境。当前,法治化营商环境建设在一定程度上存在抽象化、分散化、碎片化发展的问题,缺乏整体统筹和体系化。构建营商环境司法评价指标体系是解决这一问题的有益探索,通过设计若干具有逻辑性和体系化的指标,将抽象的内涵转化为具体的内容,从而进行可量化的评估,促进法治化营商环境优化。本部分内容立足无锡法院司法实践,创新提出了营商环境司法评价指标体系的构建思路及具体方案。在评价方法上,坚持以客观评价方法为核心,融合其他评价方法和手段;在评价内容上,准确把握人民法院审判职能定位,贯彻能动司法、联动协同理念,注重考虑市场主体司法需求和感受;在结果运用上,侧重发挥评价结果对营商环境建设的指引及参考作用。希冀为法治化营商环境评估提供有益经验。

---

* 钱斌,无锡市中级人民法院党组书记、院长,一级高级法官。

良好的营商环境是一个国家和地区软实力及核心竞争力的重要体现。党的十八大以来，以习近平同志为核心的党中央高度重视优化营商环境工作，强调“法治是最好的营商环境”。党的二十大报告要求“完善产权保护、市场准入、公平竞争、社会信用等市场经济基础制度，优化营商环境”“营造市场化、法治化、国际化一流营商环境”。这些重要论断深刻阐明了法治和营商环境的关系，明确了法治在优化营商环境中的基础性作用和本质属性，为人民法院充分发挥司法职能作用、优化法治化营商环境建设指明了努力方向、提供了根本遵循。

《人民法院第五个五年改革纲要（2019—2023）》（以下简称《人民法院五五改革纲要》）提出，要探索构建既符合我国国情又接轨国际标准的法治营商环境评价指标体系，并逐步在全国法院推广实施。指标体系通过将抽象的“法治化营商环境建设”转化为各职能部门责任和任务的具体指标，并将分散的指标根据法治和营商环境核心要义的内在逻辑进行有机整合，形成体系化。营商环境评价对于准确把握营商环境状况，推动营商环境持续优化具有重大现实价值。当前，法治化营商环境评估体系的构建和评估已进入实践探索阶段，个别省市开展相关探索工作，但目前全国尚未形成统一的法治化营商环境评估指标体系，且对营商环境司法水平的评价大多被嵌入笼统的整体性营商环境评价中，既不能准确科学刻画区域的营商环境司法水平，也无法彰显司法在营商环境建设工作中的地位和作用，制约了司法在优化营商环境建设中的效能发挥。为此，无锡法院坚持以习近平新时达中国特色社会主义思想为指导，深学笃行习近平法治思想，主动扛起“争当表率、争做示范、走在前列”职责使命，探索构建科学合理的营商环境司法评价指标体系，拟为法治化营商环境评估提供实践经验。

一、营商环境司法评价指标体系的构建价值

（一）践行习近平法治思想的根本要求

党的十八大以来，习近平总书记就优化营商环境作出一系列重要论述，提出“加快市场化改革，营造法治化营商环境”[①]“营造稳定公平透明、可预期的营

① 《习近平主持中共中央政治局第十九次集体学习并发表重要讲话》，载人民网2014年12月7日，http://politics.people.com.cn/n/2014/1207/c1024-26161390.html。

商环境"[①]"完善法治化、便利化、国际化的营商环境"[②]"法治是最好的营商环境"[③]等,始终将法治作为营商环境建设的核心要求。打造法治化营商环境有助于创造公平有序的市场竞争环境,激发市场主体的创造力,这是推动经济社会高质量发展的一项重要制度安排。同时,法治化营商环境的建设关涉法治国家、法治政府、法治社会一体建设的各领域、各方面,作为一项系统性工程,其对全面推进依法治国也有着重要的推动意义。[④] 习近平法治思想是全面依法治国的根本遵循和行动指南,该理论的提出完成了法治化营商环境思想理论的整合,更对营商环境法治化建设提供了理论和方法指导。

习近平法治思想指导下的法治化营商环境建设是深刻的实践命题。法治化营商环境建设要求共同推进科学立法、严格执法、公正司法、全民守法。司法是法治的重要环节,亦是法治化营商环境建设体系中必不可少的组成部分。司法是否公正决定了市场主体是否相信法律是公平正义的且法律是否有力量按照其自身逻辑产生相应作用。另外,司法过程中程序运行的规范、法治理念的彰显以及司法制度的创新也能形塑法治本身的公信力,营商环境司法指标体系的构建作为法治化营商环境建设工作中的重要组成部分,必须遵循习近平法治思想的理论逻辑,将习近平法治思想的核心要义转化为指标评价体系中的具体评估要求,并据此指引营商环境司法建设工作的推进。

(二)评价营商环境司法水平的现实需要

相较于抽象笼统的理论表述,量化的数据指标往往更能直观反映评价对象的真实情况。在营商环境评价领域,世界银行推出的评价指标体系因其可量化、可比较、可竞争、可改革等特征,受到世界各国的普遍关注,几乎成为唯一被

---

① 《习近平主持召开中央财经领导小组第十六次会议》,载中国政府网 2017 年 7 月 17 日,https://www.gov.cn/xinwen/2017-07/17/content_5211349.htm。

② 《习近平在庆祝海南建省办经济特区 30 周年大会上发表重要讲话》,载新华网 2018 年 4 月 13 日,http://www.xinhuanet.com/politics/2018-04/13/c_1122680106.htm。

③ 《习近平主持召开中央全面依法治国委员会第二次会议并发表重要讲话》,载中国政府网 2019 年 2 月 25 日,https://www.gov.cn/xinwen/2019-02/25/content_5368422.htm?tdsourcetag=s_pcqq_aiomsg。

④ 张清:《习近平"法治国家、法治政府、法治社会一体建设"法治思想论要》,载《法学》2022 年第 8 期。

广泛认可的营商环境评价指标。① 在过往多年世界银行发布的营商环境评价指标体系中,“执行合同”“办理破产”“保护中小投资者”三大指标与司法制度、司法环境紧密相关。近年来,国内各类机构推行的营商环境评价方案对司法环境的评估也大多围绕前述三大指标展开。

2022 年 12 月,世界银行发布全新的宜商环境(Business Enabling Environment)项目概念文件,并于 2023 年 2 月初发布了 2023 年度企业调查问卷,中国已被纳入第二批次测评范围。新的评价指标体系在原指标体系基础上,将“执行合同”指标修改为“争端解决”;删除了原指标体系中的“保护中小投资者”,新增了“市场竞争”指标;保留了原指标体系中的“办理破产”。其中,“争端解决”指标主要集中围绕人民法院的活动展开,特别注重考查商事纠纷解决的法规质量、公共服务及便利程度。“办理破产”指标则特别重视人民法院在破产中的作用,突出考查破产法院或破产法官的专业化程度、法庭数字化及信息公示化程度、通过司法程序执行破产的难易程度等。“市场竞争”指标与司法机关的直接联系较少。可以预见,在未来一段时间国内外各类营商环境司法评价指标体系的设计逻辑将集中围绕“争议解决”和“办理破产”展开。

司法机关主要围绕世界银行营商环境评价体系中的上述关键指标推出针对性的优化措施。虽然这些举措提升了关键指标的评价结果,但不少学者质疑这种“应试型”的被动改进行动并不能从根本上提升营商环境司法水平,也不能全面地反映我国真实的营商环境司法现状。② 一方面,无论是“执行合同”“办理破产”“保护中小投资者”等旧指标,还是“争端解决”“办理破产”“市场竞争”等新指标均不能覆盖营商环境司法建设的其他重要方面和关键细节;另一方面,该评价体系所设置的司法指标主要依据西方国家的理论学说,评价标准也更契合西方发达国家的司法制度与环境,未能充分关注中国特色社会主义司法制度及我国当前特定的司法环境。③

因此,立足国内司法实践,构建科学合理系统的营商环境司法指标评价体系,不但可以有效衡量和动态监人民法院推进营商环境建设的真实水平,而且

---

① 罗培新:《世界银行新旧营商环境评估规则及方法的比较——兼论优化营商环境的道与术》,载《东方法学》2023 年第 4 期。

② 李朝:《中国营商环境评估的实践偏差及其矫正》,载《中国行政管理》2020 年第 10 期。

③ 程金华:《世界银行营商环境评估之反思与“中国化”道路》,载《探索与争鸣》2021 年第 8 期。

有助于防止全盘接受外来评价体系引发的认知偏差，校准我国营商环境法治建设的目标定位。①

（三）推动高质量司法的重要支撑

营商环境司法评价指标体系是相关领域司法建设的操作指南。当前我国法治化营商环境建设工作形成了国务院做顶层设计，各地各级政府具体推进的工作格局。2019 年 10 月 22 日国务院出台《优化营商环境条例》后，各地纷纷以立法形式推进营商环境法治化工作进程。但受限于司法体制的特殊性和司法裁判规则的统一化要求，立法文件和行政机关均难以对司法机关的营商环境法治化工作提出具体的工作要求和安排。营商环境司法评价指标体系的构建侧重对人民法院相关工作的责任部门、责任内容进行分解和管理，可有效契合营商环境司法建设工作良善化、精细化发展的要求。②

营商环境司法评价指标体系是制度创新、制度试验的平台。营商环境评价通过对区域营商环境情况的真实刻画为市场主体提供了投资兴业的选址指南，而这势必会引发营商环境区域竞争现象。同样，随着国家法治的引领和流动经济的压力，地方法治竞争已成为当代中国法治发展的重要现象。③ 地方法治竞争乃至司法环境的竞争具有政策、制度试验的鲜明特色，即地方政府或司法机关根据辖区的实际情况推出解决新问题的新方法，以此提升地方法治吸引力。④将这些制度创新的成果设置到营商环境司法评价指标体系中，可以在制度创新的初级阶段采集到制度的实际运行情况的反馈，发现制度设计与现实之间的矛盾和冲突进而改进创新举措。同时可以在制度创新的成熟阶段快速推广先进经验，最终将短期的创新做法转化为长期的制度安排。⑤

此外，营商环境司法评价指标体系的构建是多方主体参与司法水平提升行动的有效通道，在营商环境评价指标体系的构建的过程中，通过设置广泛的参

---

① 钱弘道等：《法治评估及其中国应用》，载《中国社会科学》2012 年第 4 期。

② 莫于川：《法治国家、法治政府、法治社会一体建设的标准问题研究——兼论我国法制良善化、精细化发展的时代任务》，载《法学杂志》2013 年第 6 期。

③ 魏建国：《当代中国地方法治竞争的兴起：原因、意义及完善方向》，载《北方法学》2019 年第 1 期。

④ 韩业斌：《当代中国地方法治竞争的现状与动力》，载《法学》2017 年第 10 期。

⑤ 徐汉明、林必恒、张孜仪：《论法治建设指标体系和考核标准的科学构建》，载《法制与社会发展》2014 年第 1 期。

与机制,社会公众可以监督司法机关的权力运行,督促司法机关提升工作成效。[①]

二、营商环境司法评价指标的构建思路

(一)评估边界与评估要素的确立

营商环境司法评价指标体系的构建应首先明确其评估的边界。从广义角度理解,营商环境是市场主体经营活动的所有要素的总和,既包括非物质环境,也包括地理位置、资源状况、生态环境、人口数量等物质条件。[②] 而狭义的营商环境,一般指影响市场主体发展的非物质的、无形的软环境。[③] 法治是软环境的正向塑造手段之一,因此在法治化框架下评价营商环境司法水平理应侧重评估司法对软环境改善的效果。

在上述评估边界内,营商环境司法评估的要素发现有两种思路,第一种思路是"在营商环境中找司法要素",第二种思路是"在司法环境中找营商成分"。[④] 前者是指从营商环境的基本框架出发,发现和归纳其中与司法有关的内容和元素,以此作为营商环境司法评价指标的要素源泉。但是,营商环境包含的要素极为丰富,这必然导致寻找司法要素困难重重。后者是指从司法的基本框架出发,总结归纳与市场主体经营相关的营商环境成分,提炼总结出评估要素后再整理归纳形成评估体系。在我国现行的司法体制下,司法环境具有清晰明确的指向,司法机关明确指代人民法院和人民检察院,因此第二种确立评估要素的思路比较简便可行。2019 年重庆市高级人民法院课题组推出《重庆法治化营商环境司法评估指数体系(2019)》,其司法评估一级指数设置公正裁判、平等保护、司法效率、司法便民、透明廉洁,二级指数设置诉讼程序质量、实体裁判

---

① 钱弘道、杨欣:《论中国法治评估的转型》,载《中国社会科学》2015 年第 5 期。

② 李玉梅、桑百川:《中国外商投资企业营商环境评估与改善路径》,载《国际经济评论》2018 年第 5 期。

③ 娄成武、张国勇:《基于市场主体主观感知的营商环境评估框架构建——兼评世界银行营商环境评估模式》,载《当代经济管理》2018 年第 6 期。

④ 谢红星:《法治化营商环境的证成、评价与进路——从理论逻辑到制度展开》,载《学习与实践》2019 年第 11 期。

质量、强制执行力度等指标。[①] 该指标设置基本遵循了从司法环境中寻找营商成分的思路。由此也可窥见,当前法院的各项工作与营商环境存在大量连接点,如商事案件审判、破产案件处理、生效判决执行等,这些司法要素为营商环境司法评估体系的构建提供了丰富素材。

(二)立足司法职能确立评价指标

第一,立足人民法院解决纠纷的基本职能。审判职能是人民法院的核心职能。[②] 司法机关能否公正有效地适用法律直接关系市场主体对法律本身的信赖,进而也将影响市场的良性运行和经济效率。因此,对营商环境司法法治化水平的评估应首先考察人民法院审判职能履行水平。具体而言,其评价指标体系的构建应兼顾多个评价维度:其一,应重点考察人民法院能否贯彻平等保护的原则做到公平公正审判,以及司法程序运行的规范化情况、纠纷解决的效率情况。其二,在立足商事审判工作的基础上,兼顾知产审判、行政审判、刑事审判等多重领域。

第二,贯彻能动司法理念。现代社会治理中的权力结构以有效回应社会需求为目标,因而衍生出能动司法的实践与理论。[③] 司法机关在遵循法治原则的基础上,应通过多种方式参与到社会治理,主动回应时代发展的新问题,适应社会治理过程中的新情况。[④] 在法治化营商环境建设过程中,司法机关必须充分认识到其人民性、政治性的属性,紧紧围绕党和国家的中心工作,主动服务经济社会发展大局,积极回应市场主体的司法诉求。[⑤] 从司法参与社会治理的视角出发,营商环境司法评价应重点评价三个方面的内容:其一,人民法院提供司法服务的数量、质量及创新情况;其二,人民法院对政府推行营商环境改革措施的配合与保障情况;其三,人民法院对互联网、金融等领域新风险新纠纷的司法应对情况。

第三,注重联动协同。法治化营商环境建设是一项系统性工程,需要确立优化营商环境公共服务供给"一盘棋""集成化"的理念,结合人民法院在不同

---

① 重庆市高级人民法院课题组:《法治化营商环境司法评估的价值、理论与技术路径——以〈重庆法治化营商环境评估指数体系(2019)〉为例》,载《人民司法》2020年第7期。

② 谢海定:《中国法治经济建设的逻辑》,载《法学研究》2017年第6期。

③ 范志勇:《从单向走向互动的破产府院联动机制——以我国法院的破产能动司法为中心》,载《中国政法大学学报》2021年第1期。

④ 顾培东:《能动司法若干问题研究》,载《中国法学》2010年第4期。

⑤ 刘旺洪:《社会管理创新:法院的职能定位与实践路径》,载《法制与社会发展》2012年第6期。

项目任务中的角色定位,切实发挥牵头、配合、引导、推动作用,推动府院联动机制及相关子机制的实体化、常态化、制度化运行,着力解决“最先一公里”“最后一公里”问题,切实提升法治化营商环境工作效能。营商环境司法评价指标体系应全面考察司法机关与外部主体的职能关联性、互动性与协同性,在与外部主体关系密切且可能延伸司法职能的关键节点上设置考核指标。

(三)侧重考察市场主体需求和感知

目前,我国优化营商环境的相关研究和已有实践以降低制度性交易成本为核心,往往忽视企业处于多维度复杂环境的现状,对企业需求导向的关注不足。[①] 缩小营商环境制度供给与市场主体运营需求间的差距是营商环境建设的关键点。[②] 在司法领域,以提升市场主体满意度为目标,考虑市场主体对司法的需求以及对司法环境的感知是营商环境司法评价指标体系构建的必然选择。

在营商环境司法评价指标体系的评价内容设计上,应回应市场主体对司法的期待和关切。一方面,应调查归纳市场主体对司法的需求,主动将司法实践中已经感知到的市场主体需求吸纳指标体系中。市场主体所嵌入的营商环境是多维度,其司法需求的产生往往源于与市场主体相关的利益相关者,因此必须高度关注市场主体的利益相关者这一司法需求的增长点。另一方面,应在构建过程中设置征求意见等参与程序,吸引市场主体参与到评价体系的设计中,使指标体系的设计牢牢围绕市场主体需求和感知这一中心。

在营商环境司法评价指标体系的评价方法设计上,应有效收集市场主体的感受。[③] 营商环境司法评价指标体系虽然由法院牵头拟定,但是在其评价实施过程中,不能采取由上级法院牵头对下一级法院打分、法院对其内设的工作部门工作打分的模式。这种模式的推行将使营商环境司法评价指标体系彻底沦为对法院营商环境工作绩效的评估,无法真实反映营商司法环境。[④] 理想的评价体系应是主要从市场主体中获得直接数据,兼顾司法机关在系统内的自评、

---

① 刘刚、梁晗:《外部性视角下营商环境的优化——基于企业需求导向的研究》,载《中国行政管理》2019 年第 11 期。

② 赵海怡:《企业视角下地方营商制度环境实证研究——以地方制度供给与企业需求差距为主线》,载《南京大学学报(哲学·人文科学·社会科学)》2020 年第 2 期。

③ 罗培新:《世界银行营商环境评估方法的规则与实践》,载《上海交通大学学报(哲学社会科学版)》2021 年第 6 期。

④ 杨小军、陈庆云:《法治政府第三方评估问题研究》,载《学习论坛》2014 年第 12 期。

专家及司法职业群体的评价意见等。在收集市场主体评价意见时,还应确保数据的真实性,允许市场主体不了解司法机关出台的营商环境优化举措,以此检验举措的落地水平。

三、营商环境司法评价指标体系构建的法院方案

(一)评价方法

构建营商环境司法评价指标体系离不开科学可行的评价方法。为了保证评价结果真实可靠,可以采取客观为主、主观为辅的方式对具体指标进行评价。评价指标体系构建的初衷就是将若干个司法目标从抽象的价值宣示转化为客观的具体标准。而且,评估结果一般与激励机制挂钩,当激励程度超过一定限度,评估对象往往采取人为手段试图干预和影响评估过程,最终引发评估结果扭曲、一味追求指标等功利主义现象。① 因此,客观方式应是评价的主要方法。近年来,各类信息技术已经被广泛运用于司法数据的统计和研究领域,营商环境司法评价可以充分利用该成果,尽量通过后台数据抓取、自动评价等方式保证评价的客观性。当然我们也清醒地认识到,评价过程中必然存在一些无法自动获得的数据。针对这些评价指标,可以通过评价主体的多元化力争达到评价结果的客观真实,如广泛调查市场主体的满意度情况避免评价结果受司法机关自身干预,通过专家评议的方式保障评价的专业性,委托外部第三方评价机构进行评价保证评价的中立性。

在司法评价指标权重设置方面适宜采用德尔菲法。德尔菲法即在设置指标权重时,通过匿名方式将事先设计好的权重打分表寄送给专家,征询专家对各指标的重要性的意见,再根据专家反馈的判断意见设置具体指标的权重。② 这种方法可以最大限度地保证结果的中立和科学。另外,基于对市场主体需求和感知的尊重,也可在一定程度和范围内征询其对各指标重要性的意见,再结合专家意见设置权重。受到外部政策、司法环境的影响,在不同时期专家以及市场主体可能对指标重要性的认知存在差异和变化,因而在每次评估之前都应

---

① 杜维超、钱弘道:《大数据方法在法治评估中的应用:理论前景与技术架构》,载《社会科学战线》2018 年第 12 期。

② 曾照云、程安广:《德尔菲法在应用过程中的严谨性评估——基于信息管理视角》,载《情报理论与实践》2016 年第 2 期。

适用该方法对权重设置予以更新,保证评价体系能紧跟经济社会的变化发展。除了德尔菲法之外,营商环境司法评价也可以在特定时期根据现实需求对部分指标加大权重,以改变评价的导向,引导人民法院在一段时期内集中精力实现重点营商环境建设工作的突破。

(二)体系设计

基于前文提出的指标确立依据,结合无锡法院服务保障法治化营商环境建设的实践经验,本节筛选出若干一级、二级、三级评价指标,并将其进行体系化安排,以此作为法治化营商环境司法评价指标体系的法院方案,具体指标构成为:9 项一级指标、25 项二级指标、66 项三级指标。囿于篇幅限制,本节仅介绍一、二级指标。(见表 1－1)

表 1－1 无锡市法治化营商环境司法评价指标体系

一级指标	二级指标
Ⅰ－1 维护司法公正公信	Ⅱ－1 强化商事审判
	Ⅱ－2 突出知产审判
	Ⅱ－3 夯实刑事审判
	Ⅱ－4 深化行政审判
Ⅰ－2 推进市场化破产	Ⅱ－5 健全工作机制
	Ⅱ－6 完善破产管理人监督管理
	Ⅱ－7 探索制度机制创新
Ⅰ－3 促进善意文明执行	Ⅱ－8 健全综合治理机制
	Ⅱ－9 推动执行规范化
	Ⅱ－10 加强执行信息化建设
Ⅰ－4 优化审判监督管理	Ⅱ－11 推进民商事审判改革
	Ⅱ－12 健全审判监督管理
Ⅰ－5 健全多元解纷机制	Ⅱ－13 拓宽解纷渠道
	Ⅱ－14 完善诉调对接
Ⅰ－6 加强智慧法院建设	Ⅱ－15 推进智慧审判
	Ⅱ－16 推进智慧服务
	Ⅱ－17 推进智慧管理

续表

一级指标	二级指标
Ⅰ-7 突出改革创新引领	Ⅱ-18 推进三大法庭建设
	Ⅱ-19 推进改革试点工作
Ⅰ-8 延伸司法服务职能	Ⅱ-20 畅通院企沟通联系机制
	Ⅱ-21 开展"法企同行"护航行动
Ⅰ-9 强化组织领导保障	Ⅱ-22 加强组织领导
	Ⅱ-23 严格责任落实
	Ⅱ-24 强化督导考核
	Ⅱ-25 注重宣传引导

上述指标中,"维护司法公正公信""推进市场化破产""促进善意文明执行""优化提升审判管理"指标侧重考察人民法院履行基本审判职能的水平。"维护司法公正公信"指标聚焦商事审判、知产审判核心环节,又兼顾刑事审判、行政审判等维度。"推进市场化破产"和"促进善意文明执行"是当前主流的营商环境考评机制中的重点,与世界银行推行的宜商环境评价项目评价指标也具有一定的契合性。在营商环境司法建设的无锡实践中,类个人破产试点、"物联网+执行"模式等是特色鲜明、效果显著的司法工程,评价指标体系将其吸纳进来,以期对其推进实施情况做更为精细的观察。"优化审判质效指标"侧重考察人民法院实施民商事审判改革和优化审判管理两方面的工作情况。

"健全多元解纷机制""加强智慧法院建设""突出改革创新引领""延伸司法服务职能"指标贯彻了能动司法与联动司法理念,是对人民法院审判职能外的更高要求。"健全多元解纷机制"指标从司法调解本身、其他解纷渠道拓展以及诉讼与调解机制衔接三方面考察人民法院参与诉源治理、化解社会矛盾的成效。在"加强智慧法院建设"指标方面,设置了网上诉讼服务、电子卷宗管理、文书电子送达等内容,以期考察无锡法院信息化建设的智能性、一体性、协同性与自主性。在"突出改革创新引领"指标方面,指标体系涵盖了近年来无锡法院重点推进的几项创新工程,通过测评改革创新工程的实施进展与效果,确保创新工程有序推进并转化为稳定机制。"延伸司法服务职能"指标考察人民法院密切联系市场主体的情况,重点要求人民法院畅通了解市场主体需求感知的渠道,主动回应司法新要求。

“健全完善组织保障”是前八个指标运行的保障,通过组织领导、责任落实、督导考核和宣传引导,确保人民法院营商环境司法建设工作稳步推进。

(三)评价结果运用

指标体系构建的目的是实施、运用。无锡市法院计划分两步推动该评价体系的实施:第一步,利用该指标体系对辖区范围内的营商环境司法水平进行试评。委托第三方,通过网络数据抓取、实地走访查验、发放调查问卷等方式在部分基层法院试点运用指标体系开展评估工作。同时根据在评估工作中出现的问题,及时优化、不断完善,以便让评价结果能更加客观地反映营商环境的法治化程度,打造无锡市法治化营商环境的“晴雨表”和“方向标”。第二步,建立常态化测评机制。条件成熟时,在无锡市法院每半年开展一次监测评价,全年进行一次考核评比,以测评考核倒逼营商环境指标持续优化。

在评价结果的运用方面,包括对内和对外两个维度。对内应发挥评价结果对法治化营商环境建设的指引作用,具体体现在三个方面。其一,趋势预测功能。通过收集评价所需要的数据,并建立科学的模型描述数据之间的相关性,观察变量的变化预测出某些司法事件发生的概率以及司法现象发展的趋势,人民法院可以提前做出针对性举措应对司法形势的新变化。其二,漏洞发现功能。监测考评结束后,全面系统梳理分析全市法院法治化营商环境存在的短板和问题,并有针对性地提出解决对策建议,确保及时补齐短板漏洞。其三,激励引领功能。将营商环境工作情况纳入年度综合考核,激发相关责任单位和部门优化法治化营商环境的积极性、主动性、创造性,形成争先进位、比学赶超的竞争态势。

对外要发挥评价结果对区域法治化营商环境建设的参考作用。评价指标的设置关注了与其他行政机关、组织等联动协同的环节,对于评价过程中发现的行政机关、社会组织等履职行为存在的问题和不足,探索建立配套的问题反馈机制,推动政府、组织职能改革及权力规范行使。同时,该评价结果也在一定程度上反映了区域营商环境法治化水平,可以为地方党委、政府推动营商环境建设提供决策参考。

四、结语

科学合理的指标体系是有效开展评估工作,客观、准确、真实反映法治化营商环境建设状况的前提和基础。指标体系的科学性、合理性、可行性和可操作性也必须要通过评估实践来检验。无锡法院营商环境司法评价指标体系的构建,旨在打造落实成效的“晴雨表”和制度性改革的“助推器”,通过对每一个具体指标的评估,从而对相应的政策措施效果进行评估,不断总结经验、补齐短板;同时,以法治创新和发展为动力由表及里地强化制度层面的改革,以推进更高水平的法治化营商环境建设。

人民法院服务营商环境的动能分析与对策研究

赵建聪　赵　蔚　周志超*

摘　要:法治是推进高质量发展与优化营商环境的重要手段,也是最根本、最稳定的保障。由于案件管辖和审级的规定,中级人民法院与基层人民法院审理了绝大多数案件,且与市场主体的接触面更为广泛,彼此之间有着更强的紧密度。中基层法院服务优化法治化营商环境的工作情况,直接关系该地区营商环境的好坏。本节重点围绕中基层两级人民法院的工作展开分析探讨。首先,要强化核心力量,形成功能清晰、交互耦合的核心力量体系。其次,要加强科技赋能,打造高度融合、快捷高效的现代智慧法院。最后,要提高管理水平,建成覆盖全面、奖罚分明的绩效管理体系。由此,为各级人民法院服务优化法治化营商环境工作提供有益参考。

我国加入 WTO 以后,为了引入并适用国际规则和国际标准,加快改革和发展步伐,推动我国国家治理体系和治理能力现代化进程,开展了营商环境评价活动,相继组织了国评、省评等多种考核形式。2019 年,习近平总书记指出:“法治是最好的营商环境。”在服务营商环境中,与人民法院相关的主要是“办理破产”“执行合同”“中小投资者保护”“知识产权”四项考核指标,其中法院牵头负责的一般为“办理破产”“执行合同”两项指标,在营商环境国评十个一级指标中占据 20% 。就法院系统来讲,由于案件管辖和审级的规定,中级人民法院(以

* 赵建聪,无锡市中级人民法院二级高级法官;赵蔚,无锡市新吴区人民法院审管办(研究室)副主任;周志超,无锡知识产权法庭书记员。

下简称中院)与基层人民法院(以下简称基层法院)审理了绝大多数的案件,且与市场主体的接触面更广、紧密度更深,故这些法院在服务营商环境中的表现,直接关系该地区营商环境的好坏,也影响我国在国际上营商环境的地位与声誉。

一、法治化营商环境建设中动能不足的理论分析

人民法院服务营商环境的责任主体涉及全国所有法院,鉴于篇幅有限,这里仅指中院和基层法院,不包括最高人民法院和省高级人民法院(以下简称省法院)。另外,人民法院服务营商环境,也可谓优化法治化营商环境和法治化营商环境建设,而优化法治化营商环境和法治化营商环境建设的责任主体,也不包括立法、执法等部门的单位。工作动能就是指工作人员在履行单位职责时所具有的能量。它也是工作人员投入工作的精神面貌与工作态度,以及具有工作能力素质的综合反映。目前,许多单位、部门在完成工作任务的过程中,为了尽可能地提高工作质效,相继采取了一些举措,这些举措都具有一定的理论性、指导性、实用性。从理论研究角度来分析,一般引用了以下一些理论。

1. 核心竞争力理论。[①] 它是由美国经济学家普哈拉德和哈默(Prahalad & Hamel)于1990年提出来的,认为企业核心竞争力是"组织中的积累性学识,特别是关于如何协调不同的生产技能和有机组合多种技术流派的学识",指能够为企业带来比较竞争优势的资源,以及资源的配置与整合方式。随着企业资源的变化以及配置与整合效率的提高,企业的核心竞争力也会随之发生变化。凭借着核心竞争力产生的动力,企业在激烈的市场竞争中就会脱颖而出,赢得客户的信任和获取大量利益。核心竞争力往往不易被竞争对手模仿,是技术能力和管理能力的有机整合与综合反映。核心竞争力理论同样也适用于法治化营商环境建设中的工作动能。如果中院与基层法院不能充分地认识和运用核心竞争力理论,在服务营商环境中,做到你无我有、你有我强、你强我优,就会陷入低档次、同质化的工作格局,无法满足市场主体日益增长的司法需求,应对国内外风云多变的复杂局面,助力提升法治环境、营商环境、投资环境。

① 张道玉:《企业核心竞争力理论的动态演进研究》,载《经济研究导刊》2013年第3期。

2. 制度创新理论。[①] 它是制度经济学与熊彼特创新理论两个学术流派的融合，诺斯和戴维斯对制度创新的概念及内容作了完整表述。制度创新指的是能够使创新者获得追加额外利益的、对现存制度的变革。制度创新理论是催生变革、提高质效的重要手段，也是党政部门革故鼎新、推进工作、创造辉煌的成功法宝。在法治化营商环境建设中，中院与基层法院如不能借助制度创新理论，深化体制机制改革，实现机制再建、流程再造、活力再现，就不可能破解僵局，打通堵点、痛点，改变被动落后的工作局面。

3. 资源优化配置理论。它是指在市场经济条件下，不是由人的主观意志而是由市场根据平等性、竞争性、法制性和开放性的一般规律，由市场机制通过自动调节对资源实现的配置，用市场“看不见的手”进行优胜劣汰，从而自动地实现对社会资源的优化配置。企业、个人是市场经济的主体，也是营商环境的服务对象。然而，现有的法治化营商环境考评体系源于世界银行，法院资源配置更多的是应对该考核指标，存在一些“水土不服”的问题。市场主体急难愁盼的司法需求，与人民法院资源配置存在一定的脱节，影响了市场主体的获得感、幸福感和安全感。

4. 文化建设理论。它是指单位、部门通过大量的资料和文件，宣传工作人员责任感的重要性，管理人员要给全体工作人员灌输责任意识、危机意识和团队意识，要让大家清楚地认识到单位、部门是共同的工作场所、利益所系，从而加强责任感、激发使命感、确立归属感、提升尊荣感。文化是事业的根基，也是动力的源泉。文化建设推进不力，就会使有些人患上“近视眼”“盲眼病”，成为精神的乞丐、利益的奴仆。面对服务营商环境的任务，就会缺乏必要的血性和斗志，抱着事不关己、漠视冷淡的心态，甘当局外人，宁做落后者。

为了服务营商环境，各地中院和基层法院都陆续制订了相应的“施工图”“线路图”“时间表”，出台了行动方案和实施意见，有的行动方案已达到4.0版或5.0版。这些目标明确、举措得力、时间清晰的计划方案，有力地推进了法治化营商环境建设。然而，法治化营商环境建设永无止境，是一场集意志与智慧于一身的“马拉松”长跑，需要法院全体人员团结拼搏、不断进取，保持强大的工作动能，才能攻城拔寨、开拓创新、取得胜利。

---

① 文魁、徐则荣：《制度创新理论的生成与发展》，载《当代经济研究》2013年第7期。

中院与基层法院工作动量的集中体现，离不开这三种重要的力量，即正确的决策力、活跃的思考力、强大的执行力。服务营商环境也是如此。法院主要领导亲自指挥、组织讨论、反复论证，最终签发行动方案，就是行使决策力的最好例证。法院副职领导或中层干部侧重于发挥思考力和执行力，能够结合工作实际，找到完成任务的操作路径、实施办法，以最高效率、最低成本、最好办法取得最佳成效。法院普通干警更多的是充分发挥执行力，做到全身心投入、创造性工作、高质量完成，使工作绩效达到“优秀不可替代、极致不可超越”的境地。

法院工作动能的变化是由内因与外因所决定。从外因来看，主要是外部环境对法院的影响，如社会关注程度、参与热度、考核强度、保障力度等因素，都会影响法院人员的价值取向和内心判断，决定工作动能的强弱。从内因来看，主要是责任主体工作态度、思维方式、管理机制、人员素质等因素，这是工作动能的主因与关键。环顾四周，凡是服务营商环境好的法院，其领导班子、队伍素质、法院管理、创新机制等也是相当出类拔萃，工作动能也能持续不竭、昂扬澎湃。例如，在营商环境国家评价城市中，深圳一直名列全国前三位。深圳中院服务营商环境的成就也十分耀眼。2022 年 1 月，该院被最高法院授予首届“人民法院改革创新奖”。自 2022 年以来，该院紧抓深圳被列为首批国家营商环境创新试点城市的契机，探索破产快审改革，将中小微企业重整与上市公司、金融机构等大型企业重整进行繁简分流、快慢分道，在中小微企业重整案件中适用简易程序，提高审判效率，助力濒临破产企业恢复经营能力和经营秩序。①

目前，在服务营商环境中，少数法院人员将眼光只放在工作的表面上，不能认真反思问题与不足，以自我革新的勇气和补足短板的本领，切实解决顽症痼疾，以强大的工作动能推动服务营商环境再上台阶。

二、法治化营商环境建设中动能不足的现状分析

在服务营商环境过程中，人民法院做了大量的工作，开创了崭新局面，取得了很大成效，积累了丰富经验。突出表现在以下几个方面。

1. 重视程度不断提高。目前，对法院服务营商环境的考核实行的是条块结

---

① 张玮玮：《深圳探索破产工作“府—院—企”联动机制司法重整助困境企业获新生》，载《深圳商报》2022 年 9 月 2 日，A1 版。

合模式，上级法院和党委部门同时对法院工作绩效进行考核，地方考核结果往往还与经济利益挂钩。在这种条块双重考核的叠加效应下，中院和基层法院对此都非常重视，能够及时明确落实任务，定期分析研判，注重检查督促，加强创新宣传，加快法治化营商环境建设进程，彰显司法保障与服务作用。例如，2022年以来，山东省烟台市两级法院坚持“与实际高度融合、与需求高度契合、与主业高度结合”的工作思路，出台《关于加强企业家权益司法保护　服务保障企业高质量发展的实施意见》，即“12条实施意见”，交出了一份“司法护企答卷”。[①]

2. 工作能力不断提升。近五年来，在法治化营商环境建设中，各地中院和基层法院十分重视加强队伍建设，通过开展各种形式活动，不断提高政治业务素质。如苏州中院狠抓知识产权审判“五个关键力”，通过提高站位、主动对标、突出重点、破解难题、多措并举，切实增强知识司法保护对优化营商环境的“执行力”“保障力”“推进力”“攻坚力”“组织力”，依法审结了一批涉油气勘探测量、生物医药、轮胎成型（无人操作）系统等“卡脖子”产业的技术类知识产权案件，打造出一批标杆性裁判，使之成为知识产权维权的“优选地”。2020年该经验做法被《人民日报》《法制日报》等中央媒体集中报道。在电子送达中，许多中院与基层法院深度应用区块链技术，努力破解“送达难”，实现司法文书合法、高效送达。为了最大限度地应对疫情干扰，许多法院加快了智慧法院的建设进度。如辽宁省朝阳中院近年来推进网上立案、跨域立案、网上调解、电子送达、庭审云平台、移动微法院、12368热线等服务功能，让当事人“走进一个厅，事情全办清”，最大化满足当事人的司法需求。[②] 有些法院通过深化内部机制改革，优化内部操作流程，开通涉企审理案件“绿色通道”，组建专业精英团队，提高解纷效率，降低企业解纷成本，为优化营商环境“加码提速”。例如，南京中院根据商事案件数量、类型、难易程度和人员结构等因素，适应独任制、合议制的不同需要，统筹考虑案件繁简分流和商事审判领域专业化分工，组建2～4个商事审判团队专门办理涉产权案件，提升审判专业化水平，开展辅助事务集约化管理，将扫描、送达、保全、鉴定等事务性工作集中到诉讼服务中心，部分实行服务外

---

① 姜东良、梁平妮、王顺生：《烟台法院出实招妙招助力企业发展》，载《法治参考》2022年第16期。

② 付立德、郭伟：《朝阳市中级人民法院聚焦“三难”问题精准施策全面提升法治化营商环境》，载《朝阳日报》2022年4月27日，第2版。

包,让法官集中精力办案,案件的平均审理天数远低于世界银行营商环境"解决商业纠纷时间"指标前沿水平的120日。

3.建设成效不断显现。综观全球,中国营商环境指数与排名逐年上升。2020年,中国营商环境全球排名升至第31位,入列全球优化营商环境改善幅度最大的十大经济体。由于2021年世界银行停止发布《全球营商环境报告》,中国国际贸易促进委员会贸易投资促进部、中国国际贸易促进委员会研究院出具的《2021年度中国营商环境研究报告》显示,2021年,社会法治环境整体评价较好,总得分为4.51分,高于中国营商环境综合得分,在12个一级指标中排名并列第2位。在法治化营商环境建设中,中院与基层法院作为重要角色,付出了大量的心血和努力,取得了令人瞩目的成绩。以2019年北京等一线城市法官人均结案为例,北京法院法官人均办案388件,上海法院法官人均办案299件,广州法院法官人均办案486件,深圳法院法官人均办案492件。① 在服务营商环境中,无锡中院始终树立"一盘棋"思想,实行"一把手"工程,搞好"一条龙"服务,通过召开"双月谈"座谈会、设立"曝光台"、推出"物联网+执行"等创新举措,使营商环境考核业绩得到很大提升。2020年,无锡中院"办理破产""执行合同"两项指标在全省取得"双夺冠",该成功经验被《中国审判》杂志刊登。

虽然法治化营商环境建设成绩喜人,但形势逼人,必须时刻保持清醒头脑。2021年9月16日,世界银行停发运行17年的《全球营商环境报告》,并开发了衡量全球各经济体的宜商环境。2022年5月,世界银行发布了宜商环境评估体系的项目说明,并将于2023年最后三个月内发布世界银行《宜商环境报告》第一版。营商环境与宜商环境项目主要在拓展评估视角、聚焦监管服务、完善数据收集、更新指标体系、拓宽覆盖范围五个方面存在差异。但无论是营商环境还是宜商环境,核心都离不开法治化。回顾历史,除了留有遗憾与无奈,还存在不少问题与不足。就工作动能来讲,主要还存在以下一些问题。

1.工作动能积聚不够浓厚。虽然法院相关职能部门紧盯考核"指挥棒",开展法治化营商环境建设,但没有考核任务的部门往往对此消极应付,没有形成全院争先进位的合力。有的法院因任务分解不明确、压力传递不到位,造成上

---

① 龙海燕、阳文、李桂红:《法治化营商环境司法评估指标体系的模型建构》,第三十三届全国副省级城市法治论坛,2021年11月于广州。

热中温下冷，工作成效大打折扣。极少数法院安于现状，只会做表面文章，缺乏自我革命、攻坚克难的勇气，没有精准施策、破解难题的本领，以致工作起色不大、进展甚慢。目前，中院和基层法院服务营商环境，牵头责任部门一般都为商事审判部门，由于其本身办案任务繁重，很难挤出时间进行调研、指导、督查，真抓真管的作用没有得到有效发挥，难以积聚浓厚的工作动量。

2. 工作动能持续不够久远。优化法治化营商环境，必须持之以恒、久久为功。然而，少数法院缺少长期规划和持续行动，年初确定目标时热一阵，年终考核时忙一阵，平时专题研究少，抓早抓小慢。对于市场主体急愁难盼的问题，没有迅速予以解决，及时满足市场主体的司法需求。在应对疫情过程中，有的法院未能提速升级“智慧法院”建设，破解线下立案、庭审、执行的困局，造成营商环境绩效指标下降。有的法院没有搭建社会互动、群众监督的平台，致使外部压力传递不及时、不到位，动能持续不久远，严重拖累工作绩效。如极个别法院执行案款发放机制不周密，监督不有力，造成执行案款发放迟缓，甚至被犯罪分子挪用的严重后果。

3. 工作动能转换不能创新。在服务营商环境中，少数法院思维空间狭窄，只擅于惯性思维，热衷于走老路，难以适应纷繁复杂的世界变化，导致工作步伐落后于社会发展。2015 年至 2020 年，我国关于“办理破产”分项的“回收率”“时间”“成本”“结果”“破产框架指数”等指标的得分甚至没有任何的变化，[①] 意味着我国在办理企业破产时所耗时间过长、所耗成本过高，表明我国破产程序运行效率不高，破产相关费用过高，不利于市场主体的高效退出和清算。[②] 又如，商事纠纷多元化解机制虽已建立，但由于调解机构标准不统一，机构资质良莠不齐，专业能力跟不上服务需求，致使诉前调解案件数量占比不高。有少数法院领导思维空间不开阔，不能争取到党政部门的有力支持，解决制约诉前调解机制的人、财、物等问题，通过制度创新、架构重建等手段，打好案源治理的翻身仗。

服务营商环境工作动能不足的原因是多方面的，概括地讲，主要存在以下

---

① 董梦晔：《构建法治化营商环境司法保障研究》，载《西部学刊》2021 年第 12 期。

② 戴琳、孙涛：《比较视阈下的法治化营商环境建设：差距识别与弥合进路——基于世界银行〈营商环境报告〉的分析》，载《辽宁省社会主义学院学报》2020 年第 4 期。

几点。

1. 多重压力叠加挤压着工作动能的发挥。中院和基层法院剧增的案件数量、限定的法官人数、严格的审判管理、错案的终身追责、工作的繁重复杂、激烈的竞争态势等因素,加大了法院人员生理心理的多重压力,迫使法院人员整天忙于应付手中工作,无暇挤出更多的时间服务营商环境。

2. 工作难度增加妨碍着工作动能的推进。虽然我国司法程序质量位居"世界第一",但所采取的方法举措,存在"填白性"、"机械性"、"粗糙性"和"单一性"的特点,如增设知识产权、国际商事、破产、金融等专门的审判机构,这些动作更多停留在"象征性对标"阶段,而要迈向"实质性对标"之路,构建契合中国国情的审判体系和现代化评价指标体系,任重而道远,需要长期艰苦奋斗。特别是对于一些"老大难"问题,需要加大攻坚克难力度,才能取得实质性的进展。

3. 队伍建设瓶颈制约着工作动量的提高。法院工作的超负荷、高风险、低回报使之无法吸引一流人才,使审判业务骨干流失。员额法官入职难、晋升慢、待遇低、回避多、风险大等情形,难以促使全体人员爱岗敬业、形成合力。不少法院领导整天忙于党务、政务、法务、事务,亲自办理大量案件,根本无瑕潜心研究理论,结合实际,出台切实有效的举措,优化法治化营商环境。特别涉及全院性的工作难题,院庭领导也无法亲自挂帅出征,致使工作力度不大、推进缓慢。

4. 日常管控乏力影响着工作动量的施展。法治化营商环境评价主要由法院和发展改革委员会负责,其基础数据源于审判质效考核,辅之以少数企业民意调查、创新工作成绩。相对而言,第三方对企业调查反馈的分值占比不高。省法院平时对下级法院考核通报不勤,只有年终一次综合考核,使中院与基层法院无法掌握排名情况与问题不足,错失了压力转为动力的有效时机,使法院及时整改、共同提高的愿望一时难以实现。

三、法治化营商环境建设中工作动量的有效对策

1. 国内外法治化营商环境建设的借鉴与启示

从世界银行《2020 年全球营商环境报告》来看,我国与新加坡、新西兰相比,在"保护中小投资者"评价一栏中,我国董事责任指数、股东诉讼便利度指数两项指标分别为 4.0 和 5.0,远远低于新加坡、新西兰两项指标的 9.0 和 9.0。在"执行合同"评价一栏中,我国解决商业纠纷的时间为 485 天,远高于新加坡

的164天和新西兰的216天。在"办理破产"评价一栏中,我国回收率为36.9%,远低于新加坡的88.7%和新西兰的79.7%。我国破产时间为1.7年,又高于新加坡的0.8年和新西兰的1.3年。我国的破产成本(资产价值的%)为22%,而新西兰、新加坡则分别为3.5%、4.0%。从这些对比数据反映我国商事审判质效还不是十分理想,市场主体胜诉权益未能得到充分及时执行,破产司法能力存在不足。同时,也要看到,我国仲裁、调解等诉讼外商纠纷解决渠道还不够顺畅,行政部门和司法部门未形成有效的衔接机制,法律服务市场发育程度不够成熟。[①] 当然,在法治化营商环境建设中,也涌现了一些比较好的做法与经验。如河南省商丘中院邀请第三方评价组专家,召开营商环境评价指标培训会,让法院全体人员精准把握指标内涵,创造性地开展指标应用评价,推动法治化营商环境建设。

2.增强工作动量的思考与对策

优化法治化营商环境,可以有效发挥法治固根本、稳预期、利长远、促发展的保障作用,大大激发市场主体活力和经济发展动力。人民法院要善于用法治定标定界,做到无事不扰,有求必到,既当好法律"守护神"、服务"店小二",又善用司法惩恶扬善,做到守护正义,实现公正,当好市场肌体的"啄木鸟"、经济海洋的"定海针"。要增强优化法治化营商环境的工作动量,可以从以下几个方面入手。

(1)强化核心力量,形成功能清晰、交互耦合的核心力量体系。坚持创新是引领发展的第一动力。优化法治化营商环境核心力量的顶层设计,改进组织动员机制、分工协作机制,突出耦合联动和利益分享,既有效提升司法绩效数据,亦能及时关注时局变化,提高对新生事物的应变力、处置力、竞争力,如妥善处理突发卫生事件、气候变化、俄乌冲突等重大事件对司法工作的挑战。加强法院资源的利用、整合、优化,推动与大学、科研院所、创新中心等单位的有机衔接,提高调研成果转化运用能力。积极呼吁社会各界继续关心理解支持法院工作。优化国内外高层次人才引进方式,加强法院文化建设,重视人文关怀,塑造崇高的大局观、事业观、价值观,让各类精英人才引得进、留得住、干得欢、跑

---

① 戴琳、孙涛:《比较视阈下的法治化营商环境建设:差距识别与弥合进路——基于世界银行〈营商环境报告〉的分析》,载《辽宁省社会主义学院学报》2020年第4期。

得快。

(2)加强科技赋能,打造高度融合、快捷高效的现代智慧法院。用科技提高生产力,让科技提升公信力。聚焦法治化营商环境的任务部署,掌握当前科技发展的最新动态,找准科技运用审判执行的切入点、着力点。通过大数据、"物联网+"、人工智能、区块链技术等,提高类案推送、智能生成裁判文书、电子卷宗随案生成的使用率,构建社会互动、企业参与、反馈及时、备受赞誉的营商环境服务平台。选取相关企业作为优化法治化营商环境监督测评点,常态化听取意见建议。运用市场倒逼机制,帮助法院及时掌握市场主体的需求,提高市场主体的参与度、广泛度、满意度。改变法院依靠外部资源开发信息技术的路径,挖掘法院信息技术人员潜能,深化"揭榜挂帅",探索运用"赛马"机制,激发他们攻坚创新的干劲,努力形成拥有自主知识产权的技术长板。建立完善"破产管理智慧平台",实现办案法官、管理人、债权人"一网办公",为审判插上智能翅膀。① 定期开展法院系统技术创新研讨会、总结会、推广会、培训会,让更多的高新技术助力司法工作。

(3)提高管理水平,建成覆盖全面、奖罚分明的绩效管理体系。坚定服务营商环境的政治责任,树牢"人人都是营商环境建设者、案案都是营商环境试金石"观念,加强专班调度和要素保障,注重制度机制创新,搞好系统集成升级。探索创新"预重整"、"合并重整"、个人债务清理等破产工作,为完善破产制度提供智力支撑。实施综合评价、正向激励、反向惩戒、容错免责于一体的机制,激发法院队伍工作动能。科学分解工作任务,压实工作责任,扫除法院管理上的"盲区""死角",拧紧法院工作责任链条。整合线上线下诉讼服务资源,建立"全市通办、随时可办、在线能办、少跑快办"的全域诉讼服务体系,让当事人获取登记立案、卷宗查阅、文书送达等服务"最多跑一次",甚至"一次都不跑"。构建多维立体的审限制度,加快破产、涉外商事、知识产权案件的审理进度。及时关注国内外工作动态,对标一流工作目标,定期分析工作坐标,及时吸取成功经验,更好做到精准服务。通过"曝光台""红黑榜""擂台赛",以及创新随机抽查、"飞行检查"等方式,激发队伍的斗志,营造比学赶超、不断争先的良好氛围。企业、群众遇到"办不成的事",亦可直接到"零号"窗口反映,以一流的营商环

① 胡建福:《坚定担当法治化营商环境的政治责任》,载《衡阳通讯》2021 年第 6 期。

境,为企业茁壮成长提供充沛的阳光雨露。[①] 对于服务营商环境的优胜单位,要加大奖励力度,建立激励机制,让法院人员有更积极的态度、更充沛的精力、更专业的能力进行研究,创建更多服务营商环境的高地、高峰和高原。

3. 完善优化法治化营商环境的保障机制

法律体系的建成并不意味着依法治国的目标已经实现,也不等于已有的制度体系能够符合不断变化的国情。[②] 优化法治化营商环境是一项长期战略任务,人民法院已经取得的成就仍然不值得陶醉与满足。除了法院自身挖掘潜力、增强工作动量外,还必须依靠社会力量提供有力的保障,构建党委政府高度重视、各部门齐抓共管、全社会广泛参与的格局。

(1)优化社会资源配置,提高多元解纷成效。党委政府部门要切实履行好主责主抓、常态常抓,充分调动社会资源,利用和解、调解、仲裁等非诉讼平台,发挥其程序灵活、简便快捷的优势,使大量民商事纠纷通过非诉讼渠道解决。创新构建民商事纠纷律师中立评估机制,为多元解纷、息诉服判提供有效路径。充分运用信息科技手段,创新互联网时代商事纠纷多元化解模式,积极打造商事纠纷多元化解线上平台。推进涉外纠纷调解机制的社会化、市场化和调解成员的国际化建设,进一步加强与其他国家和地区的司法机构、调解组织的交流与合作,提升纠纷解决机制的国际竞争力和公信力。[③] 鼓励债务人与债权人在向法院提出重整申请之前协商确定重整计划,在获得多数债权人同意后,由法院审核重整计划草案的程序合法性,确认重整计划的法律效力并直接进入执行程序,进一步缩短重整案件的办案时间,提高重整案件的成功率。[④] 国家相关职能部门要尽快完善法院诉讼费收费办法,通过案件受理费负担的合理调整,提高一、二审案件的调解、撤诉率,减少不必要的上诉、申请再审案件数量,遏制当事人拖延诉讼时间、浪费司法资源。

(2)加强立法行政工作,推进法治中国建设。科学立法有助于提高法律程序的透明度,更好地保障市场主体的立法参与权,提高市场主体对营商环境的满意度、参与度。通过及时公开立法信息、吸纳商事主体、丰富参与方式、强化

---

① 顾伟国:《着力营造“五最”营商环境》,载《群众》2022 年第 15 期。

② 董梦晔:《构建法治化营商环境司法保障研究》,载《西部学刊》2021 年第 23 期。

③ 胡晓霞:《论法治化营商环境之司法方案》,载《中国应用法学》2021 年第 6 期。

④ 董梦晔:《构建法治化营商环境司法保障研究》,载《西部学刊》2021 年第 23 期。

意见反馈等措施,使立法更加“理性选择”,解决服务营商环境的法律“空白”。政府部门要恪守法治理念,坚持依法行政,克服怠政、懒政的不作为问题,加大对法治化营商环境建设的保障支持,帮助解决法院人员薪酬不高、人才流失的问题。同时,要充分发挥府院联动平台的作用,设立破产管理人援助基金,联合解决破产难题,加快“僵尸企业”出清,努力解决破产企业回收率不高的问题,使“办理破产”考核指标走在世界前列。

(3)发挥领导指导作用,形成良性发展局面。党政部门在牵头制定改革事项清单时,要做好协调督促、总结评估、复制推广等工作,推广运用创新试点的成功经验。探索研究宜商环境评价带来的新变化、新特点、新要求,谋求工作新思路、新对策、新成效。上级法院要及时制订优化营商环境任务清单,通报工作中的负面清单,做到落实责任到人,整改不足到位。法治化营商环境建设,制度完善是核心,能力提升是关键。① 在“规则型治理”为核心的法治竞争下,制度建设的差距正在日益缩小,需要在“内源性动力”上推进,在实施能力与效果上提升,通过高位谋划、精准施策、专业赋能,打通法治化营商环境建设的“最后一公里”。

营商环境的优劣直接影响一个国家和一个区域经济主体发展的活力,关系企业家投资区位的选择。法治化作为优化营商环境的首要目标,肩负着神圣的使命和责任,需要相关部门单位自我变革、通力合作、不断进取,才能为振兴经济、繁荣国家提供最有力的保障和支撑。

---

① 常健:《国家治理现代化与法治化营商环境建设》,载《上海交通大学学报(哲学社会科学版)》2021年第6期。

人民法院参与营商环境建设的功能定位与优化路径

——以《无锡市优化营商环境条例》为视角

无锡市中级人民法院民二庭课题组*

摘　要：司法服务保障营商环境建设具有必要性、紧迫性。无锡法院参与营商环境建设是贯彻营商环境法治观的根本要求，落实司法主体责任的职责所在，实施《无锡市优化营商环境条例》的现实需要。无锡法院在优化营商环境中取得了显著成效，但在矛盾纠纷多元化解、知识产权司法保护、破产审判功能发挥和智慧法院建设等方面存在短板和不足。对标更高水平更高标准，无锡法院应在完善司法审判、优化司法服务、提升司法效能等方面精准发力，全力优化法治化营商环境。

优化营商环境是推进国家治理体系和治理能力现代化的重要内容，是进一步扩大对外开放、发展更高层次开放型经济的重要保障。党的二十大报告对完善产权保护、市场准入、公平竞争、社会信用等市场经济基础制度，营造市场化、法治化、国际化一流营商环境提出了明确要求，为我们准确把握司法在优化营商环境中的功能定位和实践路径指明了方向。

近年来，我国法治化营商环境建设取得了一系列重要进展，形成了一些特色鲜明的制度和做法。2020 年 1 月 1 日，《优化营商环境条例》正式施行，从立法层面为优化营商环境提供了坚强保障和有力支撑。同年 1 月 7 日，最高人民

---

* 课题主持人：赵建聪，无锡市中级人民法院二级高级法官。课题组成员：蒋馨叶，无锡市中级人民法院民二庭庭长；王久荣，无锡市中级人民法院民二庭审判员；汤玉喜，无锡市中级人民法院民二庭书记员。

法院发布《关于进一步做好优化营商环境工作的意见》，要求充分发挥人民法院在推进法治化营商环境建设中的职能作用，为进一步优化营商环境奠定坚实基础。2023 年 5 月 1 日，无锡市政府制定施行《无锡市优化营商环境条例》，从制度层面为优化营商环境提供了保障和支撑，对推动全市高质量发展具有较强的现实意义。鉴于《无锡市优化营商环境条例》在多个层面涉及人民法院的内容，对准确把握司法在优化营商环境中的职能定位，探索切实可行的法治化营商环境实践路径，具有重大的理论与现实意义。本节拟从无锡法院实践出发，探索司法助推营商环境建设的优化路径。

一、人民法院参与营商环境建设的功能定位

习近平总书记指出，要用法治来规范政府和市场的边界，尊重市场经济规律，通过市场化手段，在法治框架内调整各类市场主体的利益关系。营商环境建设必须以法治为抓手，而司法作为法治的关键一环，在营商环境建设中不可或缺。

（一）贯彻营商环境法治观的根本要求

现代司法治理模式之下，司法不仅是解决个案纠纷、实现权利救济的工具，而且是推进国家治理体系与治理能力现代化，实现国家治理目标的重要手段。人民法院参与营商环境建设，体现了司法对于国家政治要求的回应。党的十八大以来，党中央、国务院对优化营商环境工作的重视程度前所未有。从营商环境法治化理念的提出，法治化、国际化、便利化三大理念的确立，到强调“法治是最好的营商环境”等[①]，法治化在优化营商环境中的地位不言而喻。营商环境法治化要求共同推进科学立法、严格执法、公正司法、全民守法，公正司法是必不可少的重要一环。[②] 党的二十大报告强调：“加快建设公正高效权威的社会主义司法制度，努力让人民群众在每一个司法案件中感受到公平正义。”人民法院作为国家审判机关，在司法审理过程中，可以包含基于国家政策目标的价值判断，优化营商环境目标的达成与市场主体利益保障密切联系，发挥司法的政治功

---

① 新华社：《习近平主持召开中央全面依法治国委员会第二次会议并发表重要讲话》，载中国政府网 2019 年 2 月 25 日，https://www.gov.cn/xinwen/2019-02/25/content_5368422.htm?tdsourcetag=s_pcqq_aiomsg。

② 张文显：《习近平法治思想的理论体系》，载《法制与社会发展》2021 年第 1 期。

能，在具体的司法审判过程中，对涉市场主体案件采取基于政策导向的价值判断将为优化营商环境目标的实现提供重要支撑。

(二)落实司法主体责任的职责所在

优化营商环境以国家政策形式提出，虽然政策并非具有国家强制力的狭义法律，不能在司法领域直接适用，但从功能的角度看，人民法院不仅承担司法审判职能，还承担国家治理职能。人民法院参与营商环境建设的主体责任不仅源于"法治是最好的营商环境"的理论要求，亦是营商环境评价实践的现实要求。无论是世界银行《全球营商环境报告》一级评价指标中保护少数投资者、合同执行和办理破产，抑或二级指标中的股东诉讼便利指数、解决商业纠纷所需要的时间、解决商业纠纷所需要的成本和司法程序的质量指数等，都与法院司法责任落实密不可分。[①] 在国内评价体系中，作为三大一级评价指标之一的法治化指标，其二级指标中的司法公正透明、维护投资者的合法权益和社会公平正义，以及下分的知识产权保护程度、社会监督行政渠道的畅通度和社会退出机制的完善程度、社会公平和治安环境等指标，同样需要法院落实具体的司法责任。[②] 从实践中优化营商环境的实际需求出发，人民法院亦为解决营商环境问题的责任主体。

(三)实施《无锡市优化营商环境条例》的现实需要

近年来，无锡市贯彻落实党中央、国务院关于持续优化营商环境的决策部署，顺应社会期盼，持续推进"放管服"等改革，营商环境明显改善。与此同时，我市营商环境还存在不少突出问题和短板，与国际一流水平仍有较大差距，为持续优化营商环境，不断解放和发展社会生产力，加快推动高质量发展，市委市政府制定《无锡市优化营商环境条例》。《无锡市优化营商环境条例》找准立法切入点，重点针对我市营商环境的突出短板和市场主体反映强烈的痛点、难点、堵点问题，从完善体制机制的层面作出相应规定，标志着我市优化营商环境工作进入法治化、规范化的高质量发展新阶段。《无锡市优化营商环境条例》共7章88条，从市场环境、政务服务、监管执法、人文环境、法治保障等方面作出具

① 袁达松：《我国法治营商环境的包容性治理——兼论世界银行评估指标的普适性与差异性》，载《人民论坛》2021年第15期。

② 冯烨：《法治化营商环境评估指标体系构建》，载《理论探索》2020年第2期。

体规定，将公平公正公开的法治原则贯彻到立法、法律服务、司法、普法、监督等各个环节，特别设置法治保障专章，涉及人民法院职责目标的多条内容。良法离不开善治，制度的生命力在于执行。全市法院要以学习贯彻《无锡市优化营商环境条例》为新契机，找短板、补弱项、抓落实，持续深化"放管服"改革，勇于对标和建设国际一流营商环境，为各类市场主体投资兴业营造稳定、公平、透明、可预期的良好法治环境，促进全市经济社会高质量发展。

二、无锡法院法治化营商环境建设的薄弱环节

长期以来，无锡法院坚持以习近平新时代中国特色社会主义思想为指导，充分发挥"主战场""主力军"作用，全力优化法治化营商环境，取得积极成效，打造了一批营商环境建设"无锡样本"。但对标先进，仍存在部分短板和不足。

（一）商事纠纷多元化解有待优化

步入新时代，传统社会治理方式难以适应当前商事纠纷化解的新需求，对于多元纠纷解决机制的需求日益增长。无锡法院大力推进一站式多元解纷机制建设，用足用好"总对总"调解资源库和"江苏微解纷"平台，提升"法联商会商事调解中心"实质化运行水平，探索形成商事纠纷源头治理模式。但是，当前该机制的发展水平与预期目标还存在差距。一是在制度运行规范化程度不够。以商事调解为例，当前各类各级的商事调解机构层出不穷，壮大了多元解纷的队伍，但是在实际运行中，由于缺乏统一、标准的运行规范，随意性较强，导致制度实效难以保障。由于缺乏规范、明晰的监管机制，使得在调解人员确定、调解开展以及调解结果审查上存在较大风险，特别是对虚假调解缺乏应有的防范机制。二是制度保障专业化程度不足。商事纠纷多元化解机制的国际化经验表明，专业化是其发展的出发点和落脚点。但是，目前各类商事调解组织和人员的专业化程度参差不齐，难以与实际需求匹配。一方面是由于该制度运行处于发展初期，人才储备处于较低水平，无法深入推进类型化、专业化的解决机制。另一方面是配套保障机制没有及时跟进，如在场所、资金、后勤等保障，特别是调解人员业务能力的培养上还未形成系统化。

（二）知识产权司法保护优化加强

近年来，无锡法院高水平建设和运行无锡知识产权法庭，取得积极成效，但

也面临新的挑战。一是当前知识产权审判在发挥对重要科技领跑领域、新兴前沿开拓领域的引领和保障作用,回应新技术、新业态、新模式司法保护需求,落实知识产权全链条保护的工作举措等方面,还需要进一步强化,与《无锡市优化营商环境条例》强化创新服务,鼓励和支持市场主体拓展创新空间,持续推进产品、技术、商业模式、管理等创新的要求还存在一定差距。二是在知识产权诉讼中未能很好破解“举证难,周期长”等难题,在行为保全、证据保全、制裁妨害诉讼行为等措施运用上效率不高,未能完善技术调查官、技术咨询专家、专家陪审员等多元化技术事实查明机制。三是在知识产权协同保护机制运行效率上,没有达到快速有效衔接的标准,在知识产权海外布局、风险预警防范以及纠纷应对上,未能形成完善的司法服务供给机制。

(三)破产审判效能有待提升

无锡法院坚持市场化、法治化导向,充分发挥破产审判“积极拯救”和“及时出清”功能,助力企业重焕生机,促进市场要素合理配置。但与先进地区相比还存在一定差距,主要体现在以下方面。一是破产审判质效有待提升。破产领域繁简分流机制功能发挥不够,简案未能实现快审;“执转破”衔接程序不畅通,融合程度不够,“执转破”案件数量少;长期未结案件清理力度不够,长期未结破产案件数量较多,破产案件结案率不理想。二是府院联动机制尚不完善。破产案件除了债权债务清偿、财产资源分配等问题外,还会产生一系列需要政府履行职责解决的社会衍生问题,如职工安置维稳问题、实物资产接管问题、税务问题、企业重整后的信用恢复问题等,这些问题需要政府部门的配合。但部分领域府院联动机制尚未建立或不健全,导致相关破产事项无法快速顺利实施,无形中增加了沟通成本,制约了破产审判成效。三是改革创新动能不足。在破产案件审理机制、财产处置模式、破产管理模式等方面的创新亮点不多,理念新、有实效、可复制推广的改革创新成果较少,整体推进上呈现原创动能疲软的情况。

(四)智慧法院建设有待深化

近年来,无锡法院大力推进互联网司法,全面深化智慧法院建设,创造更高水平的数字正义,努力服务保障我市数字经济高质量发展,但也存在一些短板和不足。一是没有协调好统一化与个性化。一直以来,人民法院的智慧法院建设工作都是由上级法院特别是最高人民法院提出顶层设计后,统一部署实施,由下级法院逐级落实,确保智慧化建设的统一性,消除壁垒。但是由于各级法院在职能定位和工作侧重点上存在较大差异,导致上级法院推广的软硬件应用有时候难以完全贴合下级法院的现实需求。为了满足现实的个性化需要,下级法院在自行探索个性化应用时,由于各类应用设计标准不一,各自运行,无法与统一应用互联互通,导致信息碎片化,使用效率不高。二是未能磨合好技术专业性与业务专业性。智慧法院建设高位推进的外在动力十足,司法人员对于智慧司法减轻负担的内在需求火热,但是二者之间并未能够磨合。一方面是由于司法业务的专业性和复杂性导致智能司法产品开发本身难度较大,难以开发出能够切实满足司法人员对于智慧司法辅助办案要求的应用。另一方面当前人民法院将智慧化建设完全交由技术公司开发业务,钟爱"交钥匙工程",法院几乎没有自己的技术性人才,外包技术性人才在业务专业性上欠缺,导致技术专业性凌驾于业务专业性之上,出现适用度不高和用户体验差等现象。

三、无锡法院法治化营商环境建设的优化路径

(一)完善多元纠纷解决机制

党的二十报告提出,"要及时把矛盾纠纷化解在基层、化解在萌芽状态"。习近平总书记强调,要把非诉讼纠纷解决机制挺在前面。《无锡市优化营商环境条例》规定,司法机关应当与行政机关和仲裁机构完善调解、仲裁、行政裁决、行政复议、诉讼等有机衔接、协调联动的多元化纠纷解决机制,畅通纠纷解决渠道。

无锡法院将践行新时代"枫桥经验",整合现有诉调对接自愿,探索推进矛盾纠纷多元化解决机制建设,努力实现从源头化解诉讼案件增量。一是深化制度建设。完善多元解纷工作规章制度,无锡中院先后与市委政法委等部门联合印发《关于加强人民调解员队伍建设的实施意见》《关于进一步加强诉讼与仲裁工作衔接的意见》,在法院系统下发《关于推进诉讼与非诉讼纠纷解决方式对接工作的实施方案》等规范性文件,制作特邀调解组织和特邀调解员名册,制订人民调解员培训手册等,多措并举使诉讼与非诉讼对接工作有章可循。二是完善协同配合机制。全市法院以"诉讼与非诉讼对接中心"为枢纽,对接人民调解、行业调解(物业、保险行业等)、专业调解(涉侨、金融调解等)、律师调解,有效

衔接行政调解，建立法院、外驻调解员相互衔接配合的160余人的专业解纷团队，构建覆盖全市诸领域的10余家多元解纷平台，引导群众以非诉讼方式解决纠纷。三是聚合多方资源。坚持网格化社会治理体系，持续推进“法官进网格”工作，依托乡镇（街道）、村（社区）和人民法庭、法官工作室、巡回审判点等开展法治宣传、法律释明、解纷指导，凝聚起基层社会治理合力。无锡法院先后与人民银行无锡分行、工商联、住建局、侨联、总工会、物业管理协会、保险行业协会、律师协会等部门行业建立专门调解平台，引入专家、律师、志愿者等联合开展咨询、解纷服务，凝聚工作合力，为全市多元解纷工作充实新力量、提供新方案。四是突出特色品牌。积极推进“无锡市法联商会商事调解中心”“滨湖区矛盾纠纷多元调处中心”实质化运行，持续深化人民调解工作室和律师服务站建设，推广“施秋珍调解工作室”等以人民调解员命名的调解室、律师服务工作站等经验做法，不断增强市场主体对多元纠纷解决机制的信任度和认同感。

（二）落实最严格知识产权司法保护

习近平总书记指出，创新是引领发展的第一动力，保护知识产权就是保护创新。《无锡市优化营商环境条例》聚焦知识产权领域，在加大知识产权投入，促进知识产权成果转化，完善知识产权快速协调保护机制，健全企业海外知识产权维权援助机制等方面作出了明确部署。[①]

无锡法院将紧紧围绕“深化最严格知识产权保护实践”理念，持续加大保护力度、完善保护机制，为推动知识产权强国强省建设和高水平科技自立自强提供有力服务和保障。一是落实“最严格保护”司法政策，打造知识产权高规格保护示范地。加强无锡知识产权法庭建设，聚焦进一步统一知识产权裁判标准、进一步提高审判质量效率、进一步提升司法公信力和品牌影响力、进一步加强对国家创新驱动发展战略和知识产权战略实施的司法保障，深化技术类知识产权审判领域改革，不断完善工作机制，着力打造知识产权争端解决优选地。落实知识产权侵权惩罚性赔偿制度，细化落实侵害知识产权及不正当竞争案件确定损害赔偿指导意见，按照案件类型细化明确适用惩罚性赔偿的条件和赔偿基数标准，对重复侵权、恶意侵权、大规模侵权行为，加大制裁力度，提高违法成本。二是聚焦科创重点领域，激发创新创造活力。积极创新适用“证据提供

---

① 《无锡市优化营商环境条例》第25、26条。

令"、行为保全等制度，破解"举证难、周期长"等难题，加速矛盾纠纷的化解。积极推进包括电子通信、计算机软件、生物医药、机械化工等专业的技术调查官制度落地，提高技术类案件专业研判水平，通过"借智"方式快速拓展特定领域能力边界。三是推进"全链条保护"平台建设，打造知识产权协同保护大格局。推进5家基层法院知识产权审判庭和5个巡回审判点建设，打造两级法院"1+5+5"知识产权司法保护布局，促进案件快速响应、属地治理、源头化解模式的形成。推进物联网产业知识产权司法保护中心、阳山水蜜桃地理标志保护基地实质化运作，落实《苏锡常通人民法院知识产权司法保护协作框架协议》，构筑点、线、面、体相结合的知识产权保护大格局。此外，在海外知识产权布局上，坚持知识产权法庭和国际商事法庭两庭联动建设、协同发展，为知识产权"走出去"和"引进来"提供更加坚强有力的司法保障。

（三）推进市场化破产

党的二十大报告指出，要构建高水平社会主义市场经济体制。破产审判是人民法院适应现代化经济体系，服务保障经济社会高质量发展的重要司法手段。当前，我市正处于产业结构转型、新旧动能转换关键时期，充分发挥破产审判在完善社会主义市场经济主体拯救和退出机制中的作用显得尤为重要。《无锡市优化营商环境条例》规定，要推行破产案件繁简分流、简易破产案件快速审理等机制，联合建立破产处置联动机制，推进与个人破产制度功能相当的试点工作。①

无锡法院将认真履行破产审判职能，充分发挥破产审判在完善市场主体救治和退出机制中的积极作用，为无锡经济社会发展提供有力司法服务和保障。一是狠抓破产审判质效。在落实破产立案登记制的基础上，深入推进执行案件移送破产审查工作，完善"执转破"衔接程序，推动执破融合。构建破产案件繁简分流机制，对事实清楚、争议不大、符合条件的案件应简尽简，最大限度优化审理程序，缩短审理周期。健全破产审判预警机制，关注企业经营状况和债务风险，对重点企业可能涉诉、涉执行、涉破产进行风险预判，及时向有关部门、企业发送司法建议，提前做好应对工作，最大限度地降低社会稳定风险。推动积案清理，通过清案指导结对联络人、定期督报会、破产清案通报、破产管理人工

---

① 《无锡市优化营商环境条例》第79条。

作迟延惩戒等工作机制，形成“积案清理成效显著、新案审理有序推进”的良好局面。二是进一步完善府院联动机制。积极争取党委支持，从“个案”府院联动转变为“常态化”府院联动，及时协调处理企业破产处置过程中的民生保障、社会稳定、管理人履职保障、税费减免、资产处置等事宜，细化工作流程，形成工作合力，推动解决破产难题，积极服务高质量发展。同时，加强信息沟通和工作对接，建立高效运转的信息共享机制。三是要深化队伍建设。积极学习外地先进经验，加强破产审判合议庭建设，配齐配强破产审判力量，加强实践积累和破产审判业务培训，不断提高综合素质。健全破产管理人制度，认真梳理管理人在破产审判工作中遇到的困难与问题，加强对管理人的业务指导、履职保障和过程监督，建立健全管理人选任与动态考核体系，切实提升破产管理人的整体水平。加强改革探索创新，探索制度管理企业合并破产制度，破产财产网络询价制度等，创新上市公司破产挽救模式，探索预重整引导人制度，创新破产营业管理模式、市场化处置资产模式等，打造破产审判“无锡经验”。

（四）深化智慧法院建设

智慧法院是建立在信息化基础上人民法院工作的一种形态。习近平总书记指出，“没有信息化就没有现代化”“网信事业代表着新的生产力和新的发展方向”。《无锡市优化营商环境条例》着眼应用互联网、大数据、区块链、人工智能等现代信息技术，以数字赋能为牵引，发展智慧生活场景，打造开放、有序、健康、安全的数字营商环境。[①] 要求人民法院提高诉讼服务全程网上办理水平，推进诉讼服务智能化、便利化，推进智慧执行系统建设，拓展物联网技术在执行领域的应用场景等。[②]

无锡法院将牢固树立数字化思维，全面推进法院数字化、智能化转型升级，积极构建数字时代司法新模式，为数字经济健康有序发展提供有力有效的服务保障。一是面向智慧审判，持续深化全流程网上办案，推动工作流程再塑造、节点管理再细化；全面推进电子卷宗随案同步生成及深度应用，积极探索无纸化办案模式；开发建设移动办案平台，将法官工作模式向移动端拓展，提升办案质效。二是面向智慧执行，深入推进执行指挥中心“854”模式迭代升级，强化四级

① 《无锡市优化营商环境条例》第6条。

② 《无锡市优化营商环境条例》第77条第1款、第78条第2款。

法院联动、横向单位协作模式,打造执行指挥的新格局;运用大数据分析手段,深入挖掘数据背后的执行线索和事实真相,助力社会诚信体系建设,破解“执行难”问题;积极探索物联网技术的司法应用场景,贯彻善意文明执行理念,开发物联网电子封条、称重、物联网查封财产监管系统,打造无锡“物联网+执行”新模式。三是面向智慧服务,通过积极打造在线诉服体系,助力一站式多元解纷和诉讼服务体系建设;开发锡法全域可视化诉讼服务系统,打造内外网融合、多场景应用的音视频诉讼服务新模式;完善无锡法院诉讼服务网,建设多功能、全覆盖的诉讼服务大厅和24小时诉服站,为群众提供线上线下深融合、全时段、跨地域的立体式服务,推动司法审判实现质量变革、效率变革、动力变革,提升群众的司法获得感、满意度。四是面向智慧管理,不断拓展司法管理应用,有效提升法院管理智能化水平。先后上线办公物品领用、请销假管理、车辆管理、荣誉管理、案款管理、智慧警务管理、“物联网+后勤”等系统,推动法院行政管理方式的智能化转型升级。

四、结语

营商环境没有最好,只有更好。无锡法院将坚持以习近平新时代中国特色社会主义思想为指导,准确把握贯彻新发展理念、构建新发展格局的要求,以推动高质量发展为主题,以提升市场主体满意度获得感为重点,主动对标高标准市场规则体系和国家、省、市营商环境创新试点先进举措,聚焦重点领域和关键环节,持续为企业发展提供全生命周期保障,更大力度激发市场主体活力和发展内生动力,努力为打造最优营商环境城市贡献司法智慧和力量,全面推进中国式现代化无锡新实践。

营商环境评价之“执行合同”指标视角下执行程序繁简分流机制的困境与破解

尤跃海*

摘　要：营商环境评价之“执行合同”指标旨在衡量一个标准商业纠纷所需的时间和成本，以及司法部门的一系列良好做法，是反映企业和群众获得感的重要指针。民事强制执行作为保障胜诉当事人合法权益实现的主要司法途径，其质量和效率对于优化营商环境具有重要意义。当前，全国法院均在积极推进完善执行案件繁简分流工作，但由于制度不完善与相关理念差异导致实践中存在执行案件分流标准不统一，分流程序不完善，分流效果不明显的问题，一定程度上影响了执行工作质效，也与为营商环境提供法治化保障的目标存在差距。对此，执行程序繁简分流工作应当以执行质效为核心，完善制度设计，纠正理念偏差，以信息化为依托，建立科学合理的分流标准，同时，完善分权集约的案件流转程序，积极拓展执行案件多元分流化解渠道，进而为法治化营商环境提供有力司法保障。

习近平总书记在中央全面依法治国委员会第二次会议上指出，法治是最好的营商环境。而执行程序是依靠国家强制力确保法律全面正确实施的重要手段，是维护人民群众合法权益、实现社会公平正义的关键环节，事关全面依法治国基本方略实施和社会公平正义实现。《最高人民法院关于为改善营商环境提供司法保障的若干意见》中，提出加强执行工作，完善执行法律规范体系，加强执行信息化建设，加大执行力度，规范执行行为，切实增强执行威慑，优化执行

* 尤跃海，无锡市中级人民法院执行局法官助理。

效果。从中我们可以看出执行工作在司法保障领域对于优化营商环境建设具有重要意义。但是,实践中由于规范层面的阙漏和工作理念的偏差,使执行工作与其本身公正高效的价值目标存在一定差距,与营商环境评价相关指标要求不相符合。因此,如何在营商环境指标视角下坚持执行工作基本原则,对标国际先进水平,推进体制机制创新,为优化营商环境建设提供有力司法保障,成为我们关注的问题。

一、问题提出

(一)法治化营商环境的建构对于执行工作提出新要求

作为通过运用国家强制力兑现生效法律文书确定内容的法院执行工作,在优化营商环境方面责任重大。无论是从世界银行每年对全球190余个经济体进行评估后发布的《营商环境报告》,还是自2018年起我国发改委对部分城市开展营商环境评价来看,"执行合同"指标均占有重要地位,而其中涉及法院执行工作效率、成本、质量等"执行合同"指标项下的二级指标在整个指标分数中占比最大。可以说,涉及执行工作的二级指标得分的高低直接决定了被评价地区"执行合同"指标的排名,进而也在一定程度上影响了相关地区营商环境的总体评价。就"执行合同"指标设置的目的而言,其旨在衡量解决一个标准民商事纠纷所需的时间和成本,以及司法部门的一系列良好做法,包括司法效率、司法成本、司法程序质量指数三个二级指标,三项指标分别占比33.3%,这与当前执行工作中侧重于效率或结果的倾向不同,更为注重效率、成本与质量的均衡。因此,在营商环境指标视角下,法院执行工作应在不断提升执行效率、降低执行成本与优化执行效果的同时努力把握三者间的动态平衡。

(二)执行案件分流机制对于保障法治化营商环境的重要价值

案件繁简分流的主要价值在于优化司法资源,提高司法效率,促进司法公正,减少当事人诉讼成本,而效率、成本、质量是营商环境评价的关键因素。因此,只有通过设置科学合理的分流程序,优化司法资源配置,快速审理简单案件,严格规范审理复杂案件,努力以较小的司法成本实现较好的法律效果,才能在营商环境评价中取得优异结果。而执行程序作为旨在高效保障胜诉当事人合法权益实现的关键环节,更需要以简案快执、繁案精执的模式,进一步提高执行效率、优化执行质量。此外,执行权的权力属性要求在工作中应当积极履行法定职责,严格遵守法定时限,禁止不合理延迟,同时尽量减少当事人的程序性负担,这也与营商环境评价指标密切相关。综上所述,完善执行案件繁简分流机制不仅是执行权权力属性的内在要求,也契合了营商环境评价之“执行合同”指标的价值追求。

(三)营商环境之“执行合同”指标视角下执行案件分流机制的困境

案件繁简分流是深化司法体制改革的重要配套措施,但目前的实践探索与理论研究绝大部分停留在审判层面,就执行案件而言,普遍存在繁简标准不明、分流程序不细、实施效果不佳、配套机制不足的问题。值得注意的是,部分法院以繁简分流为名将分流标准“一刀切”,案件执行流于表面程序,导致执行效率与执行质量产生严重偏差。我们认为,在营商环境评价之“执行合同”指标视角下,执行案件繁简分流涉及执行效率与执行质量、执行成本与执行资源、执行专业化与全能化、案件考核与业绩评价等多重关系的权衡。在制度设计与程序保障的前提下,需对执行案件繁简分流机制进行精细化设计,通过分流标准的精确定位、执行资源的优化配置、配套机制的同步推进,实现执行效率、执行成本与执行效果的均衡推进。

二、标准解构

按照世界银行的营商环境评价标准,执行工作主要的关注点在于时间、成本、组织结构等易于量化的要素,而对于法律效果与社会效果的衡量,相关主体的利益协调等主观要素缺乏指引。2018 年,我国明确提出了构建以市场主体和社会公众满意度为导向的中国营商环境评价体系①,相较国际标准,更为强调各评价要素的均衡协调发展,即从权力运行评估转向权利保障评估。

(一)执行时间

法谚云“迟来的正义非正义”,权利在确定以后如不能及时、迅速、有效地实现,对权利仍是伤害,故强制执行无论在立法或执法,均应注重效率,迅速实现权利。②

① 国家发展和改革委员会编著、林念修主编:《中国营商环境报告 2020》,中国地图出版社 2020 年版,第 2 页。

② 吴光陆:《强制执行法》,台北,三民书局 2017 年版,第 17 页。

结合世界银行与我国营商环境评价标准，执行时间是“执行合同”的二级指标，涉及执行程序的可以归纳为：(1)执行立案时间；(2)保全时间；(3)确定、识别、扣押和运输败诉方的财产所需的时间；(4)宣传、组织和举办拍卖所需的时间，如有多次拍卖，则须记录多次拍卖之间的时间；(5)拍卖完成后，胜诉方完全收回执行标的物的时间。由上述评价标准可见，完全覆盖了执行案件从立案到结案的全过程，其不仅衡量案件的整体执行时间，更细化为对执行案件过程中各个执行节点的效率评估，换言之，只要某个执行节点发生延宕，则整体评价皆受影响。因此，执行繁简分流机制设计应当以最大限度缩短各项执行节点时间为指引，通过对执行时间的量化分析测算不同类型案件执行过程中涉及的各项节点平均耗时，进而推导出以执行时间为区分的繁简案件标准，例如，在 30 日内执行完毕的为简案，超 6 个月未执行完毕的为繁案。需要注意的是，以执行时间为前提，通过大数据分析厘定简繁案件只是合理设置执行繁简分流机制的基础性工作，不同地区的法院需结合信息化水平、人员配置、经济发展程度等因素科学界定繁简案件各自的执行时间。

（二）执行成本

在经济学理论中，成本所扮演的角色不只是影响生产和利润的水平，还会影响市场主体投入的选择、投资的决定，甚至可以决定是否继续保持该业务。所以，成本所记录的不过是竞争的吸引力。[①]《优化营商环境条例》明确提出要“切实降低制度性交易成本”，在营商环境视角下，涉及执行程序的成本主要包括执行费、评估费、拍卖费、政府税费等原告方为了通过公开出售被告方资产来执行判决的一切成本。此外，我们认为执行案件的人力成本虽然不是直接的评价指标，但其在实践中往往会产生与案件相关的交易费用，如差旅费、服务外包人员的劳务费等，在此有必要予以统筹考虑，均可以圈定为执行成本。从经济学角度分析，总成本分为固定成本和可变成本[②]，在执行程序中涉及的所有成本均可归结为可变成本，如执行费的收取以是否执行到位为前提，评估、拍卖等费用也以财产是否处置完毕作为收费依据，同样，人力成本也可以随着案件数量

① [美]保罗·萨缪尔森、威廉·诺德豪斯：《经济学》(第 18 版)，萧琛、蒋景媛等译注，人民邮电出版社 2011 年版，第 197 页。

② 固定成本是指，即使企业的生产量为零也必须支付的费用；可变成本是指，随着产出水平的变化而变化的成本。

等因素变化予以调整。这就使在执行程序中能够通过对案件数量与难易程度的因应把握来合理控制执行成本的增减,换言之,在准确厘定繁简案件标准的基础上,对执行成本作出合理预判并尽可能予以控制是可能的。

(三)执行质量

执行质量指标涵盖程序和实体两个维度。在营商环境评价中,司法程序质量衡量的是每个地区经济体能否在其司法体系的四个领域中采取一系列的良好实践:法院结构和诉讼程序、案件管理、法院自动化和替代性纠纷解决,相关指数分值越高,表示司法程序更好且更有效率。其中涉及执行程序的,可以进一步归纳为:(1)是否存在快速通道程序处理小额纠纷案件;(2)是否能够对执行进展情况予以公开;(3)是否存在前置程序分析案件复杂性和执行的预计长度;(4)执行信息化工作对于法官和当事人的有效性如何;(5)是否存在执行案件的多元解纷渠道。因我国营商环境评价体系相较国际标准,更为注重实体导向,故在实践中法院执行工作除需要切实保障程序运行的高质量外,仍需对执行结果负责,使相关主体的满意度和获得感得到真正体现。对此,执行法院需要思考的是,在执行权实施前及过程中如何构建一种既能保障程序高质量运行又能提升执行效果的有效机制。而繁简分流所体现的价值内涵涉及司法程序运行、司法资源配置、实体权利保障等多个方面,只有处理好上述几方面的相互关系才能充分提升执行质量,进而确保在营商环境评价中取得高分。

三、困境剖析

执行时间、执行成本和执行质量是营商环境评价对进一步完善执行工作提出的核心要求,执行繁简分流需要有效回应这些要求,实现执行程序在改善营商环境中的更大效用。当前,民事诉讼程序繁简分流改革正在各地法院如火如荼地推进,但执行程序的繁简分流工作没有取得突破性进展。在规范层面,鲜有针对执行程序繁简分流的统一指导意见和操作规程,同时,随着执行考核对效率指标的偏重,导致部分法院片面追求执行效率而忽视执行到位指标,执行案件办理呈现形式主义的倾向,这显然与“努力提升人民群众满意度和获得感”的要求有偏差。在实践层面,由于分流标准和分流程序的不完善,使执行繁简分流未能实现预期效果,上述问题对在执行领域推进优化营商环境建设造成了不良影响。

(一)规范不足与理念偏差

1. 制度规范不足。虽然最高人民法院在2016年起即有推进案件繁简分流的具体意见出台,但均是对审判程序作出的规制,并没有对执行案件繁简分流作出规定。直到2019年6月,最高人民法院与中央全面依法治国委员会相继出台文件对执行案件繁简分流作出规定,但意见较为原则,没有给出具体详尽的操作规程。我们认为,执行程序是关系法律生效文书所确定的内容能否得到兑现、债权人的合法权益能否得到保障、司法权威能否得到确立的关键环节,其重要性不言而喻。然而,在顶层制度设计层面缺少具体的指导意见,导致各地法院对于执行案件繁简分流始终缺乏统一的工作标准。

2. 执行形式主义倾向。近年来,随着执行工作规范化程度的逐步提升,一个执行案件往往按执行措施采取的先后顺序分解为不同的节点,每项节点均有内容与时限要求,这对于执行工作的集约化、规范化具有积极意义。一般而言,执行过程规范到位,执行行为应为必为,执行力度必然会提升,长远来看,执行到位率等质效数据会向好。但是,部分法院在实施过程中将规范化片面理解为流程化,执行人员仅满足于在电脑上完成节点事项,而对于被执行人财产的深挖彻查、执行措施的灵活运用积极性不高,执行效率虽有提升但效果不理想,执行工作浮于程式化的表象,存在按部就班“走流程”的不良倾向。

(二)实践问题之一:分流标准单一

当前,各地法院均结合自身实际积极推进执行案件繁简分流工作,在分流标准方面具有一定共性,即采用“标的额+要素”的识别模式。如简易案件的执行标的额被设定为3万元至10万元,同时考虑案由、被执行主体、财产类型、关联案件等因素。但在实体运行中存在以下问题:实践中,繁简案件并非仅根据申请执行标的大小决定,只有经过深入的执行调查对可执行财产的权属、占有、使用等全面掌握后,案件繁简才能明晰,往往某些标的额较高的案件通过线上查控或组织调解可以顺利执结,一些标的额不大的案件却执行日久仍然以终本方式结案。以W市法院为例,2020年在全市以终本方式结案的案件中,申请执行标的额10万元以下的终本案件有8901件,占全部终本案件的48.67%,且平均执行时间长达113天,对此显然不能简单以标的额为标准区分案件的繁简。

(三)实践问题之二:分流程序不完善

程序分流的价值在于简案快执、难案精执。如果说合理设定标准是繁简分流应然性的体现,那如何在执行程序中全面贯彻繁简分流则是实践层面必须考量的问题。当前,全国法院均设立了执行指挥中心,而对案件进行甄别和分流是其重要职能,但从实际运行情况来看,这一职能并未充分发挥。以W市法院为例,执行繁简分流由执行指挥中心工作人员简单参照标的额大小或是否有财产处置分流至快执团队、普通团队或财产处置团队,对财产现状、当事人情况、案件类型等没有进行实质性审查判断,部分法院执行指挥中心甚至由服务外包人员分流案件,导致部分标的额虽小但财产处置复杂的案件直接分流至快执团队,影响执行效率。执行案件繁简分流工作不仅在程序前端未能发挥应有功能,在分流至各执行团队后同样存在问题。如有的法院为打破一人包案到底的模式,将执行权进行机械化分割,由不同团队分别行使财产查控、财产处置、案款分配等工作,看似分流集约,却存在案件重复劳动、各环节衔接不畅、案件流程管控不力、个案责任不明、工作量分配不均、考评机制缺位等问题。

(四)实践问题之三:分流效果不明显

分流标准单一及分流程序的不完善很大程度上影响了案件执行效果。以W市为例,自2016年起全市即推进实施执行案件繁简分流,且相关基层法院被J省法院确定为试点法院,但从实施效果衡量,没有达到制度预期。虽然法定期限内结案率、结案平均用时等效率指标有所提升,但作为衡量生效判决兑现率的实际执行到位率、执行完毕率等质量指标下降明显,反映出执行质量没有随执行效率的提升而有所改善,执行繁简分流工作没有取得预期效果。从图1-1可以看出,近五年W市结案平均用时逐年递减的同时,执行到位金额亦同时下降。图1-2呈现的是终本案件与执行完毕案件的数量对比,终本案件数量自2017年起逐年递增,相应的执行完毕案件数量则呈不断递减趋势。需要注意的是,配套机制的不足也对执行案件繁简分流效果存在负面影响,主要是执行程序缺少多元化解机制,无法对案件进行执行前后的过滤与协助,同时,绩效考核机制不适配。目前多数法院还是采取“案件数+权重”的考核体系,绩效指标尚未区分案件繁简分别设置。

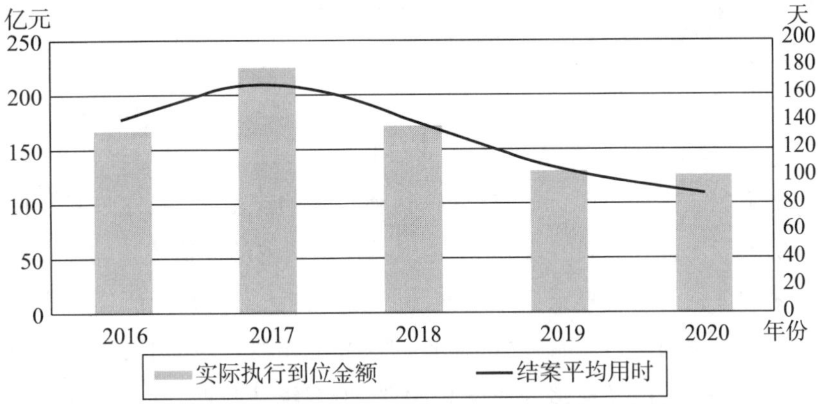

图1－1　W市首次执行案件实际执行到位金额与结案平均用时

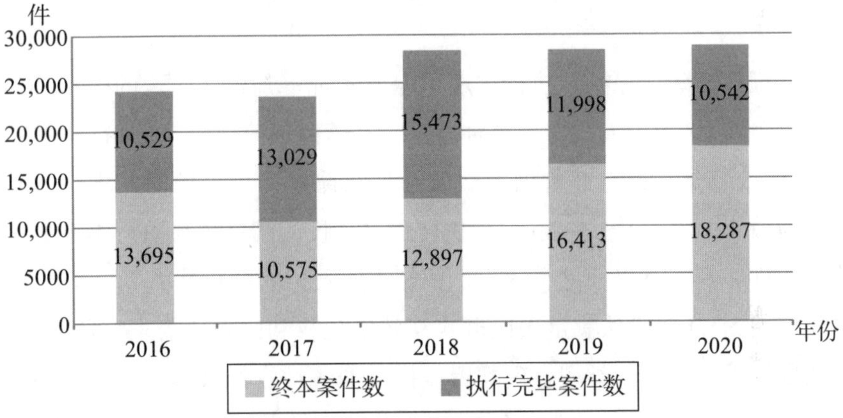

图1－2　W市首次执行案件中终本案件数与执行完毕案件数

四、破解进路

营商环境本质上是法治化的营商环境，在持续推进执行工作繁简分流的过程中，应当全面参照营商环境评价的国际与国内标准，结合各地工作实际，坚持以实体公正和程序高效为导向的执行理念，在充分运用信息化技术合理设定繁简标准的基础上，进一步细化分流程序、优化资源配置。同时，为保证繁简分流程序运行的整体性与协同性，还需积极拓展和架构执行案件的多元解纷和绩效考核机制。

（一）分流理念：树立公正与高效的执行理念

1. 以实体公正为导向。民事执行的价值在于公正与效率。执行公正通常表现为两种形式：一是实体公正，指人民法院积极履行职责，依法及时有效采取执行措施，实现生效法律文书所确认的权利义务关系。二是程序公正，指人民法院严格依照法律程序履行职责，确保执行行为的规范化。[①] 通过对营商环境评价的价值取向进行分析发现，无论是国际还是国内的评估体系均注重对法律实施效果的评估。如世界银行“执行合同”指标方法论奠基人所述：“大陆法系国家比普通法系国家更注重程式，而且与更高的纠纷解决时长，司法裁决中更低的连贯性、公正，以及更多的腐败相关联，根据统计数据，没有证据显示程式主义保障司法公正。”[②]因此，在营商环境视域下，执行工作应摒弃踩点式的程序解构，跳脱流程化、表面化的形式主义倾向，树立以实体正义为依归的执行理念。

2. 以程序高效为原则。执行程序不但要实现审判程序确定的公正，而且应尽可能以迅速、恰当的方式实现这种公正。在营商环境评价之“执行合同”指标项下，司法效率是其重点评价内容。如果说法律是善良公正的艺术，那司法就是正义与效率的算术。[③] 一般而言，执行程序中投入的资源与执行结果成正比，但执行案件客观上有繁简之分，若每个案件投入相同的执法资源，则会使司法成本受到制约，从而无法满足人民群众高效实现权利的司法需求。这就要求我们必须根据不同的案件类型合理配置应投入的各种资源，以此提升执行效率和降低执行成本，这也是执行案件繁简分流的实践基础。总之，在营商环境评价背景下对执行程序的运行进行规制时，要充分体现实体公正和快捷高效。

（二）分流标准：以信息化为依托的要素识别

与审判程序不同，执行案件的繁简绝大多数并非由法律关系的复杂程度来决定，而是受制于执行财产的处置难度。因此，执行案件繁简分流的标准应以财产处置为核心，综合各项变量要素予以设定。随着大数据、人工智能等技术在司法领域的深度运用，在审判程序中已初步实现大数据整合下的判例参考，

---

① 石时态：《民事执行权配置研究》，法律出版社2011年版，第65页。

② 罗培新：《世界银行营商环境评估：方法·规则·案例》，译林出版社2020年版，第376页。

③ 李旭辉、胡小静、谢刚炬：《“多元调解＋立案速裁”的紧密型司法ADR模式探索——以北京市22家中基层法院的改革实践为视角》，载《人民司法（应用）》2018年第1期。

以推进“类案类判”的司法裁判常态。① 我们认为,执行程序同样可以借助信息化手段对过往执行案件的执行情况进行大数据分析和类型化处理,进而精准设定繁案和简案的甄别标准,具体可以综合考虑以下要素。

1. 财产情况。被执行人的财产情况直接决定了执行案件的难易程度和执行结果,是整个执行程序的核心。一般影响财产处置难度的包括财产数量、财产类型、是否设立权利负担、是否实际占有使用等要素。纳入繁简分流的财产,对于简易案件而言因需体现高效率,故应以财产处置难度越小越好为要。

2. 当事人情况。当事人人数众多或涉信访案件一般执行难度较大,具有一定社会影响,不应归为简易案件,与此相对,被执行人有稳定工作,履行能力较强或采取间接强制措施后履行可能性较大的可以归为简易案件。

3. 实际执结率。执结率可以直观反映固定期限内相关类型案件的执行效果,实际执结率较高的案件类型,可以归为简易案件。

4. 执行标的额。标的额的大小很大程度上与执行难度相关联,各地法院可以对过往实际执结案件中的执行到位金额均值进行数据分析,以此确定符合实际的繁简案件执行金额标准。

5. 执行周期。案件执行周期直接反映了难易程度,简易案件执行用时更少,复杂案件则耗时较长。

需要说明的是,繁简案件的区分标准也是相对的,具体操作中还应考虑执行法官的能力匹配、司法政策的不同导向等因素。此外,为避免程序僵化和分流偏差,执行法院需要根据地域特点、司法资源配置、受理案件数量等对分流标准进行动态调整。

(三)分流程序:全域分流与分权集约

1. 完善案件流转程序。执行案件繁简分流工作机制贯穿于整个执行流程,不仅包括办案程序的流转,还涵盖执行权实施过程中的分权集约及人员结构的优化配置。在执行案件立案登记前,应参照审判程序设立执行案件多元解纷机制,从源头上尽可能压降进入执行程序的案件。案件进入执行程序后,应充分发挥执行指挥中心的前端分析功能,结合网络查控结果和当事人初次谈话情

---

① 高鲁嘉:《人工智能时代我国司法智慧化的机遇、挑战及发展路径》,载《山东大学学报(哲学社会科学版)》2019 年第 3 期。

况,综合大数据分析,准确甄别繁简案件后实施分流。为最大程度保障执行效率和执行效果,简易案件办理应一次性采取充分执行措施并严格限定在较短期限内执行完毕如图1-3所示。关于繁简程序转换方面,可以看作速执团队对案件进行的二次分流,因案件已经过简易程序处置,当事人情况及执行财产等情况较为明晰,对繁简案件的区分更为精准,至于繁简程序的转换条件则可以采取主客观相结合的标准进行类型化归纳,如图1-4所示。

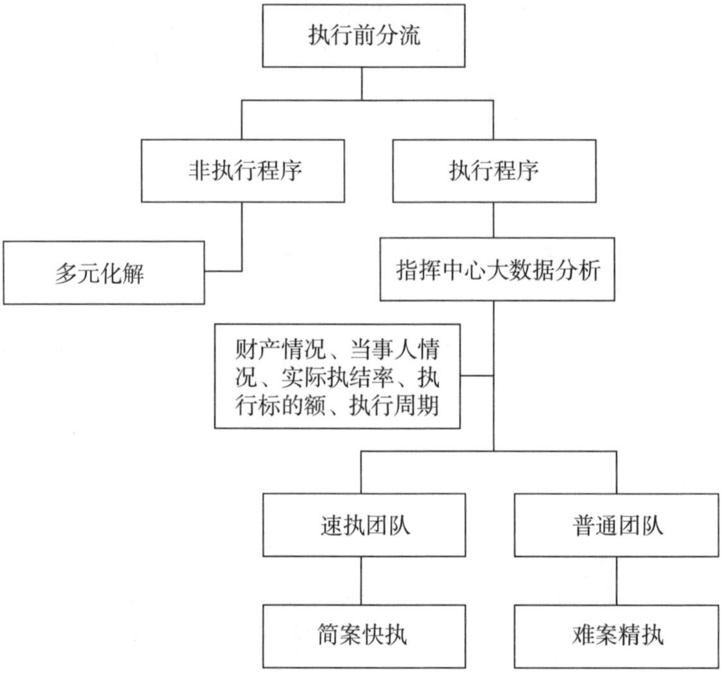

图1-3　执行案件繁简分流总体路径

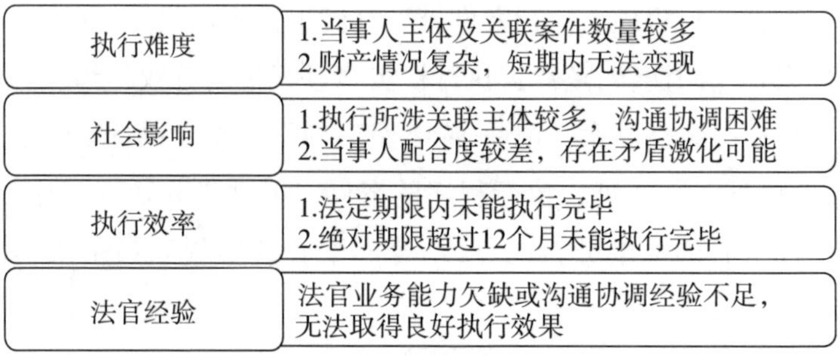

图1-4　执行简案转繁案的条件

2. 优化分权集约模式。《人民法院第五个五年改革纲要(2019—2023)》指出“推行以法官为核心的执行团队办案模式……推进执行案件和执行事务的繁简分流、分权实施,打破‘一人包案到底’的办案模式,切实提升执行工作的集约化、精细化、规范化水平”。该改革纲要的基本要求是实现执行实施权的优化配置,具体方式则是执行命令权与执行事务权的深化分离。[①] 但从实践来看,部分法院混淆了分权对象,认为执行权的分权实施即在案件执行中将执行命令权进行分割并交由不同法官行使,造成一个执行案件中每个阶段的法官各管一段,产生了工作流程复杂化、程序衔接不顺畅、不同执行团队或执行人员之间相互推诿的弊端[②],与以效率为原则的繁简分流机制相悖。我们认为,所谓执行实施权的分权是命令权与事务权的划分,而非执行命令权的二次分权,因此实践中应坚持执行法官的核心地位,将具有判断性的执行命令权交由执行法官行使,不具有判断性的执行事务权交由其他执行人员行使。[③] 而执行权的集约化行使也是执行事务办理的集约化,其目的在于弥补执行实施权分权实施减损执行效率的不足。实践中由于执行指挥中心集约执行的程度高于执行团队,因此可以将执行法官发布的执行命令由执行指挥中心具体统筹实施。

(四)配套机制:多元化解与细化考核

1. 拓展执行多元解纷格局。执行繁简分流除了与执行机构的内部程序规范及权力配置直接相关外,更与地方党委、政府及其他社会团体的协作联动密切联系。要实现繁简分流公正高效的目标设定必须结合执行工作内外因的相互作用予以推进。《中央全面依法治国委员会关于加强综合治理从源头切实解决执行难问题的意见》指出要“进一步健全完善综合治理执行难工作大格局,确保切实解决执行难目标实现”,而在营商环境评价之“执行合同”指标中,执行联动机制作为替代性纠纷解决指数同样是评估的重要内容。对此,必须在法院内部与外部共同推动构建执行多元解纷格局,在法院内部应完善立审执配合,在审判程序中应注重判决的可执行性;在外部协作方面,完善对土地、房产、证券、

---

① 执行命令权,是指作出查封、扣押、冻结、扣划、拍卖、变卖、以物抵债、价款分配、罚款、拘留等裁定或决定的权力;执行事务权是指具体实施执行命令的权力。

② 舒锐:《分段集约执行别抛弃了传统优势》,载《法庭内外》2012 年第 7 期。

③ 肖建国、庄诗岳:《论民事执行实施权的优化配置——以我国的集约化执行改革为中心》,载《法律适用》2019 年第 11 期。

车辆等主要财产形式的网络化、自动化执行查控体系，通过联通国家"互联网+监管"系统及全国信用信息共享平台对失信被执行人进行联合惩戒。

2. 区分繁简案件的考核标准。可以将考核区分案件考核与人员考核。关于案件考核，由于执行简易案件和复杂案件的差异性，故应分别设置考核标准：对于简易案件因实际执结可能性较大，重点考察其执行效率，复杂案件因执行难度较大应首先关注其权力行使的规范性。关于人员考核，因执行实施权可分为命令权和事务权，事务权可再细分为核心事务权与辅助事务权：核心事务性权包括办理搜查、查封、扣押、冻结、拍卖、强制迁出、拘传、拘留、罚款等事项；辅助事务权包括立案登记、信息录入、卷宗扫描、笔录制作、文书送达、卷宗装订等事项。实践中，法官行使执行命令权，考核应以案件为基础，其他辅助人员则行使执行事务权，考核应以事项为依据。因此，对执行法官应参照"审理者裁判、裁判者负责"的原则重点考评执行命令权行使的质量和效率；对辅助人员，按照"谁办理谁负责"的原则，根据各岗位承担职责的不同设定相应的考评标准，重点对执行事务权行使的差错率、及时性、规范性等进行考评。①

五、结语

"执行合同"指标并不能完全评价一个地区营商环境的全貌，但是该指标所体现的对司法效率、成本和质量的要求与执行工作本身的价值取向相契合。在营商环境优化提升中，法院不仅应是公平正义的供给者，还应是高效优质司法的能动者。② 在当前我国推进营商环境全面优化的背景下，执行繁简分流工作应以此为契机，以相关评价指标为导向，结合工作实际全面树立公正高效的执行理念，建立以信息化为依托的多要素繁简案件分流标准，完善以分权集约为核心的分流程序。同时，通过拓展多元解纷机制和细化绩效考核的方式，确保执行程序繁简分流取得实效，有效提升执行质效水平，进而为优化营商环境建设提供有力司法保障。

---

① 江苏省高级人民法院课题组：《关于建立单独执行工作考核机制的若干思考》，载《中国审判》2021年第3期。

② 重庆市高级人民法院课题组：《法治化营商环境司法评估的价值、理论与技术路径——以〈重庆法治化营商环境评估指数体系(2019)〉为例》，载《人民司法》2020年第7期。

第 2 章　司法服务保障营商环境问题研究

无锡知识产权法庭落地对科创生态的现实效用与优化

无锡知识产权法庭课题组*

摘　要：无锡知识产权法庭落地后，带回了技术类案件，增大了案件审理难度，扩大了案件影响，同时，知识产权法庭积极落实了多方面行动，包括加强企业主体自身知识产权保护、推动行政司法协同保护和强化司法审判队伍建设。但是，在目前，科创生态中，仍存在以下问题：一是企业主体保护意识不足；二是协调保护力量薄弱；三是目前审判机制存在盲点。为解决以上问题，助力优化科创生态环境，知识产权法庭提出了优化科创生态的路径，一是立足指导目标，谋划司法服务工作；二是增强产学调研，助力企业健康发展；三是聚集各方力量，弥补薄弱协作环节；四是推动司法入链，深入供给重点产业；五是打造精审细审，优化科创司法服务；六是优化审判团队，打造科创司法服务审判力量。

2022 年 1 月 10 日，无锡知识产权法庭（以下简称知产法庭）被最高人民法

---

* 课题组成员：赵建聪，无锡市中级人民法院二级高级法官；陆超，无锡知识产权法庭庭长；张仁青，无锡知识产权法庭法官助理。

院批准成立，成为我省第三家拥有专利、技术秘密等知识产权管辖权的法庭。知产法庭于2022年6月9日正式揭牌成立后，严格按照省、市委要求和知识产权“十四五”发展规划总体部署，主动扛起知识产权司法保护服务贯彻新发展理念、构建新发展格局、推动高质量发展的时代使命，有效提升知识产权保护、服务水平，使知识产权成为促进无锡建设现代化经济体系、激发全社会创新活力、有力支撑经济社会高质量发展的重要力量。

近年来，无锡地区显现科创企业数量快速增长、结构不断优化、活力持续增强的状态，呈现了资金、人才的持续型、密集式投入的现象，展现了创新链产业链融合发展、“科创+产业”同频共振的态势，达到了“量质齐升、欣欣向荣、有力支撑经济社会发展”的效果。围绕推进创新驱动发展战略、服务产业发展需求、保障我市“一核三湾，一城十元”太湖湾科创带发展、健全完善全链条司法保护格局，知产法庭先后前往多家高新技术企业开展走访调研、多次开展多部门联席、企业参与和社会参与的座谈会，听取对知产法庭落地后加强服务创新和司法保护的意见与建议。在深入调研的基础上，结合司法实践，认真分析无锡地区科创生态的司法服务薄弱项，提出进一步服务推进我市科创生态与技术创新的重要保障措施和优化策略。

一、知产法庭落地下的切实变化

知产法庭揭牌之后，只要发生在无锡市辖区内的专利、植物新品种、集成电路布图设计、技术秘密、计算机软件的权属、侵权纠纷以及涉驰名商标认定、垄断纠纷的第一审知识产权民事、行政案件，以及发生在无锡市辖区内除依法应由基层人民法院管辖之外的第一审知识产权民事、行政和刑事案件，将全部由知产法庭管辖。

（一）案件受理情况——技术类案件回归

自挂牌之日起，知产法庭可以全覆盖审理无锡辖区内的全部知识产权案件，截至2022年9月16日，无锡知识产权法庭受理知识产权案件132件。案件类型一改以往著作权、商标权案件占半壁江山的情况，在三个月内受理技术类案件44件（含专利案件36件、侵害计算机软件著作权纠纷8件），数量首次超过商标权案件数目，跃居第二，占近三个月所有受理案件数量的33.59%，受理的技术类案件范围已覆盖集成电路、纺织、医疗、家居等各类行业领域。

（二）案件审理情况——事实查明难度大

在已经受理的技术类案件中，知产法庭在其中的8个技术类案件审理过程中赴被告生产、办公场所进行了证据保全，有效缓解了知产案件当事人“取证难”这一痛点，为技术类案件顺利审理夯实了基础。在一起计算机软件著作权纠纷中，原告向法院申请证据保全一款CAE计算机仿真模拟软件，但是知产法庭的法官对于该类保全缺乏一定经验，其中保全涉及技术信息的内容以及事实查明都需要提前咨询相关专业人士。最后，知产法庭协同多部门通过拍照、录像和复制等多种方式查清了本案技术事实，达到了防止被告在审理中隐匿证据的目的。有待查明事实的案件涉及实用新型专利、发明专利和计算机软件著作权纠纷，相比于其他类型案件，这些案件的技术事实或者证据对于事实认定的影响因素更大，致使审理难度也更大，其涉及的大量技术性问题因法官缺乏理工科专业背景做支撑，导致法官对技术事实的认定存在一定程度的困难。

（三）案件审理影响——当事人风险增大

从6月9日起，全庭知识产权案件共受理105件一审案件①，双方当事人均存在企业、公司作为当事人的案件有93件（包括案件中其余被告存在个体当事人），其余11件案件均是一方当事人为企业；从立案标的来说，立案标的达到30万元的有26件，立案标的超过100万元的案件有16件，大标的案件带给了双方当事人更重压力和更大风险。案件增加了当事人的生产经营风险，在前述的计算机软件著作权纠纷案件中，涉案软件系计算机仿真模拟软件，但对于被告而言，该软件是一直其正常生产经营的必需产品，如果被判停止使用软件的话，那么被告就无法利用该软件进行正常仿真与模拟，直接对其正常生产经营产生了不可忽视的影响，甚至造成重大损失。另外，综合无锡知产法庭目前所受理的132件知识产权案件来看，案件涉行业范围较广，包括但不限于集成电路、精密机械、新材料、智能装备、新能源汽车、电子电器以及网络科技等产业，涉及以上行业的案件达到全部知识产权案件的近50%。而上述产业所处行业正是目前无锡地区着力打造的科创产业发力点，审理案件时如若不妥当处理好相关工作，就会直接产生对败诉企业的重大影响，从而影响产业体系、产业园甚至是科创带的持续健康发展。

---

① 统计截止日期是2022年9月16日。

二、知产法庭落地后的现实行动

虽然知产法庭是在2022年6月9日才揭牌成立，但是，1月9日，最高人民法院在批复中同意了在无锡市中级人民法院设立知识产权法庭，市中院知识产权庭此后就已经着手行动，立足于司法职能，积极创新、探索服务营商环境和科创环境的工作方法、机制，全力服务和保障全市创新创业氛围、营造良好的科创生态环境。

（一）依托工作意见，服务科创大局

为发挥知识产权司法保护对科技创新的促进和激励作用，服务太湖湾科创带高质量发展，知产法庭在2021年就开始依据市中院出台的《关于服务和保障太湖湾科创带建设的意见（试行）》，充分认识保护知识产权就是保护科技创新的历史使命，以知识产权审判为中心，积极发挥司法保护主导作用、能动作用，优化创新创造环境，营造创新创造浓厚氛围，打造服务科创品牌，保障无锡科技创新发展大局。此外，知产法庭还陆续出台了《关于服务和保障无锡"走出去"企业应对风险挑战的实施意见》《〈服务疫情防控促进经济发展〉法律知识问题解答42问》等意见材料，回应司法需求。

（二）强化企业保护，做好风险防控

一是加强走访调研、问需企业，"行之愈笃，则知之益明"。在院领导带领下，知产法庭走访调研了中船集团七零二所、无锡药明生物技术股份有限公司、天安智能设备有限公司，发放普法宣传手册，调研企业知产保护工作，了解企业知识产权保护需求，也走访了人大代表，通报法庭去年工作情况，并听取代表们关于知识产权保护的意见和建议。二是加强审后企业法治宣传。以4月26日知识产权日为契机，发布十大典型案例和司法白皮书，服务强化法企对接，助力企业创新发展。多次在外资、合资企业开展宣传讲座，开展企业知识产权保护专题座谈会收集意见，解答企业反馈的问题，为企业提供知识产权法律建议。在省物联网企业高管知产培训班进行授课交流。拍摄企业主体知识产权司法保护微电影《赢商》，宣传守护企业核心知识产权。三是扩大企业保护范围，建立产业保护基地，促进规模产业健康发展。建立"阳山"水蜜桃地理标志保护基地，贯彻落实乡村振兴战略，促进"阳山"水蜜桃产业发展以及加强地理标志知识产权司法保护的创新实践，切实提升地理标志核心竞争力，促进无锡优质特色农业高质量发展。四是强化科技企业保护，设立产业保护中心。知产法庭协同市科协、无锡物联网创新促进中心在“雪浪小镇”成立物联网知识产权司法保护中心，形成重点产业重点保护，打造集内外服务、助理物联网行业发展于一体、覆盖全产业链的司法保护大格局。

(三)完善衔接机制，加强协同保护

一是形成行政保护与司法保护合力。同检察院、司法局等部门开知识产权全链条保护工作座谈会，多部门共同发力，定期与市检察院、市公安局、市监局、市商务局、市台办等职能部门召开联席会议，着重统一执法尺度，优化创新环境，解决疑难问题，联合普法宣传。二是加强互联互通专刊，完善府院长效沟通机制。健全以法院为主导的知识产权互联互通机制，每季度发布《知识产权互联互通工作专刊》，展示知识产权审判工作成果，搭建最新资讯传播平台，健全知识产权司法保护与行政保护的工作衔接机制，在市监局青干班进行授课交流完善保护衔接，统一尺度与标准。三是加强与行业协会、团体组织交流沟通。与仲裁委、市台办等单位形成并落实长效工作机制，与市司法局等部门共同建立涉外商事纠纷调解联动工作平台，完善调解联动工作体系，发挥商事调解、仲裁调解、人民调解、行政调解、行业调解、司法调解合力。四是与市检察院加强知识产权刑事保护衔接。参与对重点领域、重点地域的专项整治，加大对网络侵权犯罪打击力度，加大对假冒专利犯罪打击力度。五是发送司法建议，延长审判保护链条，化解产生案件的源头问题。分别向市商务局和工商银行宜兴分行发送相关司法建议，规范行业经营、弥补监管漏洞。六是利用律师调解机制，开展技术类案件专业化调解。

(四)提升大众意识，营造社会氛围

一是主动挖掘典型案例，产生示范效应。江苏中讯数码电子有限公司诉山东比特智能科技股份有限公司因恶意提前知识产权诉讼损害责任纠纷案被最高人民法院 2022 年第 5 期刊发。罗格朗智能电器(惠州)有限公司、罗格朗(上海)管理有限公司诉海盐好生活电器科技有限公司、计某平等侵害商标权及不正当竞争纠纷案例入选江苏省 2021 年推进知识产权诚信体系建设十件典型案例。上海小腰信息科技有限公司、泰兴市时代健身用品有限公司、凌某与无锡睿健时代科技有限公司侵害商标权纠纷成为无锡法院服务保障数字经济发展典型案例。北京爱奇艺科技有限公司与北京快手科技有限公司、北京快手信息科技有限公司、中国联通网络通信有限公司无锡分公司侵害著作权纠纷案成为全国首例算法推荐生效案例,以裁判价值导向指引社会对知识产权的认知。二是加强社会普法,开展广泛宣传。利用4月26日知识产权日开展专题普法,知产法庭至无锡学院开展知识产权宣传普及的专题讲座、做客无锡新闻综合广播《心仪说法》之法官在线栏目、在广告协会八届四次理事会上讲授著作权司法保护实务,从各个维度提升社会知识产权保护意识,营造浓厚社会氛围。三是利用网络平台,做好线上宣传。爱奇艺公司与快手公司等《琅琊榜》《老九门》短视频侵权两案的二审判决,为全国首例生效的"算法推荐"侵权案件判决,为短视频的创作和传播指明了方向,对日后的网络治理起到了示范性作用,该案例被央视新闻"中国之声"及省高院的微信公众号刊登并获大量转发。

(五)加强业务提升,锤炼裁判思维

一是组织培训、共同学习,全庭法官与法官助理均参与了省高院组织的全省法院知识产权条线,内容包括知识产权审理中的新情况新问题及解决、外观设计专利侵权认定、计算机软件案件审理及知识产权刑事犯罪案件审理,参与了全市知识产权条线培训,涉及知识产权保护与裁判思维、商业秘密的非公知性以及特性经营合同纠纷裁判规则,为统一全市条线干警审理新技术新情况下的知识产权问题打好基础。二是统一裁判尺度,开庭审理全市首例适用提级管辖程序的知识产权案件,召开全市知产条线审判工作会议通报发改案件评查情况。三是研究新问题,拓展新思路,针对新案件新形势,开展全庭干警专利案件的基本审理业务学习、针对个案疑难复杂情形,不定期开展法官专业会议。四是依托党建促队建,开展党建联盟活动——集成电路布图设计法律问题培训与研讨。五是加强司法实践与理论衔接,鼓励干警积极参加江苏法官知识产权"智峰论坛"和省法学会知识产权法学研究会2022年年会,与江南大学联合举办知识产权法蠡湖论坛,与学者、法官、律师以及相关领域专家共同研讨知识产权前沿问题,完善知识产权业务水准和裁判思维。

三、知产法庭在科创保护的问题分析

通过在一段时间内审理知识产权新收案件、推动企业加强保护和协同各方合力保护等司法实践，调研发现目前科创生态保护仍有亟待解决的问题。

（一）企业知产保护意识上的不足

一是企业主体缺乏知识产权战略规划，在知识产权全链条保护格局中，大部分企业已然意识到自己是创造主体、运用主体和管理主体，但缺乏对保护知识产权的重要性和侵犯知识产权的恶劣性的深刻理解。虽然一部分企业开展了知识产权布局，但是部署决策缺乏参考依据，重点都放到了前链，对保护“后链”布局部署不完备，企业知识产权保护制度建设不完善，员工对于商业秘密缺乏保护意识，导致商业秘密被随意泄露。二是企业怠于行使权利或审查义务，对专利申请不积极，开展上下游或者同业交流后被抢注技术方案或工艺方法的专利，不积极行使保护权利。此外，企业对风险防控意识不强，对上游企业产品的专利审查和调查不足，购买了专利侵权产品，从而承担责任。三是缺少专业人员，企业知识产权保护难以入门。虽然其已经意识到知识产权的重要性，但因为缺乏专门人才难以开展知识产权维权和风险防控工作，比如企业对司法保护中的专利保护、商业秘密重点内容了解不足，缺乏主动学习能力。四是不少企业有“走出去”的战略目标，缺乏对涉外知识产权布局和保护方向的指导，没有研究对象，学不来相关文献和涉外材料，了解法律和接受法律宣传不及时，缺乏主动学习知识产权法律宣传的方式。

（二）协同保护过程中的薄弱

一是从协作机关而言，完善知识产权大保护格局仍须时日，相关机制正在建立。知产法庭与市监局、市检察院以及其他相关部门机关的沟通机制还可以加强、合作还可以深化，在原本和市监局开展商标行政执法和司法保护衔接的情况下，能加大对全市的专利保护的衔接方向和方式。二是从行业协会、社会团体而言，一部分行业整体的知识产权保护意识淡薄，不能对个中企业知识产权保护起到引导作用。行业协会、社会团队对主要发生在同行业竞争者或者上下游经营者的相关侵权行为的调解工作并不理想，调解效果发挥不到位。对行业内的案件没有及时沟通与处理，也缺乏知识产权纠纷的处理经验。三是从社会大众而言，创新保护意识不强是发生知识产权侵权的主要原因，知识产权保护意识是大众创新、万众创业的前提，缺乏保护意识导致社会氛围淡薄，从而侵权现象时有发生。

（三）案件审理机制中的难点

经过2022年5月1日和6月9日两次无锡地区知识产权案件管辖权的变动，知产法庭面临知识产权案件类型转变、审理难度加大的难题。一方面，在案件审理的程序上，中院二审案件一般都是中院上诉到高院，而知产法庭的部分二审案件可以直接上诉到最高院知产庭，有助于集约程序、统一复杂疑难的裁判标准并缩短纠纷解决周期，提高知识产权案件审判效率。虽然目前知产法庭已经揭牌，但还没有出现第一批上诉案件，对于飞跃上诉机制还不熟悉，在案卷和证物移交、系统对接等方面有待检验。在案件审理中，知产法庭还未调整适应技术事实查明工作，技术事实大部分以各行业的专业知识为基础，在理解技术原理后还需要对相关领域的普通技术人员进行认定，这些情况在审理中造成了事实查明上的层层麻烦，也卡住了审限，案件审理的难度对审判团队人员形成了压力，对审理效率提出了严峻考验。另一方面，知产法庭受理的知识产权纠纷案件与产业息息相关，无锡正处于高精尖技术攻坚克难的时期，物联网、集成电路和生物医药等行业都需要切实合力完善知识产权全链条保护，对于相关案件要注重形成具体建议，加强建议与决策供给，对重点产业缺乏知识产权风险防范培训。

四、知产法庭对科创生态的优化路径

创新是引领发展的第一动力，知识产权在转换发展动力机制、构建现代化产业体系、促进经济提质增效升级中肩负重大历史使命。一方面，新一轮科技革命和产业变革深入发展，“卡脖子”关键技术的知识产权成为打压竞争对手的重要工具；另一方面，我国已转向高质量发展阶段，新发展格局正在形成，我市知识产权保护必须站在无锡进入新发展阶段的现实基础上，准确把握无锡知识产权保护的新任务新要求，在融入全局的加速调整期、自主创新的关键机遇期、产业强市的纵深推进期以及区域发展的深度融合期，为知识产权推动高质量发展、贡献一份司法保护的力量，不断优化知识产权科创环境，为无锡高质量发展提供坚强有力的司法服务和保障。因此，知产法庭要优化科创生态服务，可以从以下几方面着手。

（一）立足指导目标，保障司法服务有据可依

一是坚持统筹协同，坚持将保护知识产权与激励知识产权创造和运用放到

同等位置。既要加强知识产权公正合理保护,也要依法保护权利人利益,更要防止知识产权滥用。二是坚持主动融合,将知识产权保护摆放到新发展格局战略定位中去,加强知识产权保护作用,主动服务科技创新体系、现代产业体系,充分发挥知识产权激励创新、打造品牌和规范市场的重要作用。三是研究裁判规则,开展地理标志、传统文化、商业秘密以及垫资商务等领域的知识产权规则研究,一体推进新兴领域和传统领域的知识产权保护。健全大数据、算法推荐和人工智能等新领域知识产权保护制度,以裁判文书说理,强化在争议焦点和说理论理上推动规则和制度完善。四是贯彻服务意见,做好知识产权保护工作服务保障科技企业自立自强。支持太湖湾科创带为核心的“一带多城”创新协同发展格局,服务苏南国家自主创新示范区建设为牵引的区域创新合作以及“长三角”一体化发展,持续形成调研报告、情况反映及司法建议以供决策,深度开展知识产权讲座、座谈及调研以提升企业保护水平。

（二）加强产学调研,助力企业行业健康发展

一方面,要主动引导企业加强知识产权战略规划。一是加强规模行业体系管理,立足设立的专门园区,针对园区内商标、著作权和专利权等知识产权开展集中保护,完善知识产权司法咨询服务,促进规模行业品牌与园区品牌融合发展,推动园区产业建设各具知识产权特色保护基地或示范基地。二是加强对物联网、集成电路以及生物医药等高精尖规模产业的司法保护调研,一并回应上下游企业和科研单位的知识产权司法保护需求,积极回应无锡规模行业的持续、健康、稳定发展的实际需求,力争构建起具有产业特色、区域特色和面向未来的物联网产业知识产权司法保护体系,形成示范。三是提升服务能级,加强对专精特新“小巨人”企业知识产权保护的关注度,设立司法助企工作站,深入了解不同类型、不同成长阶段企业知识产权司法保护的痛点、难点问题,提供具有针对性、实践性和可操作性的法律指引,助推优化知识产权司法保护架构。另一方面,一是主动对接企业,提供新法律新案例的法律宣传和培训,加强企业对专利、商业秘密的保护意识,主要是提升员工保护意识,设立司法保护站提供咨询服务,强化对重点产业的风险防范培训。二是加强理论调研,加强对专利类案件案例编报,强化对关键核心技术、战略性新兴产业的司法保护,提高对专利等技术类案件的审理水平,有效激励区域创新和技术跨越,积极应对数字经济、人工智能等新业态带来的法律问题,加强对数据库、短视频等新兴文化产业

的保护,促进文创融合发展。三是助力企业实现“走出去”,通过联动涉外司法研究中心,加强对涉外知识产权法律的汇编和案件的精选,提供法律宣传,供企业学习与参考,做好涉外知识产权布局。

(三)聚合各方力量,完善知产多方保护机制

一是坚持构建司法保护、行政保护、仲裁裁决、行业自律、社会配合的知识产权保护体系,形成“严大快同”的知识产权大保护格局;二是加强府院合力,健全规范化、常态化、高效化沟通平台,连同市监局、市商务局等职能部门开展专项联席会议讨论,针对知识产权保护热点问题,积极向相关部门、企业以及公众发布典型案例、规范性意见、重要资讯等;三是加强院检合力,持续完善与“三合一”审判机制相适应的案件管辖制度和协调机制,研究制定“三合一”工作机制运行规则,加强与公安、检察机关以及政府相关职能部门的沟通协调,通过联合调研、理论研讨等方式统一执法标准,促进知识产权行政执法与刑事司法衔接,着力打击链条式、产业化侵犯知识产权犯罪;四是加强院校合作,继续推进蠡湖论坛举办,打开新案件新情况的多方视角;五是加强与行业协会沟通交流,引入侨联、商会、行业协会等组织参与涉外案件调解,提高调解成功率和当事人满意度;六是加强与人大代表、政协委员等交流,通过聘请人民陪审员参加案件审理,邀请行业代表旁听案件审理等形式,增加司法公开的力度,强化社会监督。

(四)推动司法入链,深化重点产业司法供给

一是服务重点产业和新兴产业专利部署决策,以司法保护视角推动创新资源在重点产业和新兴产业中有效配置,提高部署决策合法性、科学性,减少风险,助力产业创新发展,以案例指导创新主体规避风险、精准布局,实现为产业发展态势精准“画像”;二是加强重点产业全链条保护,以规模行业为对象,建立以龙头企业或专精特新“小巨人”企业为主“链条”,相关科研机构、上下游企业为副“链条”的重点产业知识产权全链条保护机制,拧紧司法保护链条、促进知识产权创新;三是加大巡回法庭使用频次,利用好两级法院四个巡回审判庭,召开典型案件的公开庭,邀请人大、政协代表旁听,切实将法庭带入园区企业的家门口,确保发挥以案释法、以案普法的作用;四是延长司法保护,通过发送司法建议、建立保护站以及保护中心等方式,加强审前审后对重点产业的前链和后链保护工作,加强知识产权风险防范,在链上展现司法工作的更大作为;五是加

强典型宣传，广泛宣传司法保护成果，综合运用网站、微博、微信公众号和报纸杂志等线上线下法院媒体矩阵和自媒体平台宣传新法条新案例，实现法律案例第一时间可由企业获取，深化司法供给功能。

（五）重视精细审理，坚持司法服务科创生态

一是落实繁简分流，有效建立“繁简分流、轻重分离、快慢分道”的案件分流体系，在既有的繁简分流架构上，探索适用独任制来审理案件事实清楚、权利义务明确、利益争议不大的知识产权一、二审案件。二是培育精品案例，实施知识产权审判“精品战略”，树立“精品意识”，通过精品案例的示范效应，提升社会对知识产权司法保护的信心。三是持续深化最严格保护，正确把握惩罚性赔偿构成要件，确保惩罚性赔偿制度在司法裁判中的精准适用，加强侵权打击力度，注重惩罚导向，对恶意侵权、重复侵权案件加大适用惩罚性赔偿。四是鼓励支持取证方式创新，支持、引导当事人通过区块链等新型技术固定保全证据，加强对证据客观真实性的审查，保证技术外套下证据的三性统一。五是探索飞跃上诉程序机制，完善知识产权案件二审上诉程序，一方面主动对接最高院知产庭，就电子卷宗移送、审限管理、管辖权异议处理、培训资源共享和人才培养机制等方面进行交流，为飞跃上诉做好充足准备；另一方面加强沟通，借鉴其他知识产权法庭经验，探索更集约、有效率的飞跃上诉机制，优化资源配置，提升审判质量和审理质效。

（六）强化审判力量，推动审判工作精益求精

一是提升团队问题处理能力，提高审判团队对新案件新情况的应变能力和处置能力，妥善处理涉外知识产权、重大影响和政治敏感类等案件，平等保护中外当事人合法权益，妥善处理与贸易有关的知识产权纠纷，积极服务国内国外两个市场，注重维护知识产权领域国家安全。二是提升硬件设备，完善法庭建设中的配套设施，应用一批高新技术设备设施，借鉴南京、苏州知识产权法庭等经验，沟通审判团队在审理案件时的需求，完善在证据固定、事实查明和案件审理等方面的审理硬件需求。三是完善查明案件事实，构建技术调查、技术咨询、技术鉴定“三位一体”的多元化技术事实查明制度体系，提高技术事实查明的科学性、专业性和及时性，公正高效地审理技术类案件，以《民事诉讼法》、《最高人民法院关于知识产权法院技术调查官参与诉讼活动若干问题的暂行规定》

(2014)、《最高人民法院知识产权法院技术调查官选任工作指导意见(试行)》(2017)、《最高人民法院关于技术调查官参与知识产权案件诉讼活动的若干规定》(2019)为技术调查官的充分的法律依据及政策指引,充分发挥技术调查官制度的优势,构建以技术调查官为核心、技术咨询为辅、技术鉴定为补充的技术事实查明机制,提高审判质效。四是提升队伍软实力,针对2022年无锡地区两级法院两次知识产权管辖权的变动,一方面加强两级法院条线沟通,不断完善两级专业法官会议制度,统一培训条线裁判思维和裁判尺度,探索建立定期通报机制,通过发改案件评查与讲评、典型案例发布、二审案件"一案一表"等制度统一案件审理标准,实现裁判思维和尺度统一;另一方面,通过技术手段以最快速度实现案件信息、裁判规则以及司法数据等审判资源互联互通,共享案件情报,推动优秀经验和试点成果分享。

五、结语

科创生态是创新发展的基础,良好的生态才能孕育优秀的创新创造,带动产业与经济发展,优化科创生态对保护创新、构建新发展格局、带动经济发展具有重大而深远的现实意义。知产法庭将深化服务科创的理念,立足审判职能,主动作为,在产业链、创新链上建立健全保护链,形成生态闭环,为我市科技创新提供更加坚强有力的司法保障。

涉"一带一路"企业"走出去"风险防范及司法应对

赵建聪　张　浩　单甜甜*

摘　要：近年来，国际形势风云突变，单边主义、保护主义盛行于世，国际贸易摩擦见诸报端，除了固有的商业经营风险，其他风险也与日俱增，规避风险显得尤为重要。本部分依托实地调研，充分发掘企业"走出去"实践过程中遭遇的法律困惑、法律需求，开展针对性的风险回应：对于形成较成熟的操作模式的"走出去"环节，以查漏补缺、完善流程、提供可行性法律支持、建议为主；对于实践中争议较大、操作遇阻的现实需求，则进行当地法律法规调研，根据企业需求提供法律意见建议，提供司法视角下的法律风险防范对策。

我国企业"出海"始于改革开放以后，1979 年 8 月，国务院提出"出国办企业"，第一次把发展对外投资作为国家政策。2000 年 3 月全国人大九届三次会议正式提出我国企业"走出去"战略，"走出去"战略作为"四大新战略"之一，也被正式写入中国《国民经济和社会发展第十个五年计划纲要》。随着中国加入 WTO 和全球化进程，中国企业的"走出去"发展经历了三波出海潮：2001 ~ 2008 年的代表企业海尔、海信、华为、联想等；2008 ~ 2018 年的吉利、三一重工、海尔、美的等；以及 2018 年至今的快时尚电商平台 Shein 及近期出海的拼多多。三次出海潮呈现不同的发展特征：第一代出海企业拼的是制造能力"硬实力"；第二代出海企业拼的是资本杠杆"软实力"；第三代出海企业拼的是资源整合"巧实

* 赵建聪，无锡市中级人民法院二级高级法官；张浩，无锡知识产权法庭副庭长；单甜甜，无锡知识产权法庭审判员。

力”。作为传统的江南经济发展先进地区,无锡企业在三波出海潮中均有参与,也遭遇了具有共性和分具特色的问题。本部分建立在实地走访无锡“走出去”企业,并对各企业在“走出去”模式、遭遇的问题进行深入调研的基础上,对照本地企业“走出去”类型,对企业在“走出去”过程中的法律风险进行梳理并提出具有针对性的意见建议。

一、无锡地区“走出去”企业的模型选择

(一)企业“走出去”的不同模式

无锡地区出海企业同样经历了前述三个阶段的出海潮,并且并非割裂、孤立地进行出海发展,而是对不同阶段予以融合,全面提升海外竞争力。

1. 法尔胜泓昇集团有限公司(以下简称法尔胜集团)。法尔胜集团前身为成立于1964年的江阴钢绳厂,是一家从事以金属制品为主,产业涉及光通信、新材料、现代服务业的多元化生产经营企业集团。其自1978年改革开放以来,从对外贸易开始,坚持“走出去”战略,逐步发展到对外投资、海外并购等。从法尔胜集团的发展进路,可以清晰看见我国第一、第二代企业出海的痕迹,即首先以自身强悍的制造能力为依托,在世界各地建立起销售网络,并且让中国品牌被海外消费者熟知。法尔胜集团通过新设罗马尼亚 Fasten 钢绳工厂、法尔胜(新加坡)贸易公司等形式,将生产能力向生产成本更低的市场进行转移,同时以自设贸易公司形式开展国际贸易,实现自体产销闭环。然后法尔胜集团积极开展股权并购,实现软实力发展。因为行业的特殊性,法尔胜集团并未进行海外平台化建设,没有发展出第三代出海潮的特色方式,但是其通过商标权使用许可、专有技术使用许可等方式建立紧密型联营,实际上是转化运用其在国内累积的生产资源优势,提升了股权并购的议价能力,并借此实现对第一波出海方式中制造能力的加持。

2. 红豆集团有限公司(以下简称红豆集团)。红豆集团的制造能力集中于纺织、服装行业,是一个红海市场,但红豆集团在大力发展制造能力的基础上,以电商平台为跳板,将产品辐射范围从长三角地区延伸至东北地区,为其出海第一阶段发展累积经验;进而在“一带一路”的政策春风下,进驻柬埔寨打造“红豆产业园”,从而发展出第三波出海潮中的“平台经济”,为更多的上下游相关中资企业的出海发展提供了一站式先导服务。柬埔寨“红豆产业园”的平台形式

与大型互联网企业的"平台"模式存在区别，主要经营方式为既有成熟的"新加坡工业园"模式，即通过在海外买地、建设工业园区后招商的形式完成平台化。

(二)"走出去"企业的法律经验

前述两家本地企业在"走出去"过程中遭遇到境外法律争议，通过多种形式解决争端，为此类纠纷解决进行了有益探索。如法尔胜集团在美国商务部提出的"通信用传导光纤"反倾销案件中，聘请美国当地律师积极应诉，最终取得胜利。红豆集团的"红豆产业园"则是在成立之初以股权收购的形式进驻，在与当地控股股东签订的股权转让协议中约定了在新加坡国际仲裁中心进行仲裁的争端解决条款。同时，几乎所有"走出去"企业都选择在中国出口信用保险公司(以下简称中信保)进行投保，包括并未"出海"而仅与外商从事国际贸易的申利公司。根据调研，企业对于中信保的使用集中在查询交易对方的信用评级、征信情况、有无诉讼等方面。

总体而言，争端解决方式的选择受到中国人"和为贵"的思想、双方实力对比的影响。当中方处于相对优势时，倾向于选择中国法律作为争端解决的准据法，而当对方处于强势地位时，中方企业则一般尝试选择对自身较为有利的第三方法律法规，并选择第三方仲裁机构仲裁(例如，新加坡、伦敦等仲裁机构及相应的实体法律)。

二、无锡地区"走出去"企业面临的风险

(一)"走出去"的共性风险

虽然选择了不同的"走出去"进路，但企业"走出去"的过程具有相当的共性，主要分为以下环节。

1. 前期准备。在前期准备环节，企业围绕海外投资的核心目的，以聘请专业中介机构进行尽职调查的方式就东道国的相关情况进行调查。

2. 具体施行。实地考察、商业谈判、起草协议。在尽职调查给出符合投资需求的反馈后，国内企业会开展实地考察，并对接东道国有关主管部门，开展商业谈判及有关投资协议的起草。

3. 交付落成。完成先期考察、商业谈判及实地建设后，企业"走出去"的工作流程完成，在东道国进行的场地建设或股权收购、变更完成，当地企业得以交

付,从而正式在东道国开展经营活动。

以上共同的筹备方式让企业在“走出去”的过程中也遭遇了相当一部分的共性问题。

1. 前期准备环节的非流程性。对于尽职调查机构的选择并无固定的规则、流程或者制度,具有较大的随机性。在此情况下,企业通常有两种解决方式:一是选择当地比较知名的会计师事务所或律师事务所作为尽职调查机构,二是通过老乡、当地使领馆、东道国的华人商会进行推荐介绍。无论采用哪种方式,都存在信息传达问题,国内企业决策人员普遍不具有英语交流能力,调查过程面临决策者—翻译—调查者的三重转达环节,不可避免的信息流失及可能存在的误导都会给尽职调查工作带来障碍。现实中,本地企业通常选择当地华侨开设的事务所或者具有华人从业人员的机构进行合作,从而减少各个环节的沟通成本。

2. 具体实施环节面临的东道国政治风险。政治风险是指东道国的政治环境或东道国与其他国家之间政治关系发生改变而给外国投资企业的经济利益带来的不确定性。给外国投资企业带来经济损失的可能性的事件包括没收、征用、国有化、政治干预、东道国的政权更替、战争、东道国国内的社会动荡和暴力冲突、东道国与母国或第三国的关系恶化等。[①] 当前无锡企业以实业投资形式开展的“出海”多半集中于“一带一路”沿线国家,而各国普遍存在政治派系斗争激烈、政府执政能力受到制约、政局稳定性不足等现象。

3. 经营完成后的退出风险。正常情况下,虽然海外投资以永续、正常经营为目标,但是受制于东道国政治、法律的规定,“走出去”企业也面临无法有效、有利退出,甚至被东道国收归国有的风险。很多国家对于将跨国公司收归国有都有详细的法律规定,只有符合国家相应的法律规定,通过合法的程序,并给予该被收购公司一定的补偿才可以将跨国企业收归国有。如印度尼西亚外资法规定:政府对外资企业采取国有化包括两个条件,其一,确为国家利益需要;其二,合乎法律规定。但这也显示许多国家可能会以损害国家公共利益这一兜底

---

① 夏征农主编:《大辞海(管理学卷)》(修订版),上海辞书出版社2015年版,第882页。

条款为由将外资企业收归国有。[①] 此类风险对于“走出去”企业，甚至中国国家利益都将造成后果不一的影响。

(二)“走出去”面临的法律风险

企业在外国投资过程中的大部分风险均可转化为法律风险或与法律相关的风险，为更好服务“走出去”企业，我国各级机关主导开展了针对“走出去”企业法律风险提示的诸多工作，如南京海事法院联合江苏省发改委共同编制涵盖国际贸易、国际运输、物流港口、船舶建造、国际金融、跨境数字经济、国际投资、国际合作园区建设等十四个方面的法律风险指导手册；广东省律师协会制定《中国企业“走出去”法律风险管理服务指引》，结合案例与相应法律法规，为“走出去”企业提供司法服务。这些指导手册内容详尽，特别是《中国企业“走出去”法律风险管理服务指引》，涵盖了“一带一路”沿线主要国家与投资相关的特殊规定，并结合案例为企业“避坑”进行指引，但其依然存在法律规定时效性、案例滞后性的短板。“走出去”企业虽然可以在这些指引手册中找到大致方向，但对于具体业务办理过程中的细节仍需聘请专业法律中介人员提供服务。结合调研，目前企业在“出海”过程中，主要面临的法律风险有以下几类。

1. 法系冲突风险。早先“走出去”企业主攻欧美等发达国家市场，对于英美的英美法系及德法的大陆法系均有一定的认识与了解，同时发达市场的法律中介机构量大质优，投资过程中可获得的法律服务较为完善。但是，随着“走出去”步伐的加大，中国企业的“出海”目的地早已拓展，根据“一带一路”所含范围，蒙古、缅甸、泰国、老挝、俄罗斯属于大陆法系；印度、巴基斯坦属于英美法系；阿富汗以及除伊拉克、以色列等少数国家外的绝大部分中东国家属于伊斯兰法系，均实行伊斯兰教法。不同法系国家的法律分类与术语、法律表现形式、法律适用规则、审判模式与技巧等差异较大，同一纠纷在不同法系国家之间的处理方式各异，法律的适用性会被削弱。同时，因所属法系不同而产生的法律信息不对称，也可能会给投资者带来许多无法预测的风险。[②] 在调研中，无锡企业就表达了对南亚地区司法系统的办事效率、裁判可预测性的担忧。

① 张茵:《论“一带一路”背景下我国企业海外投资法律风险的防范》,河北经贸大学2021年硕士学位论文,第21页。

② 龚柏华:《上海企业参与“一带一路”海外投资的法律风险与应对》,载上海法学会编:《上海法学研究》2019年第4卷。

2. 知识产权风险。知识产权具有地域性,除非国家间签有国际公约或者双边互惠协定,经一国法律保护的知识产权只在该国范围内发生效力。不同国家或地区之间知识产权保护的范围并不一致,保护的力度也不同,事实上会造成中国企业在东道国面临各种意料之外的知识产权纠纷的情形。如在专利侵权行为的判断中,印度倾向于对专利权范围作扩大解释,只要被控侵权物包含体现了发明本质特征的全部技术特征,即可构成专利侵权;而我国对认定侵权的解释更为严格,要求被控侵权物的技术特征与已登记专利的全部技术特征一致。不同国家的法律对于侵权认定及赔偿的不同规定对"走出去"企业在防范、应对知识产权侵权风险提出了更高要求。同时,"走出去"企业面临的知识产权风险也并不仅限于触犯当地法律,还包括对自身知识产权有效保护的问题。如著名的"孟山都大豆种子"案例,就是因为我国缺乏种子专利意识而导致的失利局面;又如"飞鸽"牌自行车商标在印度尼西亚被抢注,著名家电商标"海信"在德国被抢注等典型案例,均提示我国企业"走出去"之前就要布局知识产权保护网。

3. 劳动用工法律风险。"走出去"企业的劳动用工受到违反国际劳工组织(ILO)所确立的国际劳工保护标准、东道国劳动保护法律法规以及我国国内劳工保护的法律法规,如《劳动合同法》《对外劳务合作管理条例》[①]等多重法律规制。因劳工问题可能引发的法律风险主要有:一是因不平等招工,忽视所在国特有的民族问题、性别问题等,触犯平等劳动及反歧视相关的法律,将会面临行政罚款等处罚;二是漠视所在国法律赋予工会的权利,未能与当地工人及工会形成良好关系,可能会面临罢工和激烈抗议的风险;三是在雇工待遇和福利保障方面,如果触犯所在国的劳动法,可能面临处罚、诉讼,甚至导致并购失败等风险;四是企业在进行人员裁减或调整时,要特别注意所在国有关裁员力度、裁员补偿等方面的法律,否则也容易引发纠纷。[②]

---

① 李先波、李娜:《"一带一路"倡议下境外务工人员权利之保护》,载《湖南师范大学社会科学学报》2017年第5期。

② 李玉璧、王兰:《"一带一路"建设中的法律风险识别及应对策略》,载《国家行政学院学报》2017年第2期。

三、“走出去”企业法律风险应对及防范

面对“走出去”所要遭遇的各类法律风险，仅靠企业自身能力显然无法顺利实现风险的预防、管控、应对。政治风险与法律风险是我国企业“走出去”开拓海外市场所面临的主要困难，其中法律风险往往是由政治原因引起，而法律手段又是应对政治风险的有效方式，政治与法律两大要素在很大程度上是相互联系、相互作用、互为因果的。因此，“走出去”企业的风险应对应从政府、司法机关及企业三个方面进行努力。

（一）构建企业海外投资政治风险防范机制

政府作为企业海外投资的推动者、国家作为企业的后盾，应以完善海外投资保险制度、协同海外投资主要东道国法制建设等具体措施作为主要方向，从宏观到微观，从框架到内容，逐步建立结构合理、制度先进、切实有效的企业海外投资政治风险防范机制。

1. 加快制定专门的企业海外投资保险法，完善我国海外投资保险制度。海外投资保险制度又称海外投资保证制度，是由国家出资经营或由国家授权商业保险机构经营的政策性保险业务，通过向本国海外投资者提供中长期政治风险保险或保证，支持本国投资者积极开发海外市场，进而配合国家外交、外贸、产业、财政、金融等政策的实施。[①] 目前，我国虽然建立了自己的海外投资保险制度，由中国出口信用保险公司独家经营，但是缺少专门的企业海外投资保险法。在没有立法作为基础和保障的前提下，海外投资保险机构的设立运营将于法无据，规范经营、股权划分、资金来源等问题无法得到有效解决，在其发展过程中必然会遭遇各种制度障碍，如承保机构无法取得代位求偿权并依法向东道国政府进行追偿，投资企业的损害求偿权也因而难以实现。[②]

2. 推动海外投资中介机构建立，加强风险评估、预警研究。政府可协助有实力的民间智库与咨询公司对现有风险信息资源进行优化整合，将海外企业、华侨华人、各大商会、研究机构、社会媒体、海外求学人员等不同主体所拥有的

---

① 肖钢等：《国家治理新使命：构建我国海外投资权益保护体系》，中国金融出版社 2021 年版，第 166 页。

② 李猛：《“一带一路”中我国企业海外投资风险的法律防范及争端解决》，载《中国流通经济》2018 年第 8 期。

零散信息实时动态收集，并进行规范化和标准化的研究分析，汇总在外企业的发展情况及遭遇挫折信息，建立信息管理制度和大数据库，从而提炼共性问题，建立风险提示、预警机制，提供争议解决示范方案，并在法律之外找寻多种争端解决突破路径。

(二)打造企业海外投资法律风险司法应对机制

2021年3月5日，十三届全国人大四次会议召开，会上审议批准的《全国人民代表大会常务委员会工作报告》在“今后一年的主要任务”中明确提出，“加快推进涉外领域立法，围绕反制裁、反干涉、反制长臂管辖等，充实应对挑战、防范风险的法律‘工具箱’，推动形成系统完备的涉外法律法规体系”。法院及其他纠纷解决机构在此应发挥积极作用。

1. 加强外国法研究及适用，营造互信互用良好基础。根据调研情况，企业在海外投资签约过程中的法律适用选择主要是由企业在合作中的地位所决定，归根结底是由出海企业的实力所决定。当出海企业处于相对强势地位时，倾向于能够将规制合同的准据法确定为中国法，但当实力地位处于弱势，这种要求就基本不可能得到满足。另外，出海企业受制于东道国的国内法规定，导致其在签署合同时无法选择中国法。从企业反映的情况看，当双方无法在适用中国法上达成一致时，通常会选择在新加坡等国家或地区进行仲裁，并适用相应的国际公约或新加坡法律，从而避免矛盾。如红豆集团在柬埔寨西港经济特区的投资企业，为避免双方法律适用上的冲突，最终选择的纠纷解决方式为新加坡国际仲裁中心仲裁。

外国法查明及适用是涉外商事审判工作的难点，也是出海投资企业的关注重点。我国对于外国法查明及适用在《涉外民事关系法律适用法》中有明确规定，法院也一直致力于解决查明途径及查明费用的问题。加强外国法适用不单是为了在个案领域准确裁判，更是为了拓展我国法院判决在域外适用的可能性。在无公约或条约的情况下，互惠原则为承认与执行外国法院判决的一般规则，准确查明、积极适用外国法将充分展示我国司法审判的公正性和开放性，从而为我国法院判决的域外适用筑牢前提基础。针对出海企业多选择新加坡、伦敦等实体法的现状，一方面要组织当地法律中介服务机构提供有效的查明路径和沟通协作通道；另一方面要强化我国法院审判人员对于其他国家或地区公司法、合同法、证券法等常用法律法规的研究，确保相应外国法在我国案件审理中用得准、用得好；同时，加强外国仲裁裁决、外国法院判决承认与执行案件的经验总结，发挥法院在落实裁判效果"最后一公里"的关键作用。

2. 开展域外刑事法律研究，标注出海投资雷区。对于出海企业而言，了解东道国的刑事法律规定、对刑事法律责任的清晰了解不应仅限于如行贿、诈骗等一般经济犯罪，还要包含跟投资相关的金融、证券领域的规定。如瑞幸咖啡财物造假案件中，根据美国《萨班斯—奥克斯利法案》第302条的规定，对于上市公司拟公开披露的财务报告，公司的首席执行官和首席财务官必须书面证明其已阅读并保证财务报告真实客观地反映了公司的财务和经营状况，不存在任何虚假记载。根据该法案第906条的规定，如果上市公司的首席执行官或首席财务官已知定期报告中存在虚假或误导性的陈述，仍然对其出具肯定证明，则将被单处或并处100万元美元以下罚金或10年以下监禁；如果上市公司首席执行官或首席财务官明知定期报告中的财务报表存在虚假或误导性的陈述仍然对其出具肯定证明，则将被单处或并处500万美元以下罚金或最长20年以下的监禁。① 对于刑事责任红线的标注需要有官方指引，可以由法院、司法行政机关牵头有关的律师事务所开展有关东道国不同领域的刑事法律研究，明确东道国规定，同时调研出海企业特定领域投资的通行做法，结合东道国法律为企业指明行为红线，标注出海投资雷区，从而使企业的出海投资行为拥有最基本的法律保障。

3. 明确发力重点领域，以"弯道超车"增强谈判能力。目前我国第三代企业是以平台建设依托进行资源整合的平台化运营模式，充分运用了我国领先的互联网技术及供应链优势规模。在供应链不可能也无法整体搬迁复制的情况下，对于东道国的互联网技术输出是出海投资吸引东道国的一个巨大优势。针对这一现状，在国内要加强互联网领域立法及司法研究，划定技术中立性和平台垄断的法律分野，强化境内数据监管，尊重他国主权、司法管辖权和对数据的安全管理权，坚持未经他国法律允许不得直接向企业或个人调取位于他国的数据，坚决反对可以绕过数据所在国监管机构的数据调取机制。与各国合作建立跨境数据调取的司法制度安排，通过司法协助渠道或其他双多边协议解决数据

① 刘佳伟：《美国〈萨班斯—奥克斯利法案〉研究》，华东政法大学2016年博士学位论文，第109～112页。

跨境调取问题。

研究针对美国等对我国数字“长臂管辖”行为的有效反制措施。美国“长臂管辖”的规则是“最低限度的联系”,即只要与美国有最低限度联系,美国即可以行使管辖权。“长臂管辖”本质是一种法律战,目前无论欧盟还是我国都未找到有效措施应对“长臂管辖”。在此情况下,应该深入研究“长臂管辖”的构成要件和适用情形,力争实现“师夷长技以制夷”的效果,在清晰了解“长臂管辖”的基础上,堵住可能遭遇美国“长臂管辖”的漏洞;同时强化我国国内立法,加强对互联网数据等先进行业的行政、法律规范保障措施,以“长臂管辖”思路构造我国自己的多维度联系。

积极落实《阻断外国法律与措施不当域外适用办法》,建立受制裁企业维权投诉机制,保护受制裁企业的合法权益。认真学习研判《反外国制裁法》,在合法前提下妥善运用边控措施,研究法条对应项下“查封、扣押、冻结在我国境内的动产、不动产和其他各类财产”的案由规定及操作实践程序,与相应的公安机关、金融机构建立合作沟通合作机制,确保反制措施在国内的实行成效,为出海企业的正常经营活动提供后援保障。

4. 强化多元纠纷解决机制,促进仲裁成为纠纷解决优选项。鼓励“走出去”企业在域外开展经济交往中选择仲裁方式解决纠纷,法院与律师协会对接,从司法裁判领域向律师提示合同疏漏、法律适用要点等,促使律师提升涉外服务水平,帮助企业拟定包含更有利仲裁的合同文本。推动仲裁机构探索完善国际商事纠纷案件在线立案、在线调解、在线庭审等机制,利用在线身份核对、电子送达、互联网庭审等数字智能手段审理国际商事纠纷,切实提高审判效率。

(三)构建企业海外投资法律风险防范机制

企业作为海外投资的实施者、利益实现的获益者,自身应是投资风险的第一把关者和最终负责人。在应对“出海”过程中特定的法律风险上,企业自身应着重加强以下工作。

1. 提升自身实力,占据海外投资优势地位。“打铁还需自身硬”,如前调研中企业反映,当海外投资我国企业处于优势地位时,就可以对争议解决方式、准据法选择具有较大的掌控力,反之则要听任外方意见。因此,提升自身综合实力始终是高效进行海外投资并最终获利的核心要件。对照调研的本地企业可见,法尔胜集团以其处于领先的业务能力占据对外投资的高端生态位,而红豆集团则通过打造平台形式实现集群效应。

2. 加强尽职调查，应对市场准入风险。从调研情况看，“走出去”企业普遍对投资东道国法律尽职调查给予关注和重视。从投资综合风险来看，新加坡、爱沙尼亚、立陶宛、以色列、捷克、波兰、斯洛文尼亚、阿联酋、拉脱维亚和斯洛伐克等 10 个国家风险最低；除去文莱、东帝汶和叙利亚，老挝、乌克兰、尼泊尔、孟加拉、塔吉克斯坦、白俄罗斯、乌兹别克斯坦、缅甸、阿富汗和也门 10 国风险最高。[①]

在无法任意选择投资东道国的情况下，充分的尽职调查将为企业投资决策提供有效参考，极大提升后续投资的安全性和盈利能力。法律尽职调查一般要依靠国内、国际律师组成的律师团队开展，主要包括两方面内容：一是法律调查，即对东道国法治环境以及投资项目所适用的法律法规（准据法）进行尽职调查，合理预测在东道国进行投资可能遭遇的各类法律风险，并以尽职调查结果为依据作出投资与否的决策。[②] 二是商业调查，对投资对象即并购项目中的目标公司和关联公司进行详细尽职调查，明确项目的具体信息，以此作为确立并购价格和预判经营成本的基本前提，有效避免并购活动中的潜在商业风险。

3. “清细强”[③]三管齐下，应对知识产权风险。“清”是指企业在“走出去”之前对目标市场的知识产权情况要进行清晰的尽职调查，包括行业发展动态、市场竞争情况、专利分布现状和发展趋势，目标国家或地区的知识产权法律环境和制度规则、知识产权侵权判断标准及诉讼程序，主要竞争对手的市场规划、技术方向、核心专利、专利动态和布局策略等。“细”是指拓展海外市场专利布局要钜细靡遗，包括巩固企业自身核心技术成果，对核心技术的改进、迭代、发展均应相应申请专利并主张优先性；打造专利组合、进行专利池建设，以获得技术的延续性保护。持续跟踪竞争对手的专利布局情况，根据竞争对手的产品特点、市场分布和规划情况，在细分市场和细分领域中寻找能够遏制和威胁对手，甚至占据领先地位的专利部署点，围绕竞争对手产品的产业化或升级设置相应

---

① 李原、汪红驹：《“一带一路”沿线国家投资风险研究》，载《河北经贸大学学报》2018 年第 7 期。

② 李猛：《“一带一路”中我国企业海外投资风险的法律防范及争端解决》，载《中国流通经济》2018 年第 8 期。

③ 杜利、曾晋：《中国企业“走出去”知识产权应做到“清”“细”“强”》，载《战略连线》2016 年第 9 期。

的改进性、支撑性专利。“强”是指应对专利纠纷及其他知识产权争端要加强应诉的信心和积极性。此前我国“走出去”企业囿于应诉成本、诉讼能力等限制，存在大量的消极应诉情形，导致裁决机构在我方缺席的情况下作出了不利裁决。现如今消极应诉的情形已得到极大改善，从法尔胜集团胜诉反倾销案件可知，我国企业在国外应诉时也可以取得胜诉结果。因此，当我国企业在国外遭到知识产权诉讼时，要综合利用第三方取证、无效宣告、主张先用权抗辩等方式，全面积极应诉，力争实现不侵权、不赔偿或少赔偿的法律效果。而对于我国企业在国外被侵权时，则要精准取证、即时维权、法律诉讼与商业调解并行，从而实现稳定、扩大市场份额的目的。

四、结语

中国企业“走出去”过程中面临着诸多风险和阻力，对于海外投资企业来说，想要减少与东道国的矛盾，实现在东道国的长足发展，防范法律风险必不可少。这其中既包含政府的顶层设计、政治博弈，也包含中介机构的培育和企业自身抗风险能力的修炼。只有企业认清“出海”过程中可能遭遇的各类风险，才能做到有的放矢规避“踩雷”，从而实现海外投资的成功。

物联网技术的司法应用现状和前景探析

无锡市中级人民法院课题组*

摘　要:2022年1月12日国务院颁布实施《"十四五"数字经济发展规划》,规划将物联网置于信息网络基础设施之地位,指出应提高物联网在工业制造、农业生产、公共服务、应急管理等领域的覆盖水平,增强固移融合、宽窄结合的物联接入能力。

为全面贯彻最高法院和江苏高院"十四五"信息化规划,分析当前物联网技术在法院工作中的应用现状,探索物联网技术在司法领域中的应用前景,课题组立足无锡本地发展实际,对近年来无锡"物联网+执行"工作经验进行总结,汇总分析全市法院"物联网+执行"系统使用情况和面临的问题挑战,实地走访了无锡物联网产业研究院、车联网小镇等产业集群中心开展情况调查,还多次组织召开调研座谈会,听取法院业务部门、企业家、相关协会的情况介绍和问题反馈,深入了解当前物联网司法应用的现状。

一、物联网技术含义及应用背景

(一)物联网的概念和特征

中国物联网校企联盟将物联网(internet of things)定义为当下几乎所有技术与计算机、互联网技术的结合,实现物体与物体之间环境以及状态信息实时的共享以及智能化的收集、传递、处理、执行。广义上说,当下涉及信息技术的应用,都可以纳入物联网的范畴,是科技融合体的最直接体现。物联网科技带

---

* 课题主持人:杨志钢,无锡市中级人民法院副院长。课题组成员:闵仕君,无锡市中级人民法院办公室主任;丁凯,无锡市中级人民法院信息处处长;周科,无锡市中级人民法院执行指挥中心主任。

来“万物互联”,以现实场景中等价资产动态变化的远程可视化、存在感和真实性,打破动产与不动产的固有界限,使其价值利用可趋同化。同时,让社会公众从时间、空间两个维度上全面感知实体经济行为,在数据采集、降低成本、提高效率、促进交易安全等方面为各行各业注入了新的生机,它是继互联网和移动通讯网之后的第三次信息产业浪潮。

物联网具有以下四个本质特征:一是关注外部。物联网关注的是外部的目标、事件和环境等,事件流的方向是从网络外部到网络内部。二是不可确定。物联网感知的是系统以外随时发生的事件,都是不可预知的,具有极强的不确定性。三是无法重现。物联网需要应对和处理外部的目标和事件,都是不可重现,难以重复的。四是外部驱动。物联网是由外部的目标、任务和环境驱动的,进而触发网络进行响应处理。因此为了实现感知这个目的,物联网具有社会化的需求,将从虚拟信息空间、人人互联发展到对现实物理世界的感知,为信息传输和信息处理提供更为丰富的需求源泉和强大的发展助力,推动信息技术迈入社会化时代。也就是说,以物联网技术为代表的第三次信息产业浪潮将推动信息领域从计算处理的“智能化时代”、通信交互的“网络化时代”迈进万物互联的“社会化时代”。

(二)物联网技术架构

物联网的技术实现原理是指通过各种类型的传感器件,并借助特定的信息传播媒介,实现物物相连、信息交换和共享的新型智慧化网络模式。随着移动通信技术及信息网络技术的发展,物联网的应用客体从传感器延伸至车、电器、房屋等广泛物体,实现从“物物互联”到“万物互联”的跨越。物联网改变了互联网中信息全部由人获取和创建,以及物品全部需要人类指令和操作的情况。

从技术本质层面看,物联网架构一般可分为四层,分别为感知层、网络层、平台层和应用层。(见图 2 -1)

感知层由各种传感器构成,是物联网识别物体、采集信息的来源,其主要功能是识别物体和采集信息。

网络层由各种有线网络、无线网络、互联网以及网络管理系统和云计算平台等组成,相当于人的神经中枢和大脑,负责传递和处理感知层获取的信息。

平台层是数据及信息等集中处理和计算的环节,包含设备管理、边缘计算配置和数据存储等功能。

应用层是物联网和用户(包括人、组织和其他系统)的接口,它与行业需求相结合,实现物联网的智能应用。

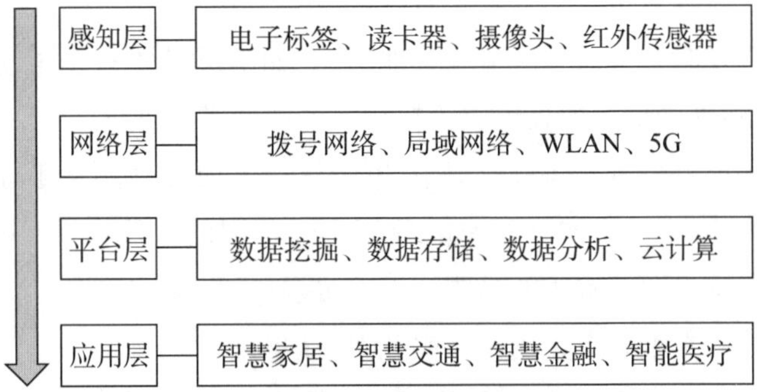

图 2-1　物联网技术架构

二、物联网技术在无锡法院的应用现状、成效及困难问题

2020 年,无锡中院联合物联网产业研究院,研发运用物联网电子封条、物联网查封财产监管系统和物联网称重系统,有机融合强制执行之“强”、智慧执行之“智”和善意文明执行之“善”,成功打造以“物联网+执行”促进“智能化+善治”的执行新模式,努力以执行工作的“智慧指数”提升人民群众的“幸福指数”和“满意指数”。

(一)无锡法院“物联网+执行”系统建设动因

“执行难”是困扰法院的一个顽瘴痼疾,在传统的执行工作实践中,困扰执行法官的难点主要在于查人找物、扣押财产监管和财产快速处置等几个方面。

1. 查封现场监管难。查封现场的纸质封条被当事人或案外人拿走或撕毁,人民法院很难取证;被查封的动产,也常因监管缺位而发生减损甚至被非法转移或处置,查封效果不佳。

2. 执行人员行踪掌握难。执行人员难以为个案经常前往被执行人住所地查找被执行人,同时被执行人常为躲避人民法院的执行,故意早出晚归,查找被执行人下落费时费力。

3. 拍卖标的交付难。对于待拍不动产,部分案外人、被执行人故意安排一些老弱病残人员入住待拍标,导致潜在竞买人心存疑虑而放弃拍卖;或者拍卖成交后因各种执行异议而影响拍卖标的物的实际交付。

4. 不规则动产处置难。已经报废的机器设备或者类似钢材等有国家交易指导价的不规则动产,处置过程重复性工作多,费用支出大,往往存在处置剩余价款少甚至无益处置现象,导致申请执行人不愿意垫付评估费或不要求法院进行处置。而不及时处置又可能造成其他影响,如不及时处置会导致拍卖厂房的整体交付等,不规则动产的处置成为执行实务中的实质难点。

5. 价值冲突解决难。执行过程中,申请执行人加大执行力度与被执行人尽可能减少损失,减小对生产经营影响程度之间不同的价值冲突一直存在,也是执行法官一直难以圆满解决的难题。另外,最高人民法院善意文明执行的司法政策和理念也一直难以真正在执行实务中落地实施。

以上执行工作实践中的问题,构成了无锡法院研发“物联网 + 执行”系统的问题导向和建设动因。

(二)物联网技术感知原理

如何将执行工作时间中需要解决的现场问题,通过物联网感知技术形成网络传输的数据,在系统研发过程中,我们主要应用了物联网技术中的以下几种感知技术。

1. 轮廓体积感知。主要是利用激光轮廓扫描技术,对煤炭、木材等堆积型货物,定时对现场货物的轮廓体积进行扫描记录,根据不同时段的扫描记录的比对分析,进而判断感应对象是否发生变化,实现对体积类外形的货物实时监管。

2. 重量与位置感知。重量感知与位置感知是相辅相成、配合使用的,后台管理系统通过货物相应位置和重量,实现对标的物的精准管理,一旦发生变动,后台管理系统就可以即时精准获取变动标的物的位置和重量,实现对储存货物的动态管理。

3. 运行状态感知。包括运动感知、损坏感知及监测感知。运动感知是对于货物从静止到运动,以及从运动到静止的相关状态的感知。损坏感知是指货物突然处于异常加速或突然停止等异常状态的感知,进而分析设备运转异常的结论。监测感知是指货物是否一直处于被监管之中的感知和判断。

4. 物品精准识别感知。是指通过边缘网关设备配合和人工智能服务器的应用,对监管现场可能出现的人和物预先进行智能学习和分析,进而实现对监管区域内各种动态事件的综合判断,如感知判断搬运货物是否符合要求、是否放置预设位置、重量是否准确等基本要素。通俗地说，就是类似于人脸识别系统，可以形象地称为物品识别系统。

通过上述物联网感知技术的综合应用，可以实时采集企业生产经营中的客观信息，运用终端协同及边缘计算，建模还原企业日常生产运营的真实状况，对生产经营企业原材料、产成品数量等进行动态监管。

（三）系统简介

1. 物联网电子封条，实现对被执行财产的“活”查封

物联网电子封条将物联网感知技术融合传统封条中，克服了同类产品成本高、续航能力弱、适用范围有限等客观问题，具有以下特点。

一是延续传统样式，震慑力强。司法机关使用的封条具有标准的尺寸，在社会公众的印象中，传统封条产生的司法震慑力根深蒂固。物联网电子封条基本沿用传统封条的样式，用硅胶材料替代了传统的纸张，并保持原有尺寸，上面印有“×××人民法院封”，同时在封条中嵌入摄像头、感知卡、语音播报设备、4G 传输设备等集成感知终端设备，使用方便，张贴更为牢固，延续了传统封条的固有威慑力。当有人靠近时，电子封条就会自动感知并发出警告声，进一步增强了电子语音设备带来的震慑力。当电子封条持续震动或被强行拆除时，它会自动拍摄 6 秒以上视频及 3 张现场照片，并上传至管理平台，有利于对破坏查封标的或封条的行为及时固定证据，为追究相关人员责任提供证据支持。

二是低功耗值守，操作性好。在无外来事件的时候，采用低功耗值守模式，每 48 小时报告一次心跳，即向管理平台自动回传一张查封现场的照片，确保电池续航能力至少在 6 个月以上。同时在管理平台可以实时查看每个电子封条的实际使用天数及电池剩余电量比例。如果超过期限仍需继续使用，可以至现场直接充电并继续使用，操作简单、方便。

三是可复制性强，推广性高。物联网电子封条具有防水、防晒及自动曝光装置，可适用于传统封条使用的任何场景，包括在雨天、阳光照射下都能正常感知、取证并回传，具有很好的适用性和推广性。

2. 物联网称重系统，实现对特殊动产的“快”处置

物联网称重系统是将感知器安装在起重设备上，在起吊过程中，实时测量物品重量，相关结果即时回传至管理平台及执行人员手机终端，真正利用感知技术有效解决执行过程中对于铜、铝、钢材等有国家交易指导价或成熟市场价

的金属材料以及需要称重的大宗商品等动产的估价问题。具备以下几个特点。

一是自动称重、即时记录。将感知器安装在起重设备上,在钢材、铜材等大型动产起吊过程中,无须布设前端系统,即可实时测量物品重量,并将结果即时回传至管理平台及执行人员手机终端,每次起吊称重结果可自动累积计算,极大地提高了大型动产称重的便利性,提高了称重效率。

二是安全性强,适用范围广。称重过程中不因称重物的晃动或位置的偏离而影响称重效果,安全性强,如发生超载、欠载、低电压、低电量等情形,系统会自动提醒,避免有风险的操作。称重系统适用范围广泛,从 3 吨到 30 吨,可根据动产重量进行选择设置,且可以根据不同的起重设备,配置不同的感知系统。

三是减少环节,降低成本。利用物联网称重系统,形成"称重—结果回传—价值确定—直接驳载到运输车"的处理流程,一次性处置完毕,省去"委托评估机构—评估机构聘请起吊公司—出具评估报告"的环节,大大减少处置费用和成本,有效提高相关财产的处置效率。

3. 物联网查封财产监管系统,实现对被执行财产的"智"监管

根据 2004 年颁布的《最高人民法院关于人民法院民事执行中拍卖、变卖财产的规定》(以下简称《拍卖变卖规定》)第 2 条、2012 年修订的《民事诉讼法》第 247 条的规定,执行程序中对执行财产处分要坚持拍卖优先原则。《拍卖变卖规定》第 2 条确立了拍卖优先原则,目的在于最大限度地实现财产价值,平衡申请执行人、被执行人以及其他债权人等各方当事人的权益。

根据最高人民法院"审慎善意、文明执行"的理念,依托物联网技术,将对"特定财物"的监管发展为对"特定价值"的监管,最大限度保证被执行人企业财产价值不减少,又能让企业正常生产经营,实现对企业财产的"边查封边经营"的司法需求,降低因强制执行对企业经营造成的重大影响。

(1)全程动态感知监管

系统通过前端物联网设备的轮廓体积感知、重量位置感知、状态感知、异常行为感知,尤其是通过物品精准识别感知技术,动态监管被执行企业所有的原材料、成品、生产设备等有价值的财产,并将相关情况实时回传至后方监管平台,实现对被执行企业财产的全流程、全时段、全方位感知和预警。

(2)全方位动态评估监管

系统实时采集被执行企业生产经营中的用电、用气、原料投入、成品产出等信息,通过终端协同和边缘计算,建模还原企业日常生产运营的真实状况,帮助法院和申请执行人判断企业经营是否正常以及生产经营能力,确保"生产可延续、货值可稳控",既"控得住财产,又稳得住企业"。

(四)系统推广使用情况和应用成效

无锡中院积极推广"物联网+执行"模式,中院印发的《2022年执行工作要点》中明确,全市法院全年应用物联网感知技术案件不少于500件,其中梁溪、江阴、宜兴法院各不少于100件,其他法院各不少于50件。

1. 物联网电子封条

自2020年9月29日首次使用,截至2022年10月底,无锡两级法院累计采购电子封条445条,累计使用756条次,今年以来使用247条次,监管运行中使用390条。目前已经在江苏省全省法院进行推广使用。(见表2-1)

表2-1　无锡全市法院物联网电子封条使用情况(截至2022年10月底)

执行法院	普通型数量	查控型数量	监管中	解封次数
中级法院	30	1	41	35
梁溪法院	71	10	81	50
滨湖法院	48	7	55	41
江阴法院	50	4	54	52
新吴法院	51	11	62	60
锡山法院	41	3	44	58
惠山法院	60	11	71	22
宜兴法院	44	3	47	28
总计	395	50	445	311

2. 物联网称重系统应用案例

2020年11月6日,无锡市梁溪区法院在执行无锡美誉金属公司案件过程中首次使用物联网称重系统,系统从安装到使用不到5分钟,设备起吊后1秒钟,被称设备的重量就显示在电脑终端和执行法官的手机微信小程序中,每次称重5分钟左右就可以称重完毕,不到2个小时,102件共计193.44余吨废弃设施称重完毕形成报告。系统大大减少了标的物处置的环节,大大降低了处置费用,有效提高了财产处置效率,保障了申请执行人的合法权益,同时更为营造优良的法制营商环境提供了强有力的技术支持和法律保障。

3. 物联网查封财产监管系统应用案例

无锡中院在执行无锡市凌峰铜业有限公司担保纠纷一案中,因企业整体拍卖一拍未成交,遂采取"物联网查封财产监管系统"对被执行企业进行全面监管,既让企业正常运营,增加企业偿还债务能力,又监管好企业财产价值不减少。在第二次网络司法拍卖企业整体资产过程中,近5281人次围观,6个竞拍者,出价63余次,从起拍价1.2亿余元竞拍到1.6亿余元,溢价4000万元,远超采用物联网技术监管前第一次拍卖流拍价,得到了地方政府、当事人的高度赞誉。该案被评为"江苏法院2020年度十大典型案例"。(见表2-2)

表2-2 无锡两级法院使用物联网监管系统案例(数据截至2022年10月底)

案例名称	基层法院	目前状态
无锡凌峰铜业案	宜兴法院	结束监管
无锡百汇机械案	惠山法院	监管中
江阴汉邦石化案	江阴法院	继续服务重整投资人
江阴丰瑞科技案	江阴法院	结束监管
宜兴三和园艺案	宜兴法院	结束监管
江苏龙麒橡塑案	江阴法院	结束监管
无锡美誉金属案	梁溪法院	已结束

通过"物联网查封财产监管系统"的应用,坚持"适度、合理、必要"的善意执行理念,在充分保障申请执行人权益的同时,尽量减少对被执行企业的生产经营活动的影响,取得了社会效果、法律效果双赢的良好局面。这也是无锡法院充分运用信息化技术赋能执行,有效服务保障"六稳""六保"的典型案例,为同类案件提供了可复制、可借鉴的"善意文明执行"工作做法。

(五)系统应用存在的困难和问题

"物联网+执行"工作的阶段性成果来之不易,在肯定成绩的同时,无锡法院在工作实践中发现当前"物联网+执行"遇到新问题,主要体现在以下两大方面。

1. 从法院需求层面分析，主要涉及费用负担问题

费用负担问题是当前推广应用中最主要难点。以无锡为例，物联网电子封条的费用包括三部分：电子封条硬件费用主要由各法院自行采购，单价 1580 元/条；每条电子封条采购 SIM 流量卡，单价 245 元/年；软件平台运维费用主要通过市法院统一采购予以解决，全市 10 万元/年。关于称重系统，由于相关费用不大，主要通过当事人协商解决；关于查封财产监管系统，相关费用比较大，目前没有明确的法律依据确定承担主体，主要由申请使用该系统的一方自行承担。根据省法院及省内其他法院反馈信息，主要困难如下。

一是硬件费用报价还不够透明。全国有多家企业研发生产物联网电子封条，核心竞争力取决于高性价比。2020 年设计研发物联网电子封条期间，得到省市两级法院高度重视，省法院褚红军副院长、无锡中院钱斌院长亲自座谈调研，“物联网 + 执行”现场会上专门介绍推广电子封条，初定报价每条 1000 元左右，得到省法院及省内其他法院认可。后来由于芯片等原料成本、研发成本、营销成本等各种因素叠加，与研发上市初期的估算相差较大。苏州吴江等法院采购价格 4500 元/条，运维费用一年免费，后期有偿使用。省内其他法院认为电子封条报价过高，超过费用预算范围，不适宜广泛推广应用。

二是销售价格体系还不够完善。目前采购电子封条的省内法院包括泰州、南京、连云港、苏州等地，省外法院包括浙江宁波、河北等地，但各地采购数量都不多，除无锡法院外，其他各地采购总数合计 100 多条，应该还未实现规模效应。根据江苏高院在前段时间调研得到的反馈，目前物联网电子封条销售模式采取了区域代理模式，由于各地运输成本、营销成本、运维成本等因素，导致电子封条在无锡本地法院报价与省内其他法院报价存在差异，不同代理商对各地法院报价也不相同。省内各法院之间联系密切，很多信息互通，不同报价容易产生误会与不解。

三是平台运维费用还不够清晰。根据相关协议内容，软件平台运维内容包括保持应用服务器正常运行、物联网电子封条售后运维等，因为这些服务内容是电子封条正常使用的必备条件，采购电子封条意味着后期需要每年承担运维费用，使得各地法院采购过程中需要通盘考虑，是否可以提供更多选项成为推广应用的考量因素。另外，平台运维内容哪些属于物联网电子封条售后质保范围，哪些属于软件平台运维内容，建议进一步梳理明确。

2. 从干警需求层面分析，主要涉及技术保障问题

由于物联网电子封条张贴于各个领域，同时要适用于各个环境，需要电子封条能够抵抗高温、低温，甚至耐摔耐拆耐腐蚀，能够在外经受风吹日晒，持续顺畅完成数据的采集、传输、应用等。根据执行干警结合前期应用的反馈信息，主要困难如下。

一是产品质量方面。电子封条存在信号不稳定的情况，无网格信号的地带无法正常回传；在门框之类不是特别平整的位置，安装电子封条无法完全固定；安装不太方便，以前张贴不牢固，现在 3M 胶粘之后很难拆卸，回收困难；电子封条续航能力较低，可重复使用性不高，部分电子封条无法充电；电子封条无自定位功能，被强制拆除后丢失则无法找到，也无法确定责任人员。

二是应用难度方面。在房屋入户门张贴电子封条，在使用过程中会有周边居民被侵犯隐私引起投诉的顾虑。电子封条智能化程度不高，提醒反馈功能不完善，在人来人往的标的物前以及机器设备活查封的使用场景中，系统报警过于频繁，且存在滞后现象。电子封条后台系统不够完善，即使提取到了证据数据或视频，没有方便的后台系统导出数据，更不能将证据材料直接导入办案系统或发送给当事人。鱼眼式电子封条的安装条件要求较高，一是需要安装在屋顶，危险系数和安装难度较高；二是需要被执行人协助供电，被执行人配合难度较高，被执行人属于外地的，张贴电子封条会增加执行人员再去现场自行回收成本，额外增加工作量等。

三、物联网技术的司法应用前景

（一）需要重点关注的几个问题

1. 物联网信息安全保护问题

物联网通过互联网、大数据等建立物与物的链接，多数连接过程是自动瞬时完成的，无须经过人工确认或验证。然而在这一过程中，可能会由于自动化运行不可避免地带来信息滥用、数据泄露等问题。

近几年，各国立法机关不断推出各种法律法规以保护物联网安全。2018 年年底至 2019 年年初，日本频频针对物联网安全问题修法，例如于 2019 年 1 月底对《电气通信事业法》进行修正，于 2020 年 4 月起要求物联网终端须具有防非法登录功能，且唯有满足标准、获得认定的设备才能在日本上市。因此，在研究

物联网技术的司法应用场景中,如何避免因技术缺陷与弱点导致产生安全问题同样亟须思考。

一是感知层存在安全风险。物联网架构中的感知层,主要包括将感知到的信息及状态转化为可识别的特定电子化符号的终端设备,这一转化过程涉及电子数据的生成与处理,如若生成、处理不当,可能造成信息错误,系统故障,进而影响司法应用的法律效力。

二是网络层存在安全性问题。物联网系统数据主要依赖有线网络、5G无线网等进行传输,如网络传输不稳定或存在故障,传输进度、效率将受到影响;不同网系之间跨网交换,需要穿透不同的安全设备,不同系统之间数据互联互通需要进行数据格式变换对接;如在传输过程中,信号被第三方拦截、篡改,将会直接导致系统故障甚至网络安全事故。

2. 当事人隐私数据保护问题

隐私权乃维系人类文明之基石,也是公民的基本权利,然而数字时代的科技革命全面打破了隐私权功能赖以发挥的传统社会场景与制度规范,深刻瓦解了隐私权的功效,致使隐私保护问题在数字社会成为全球性的公共问题。随着以互联网、大数据、人工智能为代表的新一代信息技术的迅猛发展,大规模的隐私泄露问题开始出现并愈演愈烈。物联网司法应用需要实时采集传输不同场景下的感知数据,其中不可避免地会存在涉及当事人隐私的数据,如何控制系统使用者对这部分隐私数据的应用,保护当事人的基本权利,有效防止隐私数据的泄露,是在系统研发推广使用中需要重点关注的问题。

(二)物联网司法应用的路径规划

建构与完善"物联网+"司法应用,不仅需要统一的价值理念指引,还需要具体可行的各项措施。

1. 探索物联网监管机制

"工欲善其事,必先利其器"。建设"物联网+"司法应用的首要任务是激励科研企业开发各类契合送达目标的物联网设备、平台等,而无论科技企业采用何种研发建构模式,人民法院均应占据核心主导地位,并掌握系统性的绝对控制权。在"物联网+"司法应用过程中,探究对其的监督与治理机制具有重要意义,保证物联网司法应用始终处于人民法院的控制范围内,保障数据产生、处理、传输服务的持续健康发展。探索物联网监管机制应从以下两方面入手。一是加快推进“物联网+”司法应用相关立法。目前,物联网信息安全方面相关法律法规较为缺乏,更无完整的系统性的法律体系,需要针对物联网技术特性与法律主体定位,科学制定相关规范性文件,以实现对“物联网+”司法应用建设各环节信息安全的保护。二是统一司法领域“物联网+”应用的相关规范和标准。当前许多法院在“物联网+”应用上有各自的建设思路和指导路线,但因进程不一与技术建构模式的差异,不同地区、不同层级的人民法院的应用范围、规范和标准并不一致,因此“物联网+”司法应用的技术规范和管理要求亟须整合,相关先进经验应在全国范围内推广,为下一步一体化的智慧法院建设奠定基础。

2. 加强各项技术的衔接

目前,随着智慧化法院建设进程的推进,除物联网技术外,大数据分析、区块链等技术的应用十分普遍且愈加成熟。未来,物联网司法应用一定与其他技术的应用不可分割,物联网应融入司法智能化的整体布局,与其他智能技术相衔接。首先,“物联网+”司法应用离不开相关信息技术在司法领域的建设和完善。物联网的网络层需要包括外网和法院内网在内的互联网信息系统的支持,数据传输需区块链技术辅助上链固定,司法大数据也为物联网技术的广泛应用创造更大空间。其次,不同技术的运行逻辑、所需固件、基础算法各不相同,在同时运转过程中可能存在不适配情况,这就需要物联网技术一一甄别,以提高系统运行效率。因此,需要加强司法技术一体化建设,集合价值各有侧重、不同运行规律的各类技术,促进相互衔接,发挥最大效用。

3. 建设各项配套设施

全面布局“物联网+”司法应用,应当将相关配套设施的建设纳入考量范围内,配套设施的完善程度直接关系物联网司法应用的广度和深度。物联网应用系统建构包含感知、网络、平台、应用四个层级,各层级都需要专门性设施,比如感知层配备电子封条、位置感应器、人脸识别器、身份证感应器等以获取基础数据;在网络层需研发无线接入技术等建构附有安全隔离和数据保护措施的稳定传输网络;在平台层设置数据存储、数据共享、分析系统,完成数据汇聚、加工、清晰和计算;应用层需要统一不同系统间的数据格式和语言,为不同应用间共享物联网数据搭建基础。

在这四个层级的配套设施建设中,最重要的是应用的数据共享集成与其他系统的关联,包括不同政法机关之间的数据交互和本系统内已有系统与新建系统之间的数据对接。

4. 构建高效技术团队

"物联网 +"司法应用建设既需各项硬件设备的支持,也需兼具技术能力与法律知识的专业人才。在当前司法模式下,司法机关需要对工作场景中的难点痛点作出判断、分析和目的规划,司法机关的技术人员应结合工作实际,制定解决路径和方法。物联网技术开发单位和研发机构,应当根据司法机关的需求选择合适的技术路径和产品方案。在这一开发建设团队中,三方的合理分工、协同配合至关重要,而其中司法机关的技术人员处于桥梁纽带的主导地位,需要清晰把握司法机关的建设需求,同时要了解物联网技术的相关知识,统筹协调把握系统开发进程。

(三)物联网司法应用的前景展望

尽管物联网技术应用于司法领域的各项法律规范尚未完善、各地实践并不统一,现阶段"物联网 +"司法应用的探索仍面临诸多难题,但"道阻且长,行则将至",无论是法律界还是技术界,都在为物联网司法应用的可行性进行研究。

未来,除在民事送达领域、司法执行领域、监所监管领域等的应用外,物联网技术通过与大数据、人工智能等深入融合,全流程辅助司法活动,实现更为高效的智慧司法。

例如,通过物联网金融科技与司法结合,解决了动产融资中的金融风险防控难题,助力金融机构服务于两链实体企业。实现了线上全自动信用审批,随借随用随还,既降低了企业真实融资成本,又防控了金融风险。

再如,目前无锡法院正在探索实施的"智慧执行辅助管理系统""诉前调解多元解纷平台",基于人工智能、大数据分析等技术,通过批量化,智能化、集约化的方式解决诉前调解、执行过程的事务问题,减轻书记员工作量,保证数据的准确性;通过大数据分析获取案件的关联性、难易度,并推荐相应的处理手段,帮助法官精准办案,提高效率,缩短期限。

四、结语

物联网技术在司法领域的运用,作为一个新生事物,在当前为数不多的司法实践应用中,已经凸显了对于释放市场主体活力、提升社会治理效能的重大潜在价值,课题组以无锡法院“物联网 + 执行”的司法应用探索为蓝本,总结阶段性经验,并对下一阶段物联网技术司法应用应当着力解决的重点问题、发展路径、建设理念进行了初步探究。下一步,无锡法院将继续完善应用,探索创新,依托无锡物联网产业集团优势,力争为全省乃至全国法院贡献更多的“物联网 +”司法应用经验。

行政审判优化营商环境的功能及路径探析

王作化　张玲玲*

摘　要：优化营商环境是完善政府治理体系、提高治理能效、推动经济社会高质量发展的重大举措。行政审判具有监督政府依法行政、维护市场主体合法权益、评价营商环境等重要功能，应主动融入营商环境建设大局，开拓优化营商环境的路径，加强对行政审判优化营商环境能力建设与质效考核，充分发挥行政审判职能，为营商环境建设提供有力的司法保障。

综观近年来围绕营商环境的理论研究，从宏观到微观，从制度保障到路径构建，研究范围多涉及营商环境政策变迁、营商环境评价体系、营商环境与行政执法等，研究者的目光主要聚焦在“行政”与“营商环境”的范畴内。对于行政审判在营商环境的优化中究竟发挥何种功能，以及行政审判优化营商环境的具体路径等相关问题的实践探索较少，理论研究更是较为匮乏，本节试图进行相关探索。

一、优化营商环境需要发挥司法功能

营商环境是企业等市场主体在市场经济活动中所涉及的体制机制性因素和条件，是一个国家或地区经济软实力的重要体现，是综合竞争力的重要方面。2003 年世界银行发布《营商环境报告》，“营商环境”一词开始进入国际视野，并逐渐形成营商环境研究热潮。在我国，随着发展阶段和发展理念的转变，党中央越来越重视营商环境对经济发展的重要作用。2013 年 11 月 12 日，中共十八

* 王作化，无锡市中级人民法院行政庭庭长；张玲玲，无锡市中级人民法院法官助理。

届三中全会通过《中共中央关于全面深化改革若干重大问题的决定》，明确提出建设法治化营商环境的目标，此后营商环境的概念开始受到高度重视与广泛关注，2019 年颁布的《优化营商环境条例》更是将营商环境的讨论与研究推向高潮。

"法治是最好的营商环境"，法治化营商环境是将经济市场主体的经营行为全方位纳入法治范畴，也就是为各经济市场主体的经济活动提供全方位的司法保障，具体从有法可依、依法行政、严格执法和公正司法等多个层面落实，从而形成市场经营行为规范化、高效化和可信赖的社会氛围，消除市场主体交易的潜在成本，充分激发市场活力。法院作为司法机关，通过发挥审判职能优化法治化营商环境的重要性也受到了理论与实务届的广泛研究。

行政审判作为法院的三大审判力量之一，相较于民事、刑事审判而言，具有联系行政机关与市场主体的特质，行政审判质量的高低与"依法行政""严格执法"等法治化营商环境维度息息相关。当前，行政审判如何积极作为，如何在习近平法治思想的指导下，更新行政审判理念、创新行政审判方式，提高审行政审判质效，为市场主体提供更加公平、高效的行政审判保障，应予以高度重视与深入探讨。

二、行政审判优化营商环境的具体功能

（一）监督行政机关提升依法行政能力

政府是优化营商环境的责任主体，政府的依法行政能力直接影响法治化营商环境的优劣。监督行政机关依法行使职权是行政诉讼法的立法目的之一，行政审判通过对行政行为的合法性进行审查，对不合法的行政行为作出否定性评价，以达到监督和纠正行政行为，提高政府依法行政能力的效果。

在"放管服"改革以及优化营商环境的背景下，市场主体对行政机关的执法活动提出了更高的要求，行政机关作出的行政行为不仅要符合形式上的合法性，还应符合实质上的合法性。以行政收费、行政处罚为例，在疫情时代，市场主体维持正常运营本就举步维艰，但仍有行政机关没有任何理由就向企业乱收费，通过苛刻的检查对企业乱处罚款，让企业不堪重负。对于这种没有法律依据的乱收费、乱罚款，一旦行政行为进入行政诉讼，行政机关必然会面临败诉的结果。行政审判通过对行政许可、行政确认、行政处罚、行政强制、行政征收、行

政协议、政府信息公开等涉市场主体行政案件的严格审查,明确同类型行政行为合法性的审查范围,以规范和指引行政机关依法行政,为营造公平、法治、透明、便利的政务营商环境提供司法保障。

(二)保障和救济市场主体合法权益

行政诉讼具有监督功能,行政诉讼中的一些诉讼形式也可以侧重监督,但整体而言行政诉讼的根本目的或主要目的仍应定位于通过解决行政争议保护公民的合法权益。[①] 优化营商环境视角下,行政审判的主要功能仍应致力于保障和救济市场主体的合法权益。一是畅通行政诉讼立案途径和降低行政诉讼成本,保障市场主体的行政诉讼诉权。二是作出撤销或确认行政行为违法的判决,否定具有侵益性行政行为的效力,保护市场主体各项实体权益。如依法判决撤销行政机关擅自扩大审批事项与审批范围的行为,保护市场主体依法进入市场准入行业的权利,依法判决行政机关履行不正当竞争行为查处职责,保护市场主体的公平竞争权等。三是实质化解行政争议,从根本上解决市场主体的诉求,如对于行政允诺、行政协议、行政征收补偿等案件,通过加大调解力度,督促行政机关诚信履职兑现承诺,实质回应行政协议、行政征收补偿的争议,来回磋商,缩小差距,最终达成调解,实现案结事了目标。

(三)附带审查行政规范性文件合法性

规范性文件的法治水平是营商环境法治保障能力的重要体现。“规范性文件治国”现象值得认真对待。形形色色的规范性文件如汪洋大海,法律、法规、规章等正式立法只是大海中散落的小岛。在规范性文件里头,数量最大、种类最繁、与人民生活最密切的,是行政机关制定的法规、规章以外的规范性文件。[②] 在优化营商环境的热潮下,为了保证营商环境的政策落地,取得实效,做出政绩,在各类营商环境行政法规、规章之外,各地政府及政府部门纷纷开始出台各种有关营商环境的规范性文件。由于这些规范性文件的制定缺乏立法评估等有效监督,又往往成为一线执法人员直接适用的依据,切实影响市场主体的实体权益,所以必须对此类规范性文件的合法性、科学性予以监督。

《行政诉讼法》第 53 条规定,公民、法人或者其他组织认为行政行为所依据

---

① 江必新:《法律规范体系化背景下的行政诉讼制度的完善》,载《社会科学文摘》2022 年第 7 期。

② 何海波:《论法院对规范性文件的附带审查》,载《中国法学》2021 年第 3 期。

的国务院部门和地方人民政府及其部门制定的规范性文件不合法，在对行政行为提起诉讼时，可以一并请求对该规范性文件进行审查。在行政案件审理过程中，法院对于存在超越制定机关的法定职权或者超越法律、法规、规章的授权范围的；与法律、法规、规章等上位法的规定相抵触的；没有法律、法规、规章依据，违法增加公民、法人和其他组织义务或者减损公民、法人和其他组织合法权益的；未履行法定批准程序、公开发布程序，严重违反制定程序的；其他违反法律、法规以及规章规定的情形的不合法的规范性文件，将不作为认定行政行为合法的依据，并向制定机关提出处理建议。行政审判可以通过规范性文件附带审查制度，对营商环境相关规范性文件的合法性予以有效监督，提高营商环境相关规范性文件的制定水平，实现营商环境法治保障功能。

(四)评价营商环境功能

随着行政诉讼受案范围的不断扩大，更多类型、更大数量的行政行为被纳入行政诉讼的受案范围，其中涉市场主体行政案件类型主要集中在行政征收、行政协议、土地出让、行政许可、行政确认、政府采购、行政允诺、行政处罚、劳动和社会保障、政府信息公开等领域。不同类型的案件可以反映出营商环境不同维度的状况，如行政协议、行政允诺案件可以反映诚信政府建设相关营商环境状况，行政登记、行政许可、行政审批案件可以反映出政务服务、市场准入相关营商环境状况等。总体来说，涉企行政案件数量的多少、案件类型的分布、行政行为存在的问题、裁判结果等信息，可以反映出行政机关依法行政的能力，同时从侧面反映出一个地区营商环境的优劣，以及市场主体对该地区营商环境的满意度。行政审判蕴含着丰富且极具价值的信息，对分析行政行为与市场主体诉求之间的关联与规律有着重要作用，可以说是检验法治营商环境的晴雨表，因而也具有评价营商环境的功能。在行政审判日渐智能化、信息化的背景下，对行政审判与营商环境相关的信息进行科学的筛选、分类、统计，参与评价营商环境，是行政审判的潜在价值。

三、行政审判优化营商环境的实践探索及其不足

(一)行政审判优化营商环境的实践探索

从最高人民法院到地方各级人民法院出台的有关优化营商环境的文件来

看,行政审判在优化营商环境方面的功能及路径的实践探索,经历了从无到有、从原则性到具体化的发展过程。2017 年出台的《最高人民法院关于为改善营商环境提供司法保障的若干意见》,虽未明确提到行政审判,但其中关于进一步规范行政机关的行政许可和审批行为,通过完善与行政区划相分离的司法管辖制度等方式,打破垄断和地方保护,推动形成权责明确、公平公正、透明高效、法治保障的市场监督管理格局的内容,是行政审判优化营商环境功能的体现。2020 年印发的《最高人民法院关于进一步做好优化营商环境工作的意见》,对人民法院在推进法治化营商环境建设中的总体目标、具体举措、实施保障进行了规定。

在上述两文件的指导下,地方各级人民法院相继开始结合各自审判工作实际制定优化营商环境的意见或实施方案等,对于行政审判的重视程度呈现不同表现。2018 年印发的《深圳市中级人民法院关于为优化营商环境提供司法保障的意见》,明确指出要完善行政审判机制,推动法治政府建设,营造高效透明的政务环境,并从深化行政案件集中管辖改革、监督行政机关依法行政、监督行政机关诚实守信三个方面详细展开。《无锡市中级人民法院推进法治化营商环境建设专项行动方案 2022》中,行政审判庭成为深化多元解纷机制建设以及促进诚信法治政务环境两项工作任务的责任部门。

在行政审判优化营商环境的实践探索过程中,湖北高院是率先将行政审判优化营商环境的作用拔高到独特性、专门性地位加以规定的优秀代表。2020 年印发的《湖北省高级人民法院关于发挥行政审判职能服务营商环境指导意见》,2021 年印发的《全省法院发挥行政审判职能服务营商环境工作考评办法(试行)》和《被诉行政行为影响营商环境评估办法(试行)》,对行政审判优化法治化营商环境的举措、考核、评估三大体系进行了专业化构建。紧随其后,2022 年出台的《无锡市中级人民法院关于发挥行政审判职能服务和保障放管服改革优化营商环境十条意见》,对涉企行政许可、行政处罚、行政允诺等与营商环境息息相关的行政审判工作进行规范。同年出台了《南通市中级人民法院关于充分发挥行政审判职能助推营商环境提升的实施意见》。

(二)实践探索存在的不足之处

1.未充分发挥最高人民法院的指导作用

最高人民法院作为最高审判机关,其在法院系统中的级别及职能定位,赋予了其对地方各级人民法院强大的司法影响力。2021 年出台的《最高人民法院关于完善四级法院审级职能定位改革试点的实施办法》体现了四级法院在职能定位上的区分,对优化营商环境而言,四级法院的功能定位也是有所区分的。最高人民法院的职能主要在于监督指导全国审判工作、确保法律正确统一适用,对应到营商环境工作上,最高人民法院在行政审判优化营商环境的工作中亦主要起到指导作用。

具体来说,最高人民法院能够通过将涉营商环境的行政审判政策和理念转化成具有指引作用的统一适用的文件,并通过其职能影响力在地方各级人民法院中贯彻执行。该权力可以让最高人民法院对地方各级人民法院进行价值引导,进而推动法治化营商环境的实现。当前,最高人民法院主要通过发布涉营商环境行政案例,或者对涉营商环境的行政案件开展专门指导的方式宣传行政审判优化营商环境的理念,指导行政审判工作。尚未制定行政审判优化营商环境的专门文件,未明确全国法院行政审判工作在营商环境建设中的目标、任务等内容,对地方各级人民法院行政审判优化营商环境工作的价值引导功能尚未充分发挥。

2. 地方各级人民法院行政审判优化行政环境的实践探索未成体系

在贯彻落实最高人民法院关于行政审判优化营商环境的精神指引的过程中,地方各级人民法院的行政审判工作可以发挥主观能动性,在实现法治化营商环境建设中有着重要的地位。当前,地方各级人民法院行政审判优化营商环境的实践探索,多以中级人民法院、基层人民法院制定相关实施方案的方式展开,各高级人民法院的相关探索较少。除湖北高院制定了行政审判优化营商环境的相关文件外,其他省、自治区高级人民法院多以发布优化营商环境行政诉讼典型案例的方式进行,尚未制定相关文件。例如,山东高院发布《2020年山东法院优化营商环境行政诉讼典型案例》,辽宁高院发布《2020年辽宁法院法治化营商环境建设行政审判十大典型案例》。从地方各级人民法院行政审判优化营商环境的实践现况可以看到关于行政审判优化营商环境的系统化、专业化的制度规范尚不健全,多数法院的实践探索仍未成体系。有关行政审判优化营商环境的功能、路径方面的内容散见在各类文件中,专门规范行政审判优化营商环境的实践探索并不丰富。

四、行政审判优化营商环境的路径分析

(一)形成系统化的司法政策体系

当前,有关行政审判优化营商环境的文件,处于地方各级法院的零散探索时期,尚未形成由上至下的系统化司法政策体系。最高人民法院作为全国法院行政审判的“风向标”,对营商环境背景下行政审判的理念更新、行政审判的体制机制创制、行政审判的重点任务等有着强大的指引作用。如印发的《最高人民法院关于为改善营商环境提供司法保障的若干意见》,就成为地方各级人民法院结合各地实际制定营商环境文件的依据。为地方各级人民法院优化营商环境提供司法保障的目标、重点工作、举措等指明了方向,同时保障了地方各级人民法院所制定相关文件与上级人民法院所制定的文件之间具有价值一致性、逻辑统一性。在行政审判优化营商环境的积极性高涨的主观条件加之先期有益探索的客观条件的基础上,最高人民法院制定专门的行政审判优化营商环境的指导意见等司法政策文件,给予地方各级人民法院行政审判工作原则性的指引具有重大意义。

地方各级人民法院行政审判部门是落实营商环境政策的主体,是优化营商环境的推进者。应在上级法院的指导下,结合地方实际,制定更为具体地、可操作性的行政审判优化营商环境的实施方案,并发挥主观能动性,使制定的方案具备区域特色,为优化地方法治营商环境提供更为精准的行政审判保障。

(二)提高涉营商环境案件的行政审判质效

地方各级人民法院的职能定位是审判工作,故而行政审判优化营环境要取得实效,其落脚点应是提高涉营商环境案件的行政审判质效。提高涉营商环境案件的审判质效,首先,应提高从事行政审判的法官们对优化影响环境工作的责任感,使其充分认识到行政审判在优化法治化营商环境中的重要性。其次,将优化法治化营商环境理念融入裁判文书中。法官是会说话的法律,法官通过解释法律,以达到正确适用法律、得到公正裁判的目的,法官的审判理念和价值倾向将以裁判文书的载体予以呈现,并对社会产生潜移默化的影响。法治化营商环境是民众在新时代追求的新的社会价值理念,法官通过将优化营商环境的理念融入裁判文书,在对政府、市场主体的行为进行规范的同时,也向社会传递

优化法治化营商环境的价值倾向。比如,徐州中院在审理一起与市场主体有关的行政处罚行政案件中,就在行政二审判决书的说理部分融入了营商环境的理念,引导行政机关合法、合理、妥善处理市场主体因历史政策而导致的违法问题。[①] 再次,依法审理各类涉营商环境行政案件。依法审理行政案件是行政审判的本质,也是核心价值,行政审判优化营商环境应以高质量的行政审判为主要途径。通过加强对行政登记案件的审理,规范行政登记行为,营造高效政务环境,严格审查行政许可案件,营造公平竞争的市场环境,规范审查行政非诉执行案件,坚决防止因执行错误损害市场主体的合法权益等。最后,优化各项行政审判指标。涉营商环境行政案件的平均审理天数、服判息诉率等指标,反映了案件的审理效率。行政审判应通过积极适用简易程序,加大调解力度等措施,缩短平均审理天数,提高服判息诉率,降低市场主体的维权成本。

(三)重视营商环境解纷机制创新

地方各级人民法院要根据区域营商环境现状,结合行政审判实际,大胆探索创新涉营商环境行政案件解纷机制,为行政审判优化营商环境积累可复制可推广的经验,形成良好的示范效应,以产生更为广泛的辐射带动效应,促进营商环境不断迈向更高水平。具体来说,地方各级人民法院可以以行政行为为分类标准,区分涉营商环境行政案件的类型。从调解的思路考虑,可以通过分析不同类型案件的特点,找到案件调解突破口,依托司法和行政的良性互动,促使案件调解成功。从审判的思路考虑,可以通过梳理不同类型案件的审查要点、审理思路、说理路径,形成高效的行政审判模式。除此之外,还可以根据不同的涉营商环境行政案件类型,与有关行政机关之间建立常态化的诉前解纷联络渠道,确保专人负责,高效对接。法院当好政府与市场主体之间沟通的桥梁,及时向行政机关反应市场主体的合理诉求,指明解决行政争议的调解方向。行政机关则在法律及职权的框架内制定具备可行性的调解方案,及时地回应市场主体的诉求,力争从实质上化解行政争议。

(四)保障府院信息互联互通

府院互动,是指人民法院和行政机关围绕行政案件的审理,在履行各自职责的过程中,通过行政诉讼内外的沟通、协调等交互活动,形成司法权与行政权

---

① 江苏省徐州市中级人民法院行政判决书,(2020)苏03行终119号。

互相支持、互相促进的关系。[①] 政府作为优化营商环境的责任人,法院作为优化营商环境的参与者,二者的良性互动,对于优化营商环境非常重要。地方各级人民法院可以通过加强府院之间的信息互联,从而形成区域营商环境协同优化合力,更高效地推进区域营商环境的精准提升。当前,建立双向定期通报制度尤为重要。一方面,行政机关可以定期向属地法院通报市场主体可能会提起行政诉讼的行政执法活动,特别是可能引发批量行政诉讼的情况,提前寻求法院的法律指导与帮助,将法治风险防范做到前头,从源头上减少涉市场主体行政纠纷的产生。另一方面,法院通过统计一段时间内的涉市场主体行政案件的新收数、结案数、判决情况、败诉率及败诉原因,分析涉诉行政行为反映出的营商环境建设中的法治问题及薄弱点,定期向政府通报。另外,建立涉营商环境典型案例通报制度,法院可以将具有典型性的涉营商环境行政案件向行政机关通报,更大程度地发挥个案裁判的指引作用。法院的通报让各级行政机关特别是上级政府全面掌握涉营商环境行政案件的相关情况,以便从整体上把握区域法治化营商环境的状况,达到督促行政机关提升执法水平、政务服务能力,优化营商环境的目的。

(五)帮助企业防范行政法律风险

企业是营商环境的消费者,同时是营商环境的参与者,行政审判想要更好地服务于营商环境建设工作,应加大对企业的法治宣传和法律服务工作力度。普法宣传是加强法治精神培育的有效途径,地方各级人民法院可以向市场主体开展具有针对性的法治宣传工作,增加市场主体的法律知识储备,提升市场主体的公平竞争意识和守法经营习惯。此外,法院对市场主体的普法宣传过程也是对市场主体的法治体检过程,可以帮助企业有效防范行政法律风险。法治良好的营商环境,要求政府必须依法行政,为市场主体提供方便、高效、透明的政务服务,给予市场主体充分的自主经营自由。同样地,作为参与者的市场主体也应遵守法律规范的约束,在法律的框架内合法经营。对于违反行政法律规范的行为,企业必将面临行政违法的法律风险,被行政机关处以罚款、暂扣或吊销许可证,乃至责令停产停业、责令关闭等行政处罚,从而为市场主体带来经济负担加重、商业名誉受损等负面影响。如引发舆论热议的"凉拌黄瓜案",涉事餐

① 章志远:《中国行政诉讼中的府院互动》,载《法学研究》2020 年第 3 期。

馆系因未取得冷食类食品经营资质售卖凉菜被处以罚款;"芹菜案"中,涉事摊贩系因所销售的芹菜毒死蜱残留量超过食品安全标准而被处以罚款。在行政审判实践中,市场主体因行政违法行为被处以行政处罚,故而引发行政诉讼的案件较多,领域涉及食品标签、税务缴纳、社保缴纳、违建等。对于企业所面临的行政法律风险,行政审判大有可为,可以通过更为贴心的、常态化的法律服务,为区域内的市场主体提供精准的法治体检,及早发现企业经营存在的法律问题,提出可行性建议,为企业防范行政违法的风险,避免因行政违法行为被处以行政处罚。

五、行政审判优化营商环境的考核与评价体系

(一)加强行政审判优化营商环境能力的审判管理与考核

审判工作是贯彻法治化营商环境理念的重要渠道,法院应将法治化营商环境工作纳入审判管理考核制度。标准化、科学化的审判管理,能够提高审判工作的质量和效率。但是过于烦琐和模糊的考核体系,会带来适得其反的效果,甚至会增加法官的工作负担,引起法官的抵触。所以在加强行政审判优化营商环境工作的审判管理的过程中,探索制定科学合理的考核至关重要。

当前,绝大多数法院都制定了营商环境的相关考核办法,其中明确了具体的任务和责任部门,但是审判部门的不同,优化营商环境的任务亦不同,相同的考核既不科学也不现实。为了提升行政审判优化营商环境的能力,地方各级人民法院可以尝试分析能反映出行政审判优化营商环境能力的可量化的工作指标,制定专门的行政审判优化营商环境工作考核办法。例如,湖北高院制定了《全省法院发挥行政审判职能服务营商环境工作考评办法(试行)》,从被诉行政行为影响营商环境个案评估工作,行政审判进机关、进企业、进校园工作,引导涉企行政案件行政机关负责人出庭应诉工作,开展涉企行政案件专题调研工作,涉企行政典型案例报送工作五个方面对行政审判优化营商环境工作进行专门考核。

行政审判优化营商环境考核指标需要进行多元改善与重构。第一,重视服判息诉率、调撤率等指标。现行审判管理制度对于行政审判工作的考核指标主要有收结案比、结案率、法定审限内结案率、平均审理天数、服判息诉率等。其中结案率、法定审限内结案率、平均审理天数可以反映出案件办理效率,督促法

官在审限内及时审理案件,避免案件久拖不决。对于市场主体来说,时间就是效益,是其诉讼成本的考量内容,也体现了行政审判维护市场主体合法权益的及时性,故而应成为专门的行政审判优化营商环境能力的考核内容。服判息诉率以及调撤率,体现了当事人对于法院裁判的认可度,也体现了行政争议实质性化解的成效,亦应纳入行政审判优化营商环境能力的考核范围。第二,将制定相关文件及落实情况作为考核指标。地方各级人民法院行政审判部门是否制定了有关优化营商环境工作的文件以及文件落实情况,体现了其在优化营商环境体制机制建设方面的能力,应作为考核的加分项予以考虑。第三,将府院联动情况作为考核指标。法院与各行政机关就营商环境优化工作开展的府院联动,如召开联席会议的情况,就相关法律问题展开的培训、调研情况,反映出了行政审判助力政府依法行政,优化法治化营商环境的工作情况,应作为考核指标。第四,将市场主体满意度作为考核指标。市场主体作为涉营商环境行政诉讼的一方当事人,其对于行政审判工作的满意度,体现了行政审判优化营商环境的能力,是重要的考核指标。地方各级人民法院可以制定企业满意度调查问卷,对于涉企行政案件,由市场主体对行政案件立案便宜度、案件审结效率、纠纷是否化解、是否释法说理等进行评价,并作为考核的依据。总之,不能机械套用现有的营商环境考核体系,应当结合行政审判实际,进行精确转化和动态调整。

(二)将行政审判纳入营商环境评价体系

随着营商环境理念的发展与成熟,各级政府开始积极构建各具特色的营商环境评价体系。从各地出台的营商环境评价相关文件来看,尚未有将行政审判相关情况作为评价营商环境指标的先例。但如前文所述,基于行政审判具有监督行政机关依法行政的功能,而依法行政是法治化营商环境的重要组成部分这一内在逻辑,行政审判具有评价法治化营商环境优劣的功能,故而应纳入营商环境的评价体系。

事实上,无论是理论上,还是实践中,都已经开始对行政审判评价营商环境的相关问题开展初步的研究与探索。理论研究方面,《营商环境行政诉讼评价体系的探索与构建——以A省H市近六年经济和司法统计数据为样本》一文,以行政诉讼作为营商环境评价的一级指标。通过分析案件类型数量的统计学特征,找出具有考察意义的案件类型,筛选和修正后确定二级指标范围,对三级指标设计了“营商环境指标体系与权重调查问卷(二)”,采用隶属度分析方法进行评定,法官打分时以违法原因、应诉不规范情形反映的营商环境优劣为考虑因素,最终遴选出40个对依法行政水平负面影响较大的三级指标。[①] 整个评价指标的确定过程,既有样本作为实践依据,又有科学的统计方式作为技术支持,是行政审判评价营商环境问题方面重要的理论参考。实践方面,出台了《湖北省高级人民法院被诉行政行为影响营商环境评估办法(试行)》,法院在办理涉企行政案件过程中,对被诉行政行为是否影响营商环境,以及影响营商环境的程度、表现形式、后果等情况进行分析评估并作出有效防范和处置。

六、结语

优化营商环境是全社会的共同课题,需要调动各方积极性,共同发力、协调配合。行政审判在推进法治化营商环境建设中承担着重要责任,应进一步增强法治化营商环境建设的责任感和使命感,主动融入优化法治化营商环境的发展大局,积极拓展行政审判职能,充分发挥行政审判优化营商环境的功能,为优化营商环境贡献行政审判力量。

---

① 张虹、潘攀、杨丽:《营商环境行政诉讼指标评价体系的探索与构建——以A省H市近六年经济和司法统计数据为样本》,载刘贵祥主编:《审判体系和审判能力现代化与行政法律适用问题研究——全国法院第32届学术讨论会获奖论文集(下)》,人民法院出版社2021年版,第1655页。

以优化营商环境为导向

——帮助信息网络犯罪活动罪的刑法规制

徐振华　韩　锋　曹　阳*

摘　要：打造出市场化、法治化、国际化的营商环境是城市经济发展最亮眼的名片之一。而如今以帮助信息网络犯罪活动罪为代表的各类新型网络犯罪泛滥造成的网络安全危机严重影响营商环境的进一步优化和发展。为了使更多类型的网络犯罪帮助行为可以受到刑法约束，立法者对本罪罪状进行描述时采用了诸如"支付结算""网络存储"等极具概括性的中性词汇，这样的罪状描述具有模糊性，造成了实践中大量同案不同判现象的出现，严重阻滞了经济发展和营商环境优化。

本罪的设立初衷是用预防的方式治理网络犯罪，切断网络犯罪黑灰产业链的链条，实现釜底抽薪的效果，但司法适用中存在泛化的趋势。因此在对于网络帮助行为的处理上，要严守限制解释的立场，以免本罪的门槛过低，沦为口袋罪。因此，为了防止帮助信息网络犯罪活动罪的过度泛化，应当在宽严相济刑事政策的指引之下，对本罪的适用进行限缩。通过严格把握本罪构成要件中的"他人利用信息网络实施犯罪"、"情节严重"以及"明知"情节，坚守构成本罪要以上游犯罪实施犯罪为前提，通过"明知"的认定来限制本罪的无序扩张，"情节严重"可以作为保护条款以解决很多轻微帮助行为的出罪问题，拉开各被告人的量刑差距，有效精准打击犯罪，更好地利用刑事审判工作服务好经济社会发展大局。

* 徐振华，无锡市中级人民法院副院长；韩锋，无锡市中级人民法院刑一庭庭长；曹阳，无锡市中级人民法院刑一庭法官助理。

习近平总书记指出“没有网络安全就没有国家安全,就没有经济社会稳定运行,广大人民群众利益也难以得到保障”。[①] 在我国步入信息网络社会后,经济形态和社会结构的改变导致犯罪类型的变化。随着当前社会治理机能和治安形势不断向好,严重暴力犯罪持续下降,但与之形成鲜明对比的是,刑法对网络空间犯罪的规制成效不足,网络犯罪在犯罪总数中占比不小,而且每年数量还在大量增加,不仅对社会秩序造成极大破坏,还严重影响了我市的营商环境。因此需要从刑事层面遏制以帮助信息网络犯罪活动罪为代表的网络犯罪高发势头。

从犯罪结构看,网络犯罪呈现纵向精细切割,横向分工细化,往往交错而成多形态、多层次的利益链条,在实践中呈现极其高发的态势,[②]其中网络帮助行为对完成网络犯罪起着越来越大的推动作用。近年来以帮助信息网络犯罪活动罪为代表的案件数量逐步攀升,关于网络犯罪帮助行为的讨论不断涌现,逐渐成为司法实践中的热点问题。

一、现状:帮助信息网络犯罪活动罪的实证考察

笔者以无锡地区辖区五区两市基层法院 2015 年至 2022 年 8 年间审理的 862 件帮助信息网络犯罪活动罪案件为观察样本,以期管中窥豹,进而分析本罪在适用过程的趋势、特征以及规制现状。

(一)从案件数量看:年度分布不均衡,近年来井喷式增长

2015 年 8 月 29 日全国人大常委会通过了《刑法修正案(九)》,增设了帮助信息网络犯罪活动罪,明确将帮助网络犯罪的行为独立入罪。2015 年 11 月 1 日《刑法修正案(九)》施行至今(2022 年 12 月),全市法院共审理帮助信息网络犯罪活动罪案件 1023 件,审结 862 件,但案件数量分布很不均衡:2015 年 0 件,2016 年 0 件,2017 年的 1 件,2018 年 0 件,2019 年 3 件,2020 年 13 件,2021 年激增为 321 件,2022 年的相关数据进一步增长。截至 2022 年 12 月底,全市法院已审理帮信案件 640 件,超过过去 7 年的案件数量之和。如图 2 - 2 所示。

---

① 本报评论员:《敏锐抓住历史机遇 加快建设网络强国——论学习贯彻习近平总书记全国网信工作会议重要讲话》,载《光明日报》2018 年 4 月 22 日,第 1 版。

② 喻海松:《网络犯罪形态的碎片化与刑事治理的体系化》,载《法律科学》2022 年第 3 期。

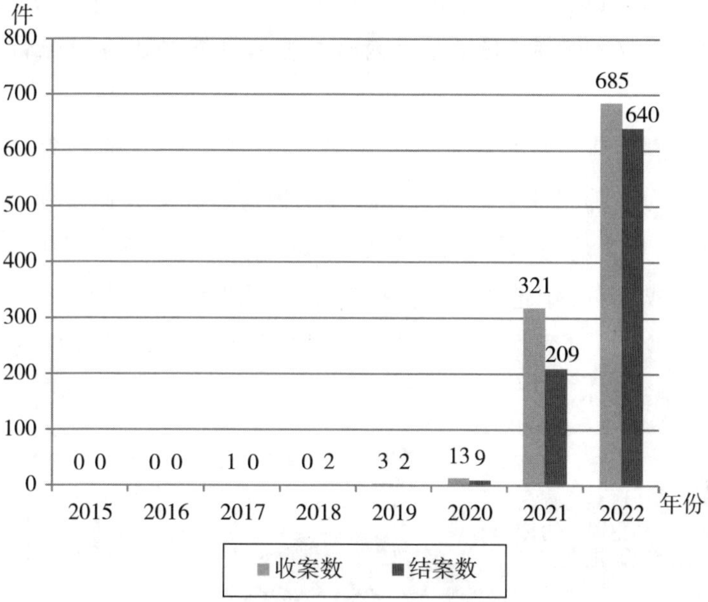

图 2－2　2015～2022 年帮助信息网络犯罪活动罪案件数量增长情况

自 2019 年起,帮助信息网络犯罪活动罪案件的数量飞速增长主要有两方面原因。

其一,与 2019 年帮助信息网络犯罪活动罪司法解释的出台有一定的关系即《最高人民法院、最高人民检察院关于办理非法利用信息网络、帮助信息网络犯罪活动等刑事案件适用法律若干问题的解释》,该解释明确了两个重要问题:一是明确了本罪“明知”的推定规则,如根据行为人是否隐匿自己的身份逃避监管、是否提供了专门用于犯罪的工具等来判断;二是明确了本罪的具体入罪标准,如根据行为人帮助的对象数量、为他人进行支付结算的金额等进行判断。通过对本罪法律适用方面进行系统性的规定,在一定程度上指导了司法实践如何把握认定帮信罪。

其二,与政策有关,案件井喷的时间段与打击电信诈骗上升为国家行动的时间段完美契合。全国政法机关紧紧树立“一盘棋”的意识,通过与时俱进、多措并举、综合治理的方式重点打击电信诈骗犯罪,同时深挖出一批位于电信诈骗下游的“卡商”“卡农”“跑分平台”等犯罪团伙,肃清社会风气,净化网络空间,形成了帮信案件数量自 2019 年起陡然增多的客观现象。

基于上述两种因素的综合驱动下,本罪的适用开始爆发性地增长。

（二）从服务对象看:帮助信息网络犯罪活动罪的服务对象以电信网络诈骗为主

从帮助信息网络犯罪的犯罪形式来分析,帮助信息网络犯罪活动罪案件的被告人为上游犯罪电信网络诈骗提供提付结算的大概占到总案件数量的6成以上;其次是为网络赌博提供结算程序、支付结算帮助的犯罪,占到总案件的2成左右;除此之外还存在为传播淫秽物品牟利犯罪、为传销犯罪提供支付结算,为侵犯公民个人信息犯罪提供的犯罪提供技术支持等行为。如图2－3所示。

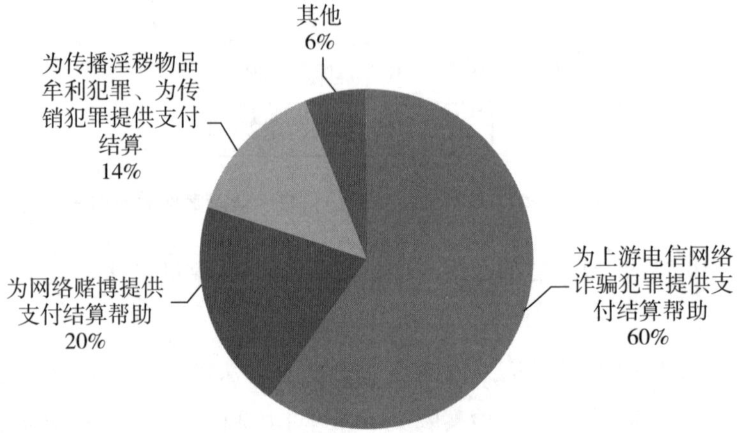

图2－3　上游犯罪占比情况

（三）从犯罪手法看:帮助信息网络犯罪活动罪的主要方式是为其他网络犯罪提供资金的支付结算服务

虽然法律规定的帮助信息网络犯罪活动罪的方式有为他人提供互联网接入、服务器托管、网络存储、通信传输等技术支持,或提供广告推广以及提供支付结算等多种类型。但司法实践中,因提供技术支持或广告推广而入罪的仅占全部案件的1%左右,绝大多数是因为提供支付结算服务而构成犯罪,如出售、出租、转售、提供银行卡及对应的U盾、支付宝账户、绑定的手机号,该种犯罪方式占全部案件数量的73%;提供支付结算账户后继续帮助提供“刷脸”等验证服务的,占全部案件数量的21%;采用支付软件后台挂支付宝二维码收款、银行卡转账等方式,帮助色情、赌博网站代收非法资金等其他方式占全部案件数量的5%。如图2-4所示。

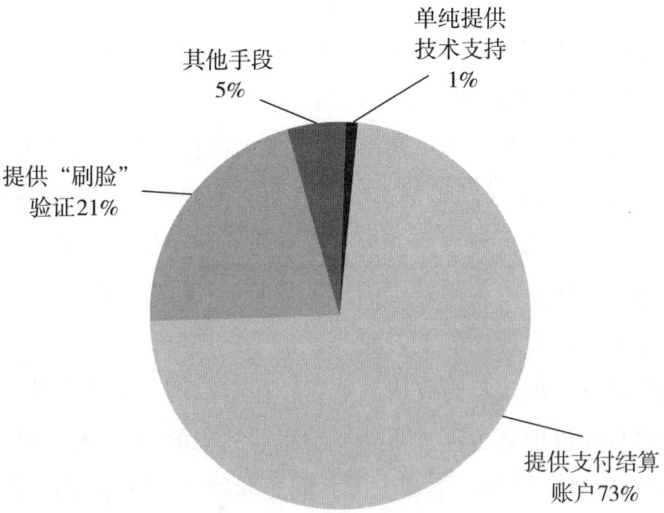

图2-4 帮助信息网络犯罪活动罪犯罪手段分布情况

(四)从获利来源看:帮助信息网络犯罪活动罪的主要获利依赖于其帮助对象,一般不直接从帮助对象的犯罪中获利

在被告人获利来源方面,帮助信息网络犯罪活动罪案件的获利方式一般是根据行为人提供、出售的银行卡、电话卡等的数量,由帮助对象支付一定的好处;也有部分是按照其提供的银行卡中资金流水的一定比例提成;有极小部分案件是通过向帮助对象出售公众号等形式获利。基本没有直接从帮助对象的犯罪中直接获利的情况。

二、聚焦:帮助信息网络犯罪活动罪案件审判工作的主要难点和问题

(一)本罪与他罪的界限不清

本罪的设立是基于实际需要,根本目的在于摆脱实行行为对帮助行为处罚的辖制,避免共犯从属性理论在网络犯罪这一特殊领域的适用过程中产生的处罚漏洞。但遗憾的是,由于尚未形成明确具体的裁判标准对本罪与其他犯罪进行区分,使实践中同案异判的现象大量存在。此类现象往往集中在本罪和掩饰隐瞒犯罪所得罪以及本罪和上游犯罪的共犯之间。例如,被告人均为上游犯罪

提供支付结算帮助,但是分别被判处本罪和掩饰隐瞒犯罪所得罪,最终法定刑也相差甚大。再如,被告人均为上游网络诈骗提供技术支持和程序设计方面的辅助性工作,但是分别依据《刑法》第266条判处诈骗罪,《刑法》第287条之二判处帮助信息网络犯罪活动罪。此外,实践中还存在本罪和妨害信用卡管理罪、非法利用信息网络罪的混淆。可以看出,本罪与其他犯罪产生竞合时如何处理的问题,无论是在《最高人民法院、最高人民检察院关于办理非法利用信息网络、帮助信息网络犯罪活动等刑事案件适用法律若干问题的解释》出台前,抑或《最高人民法院、最高人民检察院关于办理非法利用信息网络、帮助信息网络犯罪活动等刑事案件适用法律若干问题的解释》出台后,都是认定本罪的重点和难点。实践中具体表现在以下方面。

1. 多数帮助行为被认定为仅构成本罪。在本次调研的法院裁判文书中,多数案件未给出具体说理来否定被帮助下游犯罪共犯的成立,径直认定被告人仅构成本罪;部分案件以被告人主观上无共同犯罪的意思联络或者客观上未获取不合理的报酬为理由,否定被告人构成被帮助的下游犯罪的共犯。

2. 有一部分帮助行为被认定为掩饰、隐瞒犯罪所得罪。其中,有法院认为本罪的被告人较单纯帮助信息网络犯罪行为人,对上游犯罪的性质认识更为深入,对其提供支付结算的资金属于犯罪所得及其收益有一定的认识,因此构成掩饰、隐瞒犯罪所得罪;也有法院认为可以以被告人是否参与"刷脸"作为是否构成本罪的依据。

3. 少数帮助行为被认定为仅构成其他类型的网络犯罪。例如,曾某某非法利用信息网络案中①,公诉机关认为行为人构成本罪,但法院认为,被告人曾某某利用网络设立用于实施诈骗犯罪活动的网站,情节严重,其行为已构成非法利用信息网络罪。然而,实践中此类为违法犯罪活动设立网站的行为被判处为本罪的情形也不在少数。

(二)实践中"明知"认定困难

实践中不仅对犯罪事实的明确认知认定为"明知",也将为他人实施信息网络犯罪提供帮助的"应当知道"即"推定明知"认定为"明知",甚至有的地区的审判实践中还将"可能知道"也涵摄"明知"的范畴。在如此差异化的理解下,

---

① 江苏省无锡市锡山区人民法院刑事判决书,(2017)苏0205刑初550号。

造成了案情基本相同的前提下,有的法院认为行为人只构成本罪,有的法院认为行为人只构成他罪,有的法院认为行为人不构成犯罪的乱象。

(三)量刑梯度难以拉开

在同一个支付结算型的帮助信息网络犯罪活动罪案件中,公安机关往往查获数个或一批犯罪嫌疑人,各犯罪嫌疑人的作用大小和分工负责的事务往往存在较大差异,相同分工的犯罪嫌疑人间转账金额也存在明显不同。但是审判实践中,如果根据现有证据不足以认定构成其他犯罪,即使各个被告人的地位层级、帮助作用不同,有的被告人犯罪金额存在数倍甚至数十倍以上的差异,但是在以帮助信息网络犯罪活动罪定罪处罚时,在不适用缓刑的前提下,法院对帮助信息网络犯罪活动罪案件中作用相差迥异的被告人的量刑并没有体现出明显的区分。从全市法院审理类案的量刑平衡来看,也很难达到全市法院类案量刑衡平和精准打击犯罪的目标。

三、溯源:帮助信息网络犯罪活动罪的网络属性背景和理论研究梳理

工欲善其事,必先利其器。要解决帮助信息网络犯罪活动罪的相关实务难题,首先需要对该罪的网络属性背景和理论研究作出梳理。

(一)帮助信息网络犯罪活动罪的网络属性背景

当前网络犯罪的帮助形式不仅仅局限于把网络作为一种犯罪手段,而是在性质上有所转化,当某些犯罪离开网络后,根本不足以造成危害后果,甚至犯罪行为根本无法形成。例如,开设赌场罪的新模式,即网络赌博、线上赌场。如果没有相应的 App、网络程序技术作为支撑,就不可能存在开设网络赌场的客观事实,继而更不会产生相关犯罪的实行行为。

帮助信息网络犯罪活动罪正是在这样网络空间中衍生出的网络犯罪帮助行为。较传统犯罪帮助行为而言,其具有以下特征。

1. 提供帮助者与被帮助者间没有明确的意思联络。互联网的信息、资源共享机制让帮助者与被帮助者之间无须达成意思联络,也可以共同实施网络犯罪。

2. 网络空间的隐蔽性导致正犯难以抓获。第一,网络身份的虚拟性。目前犯罪分子具有较强的反侦察意识,往往将其真实身份隐藏在重重虚拟身份的背

后;第二,网络犯罪的产业链条日益复杂,查找证据愈发困难,对司法机关提出了更高的要求;第三,网络犯罪具有极强的跨地域性。犯罪分子和相关犯罪事实、证据更为分散。上游犯罪分子不仅难以被抓获,更难以查清具体犯罪事实并与之对应,给刑事案件的侦破带来新的挑战。

3. 网络帮助行为的社会危害性大。按照传统的共犯理论,主犯在犯罪活动中起主要作用,从犯则起次要作用。而对网络犯罪来说,提供技术支持的帮助者可能并非起次要作用,甚至对网络犯罪起决定作用,技术帮助行为为网络犯罪的成功实施架起了坚实的"桥梁",有着实质危害性。尤其在"一对多"的案件中,帮助者提供的技术服务为多人提供了犯罪资源,极大地方便了网络犯罪的开展,此时的帮助行为所带来的法益整体侵害可能性和侵害后果在一定程度上超越了网络犯罪实行行为。

传统罪名不足以打击逐渐异化的网络犯罪,针对网络犯罪产生的社会背景与立法背景,立法机关在《刑法修正案(九)》中增设了帮助信息网络犯罪活动罪,以保障网络空间的有序运行,形成良好的网络秩序,保护人民的人身和财产安全。

(二)帮助信息网络犯罪活动的立法定性

本罪具有严而不厉的刑事司法理论定位,其一,为了严密刑事法网,在互联网环境中,对犯罪链条中每一位参与人的查明、侦办工作越来越难以进行,各犯罪参与人之间双向的、明确的意思联络也越发难以认定。因此在根据传统共犯理论无法认定为共同犯罪的情况下,通过本罪的设立可以兜底性地对信息网络犯罪的帮助行为进行处罚。其二,本罪的刑罚相对宽缓,本罪的基本立法定位并不是要进行所谓的"严打",而是为了填补原有刑法分则犯罪构成要件和传统共犯原理在司法实务中所形成的处罚漏洞。其三,本罪具有相当程度上的业务属性和技术属性,为避免对我国互联网经济形成过重打击,因此将该种具有较强业务性特征行为和明确与他人达成合意为犯罪提供帮助的行为相区分。其四,由于本罪涵盖的帮助对象广泛,本罪规制的并非单一罪名的帮助犯,而是同类罪名的帮助犯,无论上游网络犯罪属于何种犯罪,只要向其提供帮助都属于本罪的范畴,这也造成本罪适用的扩大,有时候帮助犯并不清楚上游犯罪的具体罪名,而仅仅具有网络犯罪这一概括性的认识,为了避免帮助犯罪刑的失衡,对本罪规定较低的刑罚幅度也是较为现实的。

因此,对于帮助信息网络犯罪活动罪而言,帮助犯所从属依附的网络犯罪行为具有构成要件该当性、违法性时，即成立本罪。具体而言，当上游犯罪行为能够确认，但上游犯罪行为人在境外等原因无法抓获到案时，并不影响本罪的认定。另外，帮助信息网络犯罪活动罪的成立不以正犯具有责任能力为前提，只需要能确认上游犯罪符合构成要件和违法性即可认定本罪的成立，即责任是个别判定的。

四、探寻：准确适用帮助信息网络犯罪活动罪的意见和建议

（一）严格依法把握帮助信息网络犯罪活动罪的犯罪构成要件

1. 正确理解帮助信息网络犯罪活动罪的"明知"

"明知"的程度上包含两个层次的要求：一是概括性认识要求，即帮助犯应当认识到自己的行为正在帮助他人进行犯罪活动；二是行为性质要求，即要求帮助犯应当认识到自己的行为在犯罪结果的发生上有促进作用，自己提供的行为可以对被帮助人犯罪结果的发生起积极效用。具体程度方面，相较于上文列举的网络犯罪共犯以及掩饰隐瞒犯罪在明知的认识程度上，共同犯罪的帮助犯的主观上要明确知道自己帮助会对什么样的犯罪事实起到促进作用，掩饰、隐瞒犯罪所得罪的行为人则对帮助的犯罪类型以及转移的资金性质有一个相对具体的认识；而本罪的认识程度略远于共同犯罪和掩饰隐瞒犯罪的认知程度，只要求行为人认识到自己提供技术类支持、支付结算帮助在为他人实施犯罪行为提供帮助即可，不要求具体认识到是何种犯罪，也不要求具体认识转移资金的性质。

同样地，明知的范围包含明确知道与推定明知。[①] 明确知道的判断一般源于行为人自认和证据的证明。推定明知是运用刑事推定的方法来解决对明知难以证明的问题，在适用"推定明知"的情况下，司法机关掌握了大量的客观证据可以证明嫌疑人明知。首先，"知道"属于"明知"毋庸置疑；其次，依靠客观证据的合理推论，剔除了行为人过失的主观心理，推理得出达到无限接近于甚至等于"知道"程度的"应当知道"也应包含在内。且允许本罪被告人对推定进行合理反驳，阻止了本罪的肆意扩张，这也是罪刑法定的要求。如果仅将"明

---

① 李冠煜、吕明利：《帮助信息网络犯罪活动罪司法适用问题研究》，载《河南财经政法大学学报》2017 年第 2 期。

知”限定为对他人的犯罪意图具有明确、具体的认知，这必然会使该罪名的适用重新陷入要求帮助人与被帮助人之间具有“犯意联络”的泥潭；若将“可能知道”纳入本罪的“明知”，会使本罪的适用扩张到难以控制的程度，无法发挥其本身设立的目的，同时有助于司法实践中本罪主观明知认定扩张化的纠偏。

2. 合理认定帮助信息网络犯罪活动罪的“情节严重”

（1）对帮助信息网络犯罪活动罪“情节严重”的理解

《最高人民法院、最高人民检察院关于办理非法利用信息网络、帮助信息网络犯罪活动等刑事案件适用法律若干问题的解释》第 12 条第 1 款规定了认定帮助行为“情节严重”的标准，并在六项具体情形后增设兜底条款。

《最高人民法院、最高人民检察院关于办理非法利用信息网络、帮助信息网络犯罪活动等刑事案件适用法律若干问题的解释》第 12 条第 1 款规定的六种“情节严重”的认定中，第 1、2 项是争议最大的。其中第 12 条第 1 款第 1 项为“为三个以上对象提供帮助的”，应当认定为三个不同的对象为宜。第 12 条第 1 款第 2 项“支付结算金额”的数额如何认定，也是一个有争议的问题。首先应当明确的是，支付结算包括支付和结算两个过程，即转入和转出两个过程，但不能将转入金额和转出金额重复计算。该项所规定的“支付结算金额二十万元”，应当理解为按照单向流入计算金额。流入信用卡的资金性质，可以结合已查证的被害人的资金流转情况，以及信用卡账户交易记录、行为人与资金来源方的交往关系、资金往来情况、行为人对资金性质的供述等综合认定。最后，支付结算金额不同于资金流水，转移对象必须是查证属实的来自上游犯罪所得的资金。

《最高人民法院、最高人民检察院关于办理非法利用信息网络、帮助信息网络犯罪活动等刑事案件适用法律若干问题的解释》第 12 条第 1 款第 4 项所规定的“违法所得一万元”中的“违法所得”，应当理解为行为人为他人实施信息网络犯罪提供帮助，由此获得的所有违法款项或者非法收入，行为人收卡等“成本”费用无须专门扣除。

《最高人民法院、最高人民检察院关于办理非法利用信息网络、帮助信息网络犯罪活动等刑事案件适用法律若干问题的解释》第 12 条第 2 款对帮助信息网络犯罪活动罪进行了特殊入罪的规定：司法实践中确实无法查证被帮助对象是否构成犯罪时，只要其提供技术帮助的相关数额总计达到第 1 款第 2 项至第 4 项规定标准 5 倍以上，或者造成特别严重后果的，无论被帮助对象最终构不构成犯罪，帮助行为人都构成帮助信息网络犯罪活动罪。但是我们认为，在司法审判实践活动中，一方面由于网络犯罪地域跨度大，资金数额巨大，动辄就是上百万元的资金流水；另一方面为避免司法机关消极办案，没有深挖资金往来情况以及上下游关系，单纯根据下游帮信犯罪人员数额定罪结案，继而产生全力打击下游帮助信息网络犯罪，放纵上游更为严重犯罪的风险，更应当审慎适用该条款。仍应当按照"主观明知 + 情节严重"的思路，并结合各方面因素综合认定。同时，要求查实被帮助对象达到信息网络犯罪的程度。

(2)细化"情节严重"标准拉开量刑梯度

基于上文论述，为避免本罪成为"口袋罪名"，脱离立法者的立法意图，也为拉开不同层级、不同作用的被告人量刑差距，在对本罪进行适用解释的时候，应当秉持目的性限缩的解释论立场，原因如下：其一，在提供技术帮助的案件中，由于单纯提供技术的行为具有中立特性，违法性被中立性稀释，避免刑罚的"溢出效应"对相关产业造成"寒蝉效应"，挤压公民自由行为的幅度和限度。其二，本罪法条表述具有开放性特征，"帮助"、"支持"以及"等"字的表述较一般犯罪而言，涵射范围更为广泛，将所有利用信息网络实施的犯罪都包含在内，就连寻衅滋事、侮辱诽谤、故意伤害等行为，也可以通过网络的途径实现，这导致本罪的上游犯罪范围极广。其三，基于宽严相济刑事政策的需要，本罪重点打击的是网络犯罪的上游诈骗、赌博犯罪，对于在校大学生、初犯、偶犯等情节较轻的帮助信息网络犯罪行为人采取教育、挽救的方针为主。

因此有必要对本罪入罪的关键，即"情节严重"做进一步的细化。我们认为主要有以下几个方面。

第一种情况，当行为人同时构成本罪与其他轻罪时，应当优先适用轻罪条款，可以用不符合本罪的"情节严重"来进行出罪处理。例如行为人为他人犯虚假广告罪的行为提供帮助，考虑到被帮助对象仅构成轻罪，基于罪责刑相适应的原则，那么帮助人构成轻罪即虚假广告罪的帮助犯更为合理。

第二种情况，用"情节严重"避免本罪司法适用中产生的预备行为实行化倾向。具体而言，即主犯属于犯罪预备阶段即放弃犯罪时，作为帮助者的刑事责任可以用"情节严重"条款来排除，既然主犯都不构成犯罪，尚未对任何人造成任何法益侵害，帮助犯的行为更不能被评价为"情节严重"。

第三种情况，只有对网络犯罪正犯起到实质促进的帮助行为，才可以被归入这里的“帮助”中来,否则不构成“情节严重”。例如,单纯提供物理意义上的基础入网服务,比如架设网线等行为,属于一种基础性、普遍性的网络业务,并没有为特定的网络犯罪和法益侵害创设法律所不允许的风险,不应当视为本罪中的帮助行为。

(二)准确区分帮助信息网络犯罪活动罪和其他相近罪名

1. 准确区分帮助信息网络犯罪活动罪与诈骗罪共犯

根据《最高人民法院、最高人民检察院关于办理诈骗刑事案件具体应用法律若干问题的解释》第 7 条①,当帮助者明知正犯实施诈骗犯罪仍为其提供网络技术帮助时,按诈骗的共犯进行定罪。我们认为可以从两个方面进行解读。其一,是以行为人的主观因素入手来区分两罪,当行为人对上游诈骗主观上表现为明知时构成诈骗共犯,而当行为人对上游犯罪仅仅具有概括的明知时构成帮助信息网络犯罪。当然,这一标准还适用于区分开设赌场罪等上游犯罪共犯与帮助信息网络犯罪,原理是一致的。其二,从立法角度来看,既然本罪已经独立成罪,且从罪责刑相一致和司法体系完整性的角度来看,即使与上游犯罪可能存在共犯关系,也不能排斥本罪的适用。但是也存在例外情况,以“两卡”案件为例,明知他人实施电信网络诈骗犯罪,与之事前通谋,参加诈骗团伙或者与诈骗团伙之间形成较为稳定的配合关系,长期为其提供银行卡或者转账取现,甚至参与利益分成,以帮助信息网络犯罪活动罪论处难以体现法益侵害程度的,则可以诈骗罪共犯论处。②

行为人主观上对上游犯罪表现为概括的明知时,则构成帮信息网络犯罪。概括的明知表现为行为人虽然主观上知道自己也许将帮助他人实施网络犯罪,但他人具体实施什么犯罪是不确定的,表现为一种放任的态度。且在这种情况下,通常帮助信息网络犯罪行为人不会基于诈骗行为而取得利益,其利益所得源于正犯对其服务或是提供银行卡行为的付费,比如行为人出租自己的“四件套”(个人身份证、银行卡、手机卡、U 盾),按提供时间的长短或者提供卡的张

---

① 《最高人民法院、最高人民检察院关于办理诈骗刑事案件具体应用法律若干问题的解释》第 7 条:明知他人实施诈骗犯罪,为其提供信用卡、手机卡、通讯工具、通讯传输通道、网络技术支持、费用结算等帮助的,以诈骗罪的共同犯罪论处。

② 喻海松:《帮助信息网络犯罪活动罪的司法限定与具体展开》,载《国家检察官学院学报》2022 年第 6 期。

数、次数进行收费。从犯罪的主观故意来看,帮助信息网络犯罪行为人主观上并不存在诈骗的犯罪故意,也并没有想从受害人那里骗取钱财,更多的是想通过其提供的网络服务或者帮助行为从网络犯罪正犯处获得相应的报酬。换言之,其取得报酬的多少与网络正犯的获利情况并无正比关系。

2. 准确区分帮助信息网络犯罪活动罪与掩饰隐瞒犯罪所得罪

根据《最高人民法院关于审理掩饰、隐瞒犯罪所得、犯罪所得收益刑事案件适用法律若干问题的解释》第 3 条,掩隐犯罪所得及其产生的收益价值总额达到 10 万元以上的就构成掩隐犯罪"情节严重"的情形,适用 3 年以上 7 年以下的刑罚,而帮助信息网络犯罪则要求提供支付结算金额达到 20 万元以上的"情节严重"标准,才构成本罪。那么在不考虑犯罪故意和其他客观情况下,当行为人为正犯提供支付结算的金额处于 10 万到 20 万之间,此时将不仅涉及此罪与彼罪的区分,更是罪与非罪的区别。即若行为人构成掩饰、隐瞒犯罪,则量刑幅度在 3 年以上 7 年以下的有期徒刑,而若行为人不构成掩饰、隐瞒犯罪,但又因支付结算金额未达到帮助信息网络犯罪活动罪"情节严重"的标准,属于一般的行政违法行为;而当行为人提供支付结算的金额超过 20 万元时,掩饰、隐瞒犯罪和帮助信息网络犯罪法定刑幅度更是相去甚远。因此,为了更好地罚当其罪,如何准确区分帮信犯罪与掩隐犯罪便有相当程度的讨论价值。

我们认为,通过对法律条文的字面分析,可以得出两罪的区别。

(1)两罪发生的时间不同,掩饰、隐瞒犯罪的对象为"犯罪所得",而"犯罪所得"是指通过犯罪既遂后直接得到的赃款、赃物。因此,两罪只有在同处于下游犯罪时点的过程中才会产生定性的争议。在不考虑其他构成要件的情况下,当上游犯罪既遂时,构成掩饰、隐瞒犯罪,此时不构成帮助信息网络犯罪。此时帮助者对于正犯所提供之助益已经跟正犯的犯罪行为没有任何的关联,如果把帮助者的行为界定为帮信行为,则是逾越了法条文义既有的解释范围。

(2)"明知"的程度也存在细微差异。在帮助信息网络犯罪中,被告人对于上游犯罪知之甚少,对于上游究竟是何种犯罪或者何种类型的犯罪不能有准确的认知。而掩饰、隐瞒犯罪对于上游犯罪活动认知虽然不要求其对上游活动明知,但是要求被告人对上游属于何种犯罪以及转移钱款的性质(是否属于犯罪所得及其收益,而非犯罪成本)有一个基本的认识。

(3)犯罪对象不同。掩饰、隐瞒罪的犯罪对象一定是上游犯罪的犯罪所得及其收益。犯罪分子自己提供的资金、为犯罪所提供的支出等不能认定为犯罪所得和犯罪收益。而帮助信息网络犯罪则不需要犯罪钱款的特定化。

同时,另外要指出的是,洗钱罪与掩饰、隐瞒犯罪的关系属于特殊法条与一般法条的关系。当掩饰、隐瞒七种犯罪的所得及收益时,则属于特殊情况,定洗钱罪。

3. 准确区分帮助信息网络犯罪活动罪与妨害信用卡管理罪

在实践中,收购他人银行卡帮助他人实施犯罪的行为不可避免地会持有他人的银行卡,这将同时符合本罪的构成要件和妨害信用卡管理罪中“非法持有他人信用卡,数量较大的(5 张以上)”的构成要件,因此收购他人银行卡的行为如何定罪会产生争议。在实务中,收购他人银行卡的行为大致有五种判罚情况。

(1)只定妨害信用卡管理罪,我们总结为这时候由于客观证据限制,上游犯罪正犯未能抓捕到案,银行卡用途以及转账的钱款数额无法确认。因此,对于从他人处大量收购银行卡“四件套”的被告人只能定妨害信用卡管理一罪。

(2)只定帮助信息网络犯罪,我们总结为实际认定的银行卡张数未超过 5 张,不满足妨害信用卡管理罪的数额较大情节的,只认定帮助信息网络犯罪活动罪一罪。

(3)帮助信息网络犯罪和妨害信用卡管理罪属牵连关系,择一重处。

(4)只存在一个行为同时触犯帮助信息网络犯罪和妨害信用卡管理罪,属于想象竞合犯,择一重处。首先,收购他人银行卡就排除了自己办卡后提供给他人使用的情况,只要非法持有,无论时间长短,只要数量较大,就可认定构成妨害信用卡管理罪。所以,如果只看收购他人银行卡这一行为,行为人构成妨害信用卡管理罪是没有问题的。其次,行为人将收购来的银行卡提供给犯罪行为人使用,为其提供支付结算等帮助,这也完全符合帮助信息网络犯罪的行为特征,只要情节严重,构成帮助信息网络犯罪也无任何问题。在行为特征完全相同的情况下,行为人收购他人银行卡的目的就成为问题的核心。

根据实务中的经验来看,行为人一般表现为收购信用卡、“四件套”的行为,且在收购他人信用卡时就存在将其转售的目的。因此,收购行为和帮助行为之间存在手段行为和目的行为的紧密联系,具有类型化特征。由于行为人仅有一个犯罪目的,而存在购买他人信用卡和帮助网络犯罪两个行为,且两行为间具有较强的牵连关系,我们认为此时应当择一重,而非并罚。

根据上文分析,第四种判罚我们认为其将持有行为和帮助行为评价为妨碍信用卡管理罪和帮助信息网络犯罪活动罪的想象竞合,虽然判处的结果相同,但是背后的法律逻辑难以形成自洽。

(5)存在两个刑法意义上的犯罪行为,且两行为分别触犯帮助信息网络犯罪和妨害信用卡管理罪,数罪并罚。当被告人持有信用卡多张,且将其中一部分银行卡用于帮助上游网络犯罪。我们认为此时需要将全部的犯罪行为全部评价,认定为数罪并罚更为合适。

环境资源审判护航营商环境机制研究

——以无锡环境资源审判实践为样本

郭继光*

摘　要：近年来，无锡法院牢固树立"绿水青山就是金山银山"的理念，深入贯彻习近平法治思想和习近平生态文明思想，守正创新、埋头苦干，全面做好新时代新征程环境资源审判工作，努力为生态文明建设提供有力司法保障。为进一步推动生态文明和营商环境的"双向奔赴"，专题对当前环境资源审判工作展开调研，以期协同推进经济社会高质量发展和生态环境高水平保护，更加自觉把生态环保审判工作放在经济社会发展大局中考量，坚决扛起环境司法部门在促进经济高质量发展这个大局中的责任，既守牢生态环境底线，又主动担当作为，以生态环境的持续改善促进区域营商环境焕发新韵，为擦亮无锡的生态底色贡献力量。

建设生态文明，关系人民福祉，关乎民族未来。党的十八大以来，习近平总书记就生态文明法治作出的一系列重要论述，是习近平生态文明思想和习近平法治思想的重要组成部分，揭示了社会主义生态文明法治建设的本质规律。这些都为人民法院环境资源审判工作指明了努力方向，以市场主体需求为导向，突出生态环保工作的服务属性，有利于激化市场主体活力，是当前全市生态环境系统优化营商环境服务促进经济高质量发展的根本遵循，为实现生态文明和营商环境的"双向奔赴"奠定了理论基础。

一、无锡背景：生态现实和环保体改呼唤生态营商环境

党的十八大以来，无锡市委、市政府坚决贯彻落实党中央、国务院决策部

---

* 郭继光，无锡市中级人民法院审判监督庭审判员。

署，无锡环境质量形势加快好转，环境安全得到有力保障，生态营商环境取得喜人成果。但是由于各种因素，总体上还没有迈过环境高污染、高风险的阶段，彻底扭转环境容量“超载”、生态成本“透支”的局面，全面解决好历史形成的突出环境问题，实现环境资源高质量发展的任务依然艰巨。因此，如何准确把握生态环境领域营商环境出现的新情况、新问题，是及时更新优化营商环境举措、为全市经济社会高质量发展聚力凝神亟待解决的问题。

（一）无锡生态环境保护迫切需要生态营商环境给予回应

无锡的环境污染具有后工业化时期环境污染的典型特征。

一是新型化。无锡的经济发达地区高新技术产业相对集聚，新类型污染源逐步增多。与传统的废水、废气、废渣为主体的三废污染不同，高科技产业带来的往往是放射性污染、电磁波辐射污染、重金属污染、光污染，甚至是震动污染、气味污染、基因污染等新型污染。

二是复合型。大工业下的传统污染与后工业时代的新型污染并存，并相互交织。传统污染问题依然突出，无锡的Ⅰ～Ⅲ类水域面积占比较低，城市空气达标率偏低。新型污染对环境的影响日益显著。电磁波污染、光污染、气味污染等新型污染对公众的生活质量的影响日益增大。

三是隐蔽性。放射性、电磁波、重金属、基因等新型污染，看不见摸不着，具有很强的隐蔽性，很难被发现，容易被忽视。后工业化时期的环境保护突破了单纯自然环境保护的范畴，已经扩展到涉及人类生存质量的各类环境因素的保护。运用传统的治理方法很难应对后工业化时期的环境保护课题，需要更高的技术手段和更有力的法律保护。

（二）江苏环保垂管体制改革的现状亟待生态营商环境的提升

近年来，江苏积极推进环保垂管制度改革，业已形成适应新时代新形势新任务的环境监管新体系，主要体现在以下几个方面。

在理念创新上，注重源头预防和源头治理，即要实现由倒逼发展向倒逼发展与激励发展并重转变、由攻坚作战向攻坚作战与治本作战并重转变、由指导监督向指导监督与自身高质量发展并重转变，在规划、建设、生产源头采取措施，减少污染物排放。

在政策创新上，推进园区生态环境政策集成改革试点，在园区形成高效的市场配置环境资源方式和先进的生态环境监管模式;开展"绿岛"建设试点,实现污染物统一收集、集中治理、稳定达标排放;率先建立环保应急管控停限产豁免机制,推动企业主动提标改造,不断提高清洁生产水平;深化绿色金融政策,扩大"环保贷"支持范围,推动排污权抵押贷款落地。

在方法手段创新上,开展"水平衡""废平衡"专项执法和"锦囊式"暗访执法。协调司法部门建立异地执法备案制度,全力查处跨区域重大违法案件。探索"非现场、不接触"监测执法,上线运行"环保脸谱"体系,以信用促监管。落实"企业环保接待日"制度,重点帮助中小企业解决污染治理难题。开展提醒式执法和"驻点帮扶",指导企业解决环保问题。

不难发现,全省环境保护执法体制最大的变化在于执法权由传统金字塔式变更为了更为统一的垂管体制,如何进一步推进完善合法明确、尺度统一的执法依据,成为全省环保行政执行面临的首要问题。

二、司法困境:审判质效不佳影响生态营商环境质量

通过审判调研量化分析后发现,传统审判机制下的环境司法保护存在明显的不足。主要表现在以下几个方面。

(一)刑事案件数量少,对破坏环境行为惩戒不到位

诉至法院的生态环境刑事案件数量少。其中污染环境案件、与环境监管相关的职务犯罪数量占比较高。对污染犯罪行为的量刑明显偏轻。判处3年以下有期徒刑占比超过2/3,判处3年以上有期徒刑的占比超过1/8;判处拘役、免予刑事处罚、单处罚金相对较少。自由刑所占比重过小,缓刑比例明显偏高。有1/3的被告人被判处缓刑,仅对个别公司法人处以罚金。

(二)民事诉讼告状难,对公众环境权利保障不到位

纯粹的环境民事案件每年不足二位数。环境民事审判存在以下显著特点:一是环境民事诉讼告状难。近三年来,无锡法院以判决方式结案不到一半,调解撤诉量超过一半,侧面表明司法程序不够顺畅。二是环境民事案件对抗性强。环境民事案件调解结案率远低于民事案件调解结案率,这表明环境纠纷矛盾较为尖锐。三是原告的诉求实现比例低。在原告胜诉案件中,平均每个案件获得赔偿的不足其诉求的1/10,民事诉讼的救济功能相对不足。

（三）行政审判效果差，对环境监管行为监督不到位

行政审判对环境行政执法的支持监督功能严重缺失。突出地表现在以下几个方面：一是原告撤诉率过高。环境行政案件的撤诉率依然过半，远高于环境民事案件的调解结案率。撤诉案件主要是行政处罚类案件，这类撤诉又冲击了环保行政机关的社会管理秩序。二是被告败诉率过低。败诉率极低，与行政执法的实际状况严重背离，使行政审判的法律评价功能基本丧失。

（四）非诉行政执行案件执行难，对环境行政执法支持不到位

从几次调研座谈情况看，环保非诉执行案件执行难情况比较突出。尤其是环保机关作出的责令停止生产、责令停止污染行为等行为罚，法院往往倾向于对该申请不予受理，环保非诉行政执行案件普遍存在立案难、执行难现象。

（五）环境司法保护的社会公信力不高，对解决社会矛盾贡献不到位

突出地表现在公众信访不信法。从环境资源司法的整体实践来看，司法案件数量不足相应信访案件数量的1/400。不难发现，在环境资源领域，法律未能被普遍信仰，也谈不上有效实施，司法权威尚未树立，突出表现在公众信访不信法，司法公信力不高，与环境资源保护面临的紧迫形式不相适应。

三、原因探析：环境司法融入营商环境社会治理体系存障碍

环境司法是社会治理体系中的一个环节，必须将环境资源审判放到生态文明建设系统，纳入社会治理体系中去谋划、去分析，才能更好地发挥其应有的职能作用。

（一）法律统一正确实施的保障机制不健全

近年来，少数领导仍不同程度地存在严格追究污染企业赔偿责任会影响经济发展减少财政收入、出现大的环境资源诉讼案件影响地区形象等模糊认识，环境资源审判中地方不当干预、干扰现象和行政机关拒不配合现象依然存在。

1. 环保执法面临“囚徒困境”

影响地方政府在生态环境领域严格执法的因素大致有两个：一是担心其他地区不严格执法，自己严格执法实际上削弱了本地企业的竞争力；二是希望通过放松环保执法，使企业降低治污成本，给本地企业“争取”更加有利的市场竞

争环境。[①] 而造成这种现象的根源,就在于地方政府之间在是否严格执行国家环保法律方面的囚徒困境。如果不同地方政府都按照统一标准严格执行国家环保法律,这种困境出现的概率就大为降低。

囚徒困境同样发生在存在竞争关系的市场主体之间。如果竞争对手通过规避污染治理责任来降低成本,这就使其他市场经济主体治理污染的意愿大为降低。环境执法中的囚徒困境也通过一定的方式传递到环境司法领域。一些法院领导和审判人员担心严格依法裁判会影响地方经济发展,会得罪地方党委政府,因而对环境资源审判存在一定的畏难情绪,缺乏应有的担当精神,工作的主动性和积极性不高,导致在环境资源案件审理中不能严格按照法律规定依法作出裁判。

2. 执法标准不一影响了生态环境保护的实际效果

执法标准的差异,使污染企业从执法严格地区被挤出,进入执法相对比较宽松地区。而这些执法宽松地区往往是发展相对滞后、生态环境尚未被严重破坏的地区。从全局的角度看,污染企业的迁移,实际上并未减少污染的发生,甚至在某种意义上还造成了新的更大的破坏,因为经济相对落后地区的治理能力也相对较低,新污染的区域往往是原本生态环境尚未被污染、环境自净能力相对较弱的地区,环境污染造成的损害更大。

(二)生态保护存在碎片化现象

生态是个完整的系统,生态环境保护一般需要以生态功能区为单位进行系统保护、一体化保护。但由于法院自身的地域管辖范围与生态功能区范围并不一致,导致传统的环境司法保护呈现碎片化现象。

首先,传统的行政区域环境治理割裂了生态系统的自然属性。由于生态环境问题的整体性和跨界性,任何一个自然区域内的行政区域在环境治理上的积极作为想取得预期的环境治理效果,需要得到相邻其他行政区域的积极、同步配合,否则其治理效果会被其他区域的环境不作为所导致的跨界污染或生态破坏行为所吞噬。

其次,传统环境行政治理很难抵御地方保护。传统的区域行政分割源于地

---

① 刘太刚:《我国经济发展与环境保护的囚徒困境及脱困之道——兼论需求溢出理论的公共管理学发展观》,载《天津行政学院学报》2016 年第 2 期。

方政府的财政包干，个别地方政府为了当地经济发展，会容纳高污染项目，并对企业排污行为或多或少存在执法不严现象，造成环保上的地方保护主义。一方面导致环保执法标准的不一，出现同一污染行为存在多种处罚标准；另一方面地方保护主义式的环保执法也加重了生态要素的割裂现象。

无锡法院在环境司法改革探索中实施的“三审合一”集中管辖，虽然在一定程度上突破了行政区划对案件管辖的限制，但这种集中并不是以生态功能区为单位的集中，更多的是为了实现人为的案件集聚，改革也并非为了给法律的统一正确实施提供制度保障，以及为了实现生态环境的一体保护、系统保护。这就导致同一生态功能区的司法保护呈现分散、割裂的局面，司法保护呈现碎片化的状态。

（三）生态环境治理体系和治理能力现代化尚未达成

立足新发展阶段，聚焦经济发展与环境保护的矛盾冲突，必须以促进生态环境治理体系和治理能力现代化为抓手推动生态文明建设。

首先，环保行政执法依然受困于条块分割之苦。涉及环境、资源、能源等与生态环境有关的立法工作均由各自主管行政部门负责，相互之间缺乏衔接，由于分工及职责上存有差异，导致各自在立法理念、立法目的及措施上存有较大差别，容易形成部门利益法律化，相互之间职能、措施上有重复，存有脱节现象。

其次，环保立法、行政、司法包括司法之间不衔接不匹配。一方面，环境问题的复杂性、不确定性和长期潜伏性决定了环境行政执法部门在环境侵害事件中的重要地位，其对污染源的排查、污染因果关系的判定、污染后果程度的辨别是许多环境案件得以推进的重要力量。另一方面，完全被动的司法裁判模式已经无法满足对复杂环境问题进行裁判的需求，司法机关需要主动调查违法行为并推动审判过程。审判的结果则以强制性和威慑性间接地保障了环境规制的有效实施。

再次，传统环保行政的惯性无法及时回应法院释放的司法善意。近年来，环境司法某种程度上的“崛起”一定程度上弥补了当前环保行政体制不畅的缺陷，但传统环保行政显然并没有做好拥抱环境司法的准备。在环境民事公益诉讼、环境行政公益诉讼和生态损害赔偿诉讼中，审判机关与环境行政机关之间的业务协助关系仍在探索之中。

最后，社会组织与公共参与制度不完善、社会监督机制不健全。当前，中国社会公众及社会组织参与生态环境保护治理的渠道缺乏,意识和能力不足,政府引导机制还没有建立起来。在社会监督方面,监督得以实现的信息收集和反馈机制不完善,使环保立法征求公众意见回应说明不足、环保执法听取公众意见不足、公众获取日常环境信息不足以及环境司法公众参与度不足等。

四、探索和建议:以司法专业化融入生态营商环境治理体系

在新的历史时期,不断创新环境资源审判机制,将环资审判工作更有效地融入生态营商环境治理体系,为深化国家环境治理体系和治理能力现代化建设提供更加有力的司法保障。

(一)保障法律的统一正确实施

形成与传统司法体制适度分离的相对独立的环境资源审判机制,充分发挥了跨行政区划管辖制度优势,从而为保障法律统一正确实施,实现系统保护一体保护,提升专业化审判能力水平提供机制保障。

第一,有力地推动了全市生态环境的系统保护。无锡环境审判改革以问题为导向,遵循山水林田湖草系统保护的科学路径,充分发挥流域区域管辖制度优势,进一步加强环境资源司法与行政执法体系协同配合,统一行政执法和司法标准,提升环境资源综合治理能力,推动生态环境整体保护、系统修复、区域统筹、综合治理,强化对生态环境重要水体流域、生态环境重要功能区域的系统保护、协同保护,更加有利于提高生态环境保护工作的科学性、有效性,从而实现生态环境的系统保护,是实现人与自然和谐共生、永续发展的重要举措。

第二,切实实现了裁判标准的全市统一。在近年来的审判实践中,无锡法院出台《关于充分发挥审判职能作用为美丽无锡建设提供司法服务和保障的实施意见》,推动《无锡市湿地保护条例(草案)》修订,为美丽无锡建设献言献策。多次组织环境司法修复增殖放流活动、集中宣判、环境资源审判工作暨典型案例新闻发布会等系列活动,指导案件审理、制定会议纪要,出台实施意见,通过协同办案,统一全市环境资源案件审判理念和裁判标准。

第三,客观上营造了公平的市场竞争环境。保护环境资源是法律的强制性要求,是每一个市场经济主体都应当履行的法定义务,也是所有地方政府都应当履行的法定职责。改革的运行有助于加强对跨行政区划尤其是跨省辖市案件审判工作的指导和协调,统一环境资源案件的司法尺度,通过严厉打击违法

生产经营污染环境违法犯罪行为、依法追究环境侵权赔偿责任和环境修复责任、依法监督支持环境监管部门行政执法行为，不断加大对污染行为的刑事处罚力度、经济制裁力度、行政监管力度，促使企业依法经营生产，监督政府依法履责，逐步将危害环境、屡教不改的企业从市场中彻底淘汰，促使资源循环利用的优质企业在市场竞争中脱颖而出，从而形成依法守法、竞争有序的绿色生产市场环境，并推动环境资源执法的统一规范，有利于营造公平竞争的营商环境。

第四，提升了环境资源审判的专业化水平。基于环境资源审判的高度专业性，无锡法院主导环资条线通过探索专家陪审员、技术调查官、法庭技术顾问和专家辅助人等制度，不断提升审判专业化水平。充分发挥专家库在科学技术研究中的优势，提升合议庭专业化审判水平；依托专家库探索技术调查官制度，根据案件审理的实际需要，聘请专家库成员或专业人士为技术调查官，探索参与调查取证、组织调解、制订修复方案、检查验收修复结果等相关措施；聘请专家为法庭技术顾问协助对科学技术问题作出专业判断，就环境资源案件审理所涉及的专业问题，向合议庭提供专业咨询意见，或者在案件审理过程中引入专家辅助人，阐释专业知识，为法庭科学审理案件提供帮助。

（二）保障环境司法更好地融入生态营商环境社会综合治理体系

推进生态环境治理体系和治理能力现代化是一项复杂的系统工程，需要统筹谋篇布局、全面协调推进，从制度上进行系统化改革，通过系统集成的方式，实现对先前环境资源审判工作效能的有效提升。

1. 通过行政公益诉讼推动环境治理监管体系的健全和完善

行政公益诉讼制度的建立对社会综合治理体系的促进意义尤为重大，赋予检察机关在行政机关违法行使职权或者不作为时提起诉讼的权利。这意味着检察机关在一定程度上拥有了对行政机关的主动监督权。

其一，监督行政机关避免出现懒政怠政现象，即行政机关不履行或迟延履行其法定职责。以检察院诉环境保护局不履行环境保护监管职责行政公益诉讼案为例。在一起危险废物油泥违法运输被发现后，环保部门却迟迟未有动静，案涉污染物被一直存放原地，迟迟未移交有危废处置资质单位处置，且未采取防扬散、防流失、防渗漏等环境污染防范措施，明显具有较大的环境污染风险。检察机关在发现检察建议未果后提起了行政公益诉讼，最终环境保护局在该案审理过程中将相关油泥及其污染物交由有资质公司进行专业化处理，消除了环境污染风险。

其二,监督行政机关依法履行法定职责。职权法定是依法行政的基本要求之一。对公权力而言,权力意味着责任,不可放弃,必须尽责。实践中,一些行政机关对自身的法定职责认识不清,导致出现不履行法定职责的情形。人民法院通过依法审理检察公益诉讼案件,纠正行政机关对其法定职责的错误认识,促进了行政机关依法行政能力的提升。

其三,纠正行政机关滥用职权行为。一些行政机关虽然发现其工作人员存在滥用职权行为,由于种种顾虑,未及时纠正此类违法行为,导致公共利益遭受损害。法院审理此类案件就必须依照法律规定,督促行政机关纠正违法或者不当的行政行为。

2. 通过依法审判促进公平竞争的市场环境的形成

无锡法院通过依法公正审理生态环境案件,坚决落实用最严格的制度、最严密的法治保护生态环境要求,注重发挥司法裁判的引导作用,延伸环境资源审判职能。

第一,用最严密的法治促进企业转型升级。无锡法院自觉把环境司法放到经济社会发展和生态环境保护的系统中去谋划,积极寻找工作的切入点,透过现象看本质,厘清污染利益链条,精准打击污染者,促使企业提升污染治理能力和污染风险防范意识,让污染者担责这一规则真正落地生根,推动重点污染区域整治,推动产业转型升级,推进生态环境保护工作。

第二,促进环境保护与经济发展有机统一。生态环境治理往往需要较长的时间,在保障修复工作顺利推进的前提下,让企业根据修复工作的实际需要,合理确定责任承担方式,分期支付赔偿款,既保障了法律责任落实到位,又避免给企业增加资金压力,注重环境保护和企业生存发展的有效协调;在审判过程中及时发现生态环境治理中存在的问题,通过向企业发送司法建议等方式,纠偏过度环保的认识,维护企业正当合法权益,助力生态环境治理能力和治理水平现代化。

第三,切实破解“邻避效应”。针对该问题,认真分析引发邻避效应的内在原因,审理中关注公众程序权益的保障、提升审判的专业化水平、大力推进环保信息公开,保障公众知情权、参与权,最大限度地消除引发纠纷的认识误区,通过多起案件的审理和处理,为破解邻避难题提供了生动的可借鉴方案。

3. 通过服务地方中心工作、重点工作融入生态环境治理体系

服务保障长江大保护。依法服务保障长江十年禁捕工作。在省法院指导下，牵头江阴法院与镇江中院、常州中院签订《长江流域环境资源第一法庭管辖区（镇江地区）环境资源保护司法协作协议》《长江流域环境资源第一法庭管辖区（常州地区）环境资源保护司法协作协议》；发布涉长江保护典型案例，提升社会公众的长江大保护意识。

服务保障长三角一体化发展。推动江阴法院与苏州中院签订《苏锡双城一体化环境资源保护司法协作协议》，确保市级层面环境资源审判协作机制在苏南区域的落地。牵头无锡江阴、锡山、镇江润州等多家单位，先后建立"江阴市窑港口长江生态湿地司法修复基地""无锡市锡山生态环境司法修复基地""镇江市润州环境资源司法研究修复基地"，形成联席会议制度，凝聚和发挥环境资源保护合力。

服务保障违法行为惩治。推动与市检察院、市公安、市生态环境局签订《关于建立环境资源案件远程会商机制的联席会议纪要》，加大环境违法行为打击力度。

4. 通过以案说法、直播等多种方式完善法治宣传教育形式

无锡法院不断创新多种途径和方式，切实维护人民群众的知情权、参与权与监督权，增强环境资源审判的公信力和影响力。

强化司法公开和宣传力度。所有环境资源诉讼文书一律网上公开；努力推进对于环境公益诉讼相关部委督办、社会公众关注度高等重大案件全部公开庭审直播；加强与主流媒体的合作，引导公众树立正确的生态文明观；发布《环境资源审判白皮书》及典型案例，拓展环境资源审判宣传新形式。

建立典型案例定期发布机制。充分发挥系统化改革优势，通过定期发布环境资源审判白皮书和环境资源典型案例，以及指导各环境资源法庭通过发布典型案例、建立协调机制等方式，统一全市环境资源案件审判理念和裁判标准，着力消除同案不同判现象。教育、引导广大群众抵制环境污染和生态破坏行为，维护生态系统平衡，保障社会公共安全。

建立高校战略合作机制。与高校签订合作框架协议，充分发挥高校专家资源丰富的优势，为环境资源审判提供理论依据和技术支撑，提升环境资源审判专业化水平；合作成立环境资源法教学科研实践基地，基地通过专家授课、邀请

指导、案例研讨等方式，共享学术信息和审判经验，实现环境资源司法与教学的共赢。

建立有奖举报制度。探索实现将生态环境破坏者缴纳的环境修复费用中一部分用于实施举报人奖励制度，破解奖励费用来源难题。牵头锡山、惠山、梁溪等多家检察院签订《破坏野生动物资源刑事案件线索举报奖励办法（试行）》，牵头江阴公安、检察院制定《涉长江流域重点水域（江阴段）环境资源刑事案件线索举报奖励办法》，建立环境刑事案件线索有奖举报制度。

建立预防性司法探索机制。强化预防原则，适度能动司法，依法及时采取提前介入、禁止令、行业禁入等措施，防止生态环境损害的发生和扩大。

5. 通过内外协作机制形成环境资源审判工作发展新格局

其一，在内部协作机制上，通过跨域立案协作机制、巡回审判协作机制、案件执行协作机制、协调联络机制等，充分发挥集中管辖法院与非集中管辖法院各自职能作用，形成环境资源司法保护整体合力。

环境资源案件原则上实行巡回审判。为加强司法宣传，便于当事人参加诉讼，对于社会影响大、涉及人数多的民事、行政案件，也可以到污染行为发生地、损害后果发生地或被告所在地巡回区法院开庭审理，从而为案件取得广泛社会效应奠定了坚实的保障基础。

将公益诉讼案件、生态环境损害赔偿诉讼案件涉及赔偿金额等财产判决项，以及刑事案件的罚金、没收违法所得的执行事项，由管辖法院委托污染环境、破坏生态行为发生地法院负责执行；增殖放流、异地补绿、劳务代偿等修复性司法措施的执行，一般也由污染环境、破坏生态行为发生地法院组织实施，以利于受损生态环境的及时修复，切实保障环境修复就地履行。

其二，在外部协作机制上，建立覆盖巡回区范围内的环境司法与环境执法联动互动机制，形成生态环境保护的整体合力。

首先，建立并完善公检法协同保护机制。在环境资源司法保护方面，公安机关、检察机关与人民法院之间的协同保护至关重要，尤其是在涉及污染环境、破坏资源的刑事犯罪打击以及环境民事公益推进方面。

其次，构建司法执法联动互动平台。根据实际情况积极深入研究生态环境系统保护、整体修复的司法规律和审判规则，加强环境资源司法与行政执法体系协同配合，统一行政执法和司法标准。促进各部门立足各自职责共同打击环境违法行为,切实保护辖区生态环境和资源,完善资源行政执法、刑事司法、检察公益诉讼等职能衔接。

(三)未来展望

期待未来的环境司法,形成以环境法院为核心的审判体系,构建系统的专门化的程序机制,形成强有力的信息技术支撑,为生态文明建设、生态营商环境提供更为强有力的司法保障。

1. 进一步深化以环境资源法院为核心的专门化审判体系

建立相对独立的环境资源审判体系。单纯的污染案件数量较少,但生态环境是个大概念。从生态环境治理体系的角度,从系统保护、一体保护入手,合理确定环境资源案件的管辖范围,将与生态环境保护、资源开发利用相关的环境资源案件均纳入环境资源审判体系。根据案件数量和生态功能区司法保护工作的实际需要合理布局。

2. 建立与民法典时代配套的环境司法裁判规则

民法典的颁布无疑将对环境资源审判产生深远的影响。原有的侵权责任法对环境污染侵权责任的规定相对比较原则,不太适应环境司法保护的现实需要。民法典对环境侵权私益诉讼、公益诉讼和生态环境损害赔偿诉讼的归责原则或者请求权范围作了区分规定,对环境污染共同侵权时的责任分担也作了相应的规定。考虑到环境侵权的特殊性,这些规定更为合理。民法典颁布后,相关司法解释也作出系统梳理,这也给建立符合环境司法保护现实需要的精细化的环境司法裁判规则提供了机遇。

3. 适时构建专门程序为核心的环境资源案件审判规则

随着全国各地环境审判专门化改革的不断推进,对环境资源审判规律的认识逐步深化,将在实践中逐步探索建立起环境资源审判专门化的程序规则。这些程序规则可以通过司法解释甚至立法被固化。这些规则既有实体规则,又有程序规则,包括证据的证明力判断规则、证明标准规则、举证责任分配规则、保障技术事实的认定更为科学合理的程序规则。

4. 进一步深化信息技术在环境司法中的运用

一方面,支云庭审系统等信息技术的发展将会使巡回审判更为便捷高效,有利于实现真正意义上的方便快捷的实时跨地审理。另一方面,完整的信息平台,使得上级法院能够及时了解下级法院案件的受理审理和裁判情况,及时发现异常案件，有针对性地加强审判监督和审判指导，在技术上保障了法律的统一正确实施。此外，通过信息技术平台，可以建立覆盖面更为广泛的环境资源技术专家库，更为精准地了解环境修复实际需求，从而为专业化审判提供技术支撑。因此，从终极意义上来说，信息技术的发展使得系统保护一体化保护成为可能。

5. 进一步推动环境司法深度融入生态环境治理体系

建立涵盖生态功能区或者特定区域所有法院的环境资源审判信息共享平台。打破审判信息的壁垒，将管辖法院和非管辖法院都纳入生态文明建设体系之中，实现各地法院、各级法院对环境资源案件审判信息的及时、充分共享，为实现全省一盘棋提供技术保障。建立环境执法司法联动互动平台，构建涵盖管辖法院和所在地法院、检察机关、公安机关以及相关行政执法机关和环境执法司法联动互动平台，及时发布类案审理指南、法官会议纪要以及典型案例，明确裁判尺度，保障以审判为中心目标的有效实现。建立与社会公众的交流互动平台，及时发布案件审理执行信息，让公众了解环境资源审判、支持环境资源审判，引导公众参与生态环境损害赔偿调解方案的审查、生态环境修复方案的论证和修复项目的监督工作。

第 3 章 产权司法保护问题研究

发挥司法主导作用促进无锡知识产权全链条保护的调查思考

无锡市中级人民法院知识产权全链条保护调研课题组*

摘　要：知识产权保护是一项系统工程，包含多种治理手段、多项保护环节，司法保护在全链条保护各环节中起到主导性作用。本节结合五年内的司法审判实践，以及在实地调研中了解到的有关知识产权保护的反馈意见，总结归纳了无锡地区知识产权司法保护的特点和趋势、存在的突出问题和成因，并针对以上突出问题，从改进法院工作与融合全主体发力两个维度提出了强化全链条保护的具体举措。此外，知识产权全链条保护应当因时因地，顺应时代趋势和要求，并牢牢立足当地，服务当地产业特点，适应当地知识经济发展形势。因此，本次调研的侧重更偏向于从无锡本土的特色化的司法审判特点和企业发展需求出发，提出了如加强对新材料新能源、物联网、生物医药等产业的重点保护，有效融入太湖湾科创带建设、长三角一体化发展要求等区域整体发展格局这类具有地区特色的保护建议。

* 课题主持人：钱斌，无锡市中级人民法院党组书记、院长，一级高级法官。课题组成员：赵建聪，无锡市中级人民法院二级高级法官；陆超，无锡知识产权法庭庭长；张圣斌，无锡市中级人民法院研究室主任；徐莹颖，无锡知识产权法庭审判员。

一、导言:知识产权全链条保护的提出与政策背景

习近平总书记在中共中央政治局第二十五次集体学习时提出要“强化知识产权全链条保护”,他强调,“知识产权保护是一个系统工程,覆盖领域广、涉及方面多,要综合运用法律、行政、经济、技术、社会治理等多种手段,从审查授权、行政执法、司法保护、仲裁调解、行业自律、公民诚信等环节完善保护体系,加强协同配合,构建大保护工作格局”。《知识产权强国建设纲要(2021—2035 年)》(以下简称《纲要》)提出“打通知识产权创造、运用、保护、管理和服务全链条”的总体要求,以及包含司法保护体制、行政保护体系、协同保护格局在内的“建设支撑国际一流营商环境的知识产权保护体系”的具体要求。知识产权全链条保护正是对大保护工作体系的进一步升级,反映了我国知识产权事业迈入了“从大到强”的战略发展机遇期,因此需要通过实行全链条保护来进一步凸显“强”国要求。在此背景下,既有的知识产权保护理念及保护措施应作相应调整,以进一步适应新形势,应对新挑战。

为全面贯彻知识产权全链条保护要求,切实发挥司法保护在全链条保护中的主导作用,本次调研立足无锡本地发展实际,对近年来的无锡知识产权案件审判经验进行总结,并以实地走访、座谈等形式听取企业家以及相关协会的情况介绍和问题反馈,深入了解无锡本地知识产权保护现状。经过详尽的论证、分析、研判,形成本节内容。

二、无锡知识产权全链条司法保护的特点与存在问题

(一)审判实践体现出的司法保护特点及趋势

1. 诉讼案件数量总体增长,司法保护理念逐步深入

近五年来市中院知识产权案件收结数量呈现小幅波动、总体增长的趋势(见图 3 - 1),2020 年到达高点后,次年回落,但整体而言仍高于往年。2022 年因管辖范围变化,包含大量批量案件的小标的额案由中院流向基层法院,尽管中院案件数量减少,但全市总体知识产权案件数量仍处于增长趋势。

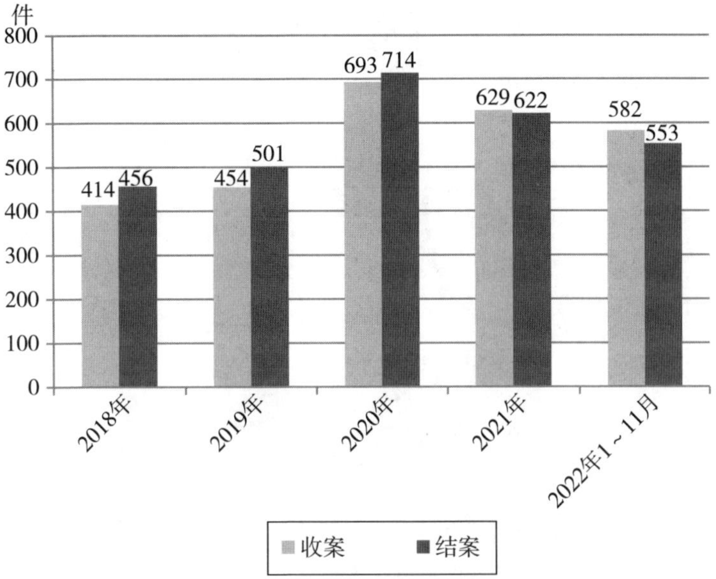

图3－1　2018年至2022年1～11月，市中院知识产权案件收、结数量

我国采取独具特色的“双轨制”保护模式，《国家知识产权战略纲要》中明确提出要“发挥司法保护知识产权的主导作用”，即坚持“双轨制”特色下以司法保护为主导。从案件总量来看，知识产权诉讼案件也远高于行政案件，“十三五”期间无锡两级法院累计受理各类知识产权案件达7023件，知识产权行政管理部门累计查处专利侵权纠纷及商标违法案件1342件。

知识产权纠纷诱发因素受到如国家经济、金融政策的更改，国际局势变化等外部环境的影响较小，因此，一段时期内诉讼案件数量的变化，能够体现人们维权方式的选择意愿的变化，诉讼数量增长反映司法保护理念在全社会逐步深入，更多人选择司法救济途径维护知识产权，这也与我国知识产权理念及保护意识的推广普及进程一致。

2. 知识产权纠纷以侵权为主，权属、合同类较少

知识产权诉讼中民事最多，刑事次之，行政最少。从实际统计数据来看，全市两级法院刑事案件数量占比不超过5%，行政案件数量每年仅个位数，知识产权民事案件占比见图3－2。

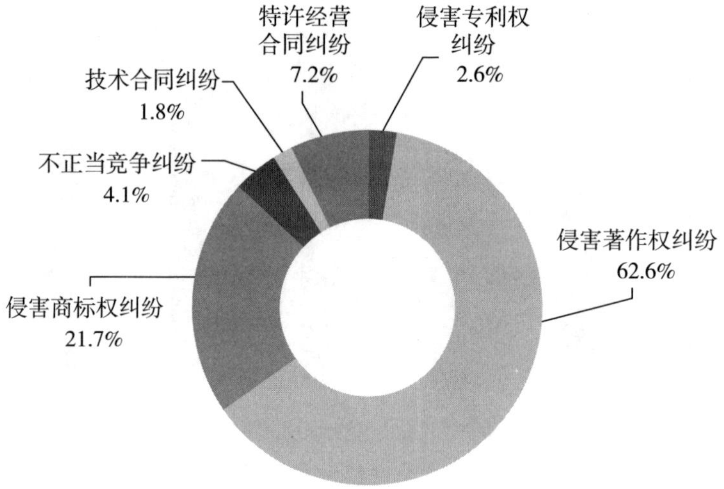

图 3－2　2018 年至 2022 年 1～11 月，市中院受理不同类型知识产权民事案件数量占比

民事案件以侵权纠纷为主①，因此保护应侧重于对可能发生的侵权行为的有效防御，以及对已发生侵害的更严厉打击。事前防御更多地要求权利主体自身作为，事后打击则将更多的责任赋予了行政、司法机关，反映了全链条保护的突出要义。

3. 涉外、涉港澳台知识产权案件呈现由低端制造行业向关键核心领域增长趋势

涉外、涉港澳台②知识产权案件的绝对数量不多，多为拥有知名品牌的外国或我国港台地区企业针对无锡企业等经营者提起的商业维权批量案件③（见表 3－1），而近三年批量案件数量有明显下降，反映出相关市场已得到净化，无锡地区经营者的依法依规经营，核实商品正规渠道来源的理念普及，制假售假行

① 图 3－2 中侵害专利权纠纷案件，可以看到数量远低于著作权、商标权，这是因为图 3－2 统计的是无锡中院自 2021 年 9 月恢复受理外观设计专利权案件以及 2022 年 6 月恢复受理全部技术类案件以来，所受理的专利权侵权纠纷案件数量，在恢复受理之前，发生在无锡地区相关案件，依照最高法院相关规定，由苏州中院管辖。

② 2018～2022 年，市中院未受理涉澳门特别行政区的知识产权案件，故本节内容中不再出现涉澳案件。

③ 此处的批量案件，指的是同一原告，以相同案由，针对同一或者不同被告，以近似的理由提起的诉讼，数量在 3 件（含本数）以上的。起诉时间是否同一或相近，不在此处界定条件之内。

为在无锡市场愈发鲜见,司法裁判的社会导向功能得到彰显。

表 3-1 2018 年至 2022 年 1~11 月,市中院受理涉外及涉港台知识产权案件及其中批量案件数量

单位:件

类型		2018 年	2019 年	2020 年	2021 年	2022 年 1~11 月
涉外	总数	3	45	12	16	14
	批量	0	37	6	8〔1〕	0
涉港	总数	94	26	1	5	5
	批量	94	24	0	5	5
涉台	总数	12	4	0	0	1
	批量	12	0	0	0	0

〔1〕该 8 件批量案件与其他的商业维权批量案件有所不同,原告之一为无锡企业,被告为外国企业,案件性质为侵害作品信息网络传播权纠纷,因查明原告故意人为制造管辖连接点,实际连接点并不存在,故法院裁定将案件移送至其他有管辖权的法院审理。

从涉及产业领域看,存在由技术含量和创造性不高的制造领域转向能源类、科技类领域集中的倾向。在无锡知识产权法庭成立并受理辖区内技术类案件后,涉外知识产权侵权将由简单的商标标识侵权转为更高技术的专利、软件侵权,由低创造性、附加值的小件商品领域转向能源、高端制造领域。

对上述现象,一方面必须承认,本土企业的自主创新及研发能力薄弱,侵权事实客观存在;另一方面也要看到,国际知识产权竞争已经转向了更高价值的核心关键技术的竞争,中国企业更深入地参与国际竞争,势必会引起不同国家或地区企业采取规格更高、手段更严的打压措施,其中就包括以知识产权诉讼的方式来遏制中国企业发展。若放任相关诉讼数量增长而不加以制止或防御,微观而言,一旦侵权事实认定成立,结果不仅是高额赔偿①,甚至判决禁用行业所必需的技术方案,相当于是堵死了企业生存发展的后路;宏观方面,个案累积下的辐射效应,甚至会影响我国参与全球知识产权治理与知识产权国际竞争,并可能关系国家安全。

---

① 侵权赔偿数与知识产权本身的价值(商标知名度、专利创造性程度、产品售价等因素)呈正相关。前述的今年受理的涉外知识产权案件,起诉金额均在百万元以上,大大高于往年。

4. 新类型和疑难复杂案件不断涌现，新科技、新业态的发展对知识产权司法保护的边界不断提出新的挑战

互联网经济发展带来了一系列知识产权侵权司法认定难题。一方面是传统侵权行为从线下转为线上，如文字、图片、视听作品侵权已绝大部分体现为信息网络传播权。互联网环境下侵权手段隐蔽且易伪装，带来如侵权主体认定等新问题，不仅考验法官的司法审判能力，更考验法官对各行业的了解。另一方面是互联网环境下产生大量新行为类型，通过现有法律规定或既往判例难以完全对应，需要法官对行为性质进行定性。新科技、新业态发展对于法院在各领域，特别是案件常涉及的科技及互联网领域的专业化能力建设提出了不小的挑战。

(二)司法保护中存在的突出问题及成因

通过走访座谈，听取市场创新主体的意见，笔者了解到，本市企业对于当前无锡知识产权保护工作的满意度和整体评价较高，但企业在知识产权布局，特别是创造、运用、保护环节仍存在诸多问题。根据前述工作现实开展情况，笔者归纳了其中有代表性的集中性的突出问题。

1. 司法维权诉讼成本过高、周期过长，打击权利人诉讼维权的积极性

企业反映较多的司法保护不足包括：(1)受理门槛高。知识产权侵权的隐蔽性强，权利人一旦不能查明侵权人真实身份就不能满足起诉条件。(2)举证责任重。原告不仅要证明自己享有涉案权利，还要证明被控侵权行为确实存在，一旦未形成完整证据链，或证据本身存在瑕疵，就要承担败诉风险。(3)维权成本高。除调查取证费用外，诉讼方式维权还会产生案件受理费、差旅费、律师费、保全担保费等费用。(4)诉讼周期长。通常知识产权案件审理周期比其他民事案件更长，知识产权诉讼中的程序性事项极大影响案件审理进度，如追加被告参加诉讼、进行技术鉴定，被告会通过提出管辖权异议并上诉、恶意逃避法院送达、利用调解机会假意磋商等各种方式拖延诉讼，造成审理期限的延宕。

上述问题无法彻底解决，但可以通过制度安排缓解。知识产权侵权在损害权利人利益的同时还损害消费者利益，破坏了公平合理的市场竞争秩序，解决权利人维权难题，不仅关乎个人利益保护，更有重要的社会功能，关系到市场经济秩序的整顿规范和社会信用体系的建设。

2. 对司法保护力的内外部评价存在差异,保护效果不及权利人预期

对侵犯知识产权行为的打击包括刑事、民事、行政层面。行政处罚力度有限,民事、刑事审判可实现对侵权行为更有力的打击。但仍有企业反映司法保护效果不佳,如对商标侵权人的行政处罚或判决赔偿数额过低,部分诉讼中存在"赔偿低、成本高"的成本收益倒挂现象等。

评价知识产权司法保护的力度是否足够,可从赔偿数额的高低、证据规则的适用两项指标加以评估。关于前一项指标,市中院始终在深化落实严格保护,扩大惩罚性赔偿适用方面进行探索和尝试,但案件适用法定赔偿的比例仍然较高,对权利人诉请金额的支持率不高,全额支持的更少。并非所有故意严重侵权都能适用惩罚性赔偿,最大的现实障碍在于当事人无法明确惩罚性赔偿的基数。关于后一项指标,是从提高保护力度方面来谈证据规则适用的,市中院在审理罗格朗商标侵权案中首次适用证据提供令制度判决200万元赔偿,但类似证据规则因突破了传统的传统民事诉讼"谁主张,谁举证"的举证责任分配制度,因此法院在适用时较为谨慎、适用条件苛刻,司法实践中普及率不高。此外,知识产权创造、运维成本高,权利人对赔偿数额的预期值有时远高于司法裁判认定的合理数额。

3. 传统行业中市场主体的知识产权创造意识不足、运用能力欠缺,司法保护缺乏适用空间

司法保护具有被动性①,若权利人自身知识产权意识不足,不主动对智力成果转化运用,不积极维权,法院并无介入空间。知识产权全链条各环节中,创造和运用是首位的,保护居于其后,只有将知识转化为知识产权,并对其进行运用和创造价值,才有进一步对其进行保护的空间。

调研中发现,无锡本地传统行业企业在知识产权的创造和运用,保护意识和能力方面较为薄弱。无锡是我国近现代工商业名城,传统行业中有着一大批蜚声国内外的名优企业。多家传统行业龙头企业反映,企业遭遇侵权只能被动应对,缺乏事先谋划;缺乏独立专业研发团队或人员,合作科研成果保密及权利归属缺乏法律保护意识,易产生纠纷;专利文献查找研究能力不足,品牌维权意识、能力欠缺。有企业反映商业秘密保护不彻底,在对交流中透露了相关技术,

① 知识产权诉讼大多为民事诉讼,遵循"不告不理"原则。

由此造成他人抢先申请专利。有企业称与外国公司共同申请专利,专利获批后发现自己并不在专利权人之列,但未采取确权、维权措施。企业需要通过内部改革实现能力的提升,而行政机关政策扶持、司法机关服务保障措施、公共服务机构指导帮助,也可以促进传统企业尽快完成知识产权布局。

4. 知识产权重“量”不重“质”,成果转化率不高,缺乏高质量自主核心知识产权

在“泛知识产权竞争”为特点的当代国际社会交往中,知识产权不强的问题将在更大的程度上影响经济发展及产业链转型升级。调研反馈,相当数量的科技企业在软件、商标、专利等知识产权的申请上仍处于追求数量而非质量阶段。这既有企业自身原因,即研发能力和创新创造力不够,也有外部激励的导向偏差,如企业为争取高新评定、申请税收优惠、公司上市、基金项目支持,不得不以相应评价指标,即专利数量为考察依据,在利益驱动下只追求申请数量,忽视对高价值知识产权的投入。

在当前产业链转型升级,国际竞争转为全方位、战略性结构冲突,美国通过出口管制实体清单制度限制我国高科技企业发展的国际背景下,知识产权的质量问题更关系到企业自主创新能力的提升、“卡脖子”难题的解决、为技术发展“解套”。

三、完善法院工作,提升司法保护能力水平的对策

司法保护特点、趋势对确定接下来一段时期的司法保护工作重心具有指引作用,司法保护工作中存在问题及成因分析则为找到司法保护工作改进突破口提供了更精准定位。

(一)创新审判制度和方式,全面提高审判效率

1. 打造技术化专业化审判团队。一是优化审判结构,落实审级职能定位改革要求和提级管辖制度,完善案件上诉机制,统一审判标准,实现审理专门化、管辖集中化、程序集约化和人员专业化。二是完善案件协调机制,提高知识产权司法保护整体效能。三是把握不同诉讼程序证明标准差异、民事侵权与刑事犯罪界限,依法对待在先关联案件裁判的既判力,妥善处理刑事、行政、民事交叉案件。

2. 完善技术事实查明机制。一是建立技术调查官制度,落实由技术调查

官、技术咨询专家、技术鉴定人员、专家辅助人参与诉讼活动的技术事实查明机制。二是根据本地产业特色并结合案件类型特点，在技术调查官的专业构成上，增加机械类、计算机类、集成电路布图设计、药学类、通信类人员比重。

3. 高效分流繁简矛盾纠纷。一是尊重案件特点，推进繁简分流，扩大上诉案件独任审理适用率，加快审理节奏，缩短审理周期。二是提高调解撤诉比例，引入多元路径解纠，落实“特邀调解 + 司法确认”，强化与仲裁机构沟通，将案件引导至仲裁解决。

（二）坚持精细化裁判，合理增强司法保护力度

1. 持续推进疑难案件精品化战略。一是聚焦审判力量于前沿尖端领域，积极探索新类型、疑难复杂案件裁判规则。二是发挥司法裁判的导向性作用，勇于啃硬骨头，以精细化、精品化审判打造更多具有示范性的优秀判决。

2. 综合情形平衡司法保护力度。一是保护力度与知识产权自身价值相当，创新程度高的知识产权应给予强保护，对处于产业链低端、创造性不高、难度不大的各类商业维权案件给予相当程度保护。二是在涉及诉讼程序、侵权判定和赔偿标准等方面强调区分度，根据个案情形作出合理的差异性判决，不搞“一刀切”的所谓“同案同判”。

3. 有效利用保全阻却侵权继续。一是突出保全立即性、及时性，依申请及时裁定并采取行为保全措施。二是强化保全的法定性、审慎性，通过组织听证、审查证据、咨询专家等方式审慎审查。三是依法制裁妨害诉讼保全的行为。

（三）灵活运用证据规则，解决权利人维权难题

1. 探索有效方式减轻举证负担。一是避免将举证责任一边倒倾向，对诉讼能力不高的权利人积极引导举证，对权利人客观原因不能自行收集的证据依申请出具调查令或自行调查收集。二是扩大证据适用种类，依法支持运用现代技术保全或获取证据。三是必要时依职权调查或邀请专家参与调查。四是依法适用证据披露及举证妨碍制度。

2. 加大赔偿力度弥补权利人损失。一是在不违反法律明确规定的前提下，对争议事项的解释及裁判要体现有利于保护权利人合法权益的价值导向。二是对于恶意侵权、重复侵权、以侵权为业者，要加大司法惩处力度，用足法律惩处手段，扩大惩罚性赔偿的适用。三是运用多种手段查明侵权获利事实，灵活

开拓搜集渠道;仅因计算基数难以确定而无法适用惩罚性赔偿的,在确定赔偿数额时同样应当体现惩罚性因素;对影响恶劣的侵权行为从高确定赔偿倍数,依法没收、销毁侵权商品及工具。

(四)加强关键领域重点保护,以审判促进创新激励

1. 加强对核心关键技术的重点保护。一是最大限度保护重大技术、重点领域等关键核心技术,充分发挥知识产权审判对科技创新的激励保障作用。二是精细化审理专利、计算机软件、集成电路布图设计等科技类相关案件,依照不同类型权利的创新程度实行差异化保护,实现司法保护范围、强度与知识产权的技术贡献程度相适应。三是对有无锡优势特色的新一代信息技术、新材料新能源、物联网、生物医药、高端装备制造等高新技术类产业案件,加大创新成果的专利保护力度,激励市场主体进一步科技创新。

2. 加强对传统知识产权资源保护。一是妥善审理驰名商标、优质地理标志侵权案件,重拳惩治商标攀附、仿冒“搭便车”等行为,同时也要为自主品牌的形成和发展留出必要空间。二是加强对驰名商标的保护,维护驰名商标司法认定公信力,支持、肯定无锡品牌美誉度。三是加大对地理标志的保护,从严惩处侵犯优质地理标志行为,促进无锡特色地理标志产品发展,保证地理标志产品质量特色。

3. 加强对传统特色文化产业倾斜保护。一是保护文化创作者合法权益,实现保护强度与独创性程度相当,与国情相协调,促进文化产业的良性发展。二是特别关注互联网领域文化创作及传播,回应短视频、人工智能等新兴领域的发展问题及司法需求。三是加强对涉及中医药、民间文学艺术、非物质文化遗产、传统工艺、老字号等知识产权保护研究,有侧重性、有倾斜地促进优秀传统文化创造性转化、创新性发展。

4. 加强对创新成果的运用、流转保护。一是依法妥善审理智力成果流转转化及许可应用过程中的纠纷,尊重当事人意思自治,降低交易成本,积极促成合同履行,促使智力成果及时实现产能和商业价值的转化。二是合理界定职务发明与非职务发明,准确界定勤勉义务履行情况,保护科研人员的技术成果利益和经费使用自主权,给科技人才营造更加开放、包容、有激励的法治环境。

(五)强化府院联动协作,构建协同保护格局

1. 主导健全多主体参与的解纷机制。一是全面支持知识产权纠纷的多渠

道化解，充分发挥法院在多元纠纷解决机制中的引领、推动作用。二是加强知识产权纠纷调解与行政执法、司法的衔接联动，落实好在线诉调对接的无缝衔接。

2. 有效畅通多位保护程序衔接。一是加强司法、行政部门互助合作，强化协同办案、执法互助、监管互动，扩大执法司法效能。二是推进行政执法与司法审查标准统一，解决因认定标准不统一带来的行政、刑事处罚缺位现象。三是加强与公安、检察机关在司法程序中的沟通协调，与市场监管、版权、海关、农业等行政主管部门在行政执法程序上的衔接，提升上下游环节的顺畅度与执行效率。四是加强刑事犯罪发现意识及打击力度，在民事诉讼中发现的涉嫌知识产权犯罪的案件线索，及时移交公安机关处理。

3. 全力扩展机构协同保护举措。一是加大打击侵权假冒行为的统筹协同工作力度，推动构建知识产权司法与行政执法、行业主管等部门的数据交换和业务协同。二是协调分析知识产权违法犯罪形势与应对治理方式。三是协同配合打击侵犯知识产权和制售假冒伪劣商品，打造审判为主、防治为辅的一体化保护机制。

（六）提升市场主体知识产权保护意识及能力

1. 提供定制化知识产权宣讲培训。一是拓宽司法宣讲辐射范围，把无锡知识产权法庭打造成为知识产权普法主阵地，将宣讲的触角延伸至中小企业、传统行业企业。二是实施差异化讲座培训，预先评估宣讲对象需求，精准回应企业保护细分需求。三是开展常态化入企调研，及时跟进并回应企业司法保护需求，阶段性总结走访调研成果，做好意见处理或为党政机关提供决策参考。

2. 助力企业构建知识产权涉外风险防控体系。一是帮助企业提升知识产权涉外风险意识，合法规避侵权风险，形成高效的国际知识产权风险预警和应急机制及风险防控体系。二是加强对商业秘密保护、互联网企业走出去等重点前沿问题的研究，实时监测产业知识产权竞争态势、海外纠纷情况等信息，及时推送相关企业，服务好本地企业"走出去"应对国际知识产权风险挑战。

3. 面向社会做好知识产权普及推广工作。一是讲好知识产权司法领域的无锡故事，传播无锡声音，通过树立优秀典型、打造特色品牌名片等方式使知识产权司法保护理念深入千家万户。二是主动加强与党政宣传机关、官方及民间各类媒体的合作，扩大知识产权司法保护故事的宣传半径及辐射范围。三是关注全媒体渠道整合,扩大传播人群的年龄及阶层覆盖范围。四是注重把握好基调,积极展示全市知识产权产业发展特色,无锡知识产权审判工作亮点成效。

四、全主体发力,全方面提升知识产权保护水平的建议

习近平总书记对知识产权全链条保护工作提出了“加强协同配合,构建大保护工作格局”的部署。实现知识产权全链条保护,仅靠法院提升司法保护工作水平是远远不够的,全链条各环节主体均是参与者,且需要全部主体积极配合,方能实现高质量发展知识产权的目标。

(一)强化激励高质量知识产权的创造运用

1. 构建高质量知识产权培育激励机制。市场监管局、教育局、科技局等部门可在职权范围内制订实施高价值专利培育计划,分阶段和批次建设一批高价值专利培育中心,激励创新主体开展高价值专利布局,促进全市专利质量提升。

2. 促进知识产权高价值转化运用。制订并实施有操作性的专利转移计划,促进知识产权成果的全方位转化,使知识产权成果及早落地、投入使用、产生效益。针对有较强创新能力和创新意愿的主体,探索实行专利转化专项计划试点项目,财政部门可对转化成效突出的项目给予支持。进一步推广知识产权质押融资的范围,鼓励引导金融机构更多参与知识产权融资项目。

3. 有效融入区域整体发展格局。围绕太湖湾科创带建设、长三角一体化发展要求,加强无锡各区域间、无锡同长三角其他城市间的知识产权成果合作创造、资源许可使用、公共服务合作共享,促进区域知识产权协调发展。围绕新经济产业和重点产业领域,依托无锡地区以及整个长三角地区技术产业园、工业园集聚优势,协商共建高价值专利培育中心,合作培育跨区域高价值专利组合。

(二)健全便捷高效严格透明的行政保护体系

1. 强化对重点领域的行政保护。围绕重点领域、重点工程实行重点保护,将知识产权行政保护与乡村振兴、文化振兴、营造一流营商环境的目标相结合。对电子商务领域、国际国内驰名商标等社会舆论关注度高的领域,以及地理标志农产品、特色文化产业产品、非遗文化成果等需要重点扶持保护的领域,加大行政执法力度,整治到位。

2. 提升行政执法专业化水平。市场监管部门、公安机关等要建立统一协调

的执法标准,提升执法人员专业化、职业化水平。借鉴法院技术调查官制度,在一定技术门槛的知识产权行政违法行为中引入行政保护技术调查官,必要时也可与法院共享技术专家库人员协助参与调查执法。

3. 发挥行政裁决、行政调解作用。加大对行政裁决的执行力度;加大在行政执法阶段的调解、和解工作,鼓励当事人达成知识产权纠纷行政调解协议,申请法院予以司法确认。

4. 健全知识产权信用监管体系。加强知识产权信用监管机制和平台建设,建立对守信市场主体激励和对失信主体惩戒的制度,将企业知识产权信用状况与评奖评优和项目推荐、政策优惠等挂钩。尝试建立知识产权失信企业名单,作为对多次有重复侵权及失信企业加大惩处的依据。加强对知识产权代理行为的信用监管和失信惩戒,整治知识产权代理行业乱象,规范代理行为。

(三)构建知识产权良性发展的社会环境

1. 营造知识产权文化自觉的社会氛围。深厚知识产权文化氛围,进一步普及尊重知识和崇尚创新、诚信守法、公平竞争理念。落实文化自觉要求,注重普及知识产权法律,提升全民知识产权知识储备。倡导创新文化,弘扬诚实信用的理念,通过树立、宣传正面典型,引导企业自觉履行尊重和保护知识产权的社会责任,强化创造自主高质量知识产权的意识。

2. 打造形式多样的知识产权传播矩阵。党政宣传部门、新闻媒体要多制作和传播倡导创新、鼓励创造、弘扬诚信的宣传报道,打造传统媒体与新兴媒体融合的全方位传播方式,打造无锡知识产权宣传亮点,树立宣传品牌。

3. 营造更加全面的人才体系。企业要有意识培养或引入知识产权人才,解决技术开发与成果转化落地之间的连接障碍,注重培养具有涉外知识产权知识经验人才,全面降低知识产权侵权风险或对外投资贸易风险。在高校、科研机构、产业园区、大型科技型企业布局知识产权人才培养基地。做好知识产权律师、专利代理师的队伍建设,提升职业能力、规范执业行为。在中小学开展知识产权学习教育,提升青少年知识产权意识,形成覆盖各年龄阶段的知识产权人才分层教育。

物联网语境下企业数据权益的法律保护

——以无锡物联网产业为例

酆　芳　邹金纱*

摘　要：在互联网和大数据时代，数据已经成为一种重要的生产资料，已经从数字化生活的副产品转变为经济的驱动引擎，而随着数据交易与数据产业的迅猛发展，企业之间因数据收集、处理、利用而产生的法律纠纷也日益涌现，对法律制度供给提出了更高的要求。我市作为中国物联网的"起航地"，由"格物"、"致智"促"数实"、"共生"，物联网产业的发展，引领着数字时代，更与数据权益息息相关。本节从企业数据相关案件及对无锡地区物联网企业实地走访、问卷调查情况切入，探讨物联网语境下企业数据权益以知识产权法为主的法律保护问题。

一、我市物联网产业发展及企业数据权益保护的现状

（一）我市物联网产业发展现状

2022 年 11 月 25 日，以"格物致智 数实共生"为主题的 2022 世界物联网博览会在无锡召开，若干知名企业携业内最前沿的先进感知、车联网、工业互联网技术参展。2009 年，时任总理温家宝在视察无锡时就指出要在无锡建立中国的传感信息中心，13 年来，无锡坚持把数字经济作为关键增量，建设"国家传感网创新示范区"的辐射带动作用，推动物联网发展不断迈向新台阶。2021 年，无锡物联网产业规模达 3563 亿元，占江苏全省的 1/2，数字经济核心产业规模超 6000 亿元，发展指数江苏第一，超一半的国际物联网标准由无锡主导制定。

* 酆芳，无锡知识产权法庭副庭长；邹金纱，无锡知识产权法庭法官助理。

2022 物博会开幕式上，11 位院士共同发起加快发展物联网的“无锡倡议”：布局适度超前的数字新基建，攻关面向未来的数字新技术，拓展赋能千行百业的数字新应用，打造开放协调的世界级物联网集群。

对于很多物联网企业来说，数据就是公司的核心资产，甚至关系企业的生死存亡。因此，合理构建物联网背景下的企业数据财产权，可以避免权利真空为企业间的数据交易带来的法律上的不确定性，同时协调数据财产化与个人信息保护的关系，以达成数据权利人利益保护与数据流动效率的价值平衡。

(二)物联网企业数据保护的现状

1. 物联网和物联网数据的特殊性

物联网，即万物互联，可以定义为人员、流程、数据及事物的彼此互联，网络连接比以往更具相关性和价值，将信息转化成行动。物联网以数据和智能平台重塑了日常生活和工业生产，带来了线上空间与线下现实的深度融合，同时更带来了前所未有的数据大爆发。物联网数据有别于互联网数据，具有其特殊性。

物联网数据与互联网数据生产的技术过程不同，主导主体不同。互联网以信息发布和用户互动等信息服务为主要特征，以言论和媒体为主要面向；而物联网则以网络串联工业生产和社会生活为主要特征，以经济和社会为主要面向。物联网的发展高度依赖智能硬件设施、高速网络和智能算法系统的研发与全面部署，掌握智能制造与算法技术的企业是物联网数据汇集和开发的主体，个体的贡献被稀释。

物联网数据与互联网数据生产过程的不同。由于互联网去中心化和用户生成内容的特征，互联网数据中个体用户的贡献成分很高，数据的个人属性更为明显。因此，无论是《数据安全法》，还是中央网信办发布的《数据安全管理办法》，所定义的“数据处理”或“数据活动”，均以“数据收集”这一环节为规制起点，凸显了互联网数据生成的特点。而物联网数据活动的起点是从实体(物和人的活动)到数据的数据化过程，更多的是通过提供服务、工业生产和企业运营维护所产生的数据，且主要在后台运营，并不公开展示。因此，在考虑企业数据的权属和利益分配时，除用户贡献被企业贡献所稀释以外，第三方针对处于不同的技术状态下的数据的获取范围和利用程度也应与互联网数据有所不同。

2. 无锡物联网产业企业数据使用与保护情况

2022 年 4 月 26 日,无锡法院携手市科协共同成立了"物联网产业知识产权司法保护中心",并与市科协、无锡物联网创新促进中心签订了共建协议。此后,无锡法院以实地走访、召开座谈会、专题授课等方式,了解物联网企业的知识产权保护情况。同时,无锡法院针对企业所属行业是否会生成或累积企业数据、企业数据的种类、数据获取与利用的过程、数据是否公开、是否对数据采取保护措施、是否有过数据共享和交易、是否有过纠纷及处理方式、对企业数据的知识产权保护的意见建议等方面,向分属不同行业的多家企业分发了调查问卷。经回收整理后,发现无锡物联网产业企业数据的获取、使用、保护的情况有如下几个特点。

一是绝大多数企业均有源于用户主动提供的个体数据或机器及传感器自动生成的数据,其中,以机器及传感器自动生成的数据为主要部分。

二是绝大多数数据为非公开数据。且绝大部分企业采取了数据加密措施对其数据进行保护,包括不限于密钥签名认证授权、通讯过程加密传输、存储时二次签名等技术措施,极少数企业希望通过著作权、商业秘密等法律手段保护其企业数据。

三是数据共享及交易还处于早期和摸索阶段,绝大部分企业的数据仅限于自身的分析使用,个别数据交易以单纯的原始数据买卖为主,极少涉及数据算法、数据模型等更深层次的交易。

四是数据的定价缺乏统一的标准,而数据价值的准确衡量也缺乏依据,部分数据存在格式不统一、内容不完整的问题,进而影响了数据的交易成本。

五是在企业数据权属产生纠纷时更倾向于协商解决,协商的主要内容包括数据权属、数据使用的范围和期限、数据的价值等。无锡法院暂时未受理过涉物联网产业企业数据案件。

六是实践对企业数据的权属界定、交易规范标准的需求与日俱增,企业对政府制定保护企业数据的规范标准和进行针对企业数据知识产权保护和风险防范的培训有期待和需求。

经过十余年的发展,多数无锡物联网产业企业均在生产、经营的过程中收集形成了一套具有商业价值的数据系统,尽管目前各企业对其数据的保护重心尚处于加密保护,但个别企业已开始探索数据共享与交易,该过程中企业数据权属及使用范围产生纠纷逐渐露头。在此背景下，有必要分析物联网语境下企业数据权益的保护模式与路径，才能为将来可能涌入无锡法院的物联网企业数据案件做到未雨绸缪，以正确的裁判对物联网产业的数据生产和商业模式的创新提供有效激励，使物联网产业中数据要素发挥出最大的生产效能。

二、物联网语境下企业数据权益法律保护的困境分析

从现有法律适用出发，“旨在安排一种鼓励企业数据经济化的私有结构，这种结构体现为企业自身的可支配性和排他占有私益”，①也就是企业数据财产权，这种权利的核心要点是“数据私有化”，其通过激励理论和“财产规则”进行合理性证成，但既有权利体系和法律制度与物联网企业数据其实并不具有完全匹配性或适应性。

（一）著作权法保护

一般观点，《著作权法》保护数据的条文依据主要在于该法第 15 条关于汇编作品的规定，即将企业数据集合作为数据汇编作品从而提供保护。从《著作权法》的一般原则即可看出该保护方式的局限性：著作权法提供保护的客体是作品，而作品以具备“独创性”为前提。有学者理解，大数据虽然具有一定的选择和编排方式，但其价值在于数据的巨量和混杂性，而不是数据的结构和编排。此外，大数据存在编排或结构，也并不一定代表其具有独创性，故各国著作权法均无法以汇编作品作为大数据保护的主要方式。在大众点评诉爱帮网案中，二审法院认为大众点评网以时间顺序排列网友点评内容不具有独创性，点评内容的集合不构成汇编作品。② 同时，法律保护的是“独创性”本身，而是非与独创性无关的资料或材料，这就导致了在理论上侵权人可以放弃对于“独创性”的模仿而直接回归使用数据本身。从这一层面看，著作权法要求的“独创性”保护是一种形而上之后的“抽象”，这与众多原始数据内容本身的形而下的“实质”是不匹配的。

回到物联网行业，著作权法保护的局限性更为明显。大量数据为物联网设备自动生成的数据集，系附随智能产品运行而产生的“副产品”，根本不具备著

① 龙卫球：《数据新型财产权构建及其体系研究》，载《政法论坛》2017 年第 4 期。

② 北京市第一中级人民法院民事判决书，(2009) 一中民终字第 5031 号。

作权法保护的原创性要求,因而难以适用著作权法。

(二)专利法保护

企业数据的专利法保护主要体现为以大数据申请计算机程序的专利保护,《专利法》可以对具有鲜明技术属性并解决一定技术问题的大数据运算程序提供方法类专利的保护方式,包括特别适用于特定功能的数字计算机设备或数据处理设备或数据处理方法、专门适用特定经营的系统或方法、程序控制系统等。但是,并不是所有数据程序都能满足专利法所要求的技术性要求,专利法要求的新颖性、适用性对企业数据的专利保护设置了较高的门槛,绝大部分的企业数据都难以契合专利权独有的标准要求。

(三)商业秘密保护

这是目前实践中遇到较多的企业保护其数据的方式,即不将企业数据公开化,而是将其置于一个相对保护的状态,以技术措施及保密协议等手段对其进行保护。商业秘密保护的局限性主要体现在如下几点:一方面,商业秘密提供保护的前提是相关数据和信息可以构成法律上的"商业秘密",即满足"非公知性、价值性、保密性"的要件要求,而实践中企业往往以一种"敝帚自珍"的态度一股脑儿地将生产经营中形成的一切内容都当作商业秘密,不完全具有非公知性和保密性,出现耗费成本及资源的情况。就物联网而言,在行业细分的市场上,对构成同一产业链的所有技术主体而言,获取数据并不存在绝对的技术障碍,因此,同一类型的物联网数据可能被不同的参与主体存储或获取,导致数据失去非公知性。另一方面,严格的商业秘密保护与数据的一般特性不符。数据的基本特征是不具有排他性和竞争性,企业数据的合理保护应当有利于促进数据共享,将企业数据作为商业秘密来保护可能导致数据垄断。在蚁坊公司与微梦公司一案中,蚁坊公司作为网络舆情监测工具提供商,未经微梦公司的许可采集、使用了该公司的新浪微博数据进行数据分析,微梦公司认为蚁坊公司的行为构成了不正当竞争,而蚁坊公司则认为微梦公司拒绝数据许可构成垄断。该案所涉的数据抓取争议看似是反不正当竞争和反垄断问题,实则反映的是企业数据权益边界问题,凸显了企业数据控制和共享之间的紧张关系。①

---

① 北京知识产权法院民事判决书,(2019)京73民终3789号。

（四）反不正当竞争法保护

反不正当竞争法的适用有助于企业数据利益的分配，也是目前我国解决企业间数据纠纷的主要司法路径。法院通过对反不正当竞争法兜底性条款的解释，论证第三方对他人数据的利用模式是否构成“搭便车”“不劳而获”等违反诚信原则的商业行为。[①] 但是，反不正当竞争法的一般条款更适用于互联网公开数据，而物联网中非公开数据的创新利益分配是数据经济带来的新的法律认知问题，因为大部分的物联网企业数据是企业商业和技术活动的“副产品”，附随企业活动而产生，“搭便车”可能正是物联网数据一般使用方式的结果。而且，反不正当竞争法的事后调整模式、遵循过往商业习惯和保护既得利益的价值倾向，在减少法律不确定性、兼顾数据创新再利用价值等方面存在明显不足。

三、物联网语境下企业数据的法律保护路径

（一）企业数据的权益归属

物联网企业数据的生产需要多方主体的合作，基础设施建设者、硬件设备制造者、软件开发者、运营者，以及终端的用户都参与了数据的生产过程，符合多方协作进行投入获得产出的市场模型。在企业数据的协作生产中，数据的权益归属始终是最重要的问题。

1. 重新定位：使用权而非财产权

首先，物联网企业数据以机器及传感器自动生成的数据为主，经常会涉及不同环节相关者的贡献，分配数据权属非常困难。设备制造商将传感器内建在机器中，设备使用人的使用行为会触发数据的生成，而被收集数据的环境物体可能属于另一个主体。在这个复杂的连接系统里，各方主体均有理由主张对相关数据具有一定权利，但权利分配的有无和分配多少的衡量需要综合考虑多方因素，很难制定一个科学标准来衡量各方主体对某些数据的形成、分析的贡献度。另外，将数据财产权分配给全部或部分参与者的方式也并不能完美解决问题，任何一方主体都可能主张特定权利，这种权利安排可能会

---

① 如在淘宝诉美景案中，法院认定，网络平台对用户数据资源享有使用权，对数据产品享有竞争性财产权益，禁止第三方不当利用数据，攫取平台竞争利益。杭州铁路运输法院民事判决书，（2017）浙8601民初4034号。

产生比独占的企业数据财产权更高的交易成本……种种原因导致数据财产权的分配尤其困难。故有学者认为,明智之举在于立法机构应从一开始就避免创造这样一种权利。①

其次,主要作为"副产品"产生的物联网企业数据不需要激励。民法学者往往采用自然权利理论或功利主义的激励理论来证成企业数据权力化。如龙卫球教授认为,企业数据财产权在功能上可以为企业数据活动提供最基本的动力和保障,企业通过法律对其数据的赋权,直接获得保护其数据的一种全新的独立的合法依据,企业的数据动力得到有效支持,企业的付出和努力得到合理肯定,企业的经营机制和作用得到有效安排和促进。② 但自然权利理论和激励理论固然肯定了企业数据在经营中的作用,同时夸大了企业数据的地位。事实上,出于对利润的追求,企业完全有充足的动力收集、生产数据,在与贸易伙伴交易时,企业也会为了自己的竞争优势地位,本能地对数据采取技术措施进行保护,因此即使不赋予具有强大排他性的企业数据财产权也不会对其应得权益有何减损。但是,反过来讲,如果不提供相应保护使得数据控制企业不能对其投入获得足额回报,则可能发生"公地悲剧",导致大家都无法得到共享数据的好处。因此,企业数据的使用权益应建立在特定企业对数据具有事实控制的基础上,包括使用或许可他人使用数据,以及避免数据被他人非法使用和访问的权利等。③

最后,企业数据权利化与数字经济时代追求的数据共享存在矛盾。美国思蒙教授与斯彻尔曼教授指出,专利和商业秘密可以是互补的关系,这种互补容易引发技术巨头的数据垄断。专利申请人可以在申请专利时,于信息公开声明文件中隐藏一些技术上的细节信息,而后应由商业秘密对这些信息进行保护,④此时原本为保护其数据资产的出发点就异化为对市场份额占有率的考量。企业数据的价值需要通过有目标性的选择来萃取,对数据分析来说,原始的数据越多越好,一种数据能够作数种用途,能够使数据变得更有价值,这就是数据分

---

① 周樨平:《大数据时代企业数据权益保护论》,载《法学》2022 年第 5 期。

② 龙卫球:《数据新型财产权构建及其体系研究》,载《政法论坛》2017 年第 4 期。

③ 付新华:《企业数据财产权保护论批判——从数据财产权到数据使用权》,载《东方法学》2022 年第 2 期。

④ Brenda M. Simons & Ted Sichelman, *Data-Generating Patents*, 111 NW. U. L. Rev, 2016, p. 377.

析中的范围经济。[①] 数字经济市场要求企业数据在市场上的高速流动、增加企业数据的二次开发和利用,这样的背景下,着重保护企业数据使用权益,或可实现更为高效的企业数据使用市场。

2. 权益归属:系统运营者

企业数据的权益保护同样要面临“谁享有数据上的何种权益”的问题。在物联网产业中,多方参与主体在数据的开发、获取和占有方面的技术和市场实力悬殊,承担的创新性角色也不同,如硬件制造者可能仅提供智能设备而不主动参与数据收集,用户也不具备数据收集和开发的技术实力,数据聚合与开发最终会落在具备大数据技术实力的平台或软件系统运营者之上。因此,笔者认为,系统运营者应当是企业数据权益的主要享有者,其同时是数据资源的整合者、数据保护义务的承担者。而对于平台或设备之间交互所产生的数据,也应当按照主体贡献的大小,将数据权益分配给主动产生数据的一方,而非被动接收数据的一方。如网站 cookie 数据、自动驾驶汽车产生的汽车行驶数据、汽车传感器生成的路况数据等,原则上应当由网站运营者、设备和传感器的实际运营者所有,而非机器生产者所有。另外,正当允许软件、系统的实际运营者向数据生产的参与者购买数据开发合同中的剩余权利,其他主体则作为数据生产要素的提供者,参与数据生产的协作过程。

另外,为了平衡个人、企业,以及社会公众之间利益,可以将非属于商业秘密类型的已经公开的企业数据定性为准公共产品。从而借用知识产权法的合理使用制度、法定许可制度、强制许可制度、公共利益保留制度等,豁免一部分利用企业数据行为的侵权可能性。

(二)企业数据的使用规则

企业数据的使用规则,应当转变由法律规制在先的思路,转而由最了解自己运营模式的商业主体约定,通过合同定义和分配企业数据使用权。2017 年,日本经济产业省和物联网加速联盟就发布了《数据使用权合同指南》,旨在指引企业之间在合同中确定数据的使用权,推进不同企业在数据领域的合作。该指

---

① 联合学习比单独学习会产生更多的见解,如研究微观经济学和宏观经济学会比单独研究产生更多的见解,经济学家将这一特征称为范围经济。See Rosen, S., *Specialization and Human Capital*, Journal of Labor Economics, 1983(1), p. 43 – 49.

南还为数据使用合同的签订步骤和协商时的应注意信息提供了指引，对我国相关政策制定具有可行性和借鉴意义。欧盟委员会以制定标准合同条款的方式引导数据共享合同，并提出了“五大原则”：第一，透明度原则，即明确有权获取数据的主体范围、数据类型、具体程度，以及数据获取的目的。第二，考虑物联网数据价值生成过程中的多方参与性，对于提供产品或服务而产生的“副产品”数据，应当意识到多方主体共同参与了该数据的生成。第三，尊重数据占有者和数据使用者的商业利益和秘密。第四，避免扭曲竞争，确保公开公正的市场竞争。第五，确保最低程度的数据锁定，尽可能保障数据的可迁移性。笔者认为，上述五大原则可以为确立数据权的归属方和权利范围，提高共识基础、降低数据交易合同谈判和执行成本提供指引。

企业在订立数据交易合同时，要对合同标的即目标数据的范围加以确定，在创建合同规则的时候要对各方对数据创建的贡献水平重点关注，对于企业数据的合法使用及责任承担也是重要内容。在实践中，何种使用数据的行为是不被容许的比目标数据的归属更为重要，企业的逐利特性使其不能避免始终在绕开授权与许可而直接获取的边缘的试探行为。

涉及企业数据的价值。笔者认为，影响数据交易价格的因素很多，数据的类型、量级、精准度、完整性、实时性、深度、时间跨度、覆盖度和稀缺性等都会对交易价格的高低产生影响，而交易双方信息的对等性和交易地位等因素也会在一定程度上左右价格。企业可以通过协商定价、数据交易平台居间商谈等方式确定数据交易价格。

涉及个人用户主动提供的数据时，企业应当采取“明示同意授权”的方式进行数据采集，要主动明确告知收集数据的目的、范围及使用用途。同时，企业应当恪守“必要性与目的性”原则，对于产品或服务无关的用户个人信息不进行采集。当重要事项发生变更时，应当重新取得个人同意，同时不得以个人不同意为由拒绝提供产品和服务。

涉及与第三方共享的数据时，企业应与自行采集的数据进行分类管理。首先，应核查引入第三方数据的必要性和可行性，并要求第三方就用户授权提供有效、充足的承诺与证明，确保第三方提供的个人信息来源的合法性。同时，可根据数据的类型采取文本审查、实质审查、全面审查等方式，以及委托中介机构进行尽职调查及安全审计。当企业向第三方提供数据时，企业应与第三方签订相关数据安全保密协议，明确共享数据的范围、内容、使用方法、保护手段等双方的权利义务，以及出现相应法律风险时的责任承担。此外，企业应对第三方定期监督，一旦发现第三方有违规行为，及时发出整改通知，或者终止与其合作。

（三）企业数据的知识产权司法保护路径

企业数据权益源自对数据的事实控制，这决定了企业对数据的保护主要依赖于自我防护，即采用技术手段来保护自身在业务经营中生产的数据，维护信息安全，尽可能免受第三方未经授权的访问或使用，如防爬安全技术、隐私计算技术、联邦学习技术、数据集多版本控制以及访问权限控制技术的开发利用，甚至运用区块链技术对于数据的分享进行跟踪控制，都使企业对数据的控制手段和范围进行技术升级。① 在此基础上，法律将这种控制状态作为一种新型的"权益"予以适度保护，因为该权益缺少稳定的财产权的外观，其不再适用于传统绝对权请求权中回复性的保护方式，并且，因为数据扩散的速度为传统侵权后果的数倍，消除危险、恢复原状等回复性请求权的意义和可操作性都较低。② 运用侵权法保护企业数据权益的另一顾虑则是对公共利益的考量，企业数据虽然多在企业的暂时控制下，却常常涉及公共利益，用侵权法则会将侵权行为直接定义为二公司之间的"私事"。

合同法在保护企业数据权益时也有这样的弊端，故我国企业数据分享、交易中发生的纠纷，尽管是超越合同约定权限获取使用数据，当事人也常常选择适用反不正当竞争法加以保护，2016 年新浪微博诉脉脉不正当竞争案以及 2019 年腾讯诉抖音、多闪不正当竞争案均为此类情形。③ 因企业权益的排他性范围表现为有限性、弱稳定及基于场景的利益衡量，加之数据争夺的本质是市场争夺，通过反不正当竞争法保护企业数据目前成为首选项。

现有的反不正当竞争法适用频率显然高于反垄断法，且聚焦在第 2 条一般条款之上，该裁判规则着眼于竞争行为对市场的竞争秩序带来何种影响，将其他经营者和消费者的合法权益作为衡量参考因素，与《民法典》侵权责任编、合

---

① 程啸：《区块链技术视野下的数据权属问题》，载《现代法学》2020 年第 2 期。

② 梅夏英：《在分享和控制之间：数据保护的私法局限和公共秩序构建》，载《中外法学》2019 年第 4 期。

③ 天津市滨海新区人民法院民事裁定书，(2019)津 0116 民初 2091 号。

同编“私法化”的定位有明显不同。在反不正当竞争法的司法实践中,法院已经通过若干个案逐渐发展出一些裁判规则,山东食品进出口公司诉青岛圣克达诚贸易公司案中,法院对一般条款的适用规则加以阐述:法律对该种竞争行为未作出特别规定;其他经营者因该行为受到实际损害;该竞争行为违反诚实信用原则和公认的商业道德而具有不正当性。著名的“3Q 大战”和百度插标案中,法院分别提出了“正当商业模式”观点和“非公益必要不干涉”原则,对市场中数据的使用边界进行规制。在汉涛诉爱帮案中,法院认定爱帮网对于特定网站信息的利用造成了市场替代的后果,构成不正当竞争。[①]

此外,有学者建议,为解决适用一般条款带来的法律自由裁量权空间过大、适用过于随意的问题,有必要对企业数据纠纷案件进行归类总结,建立不正当数据利用行为的要件框架。比如,针对不同形态的数据,分为“用户提交的网页数据”“平台生成的个人数据”“机器生成的非个人数据”等类型化案例群,确立认定数据不正当利用行为的要件框架。[②] 其中,物联网产业中比较常见的为“机器生成的非个人数据”类型。因为通过传感器接收物体运行的信息而产生的数据,很可能被数据收集者控制而处于非公开状态,第三人如果要获取该数据一般需要采取突破技术保护措施的手段,所以这种行为很容易被认定为不正当竞争。[③]

又如,可以基于数据价值生成机制的类型识别,分为“数据源”“数据集合”“数据产品”等类型化案例群。[④] 其中,数据集合纠纷的解决主要以数据来源合法性、数据集合的授权范围以及行业惯例作为裁判基准;而数据产品纠纷则主要以是否具有技术创新和劳动投入作为裁判基准。通过聚焦具体场景并设计有效的规制路径,满足数据在保护与流通的不同利益诉求。

总体而言,由于企业数据属于新生事物,司法采用《反不正当竞争法》一般条款规制企业数据纠纷,具有很大的灵活性,从把握各类数据的属性入手,对数

---

① 北京市海淀区人民法院民事判决书,(2010)海民初字第 24463 号;北京市第一中级人民法院民事判决书,(2011)一中民终字第 7512 号。

② 周樨平:《大数据时代企业数据权益保护论》,载《法学》2022 年第 5 期。

③ 广东省深圳市中级人民法院民事判决书,(2017)粤 03 民初 822 号。

④ 姬蕾蕾:《企业数据保护的司法困境与破局之维——类型化确权之路》,载《法学论坛》2022 年第 5 期。

据收集、使用的合法性、正当性方面进行细致查明。在保护个人隐私和数据安全的前提下,遵循"谁投入、谁贡献、谁收益"原则,遵循"道德标准"和"客观效果"对企业数据提供司法保护。

四、结语

阿里云创始人王坚认为"信息是今天就知道有什么用处的数据,数据是目前还不知道有什么用处的"。在物联网作为基础设施的今天,大量原生数据构成了我国大数据业态的基础多样性保证。企业作为数据产生及利用的主体,对数据有着天然的、事实上的控制。激励企业数据使用的开放和共享,促进数据共享的数据使用和数据可携是打造具有活力的数字经济市场、融入全球数字化的必要手段,因此企业对数据的控制不可过强,由其享有数据权益而非权利较适宜。目前最有利的企业数据保护方式即通过援引《反不正当竞争法》,在企业数据尚未有明确定性的前提下,将其竞争优势转化为市场秩序表达,辅之以加强政府机关对物联网企业的知识产权培训和物联网行业自律职能的强化,或可合力攻关数字新基建,拓展打造世界级物联网产业集群。

无锡法院涉“套路贷”犯罪回流案件后续处理法律问题研究

无锡市中级人民法院环保庭课题组*

摘　要：自2018年10月以来，无锡法院加大涉“套路贷”违法犯罪行为打击力度，对7万余件民事案件展开复查，最终移送公安机关4499件民事案件。但是公安机关核查后刑事立案率仅5.4%，大量的民事案件已经开始逐步回流至法院。对此类回流案件如何处理，相关审判规则亟待明确。针对新形势新问题，课题组汇总分析了无锡辖区基层法院回流案件面临的各类法律问题，聚焦后续诉讼路径、执行回转、实体法律适用及不当得利诉讼等疑难问题进行重点分析，从法律条文、价值评判、利益衡量对各处理方案进行综合分析，提出具有可操作性的对策建议，以期对全市基层法院处理涉“套路贷”案件进行指导。

套路贷，顾名思义，是指以套路的方式进行放贷，套路贷犯罪不是法定罪名，而是指某种犯罪现象，是一个以诈骗为中心的犯罪群组。① 此行为严重影响了金融秩序和社会秩序，损害了人民群众合法权益。从2016年开始，套路贷的借贷模式逐步出现。自2017年起，套路贷犯罪案件数量呈逐步上升趋势，主要在浙江、上海、江苏等沿海地区呈高发态势。② 2018年1月，在全国范围内开展的“扫黑除恶”专项斗争将民间借贷领域的黑恶犯罪作为打击重点之一。③

---

* 课题组主要成员为周科、卢文兵、刘英等。

① 陈兴良：《套路贷犯罪研究》，载《法制与社会发展》2021年第5期。

② 赖早兴、王家伦：《套路贷案件定罪研究——以196份刑事判决书为切入点》，载《刑法论丛》2021年第1卷，法律出版社2021年版。

③ 刘仁文、刘文钊：《套路贷的概念辨析及相关疑难问题》，载《法治社会》2021年第4期。

2019 年 4 月和 7 月，先后印发了《最高人民法院、最高人民检察院、公安部、司法部关于办理“套路贷”刑事案件若干问题的意见》《最高人民法院、最高人民检察院、公安部、司法部关于办理非法放贷刑事案件若干问题的意见》，使套路贷概念正式上升为国家最高司法机关的规定。

无锡市两级法院严格贯彻《江苏省高院关于开展依法妥善审理民间借贷案件、防范和惩治涉套路贷与虚假诉讼专项整治活动的通知》等相关文件精神和要求，在全市法院开展“套路贷”虚假诉讼专项治理工作，成效突出，再审纠正数量在全省名列前茅，强制检索频次和民间借贷降幅在全省位居榜首。但值得关注的是，大量涉套路贷案件移送公安机关后公安机关有效反馈率极低，立案侦查比例并不高，有犯罪嫌疑的案件占比极少，大量无犯罪嫌疑案件后续将大量“回流”至法院，引发程序衔接、新旧法律适用、裁判标准统一等系列问题。鉴于此，本节对该问题进行预判和研究，梳理涉“套路贷”案件线索核查情况及公安机关反馈无“套路贷”犯罪嫌疑案件回流情况，考察关于诉讼程序、实体法律适用等方面的争议观点，提出处理方案和应对举措，以期对涉“套路贷”回流案件的处理贡献“无锡样本”。

一、无锡法院涉“套路贷”线索核查及案件回流情况

（一）涉“套路贷”案件线索移送公安情况

经全面复查，自 2018 年 10 月至 2022 年 4 月，全市法院共向我市公安机关移送涉“套路贷”案件线索 4499 件/658 人，涉案标的达 9.7 亿余元。其中，启动再审程序撤销原民事裁判移送 4161 件，未撤销原民事裁判但在申请再审审查或执行中作为线索移送 17 件，在一、二审审理中直接裁定驳回起诉移送 321 件。（见表 3－2）

表 3－2　全市法院涉“套路贷”案件线索移送公安情况

单位：件

法院	再审撤销原民事裁判移送	未撤销原民事裁判在申请再审或执行中移送	一、二审审理中直接移送	移送公安情况	
				已成功移送	未成功移送
中院	66	17	64	147	—
梁溪	2052	0	7	2059	—

续表

法院	再审撤销原民事裁判移送	未撤销原民事裁判在申请再审或执行中移送	一、二审审理中直接移送	移送公安情况	
				已成功移送	未成功移送
锡山	321	0	5	326	—
惠山	367	0	44	341	70
滨湖	440	0	55	495	—
江阴	387	0	88	475	—
宜兴	99	0	58	157	—
新吴	429	0	0	429	—
合计	4161	17	321	4429	70

(二)公安机关核查线索后反馈情况

根据2021年12月市法院、市公安局联合印发的锡公发〔2021〕72号文件关于统筹推进涉“套路贷”案件移送线索反馈工作的基本原则,公安机关线索核查工作结束后,应当以书面形式加盖单位扫黑办印章,作出“具有犯罪嫌疑”“无犯罪嫌疑”“有其他犯罪嫌疑”的明确核查意见。截至2022年4月,全市公安机关共反馈2584件,分为两种情况:一是有效反馈1413件(具有犯罪嫌疑77件,成案率5.4%)占已移送案件31.9%;二是无效反馈1171件占26.44%,主要包括口头反馈、书面反馈但未盖章、反馈内容为“进一步侦查、建议移送其他公安机关、无管辖权”等。另有未反馈1845件占41.66%。(见表3-3)

表3-3 全市法院涉“套路贷”案件线索反馈情况

法院	有效反馈数/件	有效反馈率/%	无效反馈数/件	无效反馈率/%	未反馈数/件	未反馈率/%
中院	41	27.89	6	4.08	100	68.03
梁溪	47	2.28	712	34.58	1300	63.14
锡山	1	0.31	325	99.69	0	0
惠山	7	2.05	0	0	334	97.95
滨湖	351	70.91	96	19.39	48	9.70
江阴	394	82.95	18	3.79	63	13.26

续表

法院	有效反馈数/件	有效反馈率/%	无效反馈数/件	无效反馈率/%	未反馈数/件	未反馈率/%
宜兴	143	91.08	14	8.92	0	0
新吴	429	100	0	0	0	0
总计	1413	31.9	1171	26.44	1845	41.66

(三)公安反馈无犯罪嫌疑后重新起诉案件情况

暂统计至2022年4月,全市法院共受理公安反馈“无犯罪嫌疑”后重新起诉的回流案件58件(其中一审46件,二审12件),涉案标的5883.17万元(其中一审4432.17万元,二审1451万元),涉及人数27人(其中一审24人,二审3人)。(见表3-4)

表3-4 全市法院涉“套路贷”案件回流情况

法院	案件数/件	涉案标的/万元	人数
滨湖	19	1388.08	12
梁溪	16	414.56	2
锡山	7	1424.81	6
惠山	2	1130.72	2
江阴	1	5	1
宜兴	1	69	1
新吴	0	0	0
小计	46	4432.17	24
中院	12	1451	3
总计	58	5883.17	27

根据了解省内其他地市情况,公安反馈有犯罪嫌疑的案件均很少,法院同样将面临大量移送公安案件回流至法院处理的问题。省院目前对回流案件如何处理未有明确意见,江苏省内的法院对回流案件的诉讼程序、实体法律适用等方面的问题也存在不同做法,争议极大,亟待加以研究和探索。

二、涉“套路贷”回流案件后续处理存在的法律问题

(一)公安反馈无“套路贷”犯罪嫌疑后,原告以同一事实继续主张权利的诉讼路径不明确

关于原告重新主张权利的诉讼路径,存在原告“重新提起诉讼取得生效判决”与法院“撤销原驳回起诉裁定、恢复原生效裁判效力”两种不同观点。前一种观点认为:通过再一次适用再审程序,撤销原“撤销原判,移送公安”的再审裁定,从而恢复原裁判效力,有利于“一揽子”解决重新起诉后新增的大量借贷诉讼、执行回转、信访和再审问题,迅速恢复原有社会秩序。如连云港中院(2021)苏07民监2号民事裁定书认为原(2020)苏07民再21号民事裁定书驳回庞某侠起诉确有错误,应予再审。

后一种观点认为:原生效裁判已经再审程序撤销,无犯罪嫌疑的民间借贷案件原告应当重新起诉,法院应当重新受理并审理此类案件。但是,重新受理必然大幅新增民间借贷案件数量,且回流案件情况复杂,审理和服判息诉难度大,影响审判质效;目前有部分原告不愿意重新起诉,反映法院当时撤销原判的做法是错误的,要求法院直接回到执行原来的判决。

(二)原生效裁判经再审撤销后,对借款人自动履行或执行到位的案款,执行回转程序的启动条件、启动主体有待明确

原生效裁判一经撤销后,执行依据不复存在。一种观点认为,申请执行人丧失了取得财产的基础,应当根据《民事诉讼法》第240条规定依职权启动执行回转,恢复到强制执行前的状态。另一种观点认为,执行回转程序并非一种具有优先性的特殊的执行程序,在本质上仍是一种执行程序,应当遵循民事诉讼的规律,在审判结束作出实体判决后才能开始进行。

根据《最高人民法院关于人民法院执行工作若干问题的规定(试行)》第65条规定,执行回转必须具备“依当事人申请或依职权”和“按照新的生效法律文书”两个条件,法院不应依职权主动执行回转,且法院执行局执行实践均是由当事人申请执行回转,法院不主动依职权执行回转。

(三)原告重新起诉案件,实体法律适用依据分歧较大

一种意见认为,此类案件应直接依据2020年12月发布的《最高人民法院

关于审理民间借贷案件适用法律若干问题的规定》第 31 条“本规定施行后，人民法院新受理的一审民间借贷纠纷案件，适用本规定……本规定施行后，最高人民法院以前作出的相关司法解释与本规定不一致的，以本规定为准”的规定，适用重新起诉后新的法律和司法解释，如（2022）苏 02 民终 2387—2390 号原告嵇某虎系列民间借贷案件。

另一种意见认为，涉“套路贷”再审移送公安案件性质特殊，相当于再审程序的延续即类再审案件，原则上仍适用借贷发生时的法律和司法解释，比照再审程序对这一批案件特案特办，按照法不溯及既往原则适用借款发生时的规定，既符合当事人预期，也避免大量信访问题。

（四）原告重新提起诉讼后被认定为职业放贷人，对该原告同时期的其他民间借贷行为，借款人起诉返还不当得利应否得到支持裁判尺度不统一

一种观点认为，借款人以不当得利为由要求返还超付利息，应当从自动履行完毕之日起计算诉讼时效期间，借款人提起不当得利返还之诉已经超过法定诉讼时效，法院可以根据相对人的时效抗辩，查明事实后判决驳回诉讼请求。如（2021）苏 02 民终 5865 号希姆斯电梯（中国）有限公司与马某琴民间借贷纠纷案二审裁判认为“110 万元借款合同订立以及还本付息系 2016 年，希姆斯公司 2021 年起诉要求返还超出 36% 借款利息的主张已过诉讼时效”。

另一种观点认为，根据《最高人民法院关于审理民事案件适用诉讼时效制度若干问题的规定》第 6 条“返还不当得利请求权的诉讼时效期间，从当事人一方知道或者应当知道不当得利事实及对方当事人之日起计算”，其他借款人自原告被认定为职业放贷人后才知道不当得利或权益受损事实，因此原告重新提起诉讼后被认定为职业放贷人，对该原告同时期的其他民间借贷行为，如因职业放贷无效导致还款超出法律规定，应依法支持其返还不当得利的诉请。如（2021）苏 02 民终 2866 号冯某娣与张某红不当得利纠纷案，二审裁判认为“张某红交付给冯某娣的 8000 元费用并未抵扣其应向叶某和支付的租金，这一事实直至无锡市滨湖区人民法院作出的（2018）苏 0211 民初 8174 号民事判决生效之日才予以确认，张某红才知道冯某娣不当得利的事实，返还该不当得利请求权的诉讼时效期间才开始起算，故张某红的主张并未超过诉讼时效”。

三、涉“套路贷”回流案件后续处理的对策建议

涉“套路贷”回流案件的后续处理，应当坚持三个原则：一是尊重历史与打击违法犯罪兼顾原则，民间借贷领域违法犯罪活动有一个发展演变和政策调整过程，在强化“套路贷”犯罪打击力度的同时，不能因为近几年“套路贷”犯罪活动猖獗而无限期追溯，也不能因为违法放贷常见多发而随意扩大打击面；二是诉讼程序与实体处理区分原则，树立“程序从新、实体从旧”意识，对诉讼路径选择、举证责任分配及证明标准，一律适用修订后的民间借贷司法解释和证据规定；对实体处理，既要坚持法不溯及既往基本原则、保护当事人行为预期，也要考虑违法犯罪作案手法隐蔽、政策调整滞后性等社会现实，把整治虚假诉讼、打击违法借贷作为人民法院肩负的政治责任、法律责任和社会责任，坚决防止违法犯罪分子利用诉讼程序将非法利益合法化；三是维护社会稳定与依法治理结合原则，立足审判职能和法治立场，以事实为依据、以法律为准绳，不枉不纵、不偏不倚，在确保法律效果的基础上实现社会效果最大化，同时强化协同治理、综合治理理念，紧紧依靠党委领导和政府支持，分类处理、综合施策，共同遏制借贷领域违法犯罪行为。

（一）原告以同一事实继续主张权利的诉讼路径，应当且必须是“重新提起诉讼”

首先，原告的起诉系因民间借贷行为涉嫌犯罪而被再审裁定驳回，其原因在于当事人起诉时不符合民事诉讼法所规定的起诉条件，而在公安机关作出不予立案决定书或其他无犯罪嫌疑结论性意见后，原告的起诉条件之障碍已经经过法定程序予以消除，故此时原告有权以同一事实起诉，且前案生效判决被撤销后当事人双方所争议的法律关系未受到生效判决拘束，故重新起诉不违反一事不再理原则。

其次，《最高人民法院关于审理民间借贷案件适用法律若干问题的规定》第5条规定，发现民间借贷行为本身涉嫌非法集资等犯罪的，应当裁定驳回起诉，并将涉嫌非法等犯罪的线索、材料移送公安或检察机关，公安机关不予立案，当事人又以同一事实提起诉讼应予受理。虽然该条规定主要针对非法吸收公众存款、非法集资等涉众型犯罪而言，但是其所确立的规则是民间借贷领域刑民交叉处理的一般规则。涉“套路贷”犯罪民间借贷案件的移送和重新起诉，与涉

嫌非法集资等犯罪处理并无二致,也应遵循该处理模式。正是基于此,2020 年 8 月省院发布的《关于健全完善防范与打击“套路贷”及虚假诉讼长效机制的指导意见》(苏高法〔2020〕181 号)第 27 条规定,“依法受理移送后未受到刑事追究的民间借贷案件原告重新起诉案件。对于移送公安机关的案件,公安机关不予立案,或者立案侦查后撤销案件,或者检察机关作出不起诉决定,或者经人民法院生效判决认定不构成犯罪,当事人又以同一事实向人民法院提起诉讼的,人民法院应予受理”。

最后,对人民法院依职权启动再审的条件,我国民事诉讼法坚持“确有错误”原则,亦即在原审裁判存在重大错误,不纠正有违司法正义,或存在违反法律禁止性规定,损害国家利益、社会公共利益等错误情形的,人民法院才依职权启动再审程序①,“撤销原驳回起诉裁定”的一揽子处理模式明显与此相悖。从涉嫌“套路贷”犯罪的判断标准、判断基准来看,当初再审撤销裁定认为原告涉嫌“套路贷”犯罪仅是一种初步判断和形式审查,最终是否符合犯罪立案侦查标准待由公安机关进行实质审查,从这个角度看再审撤销裁定并无实体错误,因此即使公安机关后续反馈无犯罪嫌疑,原再审撤销裁定亦不符合“确有错误”的再审启动条件。

虽然我国法律目前对再审次数没有限制,根据《民事诉讼法》第 205 条规定,本院院长发现生效裁判确有错误的,可以提请再审。既然公安反馈无犯罪嫌疑,原裁定以涉嫌犯罪驳回起诉的理由不成立,则可以撤销。但大量撤销再审裁定,势必削减“套路贷”专项清理复查案件工作成效,降低司法公信力,可能引发更大的问题,正如澳大利亚法官马丁指出,“在一个秩序良好的社会中,司法部门应得到人民的信任和支持。从这个意义出发,公信力的丧失就意味着司法权的丧失”;而且撤销当时复查时的再审判决,导致之前案件移送公安没有法律依据,法院移送公安的做法变成无本之木,合法性受到更大质疑。

(二)原告未经重新起诉取得新的实体裁判文书,对借款人自动履行或执行到位的案款,法院不应依职权主动执行回转

首先,根据《最高人民法院关于人民法院执行工作若干问题的规定(试行)》第 65 条的规定,执行回转必须具备“依当事人申请或依职权”和“新的生

① 王朝辉:《民事再审事由的体系展开与程序效力》,载《法律适用》2020 年第 20 期。

效法律文书”两个前提条件。由于“涉套路贷”案件仅仅是再审撤销原生效裁判并移送公安,但是新的终局性实体法律文书尚未作出,法院依职权主动执行回转缺乏前提,回转金额也难以确定。

其次,在最高人民法院(2016)最高法执监 404 号执行裁定书中,最高人民法院纠正了南通中院、江苏省高级人民法院关于“原生效法律文书被撤销的,已经执行的财产即应执行回转,无需以终局性实体法律文书作为执行回转前提”的做法。该院认为:执行回转裁定内容应当严格按照新的生效法律文书的内容制作,执行回转的财产范围应限制在被新的生效法律文书撤销或推翻的内容,并不一定对所有已执行的财产一律执行回转。再审发回重审裁定并非重审后作出的终审判决,不是《最高人民法院关于人民法院执行工作若干问题的规定(试行)》第 65 条所指的生效法律文书。

再次,因执行回转是对因原执行依据错误而对权益受损当事人的救济程序,这种需要恢复的法律关系,实质上属于给付之诉性质的私权纠纷。其私权性质并不会因经过原强制执行程序中公权力的介入而发生质变。对于执行回转程序的启动,仍应当遵守处分原则,即应当由权利人自由决定是否申请执行回转。① 法院依职权执行回转应仅限于权利人不知道原执行依据被撤销、新的实体法律文书无法取得等例外情形。

最后,涉“套路贷”回流案件具有特殊性,大量案件中借贷基本事实是存在的,只是存在职业放贷和高利贷情形,经法院告知当事人公安核查结果后,被执行人不要求执行回转的,说明其对于借还款的事实争议不大,法院无须主动执行回转。根据当事人申请决定是否执行回转,可以减少诉累,分步化解信访压力。但是,《最高人民法院关于人民法院执行工作若干问题的规定(试行)》第 65 条“按照新的生效法律文书,作出执行回转的裁定”适用前提是存在出具新的生效法律文书的可能性,即存在后续的救济程序。因人民法院依职权作出再审的裁定,非经法院准许,当事人不得放弃该救济程序,再审发回重审案件无须重新起诉即可实体判决;而“套路贷”回流案件必须由原告重新提起诉讼,根据“有诉才有判”的诉讼原理,在原告坚持不起诉的情形下,人民法院无权直接作出生效法律文书。此时如机械理解《最高人民法院关于人民法院执行工作若干

---

① 山东省济南市中级人民法院课题组:《论执行回转制度之完善》,载《法律适用》2021 年第 10 期。

问题的规定(试行)》第65条,因为后续救济程序无法发生,执行回转将再也无法达到启动条件,既不符合依法纠错原则,原告取得执行款也没有法律依据。由于原告已经全部执行到位的情况下,重新起诉往往对原告不利,所以原告可能坚持不起诉。在原告坚持不愿意重新起诉,而被执行人或案外人又要求执行回转的情形下,此时法院可以给予原告一定宽限期限要求重新起诉,如原告仍不起诉,应依法执行回转。

(三)对原告重新提起诉讼的案件,从符合当事人行为预期和稳定社会秩序角度出发,原则上应当适用行为发生时的实体法律进行审理

对于该类案件,应当充分考虑原案件经审理后大多已作出生效裁判,虽因涉嫌“套路贷”犯罪移送公安,但公安已反馈无犯罪嫌疑的背景,故原则上应当适用行为发生时的实体法律进行审理。但是,对出借人行为明显构成职业放贷、套取金融机构贷款直接转贷等情形的,依法否定借贷合同效力,出借人要求借款人按照借贷合同约定支付利息、违约金或者其他费用的,不予支持;对认定借款为夫妻共同债务事实不清、适用法律错误、结果明显不公的,应当认定为夫妻一方债务。

我国《立法法》第104条规定:“法律、行政法规、地方性法规、自治条例和单行条例、规章不溯及既往,但为了更好地保护公民、法人和其他组织的权利和利益而作的特别规定除外。”但是,立法法并没有对司法解释的溯及力作出明确规定,最高法院也没有对民事司法解释的溯及力作出统一规定,相关规定散见于最高人民法院颁布的民事司法解释的具体条文中。根据有关规定,最高人民法院可以对属于审判工作中具体应用法律的问题进行解释。司法解释是对如何具体适用法律的释明,一般是在法律施行之后作出,故其在生效之日就应适用于审判实践,而且具有溯及力,但其溯及力应受被解释法律的时间效力范围的限制。①

但是司法解释的溯及适用应注意对当事人合理预期的保护②:(1)对于纯粹解释细化既有法律条文的司法解释规定,其内容属于完全符合立法本意的范

① 杜万华主编、最高人民法院民一庭编著:《最高人民法院民间借贷司法解释理解与适用》,人民法院出版社2021年版,第437~438页。

② 最高人民法院研究室编著:《最高人民法院民法典时间效力司法解释理解与适用》,人民法院出版社2021年版,第14~28页。

畴,故对于该司法解释溯及相应法律施行之时,应认定为符合当事人基于该法律规定所形成的合理预期。(2)对于填补立法空白,明显创设或者修改规则的司法解释条文规定,则会涉及改变甚至背离当事人合理预期的问题,涉及对当事人信赖利益的保护,有必要区分不同情形。对于漏洞填补型的司法解释规定,在遵循《立法法》第104条规定的前提下,要结合《最高人民法院关于适用〈中华人民共和国民法典〉时间效力的若干规定》第3条的规定精神确定其溯及力问题,此也属于"过去没有规定而现在有规定的,可以适用现在的规定"的范畴,但要以不明显减损当事人合法权益、增加当事人法定义务或者背离当事人合理预期作为限定条件。(3)对于修改规则型的司法解释规定,尤其是形式上是创设规则,实际上是修改规则的规定,则要贯彻法律不溯及既往原则,除非符合《立法法》第104条后段"为了更好地保护公民、法人和其他组织的权利和利益而作的特别规定除外"规定情形,方可予以有利溯及。据此,鉴于"套路贷"回流案件具有特殊性,多数债权人系职业放贷人,本着打击违法犯罪、保护合法权益的出发点,应对民间借贷司法解释相关规定在涉"套路贷"回流案件中的溯及适用进行一定限制。

鉴于涉"套路贷"回流案件系法院以案件涉嫌"套路贷"犯罪为由移送公安后,公安又反馈无犯罪嫌疑,原告重新起诉的案件。仅以是否涉嫌"套路贷"犯罪而言,原来作出的生效裁判实质上并无错误,故该类案件在性质上具有特殊性,相当于再审程序的延续,即类再审案件。通过原告重新起诉,可以解决因公安反馈无犯罪嫌疑而原生效裁判又被撤销的遗留问题。因此,该类案件不能简单适用《最高人民法院关于审理民间借贷案件适用法律若干问题的规定》第31条"适用新规定",而是应当比照再审发回重审程序对这类案件特案特办,按照"法不溯及既往"的一般原则适用行为发生时的法律规定,尽可能保持原有生效裁判的稳定性,不对原有生效裁判作出大的改动,既符合最初诉讼时当事人的行为预期,群众接受度更高,也避免产生大量信访问题。因此,原告重新起诉的,原则上应当适用行为发生时的实体法律和司法解释。

考虑到目前办理民间借贷案件的总体思路仍然是从严审查:(1)对于职业放贷特征明显的案件,应当认定为职业放贷,依法否定借贷合同效力。对于特征不明显,处于两可之间的非典型案件,予以从宽认定,以实现法律效果与社会效果相统一。(2)对于套取金融机构贷款转贷的,新旧民间借贷司法解释规定不一，如套取金融机构贷款后直接转贷的，应当适用新司法解释的规定，但如能够合理说明出借资金来源，或转贷特征不明显的，则可以从宽认定。(3)对于《最高人民法院关于审理涉及夫妻债务纠纷案件适用法律有关问题的解释》施行之前的夫妻一方以个人名义借款，原告主张借款属于婚姻关系存续期间夫妻共同债务的，原则上应由配偶方负担举证责任；对于该司法解释施行之后的夫妻一方以个人名义借款，原则上应由原告承担举证责任。但是，认定为夫妻共同债务事实不清、适用法律错误、结果明显不公的，仍应当认定为夫妻一方债务。

为了更好地实现新旧法律衔接适用效果，可以借鉴《最高人民法院关于审理民间借贷案件适用法律若干问题的规定》第31条第2款关于民间借贷利息司法保护上限“分段处理原则”，亦即对于借贷行为发生在2018年4月16日发布的《中国银行保险监督管理委员会、公安部、国家市场监督管理总局、中国人民银行关于规范民间借贷行为维护经济金融秩序有关事项的通知》(银保监发〔2018〕10号)发布之前，各基层法院审理认为属于职业放贷导致借贷合同无效的，应当在裁判前报中院备案，以统一全市裁判尺度。对于借贷行为发生在2018年1月18日发布的《最高人民法院关于审理涉及夫妻债务纠纷案件适用法律有关问题的解释》施行之前，夫妻一方恶意串通虚构债务、从事违法犯罪活动所负债务或认定借款为夫妻共同债务结果明显不公的，应当认定为夫妻一方债务。对于借贷行为发生在2020年8月20日发布的《最高人民法院关于审理民间借贷案件适用法律若干问题的规定》第一次修正之前，出借人套取金融机构贷款直接用于转贷的，应当认定借贷合同无效。

(四)原告被认定为职业放贷人后，其他借款人起诉返还不当得利的，根据相对人的时效抗辩查明事实后可以判决驳回诉请

除涉“套路贷”回流案件因重新起诉产生争议外，其他民间借贷纠纷当事人已经通过法院等有权机关裁判或者自动履行解决争议，社会秩序已经恢复。鉴于职业放贷认定属于个案事实判断问题，对其他案件并不直接产生法律约束力。如果以其他认定职业放贷的生效裁判作为新证据支持借款人主张，将使大量已经通过裁判或者自动履行解决的民事纠纷重新进入诉讼，不利于维护原有法律关系和社会秩序稳定。以其他借款纠纷有无经过司法程序为标准，原告重新提起诉讼后被认定为职业放贷人，对该原告同时期的其他民间借贷行为，借

款人起诉返还不当得利的，可进行类型化区并作不同处理。若其他民间借贷行为之前已经过司法程序并取得生效裁判，可以按照《最高人民法院关于适用〈中华人民共和国民事诉讼法〉的解释》第247条“一事不再理”的规定，直接裁定不予受理，已经受理的，裁定驳回起诉。若之前没有生效裁判，借款人、担保人以借贷合同无效返还不当得利为由起诉出借人返还超付利息或担保赔偿责任限额以外的还款金额，符合《民事诉讼法》第122条关于起诉条件的规定，应当予以受理。但是，职业放贷行为自始无效、当然无效，为促使当事人及时行使权利并维护民事秩序的稳定，借款人以不当得利为由要求返还超付利息，应当依据相对人的抗辩意见查明诉讼时效期间是否届满这一关键事实。

判断原告知道或者应当知道不当得利事实及对方当事人的时点是本案确定诉讼时效起算时点的关键。有关法律法规如对从事一定行为作出相应规定，并且从事该行为按常理能够发现不当得利事实及对方当事人，则该行为依法应当作出之时即为应当知道不当得利事实及对方当事人的时点。而根据《民法典》第188条第2款“诉讼时效期间自权利人知道或者应当知道权利受到损害以及义务人之日起计算”以及《最高人民法院关于审理民事案件适用诉讼时效制度若干问题的规定》第6条“返还不当得利请求权的诉讼时效期间，从当事人一方知道或者应当知道不当得利事实及对方当事人之日起计算”的规定，在原告因他案被认定职业放贷之前，借款人、担保人并不知道其“权利受到损害”或“不当得利事实”，所以诉讼时效不应自借贷合同成立或还本付息履行完毕时开始起算，而应从2018年4月16日银保监会发布通知禁止“未经批准以发放贷款为日常经营活动”之日（至迟不超过2019年11月8日发布的《全国法院民商事审判工作会议纪要》规定“职业放贷人”之日）视为其知道或者应当知道权利受到损害，并开始计算诉讼时效期间；借款人自动履行之日晚于前述禁止职业放贷之日的，则自借款人自动履行之日起算。如果借款人在诉讼时效期间届满后提起不当得利返还之诉，法院可以根据相对人的时效抗辩，查明事实后判决驳回诉讼请求。

优化营商环境视角下涉众型金融犯罪治理研究

——以无锡法院司法实践为样本

无锡市中级人民法院刑二庭课题组*

摘　要：随着经济、科技的发展和市场经济体制改革的推进，国内金融行业发展迅速，随之而来的是各类金融犯罪也层出不穷，其中，涉众型金融犯罪受害人数多、社会危害性高、治理难度大，不仅严重扰乱市场营商环境，还影响社会安全稳定。涉众型金融犯罪影响因素众多，司法治理面临诸多问题，需要细致地分析其特点、成因，才能提出有效的对策。本节以无锡法院涉众型金融犯罪的司法实践为样本，全面总结当前司法治理面临的困境，从立法因素、司法因素和配套因素等方面综合分析导致治理困境的原因，探索从完善治理模式、改进审判执行模式和强化涉案财物处置等方面着手破解困境，为优化法治化营商环境提供司法保障。

一、问题提出：涉众型金融犯罪的司法实践问题

根据《最高人民检察院、公安部关于办理经济犯罪案件的若干规定》，涉众型金融犯罪是指扰乱金融秩序、使不特定人利益受损的犯罪，常见的涉众型金融犯罪包括非法吸收公众存款罪、集资诈骗罪和组织、领导传销活动罪等。①

（一）全市涉众型金融犯罪司法现状

以随机抽样方法从全市法院2020年1月1日至2022年8月31日审结的

* 课题主持人：李勇忠，无锡市中级人民法院党组副书记、副院长。课题组成员：楼炯燕，无锡市中级人民法院刑二庭庭长；程文斌、刘家华、李梓菡，无锡市中级人民法院刑二庭法官助理。

① 北京市朝阳区人民检察院课题组等：《检察视角下的涉众型金融犯罪预防体系研究》，载《北京政法职业学院学报》2021年第1期。

246件涉众型金融犯罪案件中抽取30件案件进行深入分析,总结全市涉众型金融犯罪案件特征如下。

1. 案件数量多,犯罪主体组织化

30件案件中有22件采取了组织化运作模式。由此可见,通过组建公司、企业形式实施犯罪的手段越来越被犯罪分子所青睐。犯罪分子按照法定流程登记注册公司,并设置市场部、财务部、技术部、宣讲部、客服部等众多部门,面向社会进行公开宣传。如在矫某某等人诈骗一案中,犯罪分子成立公司,内设培训组、销售组、客服组、回访组、后勤组等诸多部门,由培训组进行培训、统一话术,销售组进行销售,后勤组进行采购与货物收发,骗得多名被害人290余万元。组织化、公司化、程式化的运作模式,既可以使犯罪分子打着"正规公司""大企业"的旗号,使更多不明就里的公众上当受骗,同时,明确的分工与严格的管理,也增强了此类运营模式的可复制性,便于"分公司""子公司"在各地火速蔓延开来。

2. 犯罪地域广,犯罪规模扩大化

在涉众型金融犯罪案件中,涉案公司呈现集团化、专业化、规模化特征,且往往设立分公司、子公司等,关联机构涉及多个省市区。同时,由于信息不对称、知识结构差异、牟取暴利的原动力等因素共同发酵,互联网工具现已成为部分犯罪分子的"喉舌",其超时空的特性使得涉众型金融犯罪能够跨地域火速蔓延。① 互联网的虚拟性,也为此类犯罪蒙上了一层隐蔽的面纱:交易数据服务器的架设加大了监管和数据调取工作的难度,犯罪分子采取异地、多地架设服务器逃避监管部门监管,分散并隐瞒资金流向,拖延监管部门发现异常的时间。多种因素造成此类犯罪证据分布广、调查取证难。另外,有些案件还牵涉地方政府和多个部门的经济利益,民刑关系交织在一起,给案件的取证、定性、责任追究、追缴赃款带来很多困难。

3. 涉案金额大,犯罪手段多样化

30件案件中有24件案件涉案金额超过千万元,有3件案件涉案金额过亿元。究其原因,一是此类犯罪往往不对投资金额设置门槛,对于小额投资也欣

---

① 肖文波、熊纬辉:《防范和打击非法集资类涉众型经济犯罪问题研究——以福建省三明市为例》,载《江西警察学院学报》2019年第1期。

然接受。部分公众抱着“即使上当受骗,也能接受损失”的投机心理进行投资,涉案金额积少成多。二是犯罪分子利用庞氏骗局和影子骗局,先行向部分被害人支付高额利息,引诱被害人加大投资力度,持续进行复投,使得被害人不断进行“滚雪球”式投资。三是设置拉新奖励机制,激励被害人向亲友广泛宣传项目,使被害人成为扩大集资规模的重要一环。

随着公众认知水平与警惕心理的增强,犯罪手段也愈发多元,更具迷惑性:(1)以新兴领域为噱头。新兴领域往往具有概念新颖、专业性强的特点,犯罪分子利用社会公众对于新兴领域好奇心重、期待性高、认知模糊的特点,以发展数字货币、养老投资等新兴产业为包装,向社会公众非法募集资金。如在朱某等人非法吸收公众存款一案中,犯罪分子以投资养老居家服务项目的名义,承诺给付9%～13.5%的年利率,与200余名社会不特定公众签订《居家服务合同》,募集资金1390余万元。(2)虚构国家政策扶持。犯罪分子利用公众对于地方政府的信任度,谎称项目由国家政府背书,安全可靠。如在周某等人非法吸收公众存款一案中,公司向社会公众虚假宣传其生产经营项目因国家政策扶持,资金回报丰厚,未经有关部门批准,以该公司的名义与投资人签订合作协议和股权转让协议,截至案发共向社会不特定的1800余名投资人吸收资金13亿余元。(3)邀请知名业内人士站台。犯罪分子利用明星、业内名人的影响力和吸引力,诱骗社会公众进行投资。如在唐某等人非法吸收公众存款罪一案中,犯罪分子以发展紫砂文化产业为名,邀请知名紫砂艺人站台,吸收200余名投资人1500余万元。

(二)司法实践中出现的问题

1. 金融创新发展与惩治犯罪的矛盾

企业发展需要资金支持,而资金支持主要来自外源融资。外源融资,即股权融资和借贷融资。股权融资标准较高,中小微企业难以通过发行股票或私募吸纳经营资金;而出于对小微企业盈利及抗风险能力的担忧,为了减少坏账,银行等金融机构严格限制中小微企业贷款发放。融资困境与经营发展之间的强烈冲突,使得部分中小微企业企图绕过国家审批,直接向社会公众公开募集资金。

与此同时,随着金融业快速发展,民间投资渠道狭窄的弊病也进一步凸显。经过几十年来改革开放及市场经济的飞速发展,人民收入水平显著提高,与之而来的是民间闲散资金大幅增加。但相对而言,传统投资渠道似乎并未发生较大变革。对于公众而言,银行储蓄投资回报较低,证券市场风险较大,低门槛、短周期、高收益的各类理财平台似乎成为上上之选。而新兴的各类理财平台往往涉及多个领域,如银行业、保险业等,需要多方监管主体协同发力。但目前由于缺乏有力的监管政策与衔接机制,多方监管主体往往会产生监管缺位,这便为犯罪分子探囊取物般大量吸收社会闲散资金留下余地。

2. 案件激增与司法资源有限的矛盾

全市法院 2017 年 1 月 1 日至 2019 年 12 月 31 日共审结 147 件涉众型金融犯罪案件,2020 年 1 月 1 日至 2022 年 8 月 31 日共审结 246 件涉众型金融犯罪案件。采取随机抽样的方法从中各随机抽样出 20 件案件,其中,2017 年 1 月 1 日至 2019 年 12 月 31 日抽样的 20 件案件里,被害人数 200 人以上的案件共 9 件,涉案金额超过 2000 万元的案件共 7 件;而 2020 年 1 月 1 日至 2022 年 8 月 31 日抽样的 20 件案件中,被害人数 200 人以上的案件共 16 件,涉案金额超过 2000 万元的案件共 15 件。从上述案件变化趋势中可以发现,无论是案件数量、涉案人员数量和涉案金额都呈现大幅增长趋势。增长趋势的背后,是案件的处理周期变长、侦查起诉工作难度加大、审判执行工作更加庞杂。面对激增的案件量、更复杂的案件事实、更高的案件办理标准及更困难的矛盾化解工作,司法工作人员不得不在承受较大压力的情况下长期超负荷工作。

3. 调查取证难与庭审实质化的矛盾

涉众型金融犯罪发案时间久、地域规模广、涉及人员多、资金流动大。此类犯罪中,常见被告人拥有数个银行账户、被告人使用他人银行账户的情形,此类情形会导致账单调取不全面,涉案金额难以全部获取;被告人对资金进行清洗、转移,会出现资金流向难以查清、违法所得不明、非法财产与合法财产混同等复杂情形;涉案公司职工众多且流动性强,涉案金额需要结合其地位层级或具体业务量进行判断,且公司职工对公司是否违规经营、虚假宣传的主观认知需要进一步查证;集资参与人数量繁多,难以全面查实身份与金额。这些问题给侦查工作造成了极大挑战,而庭审实质化要求较为完备的指控事实、较高的证据标准及关键证人出庭作证,现阶段涉众型金融犯罪的侦查工作难以满足高标准的庭审实质化需求。

4. 财产处置难与投资人止损诉求的矛盾

涉众型金融犯罪同时面临艰巨的执行任务：一方面，难以全面掌握被害人信息。由于投资门槛低、作用范围广、持续时间久，这类案件被害人动辄成百上千，部分案件被害人高达数万名。由于此类案件犯罪分子在吸纳资金时并不重视被害人身份信息的收集及核验，被害人身份信息与损失金额核查工作难度较大。此外，为做好发赃工作，还需掌握被害人联系方式和银行账户，收集此类信息不仅需要耗费大量人、财、物力，并且很难做到无一缺漏。另一方面，犯罪分子往往将募集的资金用于投资、挥霍，在案发时资金缺口较大，退赔极为有限。而被告人财物查扣也存在诸多问题。一是存在刑民交叉，如被害人之间、被害人与案外人之间存在借贷关系、被告人同其他单位、个人存在投资纠纷等。二是查扣难度较大。部分涉案财物权属复杂，尤其在涉及案外人所有或部分所有的财物，案外人提出权属异议时，更要进一步查明当事人与本案之间的关联。三是部分财产保值难度较大。涉案财物类别众多，如股票、基金、古玩、珠宝、烟酒类财物，需要专人进行特殊处理，而现有的保管机制和保管主体缺乏保管能力，导致涉案财物因保管不当而大幅贬值的情况屡见不鲜。

此外，犯罪分子也将部分资金用于向部分被害人支付高额利息。尽管2014年公布的《最高人民法院、最高人民检察院、公安部关于办理非法集资刑事案件适用法律若干问题的意见》明确规定集资参与人的利息不受法律保护，对该部分可以追缴，但追缴工作显然会遭到既得利益者的强烈抵触，甚至会引发激烈矛盾，影响社会稳定。若不能对此类财物依法进行妥善处置，又会影响其他被害人权益、案件追赃挽损成果及社会效果。

二、困境解析：涉众型金融犯罪司法实践问题出现的原因

（一）立法因素

1. 金融发展需求和法律供给的矛盾

近年来我国金融领域创新发展十分迅速，特别是互联网金融的快速发展和应用，已经形成了不可逆转的发展趋势。金融法律体系不仅涉及多个立法执法部门，还涉及宪法、法律、行政法规、部门规章、法律解释、国际条约等多个层次法律文件。完整的金融法律体系既包括宏观方面的政策性法律，还包括微观方面的实施性规则。

为了适应金融发展的新业态、新趋势，金融领域立法亟须与时俱进，但受限于法律的滞后性，我国现行的商业银行法、证券法、保险法等均是针对传统金融行业制定的，已经远落后于金融发展速度。尤其是我国正处于经济转轨和社会转型期，金融行业更是风险与机遇并存，金融法律供给与金融发展需求之间存在的不平衡愈加明显。金融创新发展过程中产生了诸多新平台、新形态，对于它们是否具备金融机构性质，行业监管部门和司法机关之间均存在争议。此外，还有很多立法空白亟须解决，比如新型网络金融犯罪行为的界定问题，互联网金融案件的退还赔偿和追缴范围及程序等问题。

2. 刑事违法成本和犯罪收益的矛盾

涉众型金融犯罪主要涉及非法吸收公众存款罪、集资诈骗罪、组织、领导传销活动罪、欺诈发行股票、债券罪等罪名，其中以非法吸收公众存款罪、集资诈骗罪为代表的非法集资案件占据了涉众型金融犯罪的绝大部分。相较于传统的盗窃、诈骗的侵财型犯罪，涉众型金融犯罪的社会危害性更大，危害范围更广泛。不但侵犯了人民群众的财产权益，而且严重破坏了国家正常的金融管理秩序，还极易激化社会矛盾、引发群体性事件，甚至影响社会和谐稳定，危害后果十分严重。[①]

从司法实践来看，刑罚对于金融犯罪未形成足够的威慑力，违法成本偏低，导致犯罪分子重复犯罪时有发生。从定罪来看，由于集资诈骗罪的证明标准更高，多数非法集资案件均以非法吸收公众存款罪定罪量刑。非法吸收公众存款罪十年以上有期徒刑的最高刑期与集资诈骗罪无期徒刑的最高刑期差距较大，威慑力同样差距较大。从量刑来看，非法吸收公众存款案中的大部分被告人的犯罪数额均在百万以上，部分犯罪数额达到十亿元甚至百亿元，犯罪数额虽然存在较大差距，但是量刑难以拉开差距，并且部分案件数额十分巨大，罪责刑难相适应，加之诚信体系建设滞后等原因，存在少数人在案发后隐匿资产，以几年刑期换取巨额利益，或刑满释放后重操旧业的情况。

（二）司法因素

1. 违法犯罪与民间融资、金融创新界限不明

受制于金融法律供给与金融发展需求之间的矛盾，关于金融创新发展过程

---

① 石魏：《非法吸收公众存款案件司法实践问题之反思——以北京市 2013 ~ 2019 年审结的 813 件一审案件为样本》，载《人民司法》2020 年第 16 期。

中产生的新形态如何定性，金融行业和司法机关之间均存在争议。以金融创新为名实施的非法集资等金融犯罪活动与合法的民间融资界限并非十分清晰，部分民间融资行为虽然在形式上符合非法集资刑事案件的“四要件”，但是由于筹集资金的目的不具有金融性，因此不一定属于非法集资。[①] 虽然相关的司法解释规定了以吸收资金的人数、数额、损失作为区分民间融资与非法集资的重要标准，但是该解释更多的是基于方便实践操作考虑，其科学性、合理性值得商榷。

缺乏统一的判断标准导致罪与非罪、此罪与彼罪的认定不一，不仅影响了法律适用效果，还可能侵犯公民的人身财产权益。此外，涉众型金融犯罪近年来呈现快速增长趋势，涉案金额大幅度增长，犯罪手段不断翻新，涉案人员人数众多且专业程度高。此类案件专业性强，案件侦查、起诉和审判需要投入大量的司法资源，还有随之而来的涉案人员家属和受害人的信访工作，直接导致了司法资源有限与案件激增的矛盾。

2. 法律关系复杂，调查取证和财产处置困难

证据是审判的基础和前提。涉众型金融犯罪的特殊性在于涉案人数众多、民刑法律关系交织、资金来源去向复杂，导致调查取证的难度极大，对司法机关侦查取证的及时性、专业性提出了更高的要求。[②] 这个问题在资金流转和查控方面表现得尤为明显。犯罪分子多使用非本人的银行账户、第三方支付平台等进行资金流转，在极短的时间内就能完成资金的大范围转移和大面积清洗，且电子证据很容易被销毁、删改、隐匿，传统的调查取证方式已无法及时完成证据固定和资金查控，将会直接影响定罪量刑和涉案财产追缴。言词证据收集同样困难重重，一方面受害人数量众多、信息不详、联系方式缺失导致逐个收集缺乏现实可能性，另一方面受害人为了尽可能挽回损失，提供的证据往往具有片面性、利己性。

追赃挽损是案件处理中的核心问题，也是最易引发受害人涉诉信访的风险点。追赃挽损的前提是尚有被告人的财产被查扣，但难点在于犯罪分子往往在

---

① 侯向东、陈晓滢：《涉众经济犯罪中的非法集资类犯罪研究——以广州市两级检察院近五年办理的非法集资类刑事案件为样本》，载《法治论坛》2019 年第 3 期。

② 石魏、肖圣雷：《办理非法集资犯罪案件面临的问题与对策》，载《北京警察学院学报》2021 年第 1 期。

案发前已通过各种虚假手段、策略将赃款赃物快速转移、隐匿或者大肆挥霍、盲目投资,加之追赃手段落后、查控措施不足、混合财产认定困难,均导致财产追缴困难,损失难以挽回。

(三)配套因素

1. 行业监管和日常监管不力,缺乏预防机制

互联网给金融行业带来了极大的发展可能,但其自身的隐蔽性、远程性、影响范围大等也给金融行业带来了极大的风险。P2P 爆雷等现象的出现充分体现出完善体制才是可持续发展的根本。互联网法律规定还没能完全解决隐私保护和远程信息不透明等问题,加上金融法律中诚信管理体系尚未成熟构建,均为犯罪分子进行非法集资、金融诈骗等犯罪提供温床,针对网络技术保障下的金融行业进行双重专业性监管也成为亟待补足的缺口。

相较于问题爆发后监管部门的介入,行业监管和日常监管更容易发现并及时堵塞管理漏洞。当前涉众型金融犯罪形势严峻反映出金融监管力度薄弱,缺乏有针对性的管控,诸多部门对涉案主体负有审核及监管职责,但由于职责不明、各自为政,没有形成监管合力和风险预防机制。因此,加强行业内部管控和外部日常监管势在必行,亟须建立健全日常监管长效机制,强化监管和风险持续、重点监测。

2. 部门间协作机制不完善,缺乏治理合力

当前公、检、法机关与其他职能部门建立了有关工作机制,但围绕追赃挽损的整体布局,仍亟待形成运行高效、协调到位的工作机制:一是司法机关内部衔接不够。如部分侦查机关出于侦查效率、办案成本、信访压力等考虑,对于本地案件先行移送审查起诉,对异地关联案件的侦办积极性不足,导致涉案资产无法及时查封冻结,影响后期处置。二是跨区域案件处置衔接不畅。异地资产普遍存在各地重复轮候查封、交叉冻结的情况,加之部分当地司法机关不愿配合,影响了可作为退赔资产的范围。① 三是与行政部门的衔接不强。虽然目前各地建立了地方处非领导小组或联席会议机制,包括政法委、宣传部、信访局等党委

① 吴晓敏:《涉众型经济犯罪追赃挽损措施实践探讨》,载国家检察官学院编:《做优刑事检察之网络犯罪治理的理论与实践——第十六届国家高级检察官论坛文集》,中国检察出版社 2020 年版,第 107 页。

部门、司法机关,工商、税务等政府部门于一体的综合协调机制,但受限于部门间工作机制不够顺畅等现实制约,打击和处置非法集资工作领导小组或联席会议机制的作用更多是交流通报、就规范性文件提出建议等,在推动解决实际困难方面缺乏刚性有力的措施。

三、破解路径:解决涉众型金融犯罪司法实践问题的举措

(一)完善治理体系

1. 强化组织领导,健全责任体系

第一,牢固树立大局意识。各职能部门要牢固树立"分工明确、共建共治"的工作理念,在地方党委、政府统一领导下,综合运用行政职能和处置手段,不断加强协作,注重相互配合,共同推进涉众型经济犯罪的综合治理工作。第二,统筹设立专门机构。党委、政府统筹负责,由信访维稳、财务会计、公检法司、宣传、工商、税务、银保监、银行等有关部门成立综合协调机构,努力在立案调查、案情交流、联合督查等方面发挥重要作用。第三,完善有关责任制度。坚持党委集中统一领导,逐步形成政府部门落实领导职责、行业主管部门落实监督职责、办案管理部门落实查处职责的立体化责任体系。以案件源头为抓手,形成"上级党委牵头、政府部门主抓、金融部门主办、辖区主要负责"的总体工作格局。

2. 加强制度设计,健全监管体系

一是政府部门要高度重视区域内涉众型经济犯罪案件的日常监督管理工作,加强监测预警、风险排查,加强所在区域的协调共治,形成监管合力。按照"谁主管谁负责"的基本原则,不断完善日常监督管理长效工作机制。二是市场监督管理部门应加强对涉众型经济犯罪高风险行业的登记制度管理,对"企业金融管理咨询"等较为敏感的名称谨慎登记。三是市场监督管理部门和网信部门要加大对非法集资广告的管理,加强互联网巡查检查,彻底切断非法集资案件的媒体传播。四是财务会计主管部门要不断完善企业资金流动监控,重点对资金流动极高的企业进行特殊监管,严格落实信用卡交易和可疑交易报告制度。五是金融公司要加大对实体经济的金融服务,开发满足生产企业和社会公众需求的投资理财产品,引导和教育群众资金流向正规渠道。

3. 延伸审判职能,完善综治体系

从更深层次看,治理涉众金融犯罪是一项社会性、系统性的工程,仅仅依靠人民法院无法有效解决,需要地方有关部门相互交流、相互沟通、相互配合。政府部门各行政职能的相关监管部门要切实转变工作作风,履行监督管理职责,落实相关管理制度,因地制宜、与时俱进,提高事前、事中、事后的监管能力,及时向当地公安部门报告涉众型经济犯罪的苗头性问题。在查处此类犯罪案件时,公安机关要及时立案、抓紧追赃,力争最大限度减少损失。人民法院在审理过程中,要坚持宽严相济刑事政策,应当在查明案件基本事实的基础上,根据犯罪金额大小、参与人数多少、社会秩序破坏程度,对被告人准确量刑,从重或者从轻、减轻处罚。

(二)改进审判执行模式

1. 探索涉案财物审理程序

涉案财产的处置直接关系到投资人、被害人、第三人、案外人等各方的合法权益的保障和社会和谐稳定的维护。在被告人被追究刑事责任的前提下,应当高度重视对财产权的保护,探索建立刑事涉案财物庭审实质化程序。一是要改变刑罚理念,确立涉案财产管理与惩罚犯罪并重的价值观,既要重视追究自由刑责任,又要加大对违法所得的追缴力度。重视退赔及执行效果,树立人赃并重的理念,加强侦查、审判与执行的衔接。[①] 二是探索建立独立于定罪量刑程序,专门针对涉案财物处理的法庭调查与法庭辩护环节。根据涉案财物性质的不同,充分了解控辩双方及被告人的意见[②],做好被告人及其犯罪嫌疑人涉案财产的举证工作。

2. 审判执行深度有机结合

法院审判与执行部门要不断加强直接联系和沟通。在案件审理过程中,审判机关应当严格审查证据材料,进行针对性证据审查。例如签订的合同在具体形式上有轻微瑕疵,必须结合其他证据进行综合认定;对现金交付的借贷,要根据交付凭证、支付能力、交易习惯、双方关系、交易细节等因素综合判断。在判

---

① 石魏、贾长森:《涉众型经济犯罪实证分析及应对策略建构——以北京市近5年审理的385件案件为样本》,载《广东行政学院学报》2019年第2期。

② 张洪亮、罗登亮:《保障受害人权益维护社会公正之机制完善——以涉众型经济犯罪案件为研究对象》,载《四川行政学院学报》2017年第6期。

决书表述中,应当正确理解《刑法》第64条,对于存在被告人违法所得尚未完全追回情况的,应当写明继续追缴或责令退赔,用词及当事人称谓合法得当,不产生歧义。判决后应及时移送执行,为顺利执行打下基础。同时,执行部门也不应僵化地理解执行依据,对于在执行阶段发现被告人有可供执行财产的,应当依法高效执行,优先赔偿被害人的损失。另外,对于财产处置较为复杂的案件,也可实行审、执人员共同“会诊立案”“会诊保全”等措施,确保最终得以有效执行。

3. 探索灵活多样执行方式

人民法院执行部门在执行涉众型经济犯罪案件时,可以根据财产不同类型,采取多样化处置方式。例如,对银行理财产品、股票、互联网金融产品,若存在一定的贬损风险,应及时变价,而后扣押相应款项。对需要缴纳较高租赁费用的大宗物品等消耗其他资源的财产要尽快变卖,防止损失进一步扩大;刑民交叉案件中被扣财产要待刑事案件判决后一并处理。对涉及公司、生产企业的,应当根据案件情况采取灵活多样的执法措施。如果资金周转问题暂时可以解决仍有发展前景的企业,可采用“活查扣”“活查封”等诉前财产保全形式。加大调解工作力度,引导借贷双方通过分期付款、减免利息和违约金等形式,实现“放水养鱼”,激发市场主体活力。如果资金链确已断裂且无收回可能的,应当加强保全力度,增加对公司债权人利益的更大保护;符合破产清算程序的或公司破产条件的,应当及时启动破产清算程序。

(三)强化涉案财物处置

1. 改进侦查方式,加大财物查控力度

审查起诉阶段是查处涉案财产的最有利时机。公安机关在侦查过程中,如能查明涉案财物去向,应当及时采取强制措施,为追回违法所得和案款退赔打下基础。可以借鉴欧美国家的经验和做法,构建涉众型经济犯罪预警机制,对金融系统中流动的资金进行监控,及时发现、跟踪可疑资金交易,为预防涉众型经济犯罪及时提供信息。同时积极构建刑侦、治安、技侦、网监等多警种协同作战打击经济犯罪的组织网络,构建大范围多层次经济安全防范体系,有效保全财产。[①] 拓宽线索收集渠道,案件进入刑事诉讼程序后,人民法院应当通过与公

---

① 山东省滨州市中级人民法院课题组、张树民、张菲雨:《关于涉众型经济犯罪案件审理情况的调研报告》,载《山东法官培训学院学报》2018年第4期。

安、检察的沟通,直接询问证人、被告人情况,最大限度收集涉案财产的线索,积极扩大涉案财物的收缴范围。对于那些未被追究刑事责任,但是通过层层发展下线而获得大量违法收入的代理人,以及其他获得大量中间违法利益的积极参与者,进行及时追缴。

2. 健全处置机制,做好财物具体处置

对案件侦办中涉及的尚未予以立案的企业,要加强对公司及关联企业名下资产的监管,防止私自过户或个别债权人通过民事诉讼追偿,以此来保证后期能够公平兑付。① 对公安机关已经立案的公司,应当成立资产处置小组,由政府牵头,法院、检察院等部门参与。对于涉案犯罪嫌疑人的共有财产,特别是已被法院判决的财产,要加快整体评估拍卖,及时支付给涉案群体;对查获的房屋、土地、厂房、设备等资产,采取招商引资、寻求合作伙伴、战略重组等方式,实现价值最大化;对陷于困境但有实体经营的公司企业,组织专业团队接管,帮助企业尽快恢复正常生产经营;对产权不明晰、有争议的资产或两个以上地方扣押的资产等,进行资产法律认定,研究处置办法,最大限度保护受害人权益,维护社会稳定。探索成立跨区域案件资产处置协调小组,统一解决资产处置中遇到的问题,指导各涉案地统一开展兑付工作,解决跨区域案件的兑付问题。

3. 加强沟通协作,形成追赃挽损合力

一是建立健全公检法之间的沟通协调机制。通过政法委牵头召开公、检、法联席会议或案情会商等形式,就涉众型经济犯罪的态势及时交流信息、通报情况。对于重大涉众型经济犯罪个案,公、检、法要联手提前拟定工作预案,强化证据意识,提高财产查控、赃款追缴效能,对证据的查证、认定统一到刑事诉讼法上来,追缴被告人赃款,查控被告人财产,掌握被害人动态。二是构建涉案财产集中管理机制。地方公安机关、检察院、人民法院应当能够及时将涉案扣押财产管理明细清单录入信息服务平台。可以借鉴美国资产没收基金机制、英国扣押资产基金制度,依据涉案财物的不同属性,对其进行分类集中保管,并积极探索进行稳健投资,实现涉案财物的保值增值。② 三是规范涉案财产管理的

---

① 张娟:《涉众型经济犯罪及其治理研究——以山东省为例》,载《山东警察学院学报》2017 年第 2 期。

② 张洪亮、罗登亮:《保障受害人权益维护社会公正之机制完善——以涉众型经济犯罪案件为研究对象》,载《四川行政学院学报》2017 年第 6 期。

审前返还程序。审前返还程序的合法性可以通过对利害关系人知情权与参与权的保障,以及对返还机关权力行使的监督来保证;适用审前返还的财产必须是权属完全明确的受害人合法财产,且返还该财产不损害利害关系人的权益,确保审前返还的实体正当性;还要充分考虑,财产返还的及时性与刑事追诉的公正性之间的关系,以及保障受害人权益与案外人权益保障之间的关系。

四、结语

涉众型金融犯罪是涉案财物数量最多、种类最全、区分最困难的犯罪类型,做好涉众型金融犯罪的司法打击对于维护金融安全和社会稳定具有实质意义。当前,全市涉众型金融犯罪呈现案件数量多、涉案金额大、犯罪地域广和犯罪主体组织化、规模扩大化、手段多样化等特点,司法实践中也出现了诸多新矛盾和新问题。本节从全市法院近年来涉众型金融犯罪案件的审判实践出发,总结了当前面临的问题,并从立法、司法、配套因素等方面分析问题出现的原因,进而从多角度提出改进举措,希望能为完善涉众型金融犯罪的司法治理提供些许参考。

破产程序中公寓型商品房购房者优先受偿权相关问题研究

罗　扬　任小杰*

摘　要：公寓型商品房购房者在房地产企业破产程序中的权益保障不容忽视，如何定位该部分购房者的受偿顺位是亟待解决的问题。本节指出，基于保障人权、保护弱势群体或公共利益的需要，综合衡量各类权利主体的利益，需要给予购房者以倾斜保护，赋予其优先受偿权。但购房者优先受偿权并无明确法律依据，理论上亦有购房者优先受偿权违反物权优先于债权、债权平等及权利公示原则等争议，司法实践对公寓型购房者优先受偿权认定更是出现矛盾判决。为了保障真正的生存利益，本节提出对于符合购买的公寓型商品房带有居住功能，且购房者本人及同户家庭成员名下无其他房产的均应划入"消费型购房者"范畴，将上述公寓型购房者纳入优先受偿权的适用范围。并建议从立法层面明确商品房购买者的优先受偿权，建立高效透明的购房者优先受偿权公示制度，同时在社会层面构建长远有效的购房款保障机制。

近几年来，受国家房地产调控力度的加大、银行信贷政策的收紧以及企业自身经营管理不善等多重因素的影响，越来越多的房地产开发企业因资金链断裂问题陷入破产境地。在商品房预售模式下，房地产开发企业破产涉及的债权数量众多，种类复杂，是否给予购房者债权以优先受偿权，以及如何界定优先受偿权的适用范围是困扰理论和实务界的一大难题，如处理不当不仅会损害购房者最核心、最根本的利益，且极易激化矛盾、引发群体性信访事件，是社会安全

* 罗扬，无锡市梁溪区人民法院民二庭副庭长；任小杰，无锡市梁溪区人民法院民二庭法官助理。

与秩序的巨大隐患。公寓型商品房是房地产市场的重要组成部分,因其存在商业、居住、投资等综合属性,在破产实践中对公寓型商品房购房者优先受偿权的认定就更加存在争议。实践中,部分法院以公寓型购房不具备消费性质而否认其优先权,也有部分法院出于"维稳"需要以保障生存权益为由赋予公寓型商品房购房者"超级优先权"。由于立法的缺位和司法适用的不统一,致使该问题长久饱受诟病,难以形成共识。鉴于此,本节致力于厘清公寓型商品房购房者优先受偿权的权利渊源与法理依据,并尝试从立法与制度层面完善购房者优先受偿权权利架构,并辅以配套社会制度保障购房者的生存权益。

一、破产程序中商品房购房者优先受偿权的法理依据

权利主体众多、法律关系复杂、社会影响较大是房地产开发企业破产有别于一般企业破产最大的区别,也是其最主要的特征。当房地产开发企业的财产不足以清偿全部债务的情况下,不同利益主体之间必然会发生清偿顺位的冲突。出于保护弱势地位的购房者生存利益、维护社会稳定以及公共安全等因素的考量,应当给予购房者以优先受偿权,这是在权衡各方利益后,依据一定的社会观念与环境、文化等因素作出的综合选择。在房地产开发企业破产程序中,购房者优先受偿权在法律以及理论层面均有迹可循,有其存在的土壤与根基。

(一)商品房购房者优先受偿权之法律渊源

2002 年《最高人民法院关于建设工程价款优先受偿权问题的批复》(以下简称《批复》,已失效)第 1 条规定:人民法院在审理房地产纠纷案件和办理执行案件中,应当依照《合同法》(已失效)第 286 条的规定,认定建筑工程的承包人的优先受偿权优于抵押权和其他债权。第 2 条规定:消费者交付购买商品房的全部或者大部分款项后,承包人就该商品房享有的工程价款优先受偿权不得对抗买受人。上述规定被认为系商品房购房者优先受偿权的最初来源,也即房屋买受人的权利优先于建设工程价款优先受偿权与抵押权人的抵押权,体现了优先保护处于相对弱势地位房屋买受人的精神。虽然上述清偿顺位针对的是房地产纠纷案件的审理和执行案件的办理,但由于房地产开发企业破产会涉及多种与该企业相关的"房地产纠纷"衍生之诉,且无论置于何种法律程序下,破产企业权利清偿顺序的原理应是相通的,故《批复》关于购房者优先受偿权的规定对破产案件的审理同样适用。这点在 2014 年《最高人民法院针对山东省高级

人民法院就处置济南彩石山庄房屋买卖合同纠纷案请示的答复》[①]中也被予以确认与肯定。

商品房购买者优先受偿权在排除强制执行层面亦有体现。2015 年《最高人民法院关于人民法院办理执行异议和复议案件若干问题的规定》(以下简称《执行异议和复议规定》)第 29 条规定:"金钱债务执行中,买受人对登记在被执行的房地产开发企业名下的商品房提出异议,符合下列情形且其权利能够排除执行的,人民法院应予支持:(一)在人民法院查封之前已经签订合法有效的书面买卖合同;(二)所购商品房系用于居住且买受人名下无其他用于居住的房屋;(三)已支付的价款超过合同约定总价款的百分之五十。"上述规定赋予了符合一定条件的商品房买受人对所买受房屋享有排除强制执行的民事权益,其实际上赋予了商品房购买者对房地产开发企业所享有的权利优先于其他债权人甚至抵押权人对房地产开发企业所享有的权利的效力。该条规定将所购商品房限定为"系用于居住且买受人名下无其他用于居住的房屋",目的在于加强对作为弱势者的房屋消费者权利的特别保护,体现了法律侧重保护生存权益的价值导向。

(二)商品房购房者优先受偿权之理论依据

商品房购房者优先受偿权的实质是购房人基于商品房买卖合同关系而对房地产开发企业所享有的债权,其之所以可以对抗建设工程价款优先受偿权与抵押权等其他权利,无论是最高院的官方解读,还是理论界的普遍通说,主要都是从保障购房者生存权的角度出发的,即从同一标的物对不同权利主体所体现的权益类型来看,认为对建设工程承包人及抵押权人而言,其在商品房或土地上的权利主要体现为经营利益,而对购房者而言,其在商品房或土地上的权利,主要为生存利益。从社会政策的角度来看,之所以要赋予购房人优先受偿权是基于生存利益优先于经营利益的考虑,即通过保障购房人的生存利益,以实现居者有其屋的价值目的。

生存权理论从商品房对购房人的重要意义出发,体现了生存利益大于经营

① 《最高人民法院针对山东省高级人民法院就处置济南彩石山庄房屋买卖合同纠纷案请示的答复》第 4 条规定:与执行程序相比,破产程序能更好地清理债权债务。在破产程序中,《批复》关于优先保护商品房买受人权利的规定也应予以适用。

利益的社会主流价值判断，是购房者优先受偿权的重要理论依据。在此基础上，还有学者从公平清偿的角度对商品房购房者优先受偿权的法理依据进行扩充与完善，认为与建设工程承包人、抵押权人相比，从实现债权的能力、获取信息的能力以及蒙受损失的大小来看，购房者均处于弱势地位，若给该类个体与其他利益主体同等的保护，则相当于削弱甚至剥夺了其理应获得的公平清偿机会。因此，为了实现真正的公平清偿，应当给予购房者这一弱势群体优先保护的法律地位。此外，相较于破产企业职工债权而言，虽然其也会涉及企业职工的生存利益，但法律为职工提供了劳动法、劳动合同法、社会保险法等多部法律规范对其权利进行救济，并设立了一定的社会保障制度，而商品房购房者无论是在法律层面，还是社会制度层面，均缺乏专门的保护机制。因此，在受偿顺位上应当给予其特别保护。

二、破产程序中商品房购房者优先受偿权的适用困境

（一）设立依据不足，立法空白缺位

优先受偿权作为一项民事基本制度，依据《立法法》第 11 条规定，该类民事基本制度应当由法律创设，例如抵押权优先受偿权在《民法典》第 394 条予以规定，建设工程价款优先受偿权在《民法典》第 807 条予以规定。实践中赋予购房者优先受偿权凌驾于建设工程价款优先受偿权、金融机构抵押权的优先顺位，就是这样的“超级优先权”，其法律渊源却仅有最高人民法院出台的《批复》等司法解释，不仅不符合逻辑，更不符合《立法法》的规定。而《企业破产法》作为专门规范破产程序的民事特别法，却从未将《批复》中涉及的购房者优先受偿权作为一项制度或原则加以规定，导致企业破产法及相关司法解释未能与《批复》就该制度进行有序衔接。更为雪上加霜的是，随着 2021 年 1 月 1 日《民法典》的施行，最高人民法院发布决定废止了 2002 年的《批复》，《批复》的内容由新颁布的《最高人民法院关于审理建设工程施工合同纠纷案件适用法律问题的解释（一）》承接与修改，但该解释仅保留了承包人建设工程价款的优先受偿权，《批复》中关于购房人的优先受偿权却未予以保留，导致商品房购房者优先受偿权制度更如无源之水、无立本之根。

（二）有悖相关原则，理论争议不断

由于购房者优先受偿权在立法层面没有明确依据，相关法律规范亦未进行

有序衔接,极易引发理论与适用上的争议,以下是该制度对法学理论中相关原则的挑战。

1. 物权优先于债权。针对购房者优先受偿权定性问题,在理论界仍然存在不同见解,通说有认为是法定担保物权、普通债权。笔者认为,在商品房属于破产财产的情形下,购房者行使优先受偿权的目的是请求破产企业返还购房款,本质上属于请求权,而非支配权。[①] 且依据物权法定原则,《民法典》规定的担保物权仅有抵押权、质权、留置权三类,并不包括该类权利。故该类请求权本质上属于债权。但是作为债权的购房者优先受偿权在法律没有对物权优先于债权作出例外规定的情况下,实践中赋予其凌驾于银行抵押权等法定担保物权优先权的清偿顺位,明显有违物权优先于债权的一般原则,是权利位阶的越位。

2. 债权平等原则。债权相容性是有别于物权排他性的最根本特征,是指同一标的上存在多个内容相同的债权,这些债权到期后享有对债务人财产平等受偿的清偿效力。在房地产开发企业破产后,所有未到期的债权视为同时到期,购房者债权与一般债权在本质上并无区别,属普通债权。但是在没有任何法律依据的情况下,赋予购房者债权优先于普通债权的清偿顺位,突破了债权平等的原则。

3. 权利公示原则。物权公示公信原则是有别于债权的另一特征,即物权的变动事实需要以一定方式予以公开为第三人所知晓,动产以交付为原则,不动产以登记为原则,未经公示不产生物权变动的法律后果。权利公示一般是对物权的要求,如民事法律关系变动不会对当事人以外的第三人产生影响,则无公示之必要;反之,为保护第三人交易之安全则需要让第三人知悉权利义务变动的情况。购房者优先受偿权作为债权,在无法律依据情况下有着高于银行的抵押权和建设工程价款优先权的受清偿顺位。如此强大的对抗力却没有相应公示配套制度,在购房人人数众多的情况下,对正常交易安全、信贷安全产生较大交易风险。[②]

---

① 肖闻帛:《房地产开发企业破产中购房人优先受偿权问题探究》,载中国人民大学法学院:《第十届中国破产法论坛论文集(上)》,现代出版社 2019 年版。

② 陆晓燕:《保障生存利益与维护交易安全的平衡——房地产开发企业破产中购房人权利之顺位研究》,载《法律适用》2016 年第 3 期。

（三）适用标准不明，司法裁判混乱

商品房购房者优先受偿权立法的不完善给司法实践带来了困惑，其中最为典型的就是购房者优先受偿权的权利主体难以界定。从《批复》第2条的规定来看，其使用了"消费者"的表述来限定可以适用优先受偿权的商品房买受人，而关于"消费者"的定义，《批复》及其他法律均未作出明确规定。对于普通的住宅类商品房的购买者而言，其属于"消费型购房者"鲜有争议，而对于购买具有商业属性房产的购房者而言，其是否构成"消费型购房者"标准并不明确，是应当以购房者的购房目的来区分还是以购房者所购房屋的性质来进行衡量？不同的界定方法会直接影响可以享受优先受偿权的购房者范围。由于缺乏明确、统一、可操作的标准，由此导致司法裁判结果的不统一。

在吕某诉宣城瀛东投资有限公司、周某芳破产债权确认纠纷案中，宣城市中级人民法院一审和安徽省高级人民法院二审均认为，[①]房屋虽属商铺，具有一定经营属性，但该套商品房价值及所取得的预期经营收益承载着购房者及其家人的生存保障功能，属于普通消费型购房范畴，将该商铺购房者对房产公司的购房债权确认为优先债权。而在耿某成、桐庐春城置业有限公司破产债权确认纠纷案一审判决书中认为，[②]案涉房产公司宣传单上虽宣称案涉房屋为"类住宅""商务、居住两用公寓"，但案涉房产为非住宅，并非用于日常生活居住需要，不具有优先保护的特殊利益，最终否认该公寓购房者的优先权。（2020）最高法民申2297号民事裁定书中，最高人民法院以案涉房产系商铺，并非基于居住购买，购房者是一般的房屋买受人而非商品房消费者为由，认定其购房款属于普通债权。上述判例表明，对购买商业型房产的购房者是否享有优先受偿权，不同法院有不同的判定标准，甚至出现截然相反的判决结果，这大大折损了司法的权威和公信力，因此，无论是立法还是实践中，亟须对购房者优先受偿权的权利主体范围进行明确。

三、公寓型商品房购房者应纳入优先受偿权主体予以保护

购房者优先受偿权在立法和司法实践中均存在诸多不尽完善之处，立法的

---

① 安徽省宣城市中级人民法院民事判决书，（2016）皖18民初29号；安徽省高级人民法院民事判决书，（2016）皖民终968号。

② 浙江省桐庐县人民法院民事判决书，（2021）浙0122民初2145号。

不明确导致司法的适用混乱。鉴于实践中对具有商业属性的房产购买者能否适用优先受偿权的争议最为常见与激烈,因此有必要单独对该问题进行讨论与梳理。该争议的源头在于,购房者优先受偿权保障的是购房者的生存权利,其适用主体应为消费型购房者,而商铺、公寓等具有商业属性的房产并不属于生活消费范畴,故而该部分房产的购买者不应纳入商品房购买者优先受偿权的主体范围予以保护。笔者认为,公寓是经济形势、生活方式和房产政策变化下的时代产物,有着其自身的特殊属性,且实践中愈发受购房者青睐,具有大批量的购房群体,因此不应简单以其具有商业属性而否认该部分购房者的优先受偿权。随着国民经济水平的发展和消费领域的扩大,对消费者概念的理解亦不应局限于传统观念。如果购房者购买的商业性质的公寓系用于居住,且其或其同住家属名下无其他房产,则该购房者同样可被定性为消费型购房者。赋予公寓型商品房购房者优先受偿权既有其内在法理依据,又有外在现实需要,应将其纳入商品房购房者优先受偿权的主体范围予以保护。

(一)赋予公寓型商品房购房者优先受偿权有其内在法理依据

公寓型商品房虽然与普通商品房有一定差异,但其本质上依然为商品房的一种。依据其性质不同,大致可分为三类:70 年产权的普通公寓(居住型公寓)、40 年或 50 年产权的综合性公寓(商住两用或商业公寓)和酒店式公寓(纯商业公寓)。70 年产权的居住型公寓与普通商品房基本没有区别,对该类公寓的购房者保护可直接参考普通商品房。对于具有商业性质的商住两用公寓,笔者认为,不应简单地以该类公寓商业性质来否认其居住功能,从而"一刀切"地将其排除在生活消费行列。事实上,随着消费观念的升级和发展,有相当部分的小户型公寓承载的更多的是经济能力一般的新城市人口的过渡性购房,如将其排除在商品房购房者优先受偿权之外,无异于剥夺了该部分购房者的居住权,抽夺了其最基本的生活保障。此外,同普通商品房的购买者一样,公寓型商品房的购房者相较于掌握重要市场行情的金融机构、开发商等经营者而言,无论在信息获取还是风险预测方面,同样处于弱势地位。如将公寓型商品房购房者排除在优先受偿的范畴之外,相当于从实质上削弱了其本应获得的公平清偿机会,因此,赋予公寓型商品房购房者优先受偿权,是保障购房者生存权以及贯彻公平清偿原则应有之义。

(二)赋予公寓型商品房购房者优先受偿权有其外在现实需要

近年来,由于商品房价格的不断上涨,公寓型商品房因其地理位置一般处于城市核心区域、价格较住宅楼总体较低、空间浓缩等优势,愈发成为众多购房者尤其是年轻购房者过渡性购房的首选。随着公寓型商品房大批量地涌入房地产市场,公寓型购房者已经成为购房人群中不可忽视的一个重要群体。由于公寓型商品房具有一定的商业属性,因此,根据买房贷款政策的相关规定,公寓房的首付比例一般不低于50%,且无法用公积金进行贷款,只能采用利率更高的商业贷款。因此,相较于普通商品房购买者而言,公寓型商品房购买者可能面临着更大的经济压力。如遇房地产开发企业破产,该部分群体可能遭受的损失或创伤亦更大,从而引发群体性事件。因此,出于对外在现实因素的考量,为了维护社会的安全与稳定,亦应当给予公寓型商品房购房者倾斜保护,赋予其优先受偿权。

(三)公寓型商品房购买者优先受偿权应严格限定适用条件

赋予公寓型商品房购买者优先受偿权有其合理性与必要性。但这并不意味着所有公寓型购房者均可以在破产程序中被赋予优先受偿权获得清偿优势,普通商品房购买者的优先受偿权尚受各种消极或积极条件所限制,公寓型商品房购买者优先受偿权更不能被无限扩张或滥用,对其适用条件必须加以严格限制。除购买的商业性质公寓具备居住功能这一硬件条件外,公寓型商品房购买者若被定性为"消费型购房者"从而被赋予优先受偿权,还需满足以下两个条件:其一,购房者应当是自然人,这是由生存权仅存在于自然人中而决定的;其二,购房目的是居住,这是从保护生存利益的角度出发的。在具体判断上,由于购房目的从主观标准进行界定存在技术上的障碍,因此只能从客观标准作出判断。笔者认为,《执行异议和复议规定》第29条第2项规定的"所购商品房系用于居住且买受人名下无其他用于居住的房屋",即"唯一住房标准"可作为界定"消费型购房者"的参考。司法实践中,购房者名下有无案涉房产之外的其他房产是衡量案涉房产是否对购房者起到居住保障功能的关键所在。该判断标准有其合理之处,有利于在破产财产有限的情况下,真正地保障的确无房可居的购房者。此外,此处的"购房者名下"应作扩张解释,即只要是同户的配偶、子女等家属名下有房产,均可视为其名下有房产,如此更能凸显保障购房者居住权益的目的。关于购房者名下房产的地域范围如何限定，笔者认为，考虑到保障居住的根本目的，应当以案涉商品房所在的地市范围为限。

四、完善公寓型商品房购房者优先受偿权的路径选择

前文笔者论述了公寓型商品购房者可纳入商品房购房者优先受偿权的主体进行保护，也指出了其限定条件，但是该部分亦是在购房者优先受偿权立法和相关制度缺失情况下总结出的条件以及部分笔者不成熟的建议。公寓型购房者优先权与普通商品房购房者优先权在法律定位上并无二异，从法律或社会制度层面为保护购房者优先受偿权探索方法一样有助于保障公寓型商品房购房者的优先受偿权。

（一）赋予购房者优先受偿权明确的法律定位

现实中作为劣后于购房者优先受偿权的建设工程价款优先权和抵押权在《民法典》中都有明确规定，而规定购房者优先受偿权的法律文件仅存在于最高人民法院曾经对个案回复的《批复》，且该批复也在2021年《民法典》实施后予以废除，故在现行法律框架下赋予购房者优先受偿权以明确的法律定位势在必行。购房者优先受偿权本质上属于债权，要想赋予其超越银行抵押权或建设工程价款优先权的优先顺位，则必须以立法的形式将购房者优先受偿权确立为“法定优先权”。此外，购房者优先受偿权作为一项基本民事制度，应当由属于民事一般法范畴的法律加以明确规定。对此，笔者建议可以参考《民法典》第807条有关建设工程价款优先受偿权的规定创设购房者优先受偿权制度，如此亦可填补购房者优先受偿权突破“物权优先于债权”原则的这一漏洞。

此外，为保持法律规定的统一性与稳定性，专门规制企业破产程序的《企业破产法》及其司法解释亦不得与上述一般法律规定脱节，应与其进行有序衔接。尤其是在《企业破产法》第109条已对抵押权人对破产财产的优先受偿权进行规定的情况下，为了协调权利顺位冲突问题，势必要在《企业破产法》中对购房者优先受偿权作出专门规定。因此，在《民法典》已对购房者优先受偿权作出原则性规定的情况下，还应由《企业破产法》及其司法解释针对房地产开发企业破产这一特定情形下的购房者优先受偿权作出细化规定，特别是要明确购房者优先受偿权的适用条件，注意避免从所购商品房性质上直接排除适用，而应将购房目的作为关键要素或兜底条件，从而使该制度的法律体系更为完整，实践操

作更具可行性，并真正实现该制度保障生存权之立法初衷与目的。

(二)建立购房者优先受偿权公示制度

笔者建议在立法技术层面赋予购房者优先受偿权以法定优先权的地位，如此可以解决该优先权的合法性来源问题，但是该权利的债权属性本质依旧未发生改变。预告登记制度作为一项不动产物权登记制度，具有一定的物权公示效力。即购房者所购房产如经过预告登记，即是为将来取得该房产的权利提供法律保障，可对抗开发商对所购商品房进行处分的权利，即公示效力。因此，为了保障购房者的优先受偿权，应当充分发挥预告登记制度对购房者优先受偿权行使的重要作用，强化公众对预告登记的认识、理解和运用。

但是，预告登记系双方当事人根据合同约定办理，是否办理取决于双方的意思自治，并不具有公法上的强制性。因此，为了保障交易的安全和市场的稳定，立法者还应为此类特殊优先权利设立有别于预告登记制度的公示制度，加强对预售商品房的公示管理，建立高效透明的公示系统，将预售房屋的全部信息均得以披露，包括但不限于房产抵押情况、在建工程情况以及购房人的具体情况等，方便抵押权人、工程承包人、购房人、投资人和其他利益相关第三人对该房屋上存在的权利风险全部得以知晓，避免企业破产后更多利益深陷其中，也为企业破产后购房者行使优先受偿权提供了制度保障。

(三)法律框架外的购房者优先受偿权保障渠道

前述所提到的完善商品房购房者优先受偿权立法以及公示制度，均是法律层面的路径选择与建议，购房者优先受偿权不是一项孤立的法律制度，完善该制度也并不是通过简单的立法就可以完成的，还需要配套的社会综合制度予以协助。

1. 建立购房款保险制度

同世界上很多国家类似，期房预售现象在我国较为常见，虽然预售制度降低了房地产开发商的准入门槛，一定程度上带动了相关行业及经济的发展，但是该制度的危害也显而易见。本节所述的房地产开发企业因资金链断裂走向破产、众多消费型购房者因无法取回购房款从而陷入生存困境就是其引发的后果。为此，我国房地产市场可以引进日本的购房款保险制度。具体来说，预售环节引入第三方保险机构为购房者支付的房款设立保险或保证，如发生房企破产无法交房时，该第三方保险机构需要向购房者承担赔付保险金的义务。当然，该份保单可以由购房者自愿购买，也可以由房地产开发商为吸引购房而赠送。为保障保险机构的赔付能力，该第三方保险机构资质应当由政府严格核准发放。同时该制度有利于激发保险机构为降低赔付保险金的风险，加强对房地产开发企业的监督力度。

2. 严格限制期房预售交易

在房地产期房预售制度下，购房者的买房风险较大程度上源于期房交易制度。为此，应严格限制期限预售交易制度。具体来说，政府部门竞拍拿地时要考量竞拍者的资金实力及资金来源，提前将经济实力差的企业排除在竞拍者行列，在工程建设过程中亦应时刻监测房企资金走向。提高期房预售准入门槛，定期审核房企财务状况，对资金实力强的房企准予预售，对资金实力下滑的房企进行延期观察，直至取消预售资质。当然，取消预售制度进行现房销售不可一蹴而就，可先行试点，待经验成熟后再推广至其他地区。

五、结语

商品房购房者债权在破产程序中的受清偿顺位问题，在理论和实践中具有较大争议，而公寓型商品房由于其商业性质，导致公寓型购房者债权受清偿顺位在实践中的不确定性更甚。处理这一问题，关键在于划定消费型购房者的边界，笔者建议为更好地保障弱势群体生存权益，对自身及同户家属名下在本市范围内均无其他住所的公寓型商品房购买者，只要该公寓具备居住功能，其购买者均应受优先受偿权制度的保护。但是，要想从根源上解决购房者优先受偿权问题，需要在立法上明确购房者优先受偿权的法定优先权地位，明确其适用条件与范围，建立相应的公示制度，在社会制度协同方面，可借鉴国外经验建立购房款保险制度，并提升期房交易的门槛，直至条件成熟时取消期房预售制度。

物业服务企业安全防范义务的范围及合理限度

——以人身损害赔偿案件中物业服务企业的责任承担为视角

杜凤君*

摘　要:根据《民法典》及《物业管理条例》的规定,物业服务企业应当采取合理措施做好安全防范工作,保护业主的人身财产安全。通过对典型案例一、二审及再审不同裁判结果的分析,发现由于物业服务企业安全防范义务的概念及范围不确定、不同裁判者对安全隐患的认识偏差、物业服务循环间隔的客观存在及各主体对物业服务质量主观评判不一等,导致司法裁判对于物业服务企业承担人身损害赔偿的责任认定路径争议较大、裁判结果也缺乏一致性。本节在区分安全保障义务与安全防范义务的基础上,综合物业服务企业的义务来源、参考行业规范惯例、考量结果避免可能性等因素,从法定、约定、行业及理性人角度对物业服务企业安全防范过错的审查标准进行统一,以期对人身损害赔偿案件中物业服务企业侵权责任的裁量认定有所助益。

近年来的司法实践中,业主因遭遇人身损害而起诉物业服务企业损害赔偿的纠纷日渐增多,诉请赔偿的理由多为物业服务企业提供物业管理服务不到位、未尽安全防范或安全保障义务。《物业管理条例》第46条规定物业服务企业对物业管理区域有协助做好安全防范工作的义务;《民法典》第942条也规定物业服务人应当采取合理措施保护业主的人身财产安全。然而,对于物业服务企业安全防范义务的定义、范围及合理限度并无明确解释。《民法典》第1198

* 杜凤君,无锡市中级人民法院民一庭审判员。

条吸收了《侵权责任法》(已失效)第37条规定了公共场所管理人的安全保障义务,该条款列举的责任主体中并未明确载明物业服务企业,理论和实务界针对物业服务企业能否适用该条款承担侵权责任也存在较大分歧。由于未能厘清安全保障义务与安全防范义务的概念与适用情形,导致各法院对于物业服务企业承担人身损害赔偿的责任认定路径争议较大、裁判结果也缺乏一致性。

一、问题提出:物业服务企业未尽安全防范义务司法认定不统一

(一)典型案例案情及裁判理由

案例1 物业公司进驻某花园小区提供物业服务时,小区景观喷泉已被改造为水池,但水池内一直无水,该区域实际已成为小区业主的活动场所之一,物业公司在水池边设有注意安全的警示牌。一日傍晚,查某摔倒于小区水池内并受伤,后经送医抢救无效死亡。死者家属诉至法院,认为该水池落差高且未设置防护栏和照明灯、存在不合理的危险,物业公司对水池未尽到管理义务,应承担赔偿责任。一审法院认为,物业公司应该意识到改变用途作为业主活动场所之一的水池有危险性,可采取在水池边加装护栏、设置警示标记、安装夜灯、定期巡逻等方式进行安全保障,但物业公司并未采取必要措施防范危险发生,应认定未尽到安全保障义务,对查某摔伤致死的后果存在过错,需承担30%的赔偿责任。二审法院认为,喷泉改造为业主活动区域已数年,并无人员伤亡事故发生;且水池并无设计缺陷也无任何规定该水池应加装安全护栏,物业公司并不负有加装护栏和夜灯的合同义务和权限,不能以此为由要求物业公司承担责任。考虑到物业公司工作人员在受害人受伤后未采取应急措施,与《物业管理条例》第46条及《江苏省物业管理条例》第47条关于物业服务企业安全防范义务规定不符,由此认定物业公司存在一定过错,后二审改判物业公司对查某某的死亡承担10%的赔偿责任。[①] 再审法院与二审意见基本一致,认为水池有长廊环绕,池底至通道高度约1米,水池与通道间有池沿相隔,池沿本身亦有一定的高度和宽度,系开放性设施,并无隐蔽危险,无证据证明依据相关设计规范或者安全管理规定案涉水池应当安装安全护栏或路灯,故裁定驳回了再审申请。[②]

---

① 江苏省无锡市中级人民法院民事判决书,(2018)苏02民终4856号。

② 江苏省高级人民法院民事裁定书,(2019)苏民申4768号。

案例2 年仅3岁的余某随奶奶外出时自行先进入电梯,后至11楼电梯间自行爬上半封闭阳台处摆放的装修木梯,翻越栏杆坠落身亡。余某家属认为物业公司未及时清除楼道里的危险物,导致事故发生,故诉至法院要求物业公司承担赔偿责任。一审法院认为,物业公司未履行物业管理职责及时排除危险,造成安全隐患,对事故发生具有过错,且物业公司疏于对小区电梯摄像头的管理和维护,导致摄像头无法使用、无法查实装修木梯的实际摆放人,应承担该不利后果,认定由物业公司对于余某的死亡承担20%的赔偿责任。二审法院认为,物业公司皆与业主签订装修责任书,明确要求业主不得在公共区域内堆放杂物,并已在装修结束后进行验收,尽到了管理职责,对本案意外的发生并无过错,且案涉监控与本次意外的发生不具有因果关系,故物业公司无须承担赔偿责任。[①] 再审法院认为,监护人未尽监护责任,是事故发生的主因,但从小区装修管理规定及装修责任书约定来看,业主装修期间不得占用公共场地堆放装修材料及杂物,物业公司对此亦有巡视、监督及管理职责,涉案装修用木梯长期放置于11楼公共区域,但物业公司作为公共区域管理人,未行使管理职责排除安全隐患,与坠亡后果存在因果关系,对事故发生具有一定过错。再审判决撤销二审判决,维持原一审判决。[②]

案例3 许某为办理婚庆在小区内燃放烟花爆竹,恰遇陈某在阳台晒衣服,陈某被升到高空中爆炸的烟花炸伤眼睛,起诉要求许某和物业公司对其损害承担共同赔偿责任。一审法院认为物业公司对小区内违反规定燃放爆竹的行为未能有效制止,未加强安全巡查并进行有效管理,对因此可能产生的危险没有引起足够重视,应对陈某的损失在20%的范围内承担补充责任。二审法院经审理认为,业主明知小区管理规约规定小区内不得燃放烟花爆竹,物业公司对当天的婚庆活动进行了现场管理和引导,由于现场人员较多、燃放人员手持爆竹燃放客观上难以有效控制,本案不宜认定物业公司存在管理过错。[③]

(二)一、二审及再审裁判观点之争

从以上案例来看,该类纠纷的主要争议焦点均在于:(1)物业服务企业对于

① 江苏省无锡市中级人民法院民事判决书,(2019)苏02民终714号。

② 江苏省高级人民法院民事判决书,(2021)苏民再164号。

③ 江苏省无锡市中级人民法院民事判决书,(2019)苏02民终4630号。

所涉区域、设施或物品负有何种形式义务;(2)有无履行物业管理职责、尽到安全防范义务;(3)物业服务企业对于业主的损害后果是否有过错、应否承担一定比例的赔偿责任。对于上述问题,各级法院作出了截然不同的认定结论。从一审裁判说理过程来看。首先,裁判者多以损害发生在物业管理区域范围的事实前提出发,默认物业服务企业负有当然的管理或保障义务,继而论述物业服务企业如能及时就相关设施加以维护修缮、排除危险、制止违规行为等,本可有效避免损害后果的发生,据此得出物业服务企业未履行物业管理职责、未尽安全防范或安全保障义务的结论。然而,该认定路径忽略了对职责及义务来源的审查,实际上是通过损害后果倒推原因及过程的方式作出认定,会误入"只要在物业管理区域内遭受人身损害则物业服务企业必担责"之歧途。其次,在过错与否的认定理由上,未对过错行为的认定标准和路径等进行系统阐述,如物业服务企业的履约行为及程度等,只是在认定物业服务企业客观上未实现排除危险的基础上确认过错的存在,继而通过责任比例的方式体现过错程度。最后,在赔偿责任比例上,认为物业服务企业未尽安全防范义务需承担20% ~30%的赔偿责任。

二审法院认可对设施设备进行修理维护、对违规行为加以制止确属物业服务企业应尽义务,但认为维护工作的具体方式、应达到的维护修缮服务及安全巡查的程度不能仅凭法官的主观推断,应依据物业服务合同的约定,结合物业服务等级、行业标准等判定。此外,还需考量的因素是,引发损害后果的设施设备是否存在不合理的危险,也需根据该设施设置的合理性、是否符合相关建筑设计规范、物业服务企业客观上能否避免该结果发生,以及常情常理等综合考量。若物业服务企业能证明其并未怠于履行职责,只是履职能力无法完全避免损害后果的发生,则其并无过错,不应承担赔偿责任。案例2中的物业服务企业对于摆放在楼道里的装修木梯是否尽到管理义务,一、二审及再审法院对该节事实产生了较大分歧。

综上,要解决上述裁判之争,不仅要明确物业服务企业安全防范义务的内涵和外延,界定物业服务企业提供安全防范措施的范围和合理限度。还需对如何从个案去考察判断物业服务企业有无尽到安全防范义务、在履行职责过程中是否存在过错等裁判思路加以研讨和进一步明确。

二、原因分析:物业服务企业未尽安全防范义务认定的裁判困境

(一)安全防范义务概念及范围不确定致使自由裁量缺乏规范指引

物业服务企业的安全防范义务正式提出是在《物业管理条例》第46条:物业服务企业应当协助做好物业管理区域内的安全防范工作。发生安全事故时,物业服务企业在采取应急措施的同时,应当及时向有关行政管理部门报告,协助做好救助工作。依据上述条款内容,物业服务企业对物业管理区域内的安全应负有提前防范、应急处理、及时报告和协助救助的义务。因此,安全防范是一个广义的概念,不仅包括事前预防,也包括事后的应急响应和妥善处置。具体而言,物业服务企业应当参照什么样的标准、采取哪些方式来开展安全防范工作、具体防范到何种程度才符合约定等问题,均未有明确的解释。

实务中,部分法官会根据人身损害发生的具体地点和设施状况、结合自身对物业服务工作的理解来判断安全防范义务的履行程度,使认定标准及裁判尺度个案差异大、裁量不统一。在案例1中,一审认为既然水池系喷泉改造而来,改变了原有设施的用途,那么物业服务企业应当考虑到此处有发生危险的可能性,完全可以通过加装护栏、安装夜灯、定期巡逻等方式来保障小区业主的人身安全。案例2中小孩爬上木梯翻越栏杆坠落,认为物业服务企业应加强巡逻、清理放置于此的木梯、及时排除危险。案例3中因有人在小区内违规燃放烟花炸伤业主,则认定物业服务企业没能及时发现和制止违规行为。根据上述责任认定逻辑,正是由于缺乏对安全防范义务的明确界定、缺少对义务来源的归纳总结,致使法官针对物业服务企业可以采取的安全防范措施具有较大的自由裁量权,裁判思路上过于强调物业服务企业的“管理”职责,忽略了其“服务”性质。即便物业服务企业已在个案中就其并无采取相依措施的义务或能力作出抗辩,也不影响法官心中对管理和防范不到位的主观判断,认为既然损害已发生,物业服务企业如能有针对性的采取措施,本可避免损害事故的发生或损失的扩大。

另有部分裁判未采用安全防范的概念,而是引用《民法典》第1198条认定物业服务企业未尽安全保障义务。该条款对于安全保障义务的主体限定为宾馆、商场、银行、车站、娱乐场所等经营场所、公共场所的经营者、管理者或者群众性活动的组织者,并未列举物业服务企业。所以该种裁判实际上对安全保障

义务法条进行了扩大解释,由此也带来了安全防范义务与安全保障义务在实务中的混淆。

关于物业服务企业应当提供的服务内容,《民法典》第942条在《物业管理条例》原则性规定的基础上进行了概括总结,即物业服务人应当按照约定和物业的使用性质,妥善维护、养护、清洁、绿化和经营管理物业服务区域内的业主共有部分,维护物业服务区域内的基本秩序,采取合理措施保护业主的人身、财产安全。条款末句再次明确物业服务人应采取"合理措施"保护业主的人身财产安全,但对合理措施的限度和范围缺乏进一步的解释说明。故此,《民法典》针对物业服务领域已经有了较大突破,但针对前述案例中出现的以自由裁量确定物业服务企业安全防范举措超出合理限度的问题,依然无法解决。

(二)物业服务循环间隔的存在及服务质量主观评判不一影响安全防范过错的认定

物业服务合同包含房屋专有部分、公摊部分及配套设施的维护管理等多项内容,提供物业服务的方式是一个长期往复的动态过程,物业服务企业需要在小区内重复性地开展绿化保洁、维修养护、安保巡逻等琐碎性事务和工作,而提供服务、开展工作的频次、质量与物业服务企业的服务等级及物业收费标准可谓息息相关。最终物业服务企业的工作质效、服务成效如何受业主主观感受影响较大、评判不一。因此,在物业服务有序循环的时间间隔里发生人身损害时,不能当然推定公共设施维护不到位或安保人员缺位。在人身损害与小区内公共设施相关时,受害者大多会质疑物业服务企业的安全防范能力,裁判者也会更倾向于从事故现场设施状态去评价物业服务企业的举措,从而忽略了物业服务的动态性特点。虽然物业服务企业也会提供诸如公共设施的设计验收规范、维修记录、维护照片等来证明其服务情况,但用单一时间节点的照片或维修来反映物业服务的动态过程一定程度上缺乏客观性,所以该类证据的证明效力不高,往往不会被法院采纳。

(三)安全隐患的认识偏差导致安全防范举措的认定超过合理限度

众所周知,没有任何的公共场所和设施、设备是绝对安全的,不同的使用群体和使用方式都有可能影响大众对危险与否的判断。因此,行为人在日常生活中对自身安全本身也负有注意义务,不能仅因该设施有发生人身损害事故的可能性就当然推定该设施存在安全隐患。不同裁判者对安全隐患的判断标准不统一,个体主观差异较大,同时忽略了对潜在危险的存在是否合理的判断,导致认定结果往往存在较大的偏差。案例1中,一审认为物业服务企业应当意识到喷泉改变用途后的危险性,却未就危险的判断标准和过程展开论述,缺少数据和理论支撑。案例2中,一审同样未就电梯间摆放木梯存在何种危险进行分析论证。在此前提下,上述两案为物业服务企业设定了应采取的安全防范措施,如为水池加装护栏、安装夜灯;为电梯间清理物品、加强巡逻等,对于这些防范措施的来源是什么、该措施有无超出物业服务企业的能力和权限范围等问题,均未考察认证。二审法院作出了与一审法院截然相反的认定,案例1中改造为业主活动区域的水池本身并非存在不合理的安全隐患,要求物业服务企业加装护栏、安装夜灯等行为显然已经超出了对水池进行日常维护管理的合理限度。案例2中物业服务企业对于业主不得在公共区域内堆放杂物已有管理性规定,并在业主装修结束后进行了验收。如让物业服务企业保证包括所有楼道在内的公共区域一律不能出现业主摆放的任何杂物,显然超出了管理能力范围,过于严苛。再审法院对二审法院的上述论断进行了驳斥,认为既然小区的装修管理规定及装修责任书明确约定业主装修期间不得占用公共场地堆放装修材料及杂物,则物业服务企业理应负有有巡视、监督及管理的职责,确保业主按规范装修;涉案装修用木梯长期放置于11楼公共区域,说明未尽到相应管理职责排除安全隐患。与前述两案不同的是,案例3中业主违规在小区内燃放烟花爆竹的行为本身即危险行为,一审认定物业服务企业未能及时巡查并制止危险似乎依据充分。然而,该认定思路又忽略了服务合同不以结果认定履约与否的特性,即物业服务企业全面履行物业服务合同也不能完全避免任何危险发生。如此,对于一些客观上较难控制的突发危险事件,苛求物业服务企业能提前预知并全面保障,以达到不能造成任何人身损害后果的目的,既不现实,也有违情理。

三、应对举措:物业服务企业安全防范过错的司法裁判路径

(一)明确界定物业服务企业安全防范义务的内涵和外延

1. 安全防范义务的定义及范围

首先,《物业管理条例》第46条在描述物业服务企业安全防范义务时采用了“协助”“采取应急措施”“报告”等词语,意在表明安全防范的重心在于

危险的预防和救济的协助。《民法典》第942条对物业服务人义务的规定也以“妥善管理”“维护秩序”“合理措施”“保护”为落脚点，说明物业服务企业在物业区域内履行义务的根本目的是维护该区域秩序、保障业主的人身财产安全。综合以上条款的相关用语来看，物业服务企业安全防范义务的性质应属“防范性安全保卫活动”。因此，建议将安全防范义务定义如下，即物业服务企业依据物业服务合同的约定，结合物业管理区域的特性和要求，通过门卫安保、安全巡逻、设施维护、应急救援等方式，实现维护物业管理区域内公共秩序、保障业主人身财产安全的目的。在此基础上，参考学者对物业服务企业安全保障义务归纳的四个方面：管理制度、服务、设备设施、违法行为防范与制止。[①] 安全防范义务的范围应当包括设备设施的管理和维护、违法行为的防范与制止两大类。

对照以上安全防范的定义和范围，再来分析前述案例2中的情形。首先，虽然装修用木梯本身不存在安全隐患，楼道里窗户的高度也符合安全标准；但将木梯摆放至窗户下方后，恰好使未成年人可轻松攀爬，不慎跌落的风险即已客观存在，对此危险物业服务企业应当能够预见。其次，对于业主违规摆放木梯的行为有无尽到管理义务。如上所述，安全巡逻、设施维护、应急救援均属物业服务企业安全防范义务的内容。虽然二审法院认定该物业服务企业已通过装修管理规定、签订装修责任书等方式对业主违规堆放装修辅材的行为加以防范和制止，但至此其义务并未完全履行，还应通过安全巡视等方式进行监督管理，一方面确保装修管理规定得到落实；另一方面及时确定违规责任人。但该物业服务企业任由木梯长期违规摆放，客观上既增加了危险的发生，也导致木梯的所有人无法查清，其对于损害后果的发生具有一定过错。如此，在对安全防范的定义和范围予以明确的情况下，以上类型的安全防范分歧可得到初步解决。

2. 安全防范义务与安全保障义务的区别与适用

针对实务中动辄使用安全保障义务来判定物业服务企业承担侵权责任的现象，错误地理解了安全防范与安全保障的含义和限度。首先，从义务性质出发，安全保障义务源于《民法典》第1198条，实质上是一种法定义务。虽然有观

① 刘森旭：《第三人侵权时物业公司的安全保障义务研究》，载《法制与社会》2014年第15期。

点认为物业服务企业作为从事经营活动或者公共场所的管理人，也是依据该条款承担安全保障义务的主体之一，但《民法典》也只是在第1254条明确物业服务企业作为建筑物管理人应当为防止抛掷物、坠落物致人损害尽到安全保障义务，并未在列举的公共场所经营者管理者中增加物业服务企业，说明安全保障义务并不当然对物业服务企业适用。而物业服务企业的安全防范义务的概念源于《物业管理条例》的规定，同时在该条例第35条明确了物业服务企业未能履行安全防范义务的责任承担。其次，从文义上看，安全保障是全方位安全保护和危险制止，从制度规范到事前防范，再到危险发生后的救助。而安全防范更侧重于在可预见范围内对危险预防和干预。最高人民法院公报案例中也指出，物业服务企业在物业管理区域内负有安全防范义务，应协助做好安全事故、隐患等的防范、制止和救助工作。[①] 此处使用的也是安全防范并非安全保障。因此，严格依照《民法典》的规定，除抛掷物、坠落物致人损害的情形外，其他涉及物业服务企业的人损案件中应当使用安全防范的概念，当业主在物业服务区域内发生人身损害时，物业服务企业如未尽到安全防范义务，应在其能够预见和防范的范围内承担相应责任。

（二）统一安全防范义务履行与否的认定标准及考量因素

1. 法定标准：依照法律规定确定安全防范义务的基本措施

参考学界对于安全保障义务的研究观点，物业服务企业的安全防范义务也可分为法定基本安全防范措施、合同约定的安全防范义务、行业惯例下的安全防范义务。[②] 根据《物业管理条例》第46、47条[③]的规定，法定基本安全防范义务中的最低限度措施为事故发生后的应急措施、向行政管理部门报告并协助救助。关于法定基本安全防范义务的具体内容，可参考中国物业管理协会制定的

---

① 赵某某诉沈阳皇朝万鑫酒店管理有限公司、沈阳中一万鑫物业管理有限公司财产损害赔偿纠纷案，载《最高人民法院公报》2019年第5期。

② 陈长福：《物业公司安全保障义务研究——以第三人侵害业主权利为切入点》，载《法治论丛（上海政法学院学报）》2008年第11期。

③ 《物业管理条例》第46条规定：物业服务企业应当协助做好物业管理区域内的安全防范工作。发生安全事故时，物业服务企业在采取应急措施的同时，应当及时向有关行政管理部门报告，协助做好救助工作。物业服务企业雇请保安人员的，应当遵守国家有关规定。保安人员在维护物业管理区域内的公共秩序时，应当履行职责，不得侵害公民的合法权益。第47条规定：物业使用人在物业管理活动中的权利义务由业主和物业使用人约定，但不得违反法律、法规和管理规约的有关规定。物业使用人违反本条例和管理规约的规定，有关业主应当承担连带责任。

《普通住宅小区物业管理服务等级标准》中最低的三级服务标准,以及江苏省发展和改革委员会、江苏省住房和城乡建设厅发布的《江苏省普通区住宅区物业管理公共服务等级收费暂行办法》和《江苏省住宅物业管理服务标准》中最低等级一级的标准。具体而言,该层次的安全防范义务应做到如下措施:(1)小区各出入口24小时值勤看守;(2)不定时安保巡逻;(3)发现外来可疑人员时,能采取登记询问等方式的加以预防;(4)进出小区车辆管理、引导有序通行;(5)针对火灾、治安、公共卫生等突发事件制定应急预案,事发时及时报告有关部门,并协助采取相应措施。鉴于法定基本安全防范义务是最低标准,则物业合同约定的安全防范义务至少不得低于法定义务的标准。故个案审理时,可将前述法定防范措施作为考察物业服务合同约定合规与否的基础,否则物业服务企业仍应参照法定基本安全防范措施来履行,不得以超出合同约定为由免责。

2. 约定标准:结合合同权利义务判断违约情形的存在

根据《物业管理条例》第35条与《民法典》第942条的规定,物业服务企业应当严格按照物业服务合同约定的内容履行义务,若未履约而造成业主人身受到伤害,物业服务企业应承担违约责任。[①] 如果物业服务合同对于安全防范措施有明确具体的约定和可量化的标准,那么物业服务企业必须严格依照合同约定的方式履行安全防范义务,保障业主的人身财产安全。物业服务企业和业主还可结合小区的实际情况、业主的特殊需求等作出约定,即便特殊安全防范措施超出了一般人认知的限度,只要双方以合同的方式予以确立,则物业服务企业不得再以防范措施超过合理限度为由进行抗辩。这一点也正是物业服务企业与其他公共场所管理人履行安全保障义务的不同之处,即安全防范的合理限度可以通过合同来设定。个案审理时,法官应将物业服务合同中有关安全防范义务的内容纳入审查范围之内,审查物业服务企业有无实际履行合同约定的安全防范措施,以判断是否存在违约情形。

3. 行业标准:参考行业惯例综合认定履职标准的限度

《民法典》将习惯纳入了我国民法的法源之中。[②] 而习惯是指在某区域范

---

① 杨丽艳:《对小区物业服务安全保障义务的法律思考》,载《理论月刊》2011年第6期。

② 《民法典》第10条规定:处理民事纠纷,应当依照法律;法律没有规定的,可以适用习惯,但是不得违背公序良俗。

围内,基于长期的生产生活实践而为社会公众所知悉并普遍遵守的生活和交易习惯。[①] 在物业服务行业中也存在着行业惯例,具体而言,各地区针对物业服务的收费和标准都制定了相应的规范性文件,当物业服务合同对安全防范措施约定较为原则或约定不明时,可以根据物业服务企业资质等级、物业管理服务收费标准、提供物业服务的等级,参照上述行业规范,对不同等级的物业服务企业应当提供的安全防范措施内容、持续时间、频率等加以确定。需要注意的是,安全防范义务本质上属于消极义务,而非结果义务。在发生人身损害时,只要物业服务企业有证据证明按约依规履行了一定的物业服务行为即视为已经履行了义务,即便没有达到业主期望的效果也不能以此来否认物业服务企业确已尽到安全防范义务的事实。

4. 理性人标准:从结果避免可能性判断安全隐患的预见

物业服务企业安全防范义务是一种行为义务而非结果义务,借用刑法理论"结果避免可能性理论"可辅助印证物业服务企业是否存在过失,即"只有在行为人履行注意义务而能避免成果时才能将不法结果归责于行为人"[②]。在安全防范措施的合理限度之外对应的是无法完全避免的意外事件,而分析判断是否为意外事件的重要标准是所谓的安全隐患是否合理存在,只有当物业服务区域内的设施设备或者正在发生的事件属于不合理的危险时,物业服务企业才有可能预见到潜在的安全隐患,从而加以防范、避免损害结果的发生。如案例 1 中,若改造为业主活动区域的水池周围高度过高、水池地面湿滑,明显不适宜作为老人小孩的活动场所,此时物业服务企业在日常的保洁维护中应当发现这一安全隐患,理应采取措施避免人身损害事件的发生。

---

① 最高人民法院民法典贯彻实施工作领导小组主编:《中华人民共和国民法典总则编理解与适用(上)》,人民法院出版社 2020 年版,第 86 页。

② 蔡仙:《论过失犯中结果避免可能性的判断方法》,载《苏州大学学报(法学版)》2020 年第 4 期。

第 4 章 府院联动与区域一体化协作机制问题研究

科创企业破产对策与路径研究

赵建聪　赵　蔚　陈　洋*

摘　要:科创企业作为以科技创新为核心竞争力的企业,其发展既需要公平透明的竞争市场,更需要灵活高效的退出机制。本节通过探究濒临破产科创企业的特点与原因,综合分析国内外对科创企业破产的典型处置方式和利弊,吸取先进经验,避免重蹈覆辙。破产重整是各方共赢的有效策略,破产和解是挽救企业的良方妙药,资产处置是破产成败的检测标尺。本节以 2016 年至 2021 年无锡市破产结案的科创企业样本为切入点,根据不同类型的实例阐释本市科创企业破产的主要路径选择。首先,甄别企业类型,精准量身定衣;其次,尝试多种渠道,寻求最佳方案;最后,创新工作思路,打造特色品牌。采用深入剖析路径选择影响因素的方法,从而制定出切实可行、卓有成效的优化方案。

一、濒临破产科创企业的原因剖析

科创企业的类型主要包括瞪羚企业、独角兽企业、雏鹰企业、小巨人企业、

* 赵建聪,无锡市中级人民法院二级高级法官;赵蔚,无锡市新吴区人民法院审管办(研究室)副主任;陈洋,无锡市中级人民法院金融庭书记员。

众创空间等，总体上呈现“轻资产、高成长、高风险”的特征。[①] 然而，科创企业经营发展过程中既可能面临“研发难、研发贵”等内部烦恼，也可能遭遇“融资难、融资贵”等外部困难。如果处理不当，科创企业有可能陷入濒临破产的泥潭。

（一）内部因素：科创企业自身特性引发的风险

1. 技术迭代升级速率迟缓

科创企业不仅要瞄准前沿领域，在核心技术上自主创新、攻坚克难，还要拓宽视野格局，与国内外一流高校、科研院所、高新技术企业等单位积极联手、通力合作，从而缩短新技术、新产品、新项目的研发攻关周期。科创企业一旦因循守旧、故步自封，就可能没入时代的洪流之中。柯达公司曾是感光界当之无愧的龙头，还在1975年发明了世界上第一台数码相机。但是，柯达公司的决策者面对胶卷市场激烈的价格竞争和数字成像技术的颠覆性冲击，仍囿于胶卷销量决定公司发展的思维定式，踌躇不前，步履蹒跚，一直未敢大力实现数字业务的战略转型。2004年至今，柯达公司除2007年实现盈利外，其余均连年亏损，市值蒸发99%以上，最终被迫破产重整。

2. 应对市场经营策略滞后

科技发展突飞猛进日新月异，当代科创企业的竞争已经不局限于行业内的比拼，跨界竞争的趋势愈演愈烈。科创企业战胜同行、打败同业也许能成为行业翘楚、业界霸主，但也可能遭遇其他行业对手的降维打击，未必能成为最终的赢家。如外卖一兴起，就严重影响了“康师傅”等快餐面的销售。“滴滴”“神州”等新兴打车模式也抢占了出租车市场的蛋糕。如果科创企业缺乏宏观意识和大局观念，不及时更新经营市场策略和技术，一旦出现跨行业、跨国企业入围的格局，就很难抵御市场竞争的风浪。

在产业结构深度融合的时代背景下，科创企业可能会面临产业交融的挑战，比如传统汽车产业最危险的对手既可能是集机械、智能产业、新能源三位一体，以特斯拉为代表的新能源汽车企业，也可能是开发智能化无人驾驶技术的Google、百度等互联网公司。科创企业可能会遭遇交叉替代的窘境，比如华为、

① 王洪亮：《直达科创企业货币政策工具创设及“几家抬”框架构建——基于双循环新发展格局下的分析》，载《南方金融》2021年第1期。

苹果等智能手机的普及改变了大众的消费习惯,对传统功能机、个人计算机、掌机、传统或数码相机、录音笔、对讲机、MP4、MP3等产品形成了直接的毁灭性打击,对手表、传统通讯、摄录像机、传统纸媒、有线电视、银行柜台等业务都产生了革命性影响。科创企业有可能要应对异质淘汰的困局,比如春秋航空具有规模小、利润高、严控成本的业内优势,但其2021年的利润率仅为0.34%。因为性价比高、误点率低、安全性强、手续高效、通讯无碍、交通便捷的高铁已通过市场竞争机制迫使其取消500公里以内航班,折减近半的1000公里以内航班。

3.团队建设理念方法缺失

一些科创企业重视产品研发,但对员工的人文关怀、心理疏导较少,缺乏利益共享激励、团队文化建设的机制。也有的科创企业经营者在用人、薪酬、沟通上不够到位,引起下属人员不满而转岗。一些员工面对利益诱惑、单位排挤等干扰,往往缺乏定力,不顾一切弃“老东家”而去。也有的企业高级管理人员抱着此山还比那山高的想法,从而“跳槽”到新的单位任职。

科创企业核心技术人员的离职是影响科创企业经营的重大利空事件。今年以来,科创企业的离职现象愈演愈烈。诸如,主营自动化、智能化测试设备的燕麦科技有限公司的技术顾问周建芳、主营电商软件服务的杭州光云科技股份有限公司的资深经理周杰、主营医药研发的百济神州(北京)生物科技有限公司的免疫肿瘤学首席医学官贲勇博士、主营机器人应用技术的江苏北人智能制造科技股份有限公司的研发总监马宏波、主营生物技术开发的北京凯因科技股份有限公司的新药研发总监许铮、主营生物诊疗的江苏浩欧博生物医药股份有限公司的副总裁张合文等因个人原因辞职。

尽管上述公司一再声明强调,核心技术人员的离职是个人原因,而且不会影响公司的经营发展,但外界不少揣测公司内部经营理念不合、资本方卸磨杀驴、技术方变现离场,上述公司的股市价格均呈现大幅震荡,对公司未来规划、经营和发展造成了不利影响。

(二)外部条件:现行阶段宏观环境带来的影响

1.政策波动的利益损失

科创企业既要应对市场的竞争与风险,又要应对政策的波动,往往会顾此失彼、疲于奔命。大多数科创企业的主要精力不仅要用来预测未来消费者的需求和技术发展趋势,还要考虑有无政府的政策支持或者有无规避不利政策的途径。无论政策激进或者保守，经营者们都可以通过调整公司决策来适应国家有关政策。但是，如果政策不具有确定性、连续性、稳定性，那么经营者们最保险的做法就是等待、观望，并且收缩长期投资。科创企业往往需要投入较大的研发成本，研制出成功产品需要一定的周期。如果政策朝令夕改，那么经营者们可能为避免风险，反而不愿意研发高附加值的产品。无锡尚德太阳能电力有限公司的光伏产业曾是全球龙头，但主要是技术含量不高的中间组装环节，实际非常被动、脆弱，上游的原材料依赖于欧美的多晶硅提纯核心技术，下游的销售更有赖于欧美国家的补贴政策。欧美国家的补贴大幅削减后，光伏产业步入寒冬，继而引发企业资金流、产业链断裂，尚德太阳能电力有限公司也只能在寒流中黯然落幕。从长远的角度来看，政策波动对科创企业的创新负面影响很大。

2. 金融成本的隐性攀升

在国内大循环为主体、国内国际双循环相互促进的新发展格局下，我国已经初步构建了人民银行、知识产权局、地方政府、商业银行、中介机构五方主体的科创企业金融工具综合框架。政府竞争性补贴体现在“扶持强者”，普惠性补贴体现在“鼓励弱者”。实践中，竞争性补贴对科创企业的绩效提升作用明显，而普惠性补贴对科创企业的传导作用并不显著。总体上看，政府倾向于竞争性补贴来延长科创企业绩效增长持续时间。[①] 因此，一些科创企业不得不寻求成本更高、风险更大的民间融资。整体而言，小微企业的融资难、融资贵问题仍未得到有效缓解。同时，一些科创企业过度投资，债务融资成本较高，利润率降低导致核心科研人员热情削弱。研究表明，科创企业技术创新能力最大化时的最优融资结构为内源融资占 50%、债务融资占 28%、股权融资占 22%。与成长期企业相比，成熟期企业最优融资结构中内源融资的比重大幅提升，而债务融资和股权融资比重有所下降。[②] 畸形的融资结构可能分散企业的控制权、加重企业的经营负担。由此，科创企业的融资成本、融资结构都应保持平衡，否则可能隐性加重金融成本，从而影响科创企业的创新环境。

---

① 罗兴武、张皓、刘洋：《竞争性与普惠性政府补贴对科创企业绩效的差异化影响》，载《中国科技论坛》2021 年第 8 期。

② 杨松令、张雄、李付彩：《技术创新能力最大化下的科创企业融资结构——基于混料设计与响应面分析模型》，载《华东经济管理》2021 年第 4 期。

二、无锡市科创企业破产的路径选择

(一)基本情况

2016年至2021年,无锡两级法院共审结科创企业破产案件132件。其中2016年2件,2017年10件,2018年10件,2019年24件,2020年44件,2021年42件。在这些破产案件中,重整结案10件,和解结案6件,驳回申请结案1件,终结程序结案115件。由此可见,近三年科创企业破产案件数量不断增长,但是重整结案与和解结案的数量不多,比例不高。一是由于执行转破产规定和实践的不断完善,不少无财产、无人员、无经营的“三无”僵尸科创企业纳入破产程序之中。二是科学技术更迭迅速,一些科创企业没有及时更新研发产品,导致自身的资产大幅度缩水贬值,后期重整或者和解的价值也相应减损,缺乏相应的投资方和托管人接盘。

(二)破产重整是各方共赢的有效策略

破产重整的外聘营运团队可以实现重整管理的专业化,引入市场竞争可以实现投资人招募的市场化,创新偿债方式可以实现债权人利益最大化。尚德公司、中达股份、霞客环保、江苏中金、绿之韵公司、中南文化、奥明公司的重整都提供了良好的样本。当然,尚德公司破产重整的成功之路,具有一定的引领示范效应。

尚德公司曾是美国上市公司旗下的孙公司和规模最大的生产基地,对外负债中75.45%是金融债权。2012年,由于全球产能过剩、行业恶性价格战以及自身决策失误和内部管理问题等原因,尚德公司陷入经营困境,并导致美国上市公司股价下跌、三次收到纽交所停牌警告、一度被强制进入退市程序。

无锡中院受理破产案件后,指定清算组为管理人并担任重整人,并建议清算组遴选审计、评估、法务、财务等中介机构,充实破产管理团队,强化破产管理职能;外聘具备资产重组和企业经营人才优势和丰富经验的公司,充实重整经营团队,恢复企业良性运转。在无锡中院的指导下,管理人从全球上百家光伏行业及上下游企业中,筛选潜在投资人,通过报名、资格审查、尽职调查、投标、评标等招募程序,江苏顺风光电科技有限公司获得投资人资格。顺风光电科技有限公司出资30亿元解决尚德公司各类债务,100%清偿了职工债权、税收债权和担保债权;对普通债权在10万元以下的部分全额清偿,10万元以上的部分由债权人选择"现金"或"现金+应收款"清偿,清偿比例高达31.55%。

无锡中院发挥市场在资源配置中的决定性作用,一方面通过出资人权益调整手段,切断与美国上市公司之间的投资关系,吸引同样具备母公司的我国香港特区上市壳资源、同属光伏行业、能够提供最高偿债资金的顺风光电科技有限公司入驻,既保留了尚德公司的营运价值,又有效解决了产能过剩问题,推动了企业的再生和发展;另一方面利用顺风光电科技有限公司提供的偿债资金和尚德公司的应收款等既有资产,创新偿债方式,针对金融债权人的需求,推出"现金"或"现金+应收款"两种清偿方式供债权人选择,后者清偿金融债务近41亿元,有效地保护了各类债权人的利益。

(三)破产和解是挽救企业的良方妙药

挽救出险企业应当在现有法律框架内寻求最佳途径。在重整程序中,如被重整企业及其股东具有自救意愿和能力,可依照《企业破产法》第105条之规定,在兼顾各方利益的基础上,引导各利益相关主体达成和解协议,从而使出险企业及时摆脱困境、恢复正常经营,实现社会效果和法律效果的统一。泓海公司、东宏公司、保一公司、淘金公司、宇清公司的和解结案也为科创企业破产提供新的思路,最为成功的要属泓海公司。

泓海公司注册资本约3亿元,主要投资江阴液化气集散中心LNG储配站,并就项目办理了相关证照及施工许可。泓海公司自设立起一直处于建设期,资金源于股东出资及银行贷款。2019年,江阴法院裁定受理泓海公司重整案。后泓海公司股东筹集资金用于清偿除金融机构债权本金之外的其他全部债权,并与金融机构债权人达成和解协议,顺利实现和解,恢复正常状态,实现各方利益最大化。江阴法院在重整程序中大胆适用自行和解迅速终止了重整程序,进而实现了"复苏企业、留住职工、保障债权"的良好效果。该案以全体和解的方式结案,是江阴法院筹集资金最多、清偿比例最高、实际审限最短、股东利益最优、恢复经营最快的破产案件。

特别指出的是,上述和解不属于司法和解,而属于《企业破产法》第105条规定的特别和解即自行和解。两种和解有以下不同:第一,司法和解需要由适格的申请人提出申请、由法院裁定受理,而自行和解则是在三类破产程序中均可适用的特别规则;第二,司法和解的和解协议的通过需债权人会议表决,"由出席会议的有表决权的债权人过半数同意,并且其所代表的债权额占无财产担保债权总额的三分之二以上”,自行和解的和解协议需全体债权人全部同意,不适用多数决;第三,司法和解需在债务人企业被宣告破产前,自行和解在人民法院受理破产申请后到终结破产程序前均可以适用。自行和解协议虽然在达成的条件上较为苛刻,但较为灵活,本案即适用自行和解规则达到了良好的法律效果和社会效果,是以司法手段优化我市营商环境的典范。

(四)资产处置是破产成败的检测标尺

科创型企业一般涉及的资产并不庞大,但如果存在实物资产体量大、数量多、形态杂的特点,在破产财产管理、变现、处置时面临税收政策问题与法律问题交织的挑战。法院应及时指导管理人运用好府院协调机制,依法依规纳税的同时,正确选择财产处置路径,做好税务筹划,最大限度维护破产企业及其债权人合法权益。

2018 年,江阴法院受理鑫辉公司破产一案,管理人在审理过程中对鑫辉公司资产状况进行了调查,其主要资产包括土地使用权 212, 799. 6 平方米、有证房产 115, 623. 26 平方米、无证房产 1551. 52 平方米、大型设备 300 余台套。上述资产的权属及保管保存状况各异:部分大型设备尚在海关保税区仓库,相关税费未能缴纳;部分设备系融资租赁所得,出租人申请管理人与破产财产一并拍卖处置;部分土地厂房因企业生产停滞,实际闲置未用,但土地房产持有期限的税费仍在产生。管理人在处置上述资产过程涉及流转税、行为税、财产税等多个类别的税种时,依照无锡中院、无锡税务局共同出台的《关于企业破产涉税处置的实施意见》,依法履行破产管理职责。一方面,代表企业依法履行纳税义务,共计缴纳各类税款 2000 余万元。另一方面,为全体债权人进行税务筹划,享受税收优惠近 200 万元。同时,依托债权人会议授权,依法完成未清关设备的处置;借助破产涉税处置府院联动机制,积极申请房产税减免优惠;启动破产涉税临时会商机制,及时确定土地增值税纳税基准价。

三、无锡市科创破产模式优化的思考

无锡作为我国经济重镇、科创宝地、创业盛地,虽然在科创企业破产方面做了大量的工作,取得了令人赞叹的成效,但也应该看到,无锡对于科创企业的破产工作尚处于起步提升阶段,还有很多的新情况、新问题亟待去研究解决。特别是与北京、上海等一些发达城市相比，无锡的自然禀赋与城市能级还有较大差距，各类高等院校也相应缺乏，与深圳、南京、杭州等城市相比，其城市经济的活跃度、创新力还有待提升。与国外先进国家相比，无锡的破产中介市场还不繁荣，服务破产的专业力量还比较薄弱，对于监管人制度、保护伞程度等还缺乏了解与掌握，这些都需要在今后的实践中加以探索与积累，使无锡能够及时超越争先。从目前来讲，要尽可能地找到一条适合无锡发展的破产道路，使之匹配当前形势发展需求，推动和促进无锡破产工作向更高层次发展。

无锡两级法院作为破产的主力军，需要充分发挥破产对科创企业的救治功能，秉持“最大限度释放破产重整制度价值，切实稳住经济发展基本盘”的宗旨，坚持“多重整救治、少机械终结”的理念，在科创企业破产的管理人选任、执转破、诉转破、繁简分流、简易审、预重整等方面积极探索创新，加快推进财产查询、财产解封、信用修复等府院联动机制建设。同时，无锡相关部门也要通力协作，齐抓共管，形成合力，才能保证破产成为企业创新发展、城市营商环境优化的靓丽名片。

(一)甄别企业类型，精准量身定衣

一是准确选择重整或者和解对象，确保重整或者和解有序展开。对于具有一定市场竞争力的科创企业选择重整或者和解的方式，对于已经被市场淘汰的产能或者缺乏转产可能性的科创型企业一般采用终结方式予以处理。

二是重视对重整可行性的识别和审查，提高重整成功率和破产审判效率。根据最高人民法院工作要求，法院应当注意对重整可能性、重整计划可行性的审查，以降低重整期间转入清算程序或者因重整计划执行不能再转入清算程序的风险。

科创企业如果拥有的资质证书稀缺，客户相对稳定，产品存在销路，具有较高的重整价值，管理人需要制订详细的招募程序，在全国企业破产重整案件信息网平台及其他媒体发布招募公告，多方寻找合适的重整投资人。

科创型企业拥有较好资质，但缺乏资金和管理经验。可以通过重整程序，吸引较有实力的投资者接盘，保存企业优势，引进先进管理理念，优化经营模式，增强企业市场竞争力。

三是确立整体思维和大局观念，稳妥处理关系复杂的破产对象。对于涉及多家关联企业的集团公司需要统筹安排资产清理、债务清偿和经营调整，使集团整体摆脱债务危机和经营困境。对于母公司的不当控制,要及时运用程序切断有效保护子公司债权人利益。

(二)尝试多种渠道,寻求最佳方案

成功的破产重整有利于保护多方利益,但科创企业的技术迭代更新迅速,也存在破产重整后该企业因科技核心竞争力不足而再次落入破产泥潭的可能性。在破产重整时,要预判科创企业的前景及权衡各方利益,选择最佳方案,避免企业陷入破产窘境,这是需要重点关注的问题,也是破产重整能否成功的关键所在。

一是精心挑选重整管理人,确保企业旧貌换新颜。重整人既可由管理人兼任,亦能由债务人担当。前者体现公平,后者富有效率。为保持重整企业经营的连续性、提高重整事务管理的有效性、增强重整计划草案的针对性,法院在重整企业不存在信任危机的情况下,可以选择重整企业担任重整人,在管理人的监督下自行管理财产和营业事务并制作重整计划草案,便于其将重整后的事务管理与重整前的筹备工作进行衔接。

二是积极搞好企业预重整,保证企业发展最优化。发挥预重整程序的试错功能,提升庭内重整程序启动的精准度。由于庭内重整具有不可逆性,将庭内重整中可能面临的问题提前暴露和解决,充分论证和测试科创企业重整的可行性,在此基础上对是否受理科创企业重整作出精准司法判断。

运用社会中介的专业力量,搭建庭外预重整与庭内重整的桥梁。由破产企业自主聘请社会中介机构担任预重整引导人,运用专业力量主持各方协调,招募重整投资人,制作重整预案,为庭内重整顺利进行打下坚实基础。

发挥预重整程序节约司法资源的功能,推动多元化纠纷化解在破产领域的运用。预重整引导人的做法具有衔接庭内和庭外程序的市场机能,能够将债权申报审查、投资人招募、资产审计评估、重整计划制作、各方协调沟通等庭内重整的工作前移,运用市场力量自主自发完成,又通过债权人和出资人出具承诺的程序设计将相关工作成果延伸至庭内重整中使用,大大节省了司法资源。

三是通盘把握利益平衡点,提高参与决策广泛性。整合零星债权,帮助债权人科学决策。管理人与已取得联系的债权人进行沟通,确定将零星小债权人的债权归户转让给一位负责人,由其统一收购后申报、统一处置,该举措不仅提高工作效率,也促进重整草案的快速表决通过。

将重整计划内容与各方利益主体先期协调并作先期审查，保障重整计划的利益衡平性、可行性与合法性。在重整计划草案制作阶段，有效整合债权人、债务人和投资人意见，确保实现各方目标和维系利益平衡；在重整计划预协调阶段，以现场会议、电邮交流等方式，与重点债权人逐个沟通，征集大额股东表决意见，积极争取意见一致。

紧扣时序节点，通过债权人会议协调偿债方案，有效促成债权人一致行动，让所有债权人深入了解企业现状，充分沟通偿债方案，有效监督管理人工作，弥合债权人之间的分歧，促使债权人一致行动，有效推动重整计划的制作和表决，实现企业的重生发展。

（三）创新工作思路，打造特色品牌

一是开设保护期窗口，尽力挽救企业。通过扩大社会中介机构服务，加大无锡市企业托管力度，尝试为濒临破产的科创企业提供一定期限的保护期，允许企业在该期限内不失去对于财产的支配权，在监管小组的监督下，在破产临时措施的辅助下进行重整。

管理人可以通过股权调整和业务调整，实施资本公积金转增股份并予出售，弥补偿债资金缺口；剥离盈利前景差、竞争能力弱的业务，完善企业经营方案，从而充实经营计划，细化偿债计划。

二是打通痛点堵点，保持渠道顺畅。落实“执转破”制度，有效解决破产程序启动难，加大对僵尸企业清理力度。通过破产程序，选任破产管理人，接管债务人企业，对债务人财产进行管理、变价、处置和分配，减轻执行局的工作压力。同时，破产程序除破产清算程序外，还能选择重整、和解，通过市场化、多元化手段获得偿债资金，使债权人最大限度获取利益。通过执行转破产再转重整，使“无产可执”“无产可破”案件债权人获得部分受偿。

要继续加强上下联动、部门协同，切实落实“执转破”机制，实现上下级法院和同法院执行、审理部门之间的深度融合衔接。各相关部门牢固树立“应收尽收”理念，在债务人主动申请破产的情形下，依法保护当事人合理诉求，保障破产程序入口畅通，确保案件“移得了，立得上，破得掉”。树立“执转破”工作的制度化、规范化机制典范，对“僵尸企业”主动依法退出市场做好宣传引导作用，为优化法治化营商环境提速增码。协调外地法院妥善处置关联企业往来事务，有效推动重整工作进程，准确厘清企业之间的债权债务关系，推动后续重整工作快速进展。

三是防止转移资产,严打逃废债务。做好深挖彻查,通过关联企业合并破产,最大程度保障债权人利益。全面梳理关联企业自成立以来的生产经营、股东变更、对外投资等具体情况,并且依托较为成熟的府院联动机制平台,指导、帮助管理人与市场监督管理局、税务局、金融机构等部门紧密联系,调取大量资料逐一比对筛查,依法认定关联公司的所有资产,统一纳入破产财产范围向债权人清偿,提高债权清偿率,从而获取全体债权人的肯定。

四、结语

科创企业是市场经济发展的生力军,即使其陷入财务困境、正在被法院执行,但可能仍有市场潜力,具有挽救价值。破产程序中的重整及和解程序可以帮助企业改善经营管理、调整财务结构、盘活资产、恢复运营,既能合理配置生产要素和社会资源,实现经济效益最大化,又能充分保护债权人的合法权益,防止社会矛盾发生和蔓延,维护社会和谐稳定。通过执行转破产后又转重整程序,帮助企业实现再生,最终使劳动债权获得全额清偿,其他债权获得远高于破产清算清偿比例的利益。

在今后的工作中,无锡两级法院将更深入理解科创企业的重整价值,帮助科创企业引入战略投资人,有效整合科创企业的人力、土地、设备、知识产权等资源,修复科创企业的企业信用,让仍然具有“造血”功能的科创企业重新焕发生机。同时,不断提高破产成效,破解企业资产处置难的僵局,激活员工的生活希望和工作动力,为无锡经济高质量发展增添澎湃发展的前进动力。

改革试点视域下个人破产制度的构建

无锡市中级人民法院金融庭课题组*

摘　要：个人破产制度是市场主体退出制度的重要组成部分，是一国营商环境和金融基础设施建设水平的重要评判标准。本节从司法实践层面、社会治理层面、制度设计层面出发，客观分析了建立个人破产制度的现实需求。随后，立足无锡法院全域试点类个人破产工作的司法实践，详细介绍了试点工作的总体情况、主要举措以及困难问题。最后，本节提出建立个人破产制度的建议，即设计较为严格的不予免责事由、合理确定不予免责的债务范围、设计合理的免责考察期。

破产法是保障市场经济有效运行、规范市场主体有序退出的关键法律制度，也是一国营商环境和金融基础设施建设水平的重要评判标准。个人破产制度作为市场退出制度重要组成部分，因个人破产制度的长期缺失，无法真正解决债权问题。当前在应对经济新常态和贸易摩擦等不利因素背景下，研究个人破产制度建立及运行，有利于进一步完善我国市场退出机制，夯实市场经济运行与市场信用基础保障的功能。近几年，最高人民法院、发改委等发布的文件纷纷要求构建和完善个人破产制度。2020 年 8 月，江苏、浙江、山东等地陆续开始个人债务集中清理程序（类个人破产制度）试点，引发社会广泛反响。2022 年 1 月 11 日，江苏省高院下发了《关于确定在无锡全市法院开展"与个人破产制度功能相当"试点工作的通知》（以下简称《试点通知》），同意在无锡全市法院开展"与个人破产制度功能相当"试点工作。本节通过对个人破产制度探索

* 课题主持人：陈靖宇，无锡市中级人民法院党组成员、副院长。课题组成员：沈君，无锡市中级人民法院金融庭庭长；徐冰，无锡市中级人民法院金融庭副庭长；陈迪金，无锡市中级人民法院金融庭审判员；陈洋，无锡市中级人民法院金融庭书记员。

和实践的背景介绍，以及无锡地区全域试点工作的实践观察视角，结合我国现有社会状况、制度基础，就如何具体设计我国个人破产免责制度提出建议。

一、个人破产制度建立的现实需求

（一）司法实践层面需求

建立个人破产制度，有利于清理法院系统海量的执行案件，尤其是执行终本案件。据最高院统计，在进入执行程序的案件中，超过1/3的案件属于确无财产可供执行的“执行不能”案件①，而这些“执行不能”案件的背后隐藏的是大量已经“资不抵债、不能清偿个人债务”的自然人或个体，他们无法通过正常程序退出市场主体，占据了大量执行司法资源。进一步考察执行实践可知，其一，在企业法人不断通过“执转破”机制退出市场的背景下，大量自然人作为被执行人的案件无法结案，其比重有进一步加大的趋势；其二，自然人所涉被执行案件执行标的额总体较小，且除为企业承担连带责任之外，自然人作为被执行人的主要案由是金融借款合同纠纷和民间借贷纠纷。

我国现行以强制执行为中心的个人债务清理制度，其中最核心环节就是执行分配，附之以作为配套救济程序的执行分配方案异议及诉讼程序，适用于特定执行标的变价额不足以清偿参与分配程序的各债权人之债权，旨在利用同一程序清偿数个债权，节约执行成本，但执行、破产两种制度的原则性差异，导致实践中产生种种问题，如参与分配前提苛刻、主客体范围狭窄、必要财产维护制度缺失等②，也造成执行效率化与债权实现公平性的功能冲突难以调和。此种重点关注财产公平分配但非终局的债务清理模式，导致个案执行退出机制空缺。执行不能属于当事人应当承担的商业风险、法律风险、社会风险范畴，应通过个人破产、社会救助等制度机制予以解决，不属于申请执行的范围，不能进入执行程序，客观上造成执行案件退出障碍，导致债权人应负风险不当转嫁于法院的“执行不力”，对司法公信力造成负面影响。首先，浪费债权人自己的自愿；其次，占用稀少的诉讼、执行司法资源；再次，即使债务

① 周强：《在最高人民法院关于人民法院解决“执行难”工作情况的报告——2018年10月24日在第十三届全国人民代表大会常务委员会第六次会议上》，载中国人大网2019年4月21日，http://www.npc.gov.cn/npc/c30834/201904/4e10448c88124ac182d851c5738d4877.shtml。

② 赵万一、高达：《论我国个人破产制度的构建》，载《法商研究》2014年第3期。

人仍有少量可供执行的财产，在支付执行费用后通过所剩无几，债权人的实际首场情况并没有因为这场执行程序的进行而有所改善；最后，剥夺了对于债务人有重大个人意义而对第三人可能无类似价值的财产，债务人巨大的重置成本加剧了债务人无力清偿的后果。[①] 对于确无财产可供执行的“诚实而不幸”的自然人债务人，被执行人惩戒制度未能提供自然人重新开始的通道，缺少免责制度，导致司法实践中，法院对于此类债权人只能利用当前执行程序中的参与分配、执行和解等制度框架内“闪转腾挪”“迂回前进”，无法适用破产程序中债权人多数决强制约束个别异议债权人，严重影响了个人债务清理方案的通过和执行结案。

（二）社会治理层面需求

现代自然人破产制度的主要目标是通过债务人和债权人因个体获得收益而对社会整体产生的制度外溢效果，而非仅仅同情债务人，抑或增加债权人的债权受偿。随着市场经济的发展，优胜劣汰成为必然结果，而个人负债问题亦成为定时炸弹，我国“欠债还钱、天经地义”等传统文化基因，在遭遇执行分配制度的失灵后，造成债权人更强的焦虑感和不公平感，陆续引发了大量暴力催债等不当私力救济，成为社会不稳定因素的重要来源，增加了社会治理的成本。适时引入个人破产，也是完善社会治理的重要举措。

一是重新构筑社会债务清偿文化，树立破产免责理念。金融自由、金融风险积累等因素是过度负债问题凸显的重要原因，但是根本原因还在于我国个人破产制度的缺失，使得整个制度系统无法逐步化解、清理不断涌现的过度负债，不能通过公布债务人所有财务信息、积极配合程序、通过未来一定期间的收入清偿部分债务、重新规范和调整自己的经济生活从而获得新起点的程序设置。借鉴企业破产法中市场出清理论，将个人破产制度作为调节器，可以及时疏通个人债务、家庭债务的“堰塞湖”，改变人们对投资、创业失败的畏惧观念，最大限度培育和发扬企业家精神，源源不断地激发经济增长和社会活力。

二是建立有序清偿规则，增加债权人的公平感。当前在执行程序中，对多个债权人利益平等保障的主要制度是参与分配制度，但是参与分配制度严重限

① 自然人破产处理工作小组起草：《世界银行自然人破产问题处理报告》，殷慧芬、张达译，中国政法大学出版社2016年版，第37～38页。

制了债权人平等有序受偿。在保障范围上,参与分配制度主要体现为已取得执行依据的债权人按比例受偿,个人破产制度是保障经债权申报程序后的全体债权人的公平受偿;参与分配制度无法撤销财产危险期间的个别清偿等损害债权人利益的行为,个人破产制度可以通过破产撤销权对破产程序开始前的法定期间(通常为 6 个月或者 1 年)所为的债务人侵害债务人利益的行为予以撤销,恢复全体债权人原有的债务清偿秩序。通过个人破产程序实现债权债务公平清偿,能够有效解决债权人在债务人无法清偿全部债务或明显缺乏清偿能力时"先到吃肉,后到喝汤"的不公平感。

三是弘扬"诚信"价值,降低债务问题救济成本。虽然个人破产免责豁免了债务人未能清偿的债务,有可能减损债权人的权益,但是换个角度来看,通过破产免责让债务人更加愿意配合破产程序来让渡财产,可以更好地实现债权人利益的最大化。通过破产免责是摆在债务人面前的诱惑,诱使债务人在破产案件中与债权人、破产管理人就债务人资产的定位、收集和清算进行合作。如果债务人合作,就准予免责;如果不合作,则不予免责。债务人遵守规定无疑会使债权人受益,因为它增加了可供分配资产的规模,并减少了进行分配所需的管理成本。[①] 债务人诚信行为带来的利益直接积累到债权人身上。与此同时,个人破产制度可以通过"诚实而不幸"的债务人得到免责,不诚实的债务人不能获得免责的方式,对债务人进行"诚实"价值观指引,从根本上构建个人债权债务的责任意识。

(三)制度设计层面需求

2007 年,《企业破产法》出台时,当时我国尚未形成个人财产登记和个人征信制度,各家银行自成体系,银行系统尚未联网,监控和查询存在体制和技术上难以逾越的障碍,加之全社会对企业破产立法尚有许多不同认识,所以个人破产制度并未跟随企业破产制度同时出台。近年来,一方面,企业破产制度通过在现有法律框架下调整债权债务关系,让资不抵债的债务人涅槃重生;另一方面,大量涉自然人的执行不能"僵尸案件",越来越多实务部门和专家学者关注

---

① Philip Shuchman, *An Attempt at a Philosophy of Bankruptcy*, UCLA Law Review, Vol. 21:403, p. 403, 421 (1973). 转引自徐阳光:《个人破产免责的理论基础与规范构建》,载《中国法学》2021 年第 4 期。

个人破产制度的建立①,个人破产制度呼之欲出。

2019 年 2 月,《最高人民法院关于深化执行改革健全解决执行难长效机制的意见——人民法院执行工作纲要(2019—2023)》中提出"研究推动建立个人破产制度",将开展与个人破产制度功能相当的试点工作,为建立个人破产制度打下实践基础,开始试水"个人破产"的规划。

2019 年 7 月,最高人民法院、国家发改委、中国人民银行等单位联合发布《加快完善市场主体退出制度改革方案》,明确提出分步推进建立自然人破产制度,就市场主体退出机制改革提出要求,专家呼声中的自然人破产制度被列入视野。

2019 年 8 月,国务院办公厅发布《全国深化"放管服"改革优化营商环境电视电话会议重点任务分工方案》要求研究建立个人破产制度,重点解决企业破产产生的自然人连带担保债务问题。

2020 年 5 月,中共中央、国务院发布《关于新时代加快完善社会主体市场经济体制的意见》,要求"健全破产制度,改革完善企业破产法律制度,推动个人破产立法,建立健全金融机构市场化退出法规,实现市场主体有序退出"。

2020 年 8 月,深圳市人大常委会通过《深圳经济特区个人破产条例》,新中国首部关于个人破产制度的立法诞生。

二、无锡类个人破产试点工作的司法实践

(一)试点工作的总体情况

2019 年上半年以来,江苏、浙江、山东等省份陆续开展个人债务清理工作。2020 年 6 月,无锡市锡山法院被确定为江苏省试点法院,率先在无锡地区开展个人债务集中清理探索。2022 年 1 月 11 日,江苏省高院下发《关于确定在无锡全市法院开展"与个人破产制度功能相当"试点工作的通知》,同意在无锡全市法院开展类个人破产试点工作。至此,无锡法院对个人破产制度的探索工作由点到面全面铺开。

① 截至 2020 年 10 月底,江苏全省法院自 1995 年以来累积的终结本次执行案件已达到 144.05 万件,其中 16.52 万件已终本结案超过 10 年。终本案件中被执行人包含自然人的有 115.73 万件(被执行人全部为自然人的 101.72 万件,被执行人中部分为自然人的 14.01 万件),占终本案件总量的 80.34%,其中处于限制消费状态的自然人被执行人共 60.58 万名,其中已被限制消费 3 年以上的 3.6 万名,5 年以上的 3.28 万名。

2022 年 2 月,无锡两级法院正式全面推开试点工作,无锡中院在充分调研和对锡山法院经验总结的基础上,出台了《“与个人破产制度功能相当”试点工作指引(试行)》(以下简称《工作指引》)和《“与个人破产制度功能相当”试点工作实施意见》(以下简称《实施意见》),作为全域试点工作的纲领性文件,指导两级法院试点实践,并以动员会、推进会、现场调研等方式持续性督促、跟踪和推进试点工作。在基层法院中,除锡山法院制定《关于个人债务清理流程的暂行规定》指导文件之外,宜兴法院也制定了《类个人破产案件排查指引》,以统一工作要求,明确操作流程。

截至 2022 年 9 月底,全市法院共排查被执行人 15,084 人,执行局移送立案审查案件 157 件,立案案件数 143 件,涉及创业者、经营者人数 62 件,已经立案涉及执行案件数 683 件,结案数 53 件,其中达成“债务清偿计划”终结结案数 6 件,不符合条件驳回申请结案数 45 件,撤回申请 1 件,涉及债务金额 8.94 亿元,清偿债务金额为 191.86 万元。(见表 4－1)

表 4－1　无锡法院类个人破产试点工作进展情况

法院名称	排查被执行人人数/人	移送立案审查案件数/件	立案案件数/件		已立案案件涉及执行案件数/件	结案数/件					涉及债务金额/万元	清偿债务金额/万元
			总数	创业者、经营者数		总数	和解式结案数	清算式结案数	不符合条件驳回数	撤回申请等其他原因		
江阴法院	2180	29	28	3	75	14	1	0	13	0	12,896	0
宜兴法院	1800	28	28	4	181	15	0	0	15	0	56,253.34	0
梁溪法院	2752	28	25	18	108	9	1	0	7	1	5628	0
锡山法院	1520	21	16	12	113	4	2	0	2	0	3618.18	178.86
惠山法院	2760	20	18	5	52	9	1	0	8	0	1991	13
滨湖法院	2022	17	15	9	57	0	0	0	0	0	2166.92	0
新吴法院	2050	14	13	11	97	1	1	0	0	0	6804	0
合计	15,084	157	143	62	683	53	7	0	45	1	89,357.44	191.86

（二）试点工作的主要举措

经过8个多月紧锣密鼓地推进，无锡中院探索出兼具“救济诚实而又不幸的人”和“预防逃废债”两大功能的“个人破产”无锡路径。对司法融入社会治理，营造鼓励创新、宽容失败的营商氛围，维护社会安定有序，贡献了司法智慧和司法力量。试点工作主要举措如下。

1.“三个导向”强化理念引领，把准类个人破产审判的大方向。始终坚持原则性与灵活性相结合，牢固树立契合经济规律、司法规律的类个人破产审判理念，确保方向不偏。一是突出法治导向。坚守法律底线，运用法治思维和法治方式妥善设计制度规则、稳步推进改革试点。衔接现行民事执行制度和企业破产法相关原则、精神，制定个人破产试点工作指引，细化5大类60余项程序节点要求，初步形成了一套逻辑严密、务实管用、运行有效的类个人破产程序规则体系。二是突出诚信导向。坚持诚信原则这个民商法“帝王原则”，把握拯救“诚实而不幸”债务人的功能定位，注重全流程引导形成鼓励诚信、宽容失败的氛围。三是突出创新导向。积极创新实践，把自由财产制度、债务豁免、失权复权、免责考察等制度大胆适用于类个人破产案件审判，探索具体适用的情形和标准。如，在议事规则上创设了“一致决+多数决”的双重表决规则，让意思自治成为当事人之间的法律。

2.“三个环节”拓展程序功能，激发类个人破产审判的大效应。始终坚持抓统筹与抓重点相促进，聚焦关键“小切口”精准发力。一是把好入口关，严选试点对象。聚焦“执行不能”的现实问题，把“执转破”作为导入类个人破产程序的主渠道，把为破产企业提供连带责任担保的自然人、因个人创业无法清偿到期债务的62名“商自然人”，作为适用类个人破产程序的优先考虑对象。二是把好免责关，精定考察期限。破产免责是个人破产制度的核心内容，必须进行严密的程序规制。按照合理平衡债权人和债务人利益原则，并考量当事人合意、债务清偿比例等因素，确定了最短为零、最长五年的免责考察期。三是把好出口关，畅通退出渠道。健全债权人和管理人的监督异议机制，即便在债务清偿方案履行完毕之后，发现债务人存在违反诚信的行为，法院也可撤销债务豁免方案。

3.“三个维度”突出协同联动，构建类个人破产审判的大格局。始终坚持增动力与聚合力相协调，建立健全内外协调、运行顺畅的工作格局。一是强力凝聚内部“协”的力量；二是大力拓展上下“合”的功能；三是着力健全府院“联”的机制。在经费保障上，经与政府相关部门协调，将类个人破产的破产费用纳入市法院与市财政局联合建立的破产费用专项基金支付范畴；在信息共享上，法院向债务人所在社区或者单位、税务机关、信用管理部门征询意见，全面了解债务人情况；在债务人考察上，建立由村（社区）专人负责日常管理、破产管理人定期管理、法院常态化管理的债务人管控与救济新模式。

（三）试点工作的困难问题

1. 缺乏上位法依据，整体效果不明显。因为缺乏上位法依据，作为试点工作基本遵循的《工作指引》，一方面，将个人破产中特有的债务豁免、免责考察期等制度，通过全体债权人一致决的方式，获得全体债权人的认可，作为全体债权人意思自治形成的“法律”；另一方面，立足于现有民事执行制度，将执行制度中的参与分配、执行和解等规定纳入《工作指引》中，获得与个人破产功能相当的法律效果。但是民事执行制度的法律规定，无法取代个人破产制度，上位法依据缺少对试点工作的影响仍然显而易见。

2. 缺乏破产文化传统，社会接受度不高。试点过程中，法院和管理人往往要花费大量时间和精力向债权人进行破产文化的宣传，让债权人逐步理解和接受个人破产的理念。如在锡山法院审理的卫某类个人破产案件中，其间有 15 名债权人申报债权合计 125 万元，在债权债权人会议审议债务豁免等决议时，其中 15 名债权人中有 5 名债权人行使否决权，不同意债务豁免等决议，3 名债权人虽不同意但是接受多数决的结果，剩余 2 名债权人明确表示将另行向债务人主张权利，不认可对债务豁免的多数决结果。

3. 债务人诚信问题突出，难以取信于债权人。在试点工作中，经过与多位债权人沟通，我们发现免除债务并非公众抵制自然人破产的核心原因，债权人抵制自然人破产的主因是担忧自然人破产会引发逃废债、个别清偿，债权人关注的核心是债务人是否已经全力以赴地清偿债务，只要确信债务人已经尽力清偿，债权人愿意作出必要让步。在债务履行或者执行过程中，又通过转移财产、规避执行等逃废债务的不诚信行为，严重损害债权人对类个人破产制度适用的正当性的信任。

4. 破产事务管理制度不够健全，难以实现对债务人的免责考察。如果整体推进个人破产制度，对债务人的考察将是防止债务人利用个人破产程序逃废债务的重要防范机制，是个人破产制度的重要组成部分。破产事务管理制度的缺失，将会严重影响个人破产制度实施效果和社会评价。

三、个人破产制度立法的对策建议

无锡法院的试点和实践探索工作，仅仅是个人破产制度施行前的星星之火。试点工作取得了一定成效，也积累了一定经验，但是个人破产制度作为一项重要的法律制度改革，涉及政治、经济、文化等各个层面，还需要相关配套制度的建立健全。我国在是否应建立个人破产制度的漫长论争中，债务免除可能引起的道德风险成为持反对意见者最大的担忧，即免责考察是个人破产制度的重中之重。域外个人破产法发展历程也经历了由严到宽的过程，故在我国建立个人破产制度之初，也应当秉持严格债务免除理念，围绕不予免责事由、不可免责的债务及免责撤销制度等核心制度构建与当前现实条件相匹配的个人破产免责制度。为此，对我国个人破产立法提出如下建议。

（一）设计较为严格的不予免责事由

个人破产制度的本质在于保护诚实的、善意负债的债务人，为“诚实而不幸”提供再生机会，同时要保护债权人利益，避免债务人利用个人破产程序进行逃废债，即免责制度保障的是“诚实而不幸”的债务人。鉴于我国的诚信现状，我们倾向设计较为严格的不予免责事由，有利于促进形成诚实守信的良好社会风气，也有利于增进债权人以及社会公众对个人破产制度的认同。在立法、司法中建立严格的个人破产门槛，通过设置好严格的申请条件，并通过规范程序设计来落实对“诚实而不幸”债务人的筛选。

比较《美国破产法》和《德国破产法》关于不予免责事由的规定可以发现，虽然在表述上存在差异，但大致可归纳为以下四种情形：第一，构成破产犯罪的；第二，隐匿、转移财产，虚构债务的；第三，违反如实陈述、协助等法定义务，妨害破产程序进行的；第四，一定期间内（如《美国破产法》规定过去 8 年内，《德国破产法》规定过去 11 年内）被免除过剩余债务的。[①] 不难看出，其根本目的在于否定债务人以欺诈债权人或其他滥用破产程序的不诚实手段逃避其债务的行为。《深圳经济特区个人破产条例》所列举的各种不予免责

---

① 最高人民法院民二庭课题组：《司法实践视野下自然人破产免责制度的构建》，载《法律适用》2022 年第 2 期。

事由与之基本相似,并有关于“因奢侈消费、赌博等行为承担重大债务或者引起财产显著减少”而不予免责的规定。[①] 无锡中院出台的《工作指引》第6[②]、11[③]、17条[④]规定了债务人启动个人破产程序的必要条件,并对不予受理和提前终

---

① 《深圳经济特区个人破产条例》第98条规定:“债务人存在下列情形之一的,不得免除未清偿债务:

(一)故意违反本条例第二十三条、第八十六条关于债务人行为限制的规定;

(二)故意违反本条例第二十一条关于债务人应当遵守的义务,以及第三十三至第三十五条关于债务人财产申报义务的规定;

(三)因奢侈消费、赌博等行为承担重大债务或者引起财产显著减少;

(四)隐匿、毁弃、伪造或者变造财务凭证、印章、信函文书、电子文档等资料物件;

(五)隐匿、转移、毁损财产,不当处分财产权益或者不当减少财产价值;

(六)法律规定不得免除的其他情形。”

② 《工作指引》第6条规定:“债务人提出申请的,应当向人民法院提交下列材料:

(一)申请书,载明申请人的基本情况、申请事项、申请的事实和理由;

(二)债务人(含配偶和未成年子女)财产及收入状况报告;

(三)债权债务明细;

(四)申请之日前两年内单次超过一万元支出的财产变动情况;

(五)请求保留的豁免财产清单;

(六)人民银行征信报告等个人信用证明材料;

(七)诚信承诺书;

(八)法院认为需要的其他材料。

申请人有收入来源且超过维持其本人及其扶养家庭成员基本生活水平的,应当提交债务清偿计划。”

③ 《工作指引》第11条规定:“人民法院审查申请时,发现有下列情形之一的,应当裁定不予受理:

(一)债务因故意违法犯罪、赌博、挥霍消费等不良行为产生;

(二)有履行能力而拒不履行生效法律文书确定义务;

(三)以伪造证据、暴力、威胁等方法妨碍案件审理、抗拒执行;

(四)以虚假诉讼、虚假仲裁或者以隐匿、转移财产、放弃债权、虚构债务等方法妨害诉讼、规避执行;

(五)违反限制消费令;

(六)存在无正当理由拒不履行执行和解协议等违反诚实信用原则的情形;

(七)债务人提供的财产及收入状况说明不实;

(八)在江苏省辖区外有作为被告、被执行人或者被申请人的应负或者可能应负金钱给付义务的诉讼、执行、仲裁、公证债权案件;

(九)有作为被告、被申请人的可能应负金钱给付义务的正在审理中的诉讼、仲裁、公证债权案件,上述案件在签订债务清偿和解协议前形成生效法律文书的除外;

(十)债务人有其他数额较大债务可能进入诉讼、仲裁、公证等法律程序;

(十一)不符合本指引第三条、第四条情形的。

因第(一)至(七)项情形裁定不予受理之日起三年内,申请人再次提出申请的,无论是否符合受理条件,人民法院均应当裁定不予受理。”

④ 《工作指引》第17条规定:“人民法院受理申请后,发现债务人存在第十一条所列情形或其他逃废债行为,以及严重违反本指引第十一条第二款、第十四条、第十六条行为的,债务人及其近亲属、利害关系人未履行第十五条行为的,人民法院可以依职权或依管理人、债权人的申请,裁定终结类个人破产程序。符合恢复执行条件的,恢复原生效法律文书的执行,并根据情节依法对被执行人及其他当事人采取罚款、拘留等措施,构成犯罪的,依法追究刑事责任。”

结程序的情形作了详细列举,防止债务人利用类个人破产程序达到非法目的。

诚信原则是民商事活动的“帝王原则”,诚信原则在个人破产程序中的体现主要为要求债务人是诚信且高度配合的债务人,以此保障债权人债权的同时又合理救济债务人,平衡债权人与债务人之间的利益。在无锡法院试点中,着重审查三个诚信:一是事前诚信。债务人应当进行全面如实地财产申报,并作出相应的承诺,与此同时要审查债务人在受理前一段时间是否存在恶意处置资产,或者恶意串通负债等贬损其财产的行为。二是事中诚信。一旦出现或者发现债务人的恶意、不诚信行为,立即终止清理程序,或者驳回申请,同时充分尊重债权人的参与权、表决权,如果个人债务集中清理方案经过两次债权人会议表决未通过,也应当终止类个人破产程序,以避免司法不公。三是事后诚信。清理方案履行完毕之后,仍应当承受一定年限的信用限制,包括行为限制和资格限制,以体现其对之前所作承诺的诚意和债权人对其债务免除的对价。在全市法院已经审结的53件个人债务清理案件中,其中45件案件因债务人在个人债务清理程序中存在擅自离开住所地,提供居住信息、名下资产信息等不实,不配合管理人调查工作等原因,而被管理人以债务人严重妨碍个人债务集中清理程序进行,不符合“诚实而不幸”的标准,向法院申请终结个人债务清理程序。法院经审查认为,债务人已违反其在个人债务清理程序中应履行的配合义务,故裁定终结个人债务清理程序。

(二)合理确定不予免责的债务范围

现代个人破产制度中的免责制度,由市场经济的理念指引并最终服务于市场经济,不能够被市场所调节。个人破产制度主要是为了解决债务人因市场交易活动而产生的过度负债问题,比较典型的是公司的法定代表人为公司生产经营所需贷款提供担保产生的担保债务,其最初的适用对象主要为具有较强商事属性的商自然人。因此,从这个角度来讲,个人破产制度具有鼓励创新、宽容失败、挽救诚实而不幸的人的功能。但是因为非市场活动而产生的负债,包括侵权之债、基于身份关系产生的债务以及税收等公共债务不应免除。

综合各国立法经验分析,不予免责的债务主要包括税收债务、政府罚款和其他制裁、婚姻家庭债务和学生教育贷款。[①] 究其理论依据,不外乎两个方面:

① 徐阳光:《个人破产免责的理论基础与规范建构》,载《中国法学》2021年第4期。

一是因为债务发生的原因是债务人的故意，不予免责可以抑制债务人的恶意负债，防止道德风险；二是债务的类型性质决定不适宜免责，否则会危及其他人的生存权益，产生负外部效应。因此，将非因市场交易关系产生的部分债务作为个人破产免责的例外，是建立个人破产制度国家的共识。《深圳经济特区个人破产条例》第97条对此也有类似规定。无锡中院制定的《工作指引》第58条对不可免责的债务作出规定，欠缴税款；债务人因故意侵权行为产生的人身损害赔偿债务；债务人因履行法定抚养、扶养、赡养义务的费用；因不可归责于债权人的事由导致该债权人未申报债权，债务人对该债权清偿数额未达到已申报债权受偿比例的部分；法律、司法解释规定的其他应当继续清偿的债务。因此，即便是对债务人适用个人破产程序，也要明确不可免责的债务种类和范围，以此保障债权人的利益。

（三）设计合理的免责考察期

目前域外破产立法对于免责大致两种，美国、日本等采用即时免责，无须经历相应考察期，欧洲国家则大多设置免责考察期，且近年来存在缩短期限以激励企业家早日恢复商业活动的动向。[①] 虽然从逻辑上讲，通过设计严格的不予免责事由、不能免责债务及其配套制度，已然能够有效防止制度滥用和降低债务人的逃废债预期，即经过审查甄别，能够适用免责制度的债务人已经被确定为"诚实而不幸"的自然人，如果再对其施以较长的免责考察期和信用限制，将背离个人破产免责制度的设立初衷。

我们认为，普通大众对免责制度的接受有一个过程，免责考察期是其中最为显著、最为人关注的重要指标，故在个人破产免责制度设立初期，不宜采纳过短的期限。第一，有利于杜绝债务人的道德风险。第二，给予债权人以希望，"为识别或者追究遗漏财产、未通知债权人申报债权、发现免责前的其他欺诈行为等问题的澄清和处理留出相应时间和空间"[②]。第三，以鼓励债务人选择重整程序、防止债务人滥用清算免责制度为价值导向，清算程序的免责考察期不应低于重整程序的清偿期间。结合无锡法院开展的试点工作，通过制订清偿计划

① ［澳］Rosalind Mason：《澳大利亚个人破产制度与未来改革方向：应对债务人的不幸与不端行为》，金春、张效锁译，载中国民事诉讼法学研究会编：《民事程序法研究》（第21辑），厦门大学出版社2019年版，第146～163页。

② 刘静、刘崇理：《建立我国个人破产制度若干问题研究》，载《人民司法》2020年第19期。

进行债务清理的债务人，其清偿期间多为3年或5年。当然，过于严厉的立法也会导致相反的效果，债务人将通过各种途径避免破产，从而降低了进入破产程序后的实际清偿债务能力。所以，在个人破产免责制度设立初期，应设置较为合理的免责考察期，一般来说5年左右较为适宜，《工作指引》即采用最长5年的考察期。

为避免较长的免责考察期所带来的债务人消极清偿的可能，可设计一定激励机制，具体而言，即根据清偿比例的高低设置不同免责考察期，清偿率越高的免责考察期越短，以此激励债务人尽力偿债。但两者对应关系应结合现实中自然人债务人以及出现破产原因的自然债务人实际清偿率确定。据统计，无锡法院首执案件的实际执行到位率近几年分别为2020年22.54%、2021年26.09%、2022年1～7月22.75%，而根据目前试点法院数据统计，平均清偿率也仅为50%左右。[①] 基于此，我们认为，提前免责的清偿比例不宜设定过高，清偿剩余债务达到30%以上不足60%的，可将免责考察期减少为两年，无锡中院出台的《工作指引》第57条分别对不同债务清偿率对应的不同期限考察期制定了规则。

四、结语

我国经济是在较低的基础上开始发展的，经济制度和法律都在短期内快速爆发式制定和迅速地调整，制度设计着眼于设立和规范运行，对市场主体的退出的关注相对较少，对新兴经济模式的积极有效应对和对主体法律观念的健康引导不足。某种程度上来讲，正因为个人破产等市场退出机制的制度供给不足，造成全社会对某些普遍违法行为和潜规则行为的默认和容忍，严重影响对经济和社会制度真问题的识别以及正确对策与解决路径的研究和选择。建立与市场经济相配套的个人破产制度，是我国当下经济社会发展的必然选择，不能因噎废食，因为个人破产制度可能被别有用心的“逃废债”者利用，而将其束之高阁，应当因势利导，通过建立个人破产制度，发挥其制度功能，反过来加强全社会对个人破产制度的信心，形成正向的激励。构建个人破产制度，势在必行，也正当其时。

---

① 最高人民法院民二庭课题组等：《司法实践视野下自然人破产免责制度的构建》，载《法律适用》2022年第2期。

涉公司冒名登记撤销程序法律问题研究

——以W市两级法院2017~2021年司法实践为样本

无锡市中级人民法院行政庭课题组*

摘　要：当前由冒名登记引发的行政纠纷增长态势明显，被冒名人向登记机关申请撤销相应登记，如登记机关未予撤销，被冒名人一般选择向人民法院提起行政诉讼。本节以近五年来W市两级法院受理的涉冒名登记案件的审理情况为切入口，通过对冒名登记撤销之诉的实证考察，分析当前撤销程序的现实困境，进而提出相应的解决思路，尤其是对于超过法定起诉期限的被冒名人实体权益如何救济进行探讨，通过行政程序和行政诉讼的衔接解决这一难题。

一、公司冒名登记撤销之诉的实证考察

目前相关法律规定没有关于“冒名登记”的专门定义，从司法实践来看，“冒名登记”一般是指自然人认为自身身份信息（签名、身份证等）被他人冒用而进行公司设立、变更、注销等登记。近年来，随着“放管服”改革在全国范围内的深入推进，各地陆续出台了一系列具体举措，以降低市场主体的准入门槛，提高准入效率，与此同时，因为程序简化，违法成本降低，冒用他人身份信息进行公司登记的情况时有发生，进而导致被冒用人起诉到法院要求撤销公司登记的情况时有发生。经过对W市五年来涉冒名登记案件的梳理，该类案件主要呈现以下特点。

---

* 课题主持人：杨志钢，无锡市中级人民法院副院长。课题组成员：王作化，无锡市中级人民法院行政庭庭长；马云，无锡市中级人民法院行政庭副庭长；崔晓萌，无锡市中级人民法院行政庭审判员。

1. 收案数量呈上升态势

自2017年至2021年，W市法院共受理涉冒名登记类一审行政案件90件，其中2017年17件，2018年16件，2019年28件，2020年16件，2021年13件。

2. 案件类型相对集中

从起诉到法院的案件类型来看，基本涉及三种登记类型，即公司设立登记、变更登记和注销登记，其中要求撤销设立登记51件，撤销变更登记35件，撤销注销登记4件。

3. 被冒名类型相对固定

从形式上看，被冒名人一般主张签名被冒用或身份证被冒用，被登记为公司法人、股东、监事等；从实质上看，存在被冒名人主观上对被冒名情况不知情和被冒名人知道或应当知道其身份信息被冒用两种情况。

4. 裁判方式以三种为主

90件涉冒名登记类案件的裁判方式以准予原告撤回起诉或按撤诉处理（50件，占55.5%）和裁定驳回起诉（18件，占20%）为主。准予撤诉的案件大多数为法院在审理中查明冒名事实成立，登记机关自行撤销被诉行政行为后原告申请撤回起诉。在这种情况下如登记机关不愿主动撤销登记行为，则法院将以判决形式撤销被诉登记行为。裁定驳回起诉的案件主要是由于在起诉时已经超过了起诉期限，故无法进入实体审理。

5. 救济途径选择不统一

从案件审理情况来看，部分当事人在认为被冒名后先行选择向登记机关申请撤销登记，如登记机关未作出处理或不予撤销，再提起行政诉讼；部分当事人则选择直接向法院提起撤销之诉进行维权。

二、冒名登记撤销程序之现实困境

冒名登记撤销困境主要体现在登记机关的撤销程序和法院撤销判决两个方面。

（一）登记机关的审查义务存在争议

在公司登记过程中，登记机关应承担何种审查义务存在争议，主要集中在形式审查和实质审查两种审查判断标准上。所谓形式审查，是指登记机关仅对申请材料的形式要件进行审查，即审查申请人是否按照法律规定提交申请材料,包括申请材料是否齐全、是否符合法定形式等。与此相对应的是实质审查,即对申请材料的真实性和合法性进行审查。《公司登记管理条例》(已失效)第2条第2款规定,申请办理公司登记,申请人应当对申请文件、材料的真实性负责。据此,登记机关普遍认为,对公司登记应当坚持形式审查标准,在符合法定形式的情况下,即应当按照法律规定进行登记,尤其在目前强调市场主体准入效率的导向下,对于申请公司登记不应进行实质审查,如进行实质审查则会与法律规定相违背且不符合效率原则。该种观点也直接影响了对冒名登记问题的处理判断,持该种观点的人认为在公司登记过程中,如登记机关已经尽到审慎审查义务,对于申请人提供的申请材料进行了全面的形式审查,则相应公司的登记就不应撤销。

如陈某晨不服W市H区市场监督管理局工商行政登记登记案中,陈某晨主张其身份证在异地遗失,后在欲注册公司时发现他人冒用其已丢失的身份证并假冒其签名于2014年9月23日注册登记成立涉案公司,故起诉至法院请求撤销W市H区市场监督管理局作出的设立登记。W市H区市场监督管理局在答辩时认为:申请人提交的申请材料齐全,符合法定形式要求,其核准涉案公司的设立登记申请,符合法律规定,并无不当。其对涉案公司设立登记时提交材料的实质真实性不负有审查职责与能力,公司登记申请文件是否真实的责任应由申请人承担。因申请材料和证明文件不真实引起的后果,登记机关不承担相应的责任,其已尽到合理的审查义务,故请求驳回陈某晨的诉讼请求。①

(二)登记机关调查处理能力有限

便随着认识的深入,即部分登记机关已认可在接到被冒名人的反映后应对在申请登记时是否存在冒名情况展开实质审查,但现实生活中被冒名的情况多种多样,涉及签字的真伪、身份证件是否遗失等较为明显的冒名情形尚可采取一定的调查手段予以核实。但对于主张被冒名的自然人本身与公司有一定关联的情形,如被冒名人系公司股东或公司经营管理人员或者上述人员的近亲属等,被冒名人主张签字不是其本人所签或身份证件系不知情的情况下被登记,就需要对主张被冒名人的真实意思表示进行进一步审查。

---

① 江苏省无锡市滨湖区人民法院行政判决书,(2018)苏0211行初164号。

实践中,如企业正常经营且可以找到相关人员的情况下,调查处理相对来说较为简单,但更多棘手的涉嫌冒名登记的案件中,企业可能存在已经长期无人经营、营业执照被吊销、登记材料中的相关人员也无法联系等情况,这类案件的调查取证往往难以开展。同时,登记机关与司法机关不同,在向其他机关或者金融机构等调查取证时,往往也存在执法权上的障碍,导致登记机关无法对是否冒名作出准确判断。

(三)对于“冒名登记”的判断标准不统一

目前法律法规未对冒名登记的撤销标准作出统一规定,实践中冒名的情况又较为复杂,有的是简单盗用或者冒用身份证明,注册了空壳公司,为骗取国家补贴或者完成登记任务;有的是本来合作关系良好,出于相互信任而出现的代为签名,事后因利益分配或者经营理念不同而举报;还有的是在注册登记时就故意假签名,为后续逃避责任做准备。登记机关对于客观上是否伪造签名或冒用身份证件可以通过笔迹鉴定或报警记录、挂失记录等予以证明,但对于被冒名人主观上是否知情以及撤销公司登记尤其是撤销设立登记后的后果不易把握,故不同的登记机关在面临冒名问题时,由于缺乏统一的操作标准以及个案的具体情况不同而导致对处理结果不同。同时,在相关处理结论被起诉到法院时,因司法审查与登记机关的审查标准存在不统一,亦导致部分登记机关所作出的准予或不准予撤销登记决定被法院撤销。

如刘某、华某诉 W 市 B 区行政审批局变更登记一案中,华某主张在 2020 年因申请公租房需要发现被登记为涉案公司股东,遂联系前同事华某(华某被登记为涉案公司法定代表人、股东),遂向相关部门反映情况,W 市 B 区行政审批局接到反映后启动笔迹鉴定,经鉴定确认相关公司登记申请书及其他申请材料中的笔迹均非刘某、华某所签,但 W 市 B 区行政审批局认为其在作出变更登记时已经尽到法定审查义务,将两人登记为法定代表人和股东时并无义务也无能力核验两人身份证是否被冒用,仅凭现有证据亦不能证明两人身份信息被他人冒用,故不予撤销涉案公司变更登记。刘某、华某不服该决定,诉至法院,法院经审理认为:司法鉴定意见书已明确相关申请材料上签名的笔迹均不是刘某、华某本人书写,W 市 B 区行政审批局亦未提供其他证据证明刘某、华某对该次变更登记知情或事后曾予追认,故可以认定涉案公司提交了虚假材料取得了公司登记,本案所涉变更登记行为应当予以撤销。①

(四)登记机关出于潜在风险考虑不愿主动撤销

该种情况主要出现在对设立登记的撤销程序中,因公司设立登记被撤销后将导致公司主体消灭,除对公司造成的直接影响外,还有可能涉及民事上债权人的利益,甚至涉及国家税收等社会公共利益。在这类案件中,部分当事人往往在被卷入民事诉讼中发现被冒名登记,即使能够查明冒名登记事实成立,登记机关亦无法轻易作出撤销决定。此外,登记机关经征求相关部门意见,公司存在欠税、欠费、欠社保或已有行政案件正在处理过程中,能否撤销设立登记也存在争议。登记机关往往出于规避后续潜在风险的考虑,不作出处理决定或作出不予撤销决定,被冒名人只能选择向法院提起行政诉讼。在法院查明冒名登记事实成立,建议登记机关启动自纠程序时,部分登记机关仍出于后续风险的顾虑而不用主动撤销,要求法院进行判决。

(五)类案裁判标准不统一

实践中,对于被冒名人在向法院提起撤销之诉是否以向登记机关提出撤销申请为前提存在争议。从对 90 件案件的梳理情况来看,当事人选择向登记机关申请撤销登记后对登记机关不作为或作出的处理决定不服进而提起诉讼和直接向法院提起撤销之诉两种情况均存在,W 市目前的司法实践表明对该问题的认识较为统一,即提起撤销之诉不以向登记机关先行申请撤销为前提。但对于登记机关接到投诉或反映后已对冒名登记开展调查尚未有结论的情况下,被冒名人同时选择向法院提起诉讼,是否需要等待登记机关的调查处理结果,不同法院存在不同的认识。部分法院认为在登记机关已启动行政审查程序,尚未作出处理决定前,向法院提起诉讼撤销公司登记没有事实根据,不符合起诉的条件。② 针对同一行政行为,司法介入正在进行中的行政程序,会导致程序混乱,不但不利于行政机关自行纠错,实质性解决行政争议,而且有违司法最终原则,故原告的起诉时机尚不成熟。③ 而该案上诉到 W 市中级法院后,中院认为:原告虽然在诉讼之前,已经就同一事项向市场监督管理部门投诉,但无论相关

① 江苏省无锡市梁溪区人民法院行政判决书,(2021)苏 0213 行初 239 号。

② 江苏省宜兴市人民法院行政裁定书,(2017)苏 0282 行初 122 号。

③ 江苏省无锡市梁溪区人民法院行政裁定书,(2019)苏 0213 行初 65 号之一。

行政机关是否予以处理，最终处理结果如何，均不影响其就已经存在的工商登记提起行政诉讼的权利。故撤销一审裁定，责令原审法院继续审理。[①]

(六)矛盾纠纷无法获得实质性化解

在冒名登记发生后，被冒名人往往无法在第一时间得知，在其他事项的申报或办理中才知道被冒名登记的事实，但此时起诉登记行为往往已经超过了最长的起诉期限。如前所述，90 件案件中裁定驳回起诉 20 件，基本均是超过法定起诉期限的案件。在此情况下，被诉登记行为丧失了进入实体审查的可能性，但部分被冒名人已有初步证据证明冒名事实存在，其实体权利无法得到救济，而被冒名造成的后果仍在持续，矛盾纠纷无法得到解决。如宋某某诉被告 W 市 L 区行政审批局工商行政登记一案中，宋某某主张其在进行个税登记时发现在“任职受雇信息”中有一任职经历为涉案公司，其从未在 W 市学习、就业，亦未听过该公司。当日，其向当地税务部门咨询后在个税 App 中进行了申诉，但一直处于待受理状态，其查询该公司信息得知其为该公司的法定代表人、股东、执行董事、总经理。宋某某向法院提起行政诉讼，请求撤销涉案公司的设立登记，法院以宋某某的起诉已超过最长 5 年的起诉期限为由裁定驳回起诉。对该案的背景调查显示，宋某某为外市公务人员，其在 S 市学习期间遗失身份证，后被人冒用在 W 市注册公司，其在得知被冒用事实后多次往返 W 市寻求解决途径，但因超过起诉期限而未能通过行政诉讼途径得到救济。该案最终通过检察机关启动笔迹鉴定程序后确认冒名事实成立，登记机关主动纠错予以解决。

三、公司冒名登记撤销程序的衔接与重构

通过对当前公司冒名登记撤销程序的困境分析，可以看出目前的主要问题在于登记机关审查义务的把握、冒名登记的审查判断标准、撤销公司登记的法律后果、裁判方式的选择以及实质性化解矛盾纠纷的途径等方面，而其中更深层次的问题为，如何通过行政机关和司法机关的有效衔接从而构建涉冒名登记撤销程序的完整救济途径。

(一)对冒名登记问题应坚持实质性审查标准

《市场主体登记管理条例》第 40 条第 1 款规定，提交虚假材料或者采取其

---

① 江苏省无锡市中级人民法院行政裁定书，(2021)苏 02 行终 29 号。

他欺诈手段隐瞒重要事实取得市场主体登记的,受虚假市场主体登记影响的自然人、法人和其他组织可以向登记机关提出撤销市场主体登记的申请。国家设置登记制度的主要目的是克服必要的社会、经济信息不足而提供的一种权威而统一的行政程序性服务手段,通过登记赋予有关事实或权利公示以推定力与公信力,其行政监管色彩较淡。[①] 尤其在近年来市场准入门槛进一步放宽的背景下,公司登记机关为进一步提高登记效率,往往对申请人提供的材料进行形式审查后予以登记。这种"宽进"必然要以后续的"严管"为保障,在接到冒名登记的有关投诉时,如登记机关仍坚持形式审查标准,不对登记材料的真实性进行实质审查,则可能导致客观上存在的违法登记行为无法得到纠正,进而导致后续的诉累,故登记机关应对是否冒名应进行实质性审查后作出相应判断。同时,如果登记机关在案件进入诉讼中仍坚持只需承担形式审查义务,法院在司法审查时应当对是否存在冒名进行实质审查,即使确定登记机关在作出登记行为时已经尽到审慎审查义务,但后续有证据表明登记行为系通过"提交虚假材料或者采取其他欺诈手段隐瞒重要事实取得"的,则仍应对登记行为予以撤销。

(二)是否冒名的审查判断标准

实践中冒名情况复杂多样,对于冒名的判断标准也尚无明确的法律规定,通过对司法实践中相关案例的总结,对于是否冒名可以综合以下两个方面进行判断:一是客观上是否有冒用签名和身份证件等情况,可通过专业机构出具的笔迹及指印鉴定意见、身份证件丢失报警回执、身份证件遗失公告、银行挂失身份证件记录等予以确认;二是主观上是否申请人的真实意思表示。部分申请人虽主张签名并非其所签或身份证件遗失或被他人借走使用,但后续行为表明其知晓相关登记行为或从事相应经营管理活动,应当视为其对登记行为知情或予以追认。登记机关在调查过程中,可以视案件具体情况采取调查公司其他人员、查询公司账册、查询银行流水等方式确定被冒名人是否知情、是否实际参与公司经营管理、领取薪资报酬、参与分红等。同时,公安机关对于冒用身份信息的报案的调查处理结果、人民法院生效民事判决对于被冒名人身份和民事责任的确认等,可以作为判断冒名登记是否成立的直接证据。应当说,登记机关和司法机关在对于是否冒名的判断上都应遵从上述标准,但登记机关由于行政执

---

① 霍振宇:《行政登记与司法审查》,法律出版社2010年版,第79页。

法手段的有限性,对于部分事实无法查清,进而无法对是否冒名作出准确判断,登记机关基于撤销后可能面临被法院再行撤销的风险考量,往往作出不予撤销决定。在此情况下司法审查不应对登记机关未进行自我纠错过于苛责,而是应进一步运用司法调查手段对案件事实进行查明,如果冒名登记事实成立,建议行政机关自纠,如登记机关不愿自纠的,依法作出相应判决。

(三)登记机关应尽自我纠错义务

如前所述,向法院提起撤销登记之诉无须以向登记机关申请作为前提,同时如当事人先行向登记机关提出申请但登记机关未作出相应决定前,当事人向法院提起撤销之诉的,法院亦应进行实体审理,因为登记行为本身系可诉行政行为。即便如此,在争议发生时,仍建议行政机关积极采取自我纠错方式。自我纠错是依法行政的应有之义,即由行政机关自行纠正违法行政行为并妥善处理后续事宜。行政权的行使具有主动性和积极性,这种特性不仅体现在行政管理事项上,也体现在由此引发的争议解决中。

自我纠错与司法纠错相比救济更具有及时性。登记机关掌握一手登记资料,最接近争议发生的时空场域,启动程序也最为快捷,还可节约通过司法途径救济的成本。从处理周期来看,《市场主体登记管理条例》第 40 条第 2 款规定,登记机关受理申请后,应当及时开展调查。经调查认定存在虚假市场主体登记情形的,登记机关应当撤销市场主体登记。相关市场主体和人员无法联系或者拒不配合的,登记机关可以将相关市场主体的登记时间、登记事项等通过国家企业信用信息公示系统向社会公示,公示期为 45 日。相关市场主体及其利害关系人在公示期内没有提出异议的,登记机关可以撤销市场主体登记。从上述规定可以看出,如相关公司和人员无法联系或者拒不配合的,登记机关的公示时间为 45 日,如公示期间无人提出异议,即可撤销相应公司登记。而进入法院的司法审查流程后,如作为第三人的公司无法联系时,往往会采取公告送达方式且需要多次公告送达,耗时较长,因此登记机关自我纠错能使权利受侵害人得到最及时的救济。

《最高人民法院关于审理公司登记行政案件若干问题的座谈会纪要》中关于"以虚假材料获取公司登记的问题"中明确:"因申请人隐瞒有关情况或者提供虚假材料导致登记错误的,登记机关可以在诉讼中依法予以更正。登记机关依法予以更正且在登记时已尽到审慎审查义务,原告不申请撤诉的,人民法院应当驳回其诉讼请求。原告对错误登记无过错的,应当退还其预交的案件受理费。登记机关拒不更正的,人民法院可以根据具体情况判决撤销登记行为、确认登记行为违法或者判决登记机关履行更正职责。”据此,登记机关的自我纠错可贯穿于争议解决的全过程,即被冒名人向登记机关申请撤销登记时、向法院起诉要求撤销登记时以及法院司法审查确定冒名登记成立并作出相应判决前。

(四)部分撤销可在一定条件下适用

《市场主体登记管理条例实施细则》第 57 条规定,同一登记包含多个登记事项,其中部分登记事项被认定为虚假,撤销虚假的登记事项不影响市场主体存续的,登记机关可以仅撤销虚假的登记事项。《行政诉讼法》第 70 条亦规定了判决形式有部分撤销判决。因此,无论是登记机关的撤销还是法院的撤销判决,部分撤销均有相应依据。

如前所述,登记机关对于设立登记的撤销程序最为慎重,由于公司的设立登记后公司的主体资格归于消灭,可能对民事法律关系和行政法律关系上的责任承担主体均产生影响,尤其是一些登记行为已经存续多年,公司也经营多年,在此情况下一旦撤销设立登记,将对稳定的法律和社会关系造成破坏;部分案件中,登记机关在向税务、金融、人力资源社会保障等部门询函时,虽相关机关并未明确表态不能撤销公司登记,但亦告知涉案公司存在欠税、欠费、欠社保等情形,这种情况下登记机关亦难以直接作出准予撤销公司设立登记的决定。该类案件在进入法院的司法审查中也存在相同的争议。为了破解这类难题,可以考虑用部分撤销的方式予以解决。主要理由如下:首先,公司一经成立就具有法人资格,就是一个独立的经营主体和交易主体,公司的独立人格使其与先前的发起人、出资人以及公司成立后的股东、公司经营者在身份、财产、意思、责任上独立、区分开来。公司作为法律上独立的人,其法律上的人格与生命就应得到法律上的尊重和维护,不能轻易予以否定。① 其次,公司一经成立,无论成立动机如何,均需要发生经营活动,对外交往,与外界建立各种合作和交易关系,还可能形成各种债权债务关系。撤销设立登记是对公司法人资格的根本性否定,直接影响公司民事主体资格和行政主体资格,也必然影响公司股东、债权人

---

① 肖海军:《论公司设立登记撤销制度——以〈公司法〉第 199 条的适用展开》,载《中国法学》2011 年第 2 期。

的利益,进而影响交易安全和稳定。主张被冒名人往往只是个人身份信息被冒用,但公司还存在其他股东和利害关系人,否定公司主体资格后将直接导致各类责任主体灭失,在此情况下,如果将设立登记全盘撤销,显然是不妥当的。目前从 W 市的司法实践来看,在查明冒名事实成立的情况下,均是采取直接撤销公司设立登记,可以探索在符合一定条件的情况下只就冒名登记的事项(如法定代表人、股东、监事身份等)予以撤销,消除对被冒名的人不利影响,同时保留公司的主体资格,如构成其他行政法上的违法行为,亦可移交相关部门予以处理。

(五)超过起诉期限的撤销之诉的破解路径

1. 起诉期限制度难以突破

在冒名登记类案件中,确有部分被冒名人有充分证据证明身份信息被冒用,司法机关亦基本对此形成内心确认,然而由于起诉期限的限制,导致案件无法进入实体审查。

在前述宋某某案件中,宋某某虽然最终通过检察机关启动笔迹鉴定的方式维权成功,但距离其发现自己被冒名登记已经过去两年有余,显然并非权利救济的最优途径。基于法的安定性,行政行为一经作出就具有公定力,未经法定程序不得随意变更和撤销。行政诉讼法设立起诉期限制度是因为法律不保护权力上的"睡眠者",既要维护行政行为的公定力,也要督促行政相对人和利害关系人及时行使权利,基于此对于超过起诉期限的行政行为不予以保护。即使被冒名人通过先行向登记机关申请撤销冒名登记,再向法院提起行政诉讼要求履行法定职责,其实质仍是针对登记行为,因此,司法实践中仍然需要对登记行为本身的起诉期限进行审查,以防止通过履职之诉变相激活起诉期限的情况发生。

2. 以行政处罚程序启动为突破口

《行政处罚法》第 36 条第 2 款的规定,违法行为有连续或者继续状态的,从行为终了之日起计算追责期限。《国务院法制办公室对国家工商总局关于公司登记管理条例适用有关问题的复函》(国法函〔2006〕273 号)中规定,"……虚报注册资本、提交虚假材料、虚假出资、抽逃出资等行为在工商行政管理机关查处前未纠正的,视为违法行为的继续状态;如果违法的公司纠正其违法行为,并达到公司法规定的条件,且自该纠正行为之日起超过两年的,则不应再追究其违法行为”。基于此,对冒名登记的违法行为,对行政处罚追责期限应从违法行为纠正之日起计算。《市场主体登记管理条例》第44条规定,提交虚假材料或者采取其他欺诈手段隐瞒重要事实取得市场主体登记的,由登记机关责令改正,没收违法所得,并处5万元以上20万元以下的罚款;情节严重的,处20万元以上100万元以下的罚款,吊销营业执照。根据上述规定,登记机关可以在接到冒名登记的违法线索后,对是否“提交虚假材料或者采取其他欺诈手段隐瞒重要事实取得市场主体登记”展开调查,如违法事实成立,则应给予相应的行政处罚,同时对冒名登记行为予以撤销。

3. 诉讼中的衔接问题

对于确已超过法定起诉期限的登记行为,法院在审查过程中可向登记机关移送线索,由登记机关启动相应的行政处罚程序。与登记机关的撤销程序尚无明确的程序规定相比,行政处罚有明确而具体的程序规定,尤其处理周期上亦有严格的规定,保证了权利救济的及时性。同时因案件尚处在法院的审理程序中,在登记机关调查处理手段局限的情况下,法院可通过多种方式如开具调查令等予以协助,从而保护真正被冒名人的合法权益,使其受到的不法侵害得以终结。需要注意的是,此种情况下启动行政处罚程序应符合一定的前提条件,即法院对于被冒名登记事实已有初步判断,原告确实存在不知情的可能性,且该种可能极大。如登记机关或第三人在原告起诉后提供相反证据足以证明冒名事实不成立,则程序不予启动,否则将可能导致一些恶意的原告出于种种目的,通过司法程序将行政机关拖入反反复复的程序中,破坏法的安定性,也造成司法资源的浪费。还需要注意的是,行政处罚程序启动后如在登记机关调查处理过程中有充分证据证明冒名事实不成立,则相应程序应予以终止,法院亦当以超过起诉期限为由裁定驳回原告的起诉。

四、涉冒名登记撤销程序的几点延伸

1. 强化事前监管

冒名登记行为严重侵害被冒名人合法权益,也损害了商事登记权威,更不利于法治化营商环境建设。登记机关在提高登记效率的同时,应当提升登记准确性,加强此类纠纷的诉源治理。登记机关可以通过线上实名核验程序,对申请人进行核验,对于无法通过线上核验的,要求申请人携带相关材料至线下办理或提交经公证的材料配合完成核验,从源头上杜绝由于身份证件被冒用导致的各类纠纷。

2. 健全协作机制

冒名登记撤销问题涉及登记机关、税务机关、公安机关、法院、检察院等多个行政机关和司法机关,应尽快建立行政机关和人民法院、人民检察院之间协同配合机制,畅通信息共享渠道,加强疑难问题研判,加快案件处理进度,共同对恶意冒名登记行为进行规制,维护被冒名登记人的合法权益。

3. 加强协同配合

在处理涉及设立登记的冒名登记时,登记机关一般应按照《市场主体登记管理条例实施细则》第 54 条第 3 项的规定征询公安、税务、金融、人力资源社会保障等相关职能部门意见。如果市场主体存在尚未履行的法定义务,相关职能部门应当综合衡量撤销登记风险与被冒名登记人权益保护,与登记机关沟通确定撤销登记的法律后果以及责任承担主体。对于存在尚未履行的法定义务、不宜撤销设立登记的市场主体,登记机关可以采取部分撤销方式消除对被冒名登记人的不利影响。

4. 加大惩处力度

对于虚假登记行为,登记机关应当切实履行监管职责,依照《市场主体登记管理条例》第 40 条第 3 款、第 44 条的规定及时作出处罚决定并对后续登记行为作出相应限制,涉嫌其他违法的移送相关职能部门,涉嫌构成犯罪的线索及时移送公安机关处理。

五、结语

当前由冒名登记引发的行政纠纷增长态势明显,被冒名人向登记机关申请撤销相应登记,如登记机关未予撤销,被冒名人一般选择向人民法院提起行政诉讼。本节以近五年来 W 市两级法院受理的涉冒名登记案件的审理情况为切入口,通过对冒名登记撤销之诉的实证考察,分析当前撤销程序的现实困境,进而提出相应的解决思路。尤其是对于超过法定起诉期限的被冒名人实体权益如何救济进行探讨,通过行政程序和行政诉讼的衔接解决这一难题,具有重大的现实意义。后续,在本节的基础上,将出台配套指导意见,对于发现被冒名登记后的救济途径、是否冒名的审查判断标准、对冒名登记行为的分类处理等问题进行进一步明确,牵头登记、公安、税务等多家机关进行会签,以期畅通此类冒名登记问题的救济途径,切实消除对被冒名人的不利影响,实质性解决行政争议,持续优化我市营商环境。

长三角地区人民法院执行工作一体化构建路径探究

翁　强*

摘　要:随着长三角地区一体化的推进,人民法院必将面临大量跨区域经济纠纷,由此带来的是大量跨区域执行案件,这亟须通过以执行工作一体化来应对,而实现一体化的路径选择就十分值得研究。现有的委托执行存在先天不足、后天不良弊端,无法成为实现执行工作一体化的路径;异地执行成本太大,难以有效实施。而协同执行的价值追求与矫正信息不对称、法的效率价值和共同参与执行高度契合。本节建议构建以信息共享和统一领导为基础的协同执行模式,作为长三角执行工作一体化的构建路径。

2019年12月1日,中共中央、国务院印发了《长江三角洲区域一体化发展规划纲要》,自此长三角一体化上升为国家战略。在经济一体化大的框架下,交通一体化、医疗一体化、产业分工互补等正在加速推进。经济基础决定上层建筑,作为上层建筑的法治建设也应当随着经济一体化的发展而迅速跟进。

在推进长三角一体化过程中,法治是重要保障。法院应为长三角一体化发展提供优质高效的司法服务。随着长三角一体化的推进,法院将面临大量跨区域的经济纠纷,由此必然带来大量的跨区域执行案件,这亟须通过以执行工作一体化来应对。根据《现代汉语词典》,所谓一体化,是指各自独立运作的个体组成一个紧密衔接、相互配合的整体。执行工作一体化就是各个地区法院的执

---

* 翁强,无锡市中级人民法院执行局法官助理。

行部门组成一个紧密衔接、相互配合的整体,共同推进执行工作。当前跨区域执行路径主要有委托执行、异地执行和协同执行。异地执行和传统执行相比,只是赴异地执行案件,并非执行工作一体化,而委托执行也无法成为实现执行工作一体化的构建路径。

一、问题的提出:现有的委托执行存在先天不足、后天不良弊端,无法成为实现执行工作一体化的路径

(一)委托执行的“先天不足”:与一体化理念不符

所谓委托执行,根据《最高人民法院关于委托执行若干问题的规定》(以下简称《委托执行若干规定》)第 1 条第 1 款规定,是指执行法院经调查发现被执行人在本辖区内已无财产可供执行,且在其他省、自治区、直辖市内有可供执行财产的,可以将案件委托异地的同级人民法院执行。

在委托执行中,存在两个主体即受托法院和委托法院,一旦受托法院对接受委托的案件立案,委托法院对执行案件将作销案处理。所以委托执行所要达到的并不是一加一大于二的效果,而是将本应属于自己执行的案件委托给被执行人财产所在地的法院执行。委托执行在效果上等于是受托法院新收了一个执行案件,而不是不同地区的法院执行局之间相互配合来共同推进执行。所以委托执行在“先天”构造上与一体化理念是不符的。

(二)委托执行“后天不良”:在执行实践中很少使用

委托执行的实际运行效果并不理想。已有学者指出,在执行实践中,委托执行特别是全案委托执行管理混乱、运行不畅,在全国范围内全案委托执行基本停止,重点放在相对简单的事项委托上。[①] 所谓事项委托,是指委托异地法院协助查询、冻结、查封、调查或者送达法律文书等有关事项的,受托法院不作为委托执行案件立案办理,但应当积极予以协助。由此可见,委托执行在实践中运行较多的是事项委托,这种委托不是把整个执行案件“打包”给受托法院执行,只是将查询、冻结被执行人财产等个别简单事项单独委托给受托法院执行,案件还是委托法院负责执行。

---

① 刘伟光:《京津冀一体化北京下跨行政区域法院协同执行机制研究》,载最高人民法院执行局编:《执行工作指导》总第 74 辑,人民法院出版社 2021 年版。

在实践中，委托执行实际运行起来的仅是事项委托，而事项委托仅仅解决的是协助查询、冻结等简单事项，这与执行工作一体化目标相差甚远。

（三）委托执行无法克服执行地方保护主义和执行案件本位主义

由于受经济利益地方化影响，过去委托外地法院执行的案件或事项，出现较为明显的地方保护主义的现象。即使一些已设定抵押或采取保全措施、执行控制性措施的涉案财产，也往往被非法转移或隐匿，造成委托案件杳无音讯。[①]执行案件本位主义是指以自己所办案件为中心，以实现本案执行利益最大化为目标，对其他债权人利益漠视。[②] 由于委托法院在委托完成后不再参与到执行案件中，失去了对执行案件的主导权，所以委托执行也不能克服受托法院在执行案件中的地方保护主义和本位主义。

二、协同执行的价值追求与矫正信息不对称、法的效率价值和共同参与执行高度契合

协同执行是指上级法院发挥协调和统筹优势，统一调度使用下级法院执行力量，协同、帮助下级法院实施强制执行。据此，协同执行是上级法院主导下的多个法院协作执行，该过程有上级法院的组织领导。协同执行与执行难中亟须解决的矫正信息不对称、执行效率的提高高度契合。

（一）协同执行有利于矫正信息不对称

被执行人利用信息不对称逃避执行，一直困扰着法院的执行工作；相反，法院破解执行难，也要从矫正信息不对称入手。[③] 协同执行要求执行法院和参与协同执行的其他法院共同参与到执行中，其实就是在法院系统内部打通信息壁垒，一方面避免某个主体在执行法院是被执行人，在其他法院却是要领取执行款的申请执行人，而两个法院对彼此情况浑然不知。另一方面要充分利用参与协同执行的其他法院的“点对点”查控系统，实现信息联网，打破信息壁垒。目

---

① 孙汉忠：《对协同执行机制的分析——以“执行难”的综合治理为视角》，载《人民司法》2010年第1期。

② 刘伟光：《京津冀一体化北京下跨行政区域法院协同执行机制研究》，载最高人民法院执行局编：《执行工作指导》总第74辑，人民法院出版社2021年版。

③ 张洋：《刚找到的车怎么又被扣了？这就是执行法官之间的默契！》，载中国法院网2020年7月18日，https://www.chinacourt.org/article/detail/2020/07/id/5359504.shtml。

前已有法院出台规定,强制要求执行法官在发放案款时通过关联案件查询系统,核实申请执行人在全省有无作为被执行人的案件,如有未执行完毕的执行案件,则应主动告知所在法院。由于关联系统目前仅支持本省案件查询,故亟须打破壁垒,实现跨区域的数据共享,以矫正信息不对称。

(二)协同执行契合法的效率价值

效率价值的基本内容是投入与产出之间的比例,而法的效率价值是指法能够使社会或人们以较少的投入获得较多的产出。效率与公平是法学和经济学的基本价值。由于执行中体现公平的生效判决已经确定,所以执行中更注重效率的提升。在“切实解决执行难”和“改善营商环境”等目标导向下,人民群众对执行效率有了更高的需求。

在执行实践中,在被执行人不仅本人在外地,且其主要财产也在外地的情况下,如果执行法院派执行人员到外地进行调查、处置,不仅成本大、负担重,而且在来回途中消耗了大量时间、人力和物力。而协同执行通过调度被执行人财产所在地法院实施强制执行,借助协助法院的司法力量并利用其熟悉当地风土人情的优势,可以有的放矢,精准施策,不仅节省人力、财力和时间成本,同时提升了执行效率。

(三)协同执行有利于调动相关法院共同参与执行

与委托执行或者异地执行不同,协同执行在理念上是上级法院、执行法院和协同法院共同执行。而委托执行完成后,受托法院立案执行,委托法院不再参与执行,直接从原执行案件中彻底“解放”出来,对于一些工作量大、矛盾突出、疑难复杂的执行案件而言,此项制度无异于鼓励原执行法院“甩包袱”,极易滋生消极执行、选择性执行,给权利人带来更大的诉累。异地执行中,只是执行法院赴异地开展执行工作,并不能体现出一体化所要求的紧密衔接、相互配合。执行工作具有节点多、流程长的特点,异地执行涉及现场调查、情况核实、财产处置、强制清偿和现场交付等多个环节,如果每一个环节均需执行法院逐一完成,在案多人少的矛盾仍然突出的现实困境下,该模式并不可取。

在协同执行中,协同执行案件不移送、不提级,办案主体仍是执行法院,仍由执行法院以本法院名义对外出具法律文书。参与协同执行的其他法院执行可以凭上级法院出具的《协同执行决定书》和自身公务证件开展具体执行工作。最高人民法院已将协同执行数据纳入考核范围，对于不予配合或消极执行的现象予以通报，该模式近年来已取得非常不错的效果，外地财产情况由受托法院协助调查及查封，节约了各类成本，提升了执行质效。

三、长三角地区法院执行工作一体化可行性和必要性

（一）长三角地区法院执行工作一体化可行性

1. 执行立案已经实现全国一体化

经过全国法院共同努力，最高人民法院宣布自 2021 年 2 月 1 日起，跨域立案服务实现四级法院全覆盖、案件类型全覆盖。跨域立案服务实现四级法院全覆盖，自然已包括长三角地区的法院，案件类型全覆盖，当然也包括执行案件。执行立案已经实现全国一体化，这为长三角地区法院执行工作一体化打下了基础。而且人民法院的执行工作随着“用两到三年时间基本解决执行难”工作目标的推进和各项改革措施的完成，在一定程度上也已经为实现长三角法院执行工作一体化打下了良好的基础。

2. 长三角一体化已经具备的物质基础

长三角在诸多方面已经实现了一体化，以医疗为例，目前苏州、无锡和上海就医门诊实现了联网直接结算。高铁、高速公路建设方面，长三角已经实现交通一体化，甚至苏州、无锡、常州在地铁建设上，也规划直接相连。生态环境保护方面，长三角地区已经尝试联合行动。江苏法院在执行方面，以“执行案件无纸化”与“执行事务中心”为依托的“一体两翼”运行新机制，为互通、互联，促进要素流通和资源共享提供了技术基础。上海法院完善全市法院一体化的执行案件智能化办案平台，实现格式文书自动生成、关键节点信息自动回填等功能，为法官全流程网上办案提供智能支撑。

3. 最高人民法院成立了推动长三角一体化发展司法工作小组，为执行工作一体化构建提供了组织保障

2020 年 11 月 6 日，最高人民法院决定成立最高人民法院推动长三角一体化发展司法工作小组及办公室，办公室设立在第三巡回法庭。最高人民法院党组成员、副院长，最高人民法院推动长三角一体化发展司法工作小组组长高憬宏，上海高院、江苏高院、浙江高院和安徽高院院长分别担任副组长。在第三巡

回法庭大力推动下,最高人民法院党组已批准建立人民法院推动长三角一体化发展司法联席会议机制。联席会议将深入研究长三角区域法院服务和保障长三角一体化发展的司法措施、工作规划,指导并部署具体工作,推动协调长三角区域法院交流工作经验、共享信息资源。

4. 司法理念和发展程度具有高度一致性

长三角地区沟通密切,经济发达程度相近,这决定了该区域在司法领域的理念、认识、价值选择等方面有很多的共通性及一致性。"执行难"体现在多个方面,最为突出地体现在缺乏一个统一的强制执行规范,从笔者的执行经验来看,执行领域的一些疑难复杂问题,长三角地区三省一市的高级人民法院出台的相应指导意见的精神颇为相近,这为长三角地区人民法院执行工作一体化提供了政策基础。

(二)长三角地区法院执行工作一体化必要性

1. 创新叠加的放大效应

长三角地区法院近年来在执行制度上进行了创新和探索,如果将这些创新叠加在一起,将会产生放大效应。以省级层面的江苏和浙江为例,江苏法院推行执行指挥中心"854"模式,打破一人包案到底的执行模式,大幅提升了执行质效;浙江法院推行"执行一件事",通过减环节、减次数、减材料、减时间等,努力提升执行案件当事人获得感和满足感。如果上述改革成果不能应用到其他地区案件上,上述执行机制的成功改革经验将无法对区域外法院的执行工作产生有利影响。而通过协同执行,不同区域法院将通过发挥自己法院的执行优势促进其他法院执行工作的推进,最终实现执行创新叠加放大效应。

2. 执行信息化程度参差不齐

目前江苏法院通过与其他协助执行部门签订数据共享协议,通过执行查控系统的"点对点"模块,可查询或查封被执行人的公积金、住宿轨迹、不动产等,在协助执行层面减轻了基层法院执行局的工作负担。目前,长三角地区信息化的程度并不同步,虽有浙江嘉善法院、上海青浦法院、苏州吴江法院共建"长三角示范区执行在线平台",初步实现了执行事务跨区域一体化协作,但尚未形成"以点带面、条块联动"的局面。应当协同推进智慧法院信息数据资源共享平台的建设,以"微法院""智慧执行"为基础,积极推行"一网通办"执行服务,为当事人查询执行信息、了解案情、提供线索等便利。

3. 执行模式建设的层次不一致、标准尚不统一

江苏法院在全国首创执行指挥中心实体化运行"854"模式，突出执行指挥中心"最强大脑"的首位度，取得良好的执行效果。由于各地执行模式、机构设置、人员配置等方面选择各异，在协同执行的过程中，对于委托事务平台的事项办理仍然存在效率不高、质量偏低的情况，推进执行工作一体化有助于"854"模式的迭代升级，整体提升长三角区域的执行质效。执行领域具体情况复杂，各地的异议处理、财产处置标准、参与分配、处置权移交、结案模式等方面存在很大差异，推进执行工作一体化有助于促进统一标准的建立，减少不必要的推诿，提升执行效率。

四、长三角执行工作一体化路径建议：以信息共享和统一领导为基础的协同执行模式

（一）现有的跨区域协同执行模式

目前已经有长三角地区法院就跨区域协同执行进行了初步探索，也具备了一定的长三角执行工作一体化雏形。本节选取部分有代表性的基层法院、中级法院和高级法院协同执行模式进行分析。

1. 基层法院层面

吴江法院与上海青浦法院、浙江嘉善法院共同出台的《关于加强长三角一体化示范区法院合作做好涉疫案件审判执行工作的意见》，第 7 条规定："探索线上执行各项机制。探索推进执行远程指挥系统一体化和网络查控系统一体化，健全信息共享、执行协助、争议协调、委托执行等机制，完善区域失信被执行人联合惩戒机制，统一红黑名单认定标准，推动失信信息嵌入一体化政务服务平台，推进一体化示范区社会诚信体系建设。"这一条款对三地法院线上执行范围进行了规定。这三个法院共建了"长三角示范区执行在线"平台，实现不动产、公积金等 16 项执行事务跨区域一体化协作。

同时，该三地法院还联合发布长三角一体化示范区法院典型案例，在吴某某与陆某某买卖合同纠纷跨省执行协助案的典型意义中提到：虽然嘉善与吴江毗邻，两地经济发展紧密，但因两地隶属于不同省份，两地法院之间的协助也是屈指可数。即使要协助，也需要层报上级进行协调，严重挫伤了两地法院彼此

借力化解矛盾纠纷的积极性。但在一体化司法协助背景下，嘉善法院与吴江、青浦法院之间的连接更加紧密，未来三地法院之间的司法协助也将日趋常态化，法院与法院之间也将更多地探索司法协助的无缝对接模式，助力打造长三角一体化背景下的司法新环境。

2. 中级法院层面

2020 年 12 月 11 日，上海市第二中级人民法院与江苏省苏州市中级人民院共同签订了《执行协作备忘录》，就委托执行、协助执行、执行协调、资源共享等事项达成共识，通过强化区域联动，加强执行互助协作，从根本上推动解决失信行为反复出现、易地出现的问题，建立守信激励、失信惩戒信用管理机制，从而提升长三角地区法院的执行质效，推进长三角社会诚信体系的建设，优化长三角地区法治化营商环境。

2020 年 12 月 25 日，由上海市第二中级人民法院、江苏省苏州市中级人民和浙江省嘉兴市中级人民法院发起的长三角首个中级法院司法协作联席会议并正式签约《上海二中院、江苏苏州中院、浙江嘉兴中院推动长三角一体化发展司法协作框架协议》。其中的跨域审判执行一体化包括完善跨域执行联动协作机制。

3. 高级法院层面

2021 年 5 月，上海、江苏、浙江和安徽四地高级人民院共同签署《长三角地区法院执行工作一体化备忘录》，该备忘录规定了长三角地区法院执行工作一体化的近期目标和远期目标：近期目标为打通内部数据壁垒，2021 年年底前，实现三省一市法院执行案件及关联案件信息共享和财产查控跨域通办等。远期目标为深化完善长三角执行一体化机制，对标长三角区域一体化发展要求，充分运用最新信息技术成果，创新执行工作举措，不断加强跨区域执行协作，有力促进执行尺度统一、联动机制互通和执行信息的全面共享，充分发挥执行工作融入国家治理体系、促进社会治理体系现代化方面的积极作用，为长三角一体化发展提供制度化的司法保障。

(二)长三角现有的跨区域协同执行模式透析

1. 通过表4－2可知,三级法院都希望信息共享,即借助其他法院掌握的财产查控信息来执行自己的案件。对基层法院而言,由于承担了绝大部分的执行案件办理工作,还希望减少执行协调的层级,提高协调效率,即由相关基层法院之间直接进行协调。

2. 上述跨区域协同执行都缺乏争议解决机制,仅靠各个法院自发形成,如果协助法院不愿意予以协助,并无共同上级法院予以解决,也就是缺乏统一领导。毕竟这种协议的履行不能依靠民事上的违约责任机制来解决。

表4－2　长三角现有的跨区域协同执行模式

层级	参与法院	协作内容	拟解决的问题	有无运行
基层法院	嘉善、青浦、吴江	执行远程指挥系统一体化和网络查控系统一体化。减少层报上级来进行执行协调,三地法院直接协调	信息共享;直接协调	实际运行,已有相关执行案例发布
中级法院	上海二中院、苏州中院、嘉兴中院	框架协议,就委托执行、协助执行、执行协调、资源共享等事项达成共识	信息共享;解决失信行为反复出现、异地出现	未实际运行
高级法院	上海、江苏、浙江、安徽	较为细致,规定了详细推进时间节点和具体协同举措	信息共享;执行协助	未实际运行

(三)长三角执行工作一体化路径建议:以信息共享和统一领导为基础的协同执行

1. 协同执行的领导机构

执行权不同于审判权之处在于,执行权有行政化因素,强调的是“三统一”,即“统一协调、统一指挥、统一管理”。基于执行权的行政化因素,协同执行必须要有统一领导。另外,如果仅靠长三角各级法院自发协助执行,如果要协助的案件中牵扯地方保护主义,协助法院很难予以协助,一旦通过委托执行让协助法院继续执行,效果仍旧不好。而在协同执行机制下,主办法院仍是原先受理执行案件的法院,对于不予以协助法院,可通过协同执行的领导机构来指挥或者督促。

目前,最高人民法院已成立最高人民法院推动长三角一体化发展司法工作小组及办公室,办公室设立在第三巡回法庭。最高人民法院院长领导担任组长,长三角四省、市高院院长担任副组长。这个已经成立的工作小组,完全可以成为长三角地区法院协同执行的领导机构。由该领导小组下设一个负责长三角地区协同执行的常设机构,对长三角地区日常协作执行进行管理。

2. 搭建跨区域信息共享平台

苏州吴江法院、上海青浦法院、浙江嘉善法院共建“长三角示范区执行在线”平台,实现不动产、公积金等16项执行事务跨区域一体化协作。上海、江苏、浙江和安徽四地高级人民院共同签署的《长三角地区法院执行工作一体化备忘录》提出四地在2021年年底前,实现三省一市法院执行案件及关联案件信息共享和财产查控跨域通办等。因此,可以借鉴已经建立起来的“长三角示范区执行在线”平台,搭建“长三角执行在线平台”,这个平台建议设立在第三巡回法庭,也由最高人民法院推动长三角一体化发展司法工作小组及办公室负责日常管理。(见图4-1)

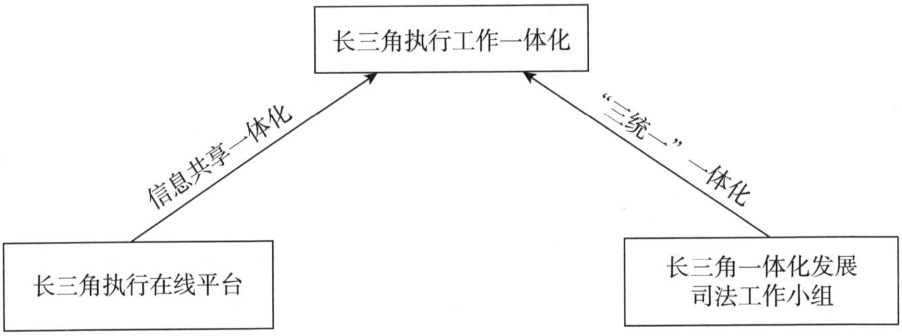

图4-1　长三角执行工作一体化的“一体两翼”

五、结语

在推进长三角一体化过程中,法治是重要保障。人民法院要完善司法服务保障政策措施,努力满足长三角一体化对司法的新需求。这就要求准确把握司法服务和保障长三角一体化发展的切入点、结合点、着力点。长三角法院执行工作一体化构建必须要有可行的路径,而委托执行的“先天不足”和“后天不良”,使其无法成为长三角执行工作一体化的路径。以信息共享和统一领导为基础的协同执行,才能堪此大任。

长三角一体化视域下诉源治理的理论证成与路径重塑

——以无锡地区人民法庭的司法实践为视角

王久荣　曹宏嘉*

摘　要：诉源治理的价值目标在于防范化解社会矛盾，是实现国家治理体系和国家治理能力现代化的重要路径。在长三角一体化的背景下，囿于人员、资源的加速流动和一体化融合，区域社会治理面临着全新的问题。诉源治理的价值功能与长三角一体化治理需求之间相互契合，充分发挥诉源治理的效能将会为长三角一体化的社会治理提供有力保障。然而，基于当前诉源治理法律规则的阙如、协同治理的弱化、社会新问题的出现以及诉讼解决纠纷的路径依赖，在当前诉源治理的机制运行与构建中尚存在诸多不效率的地方，难以完全发挥诉源治理的制度效用。本节深入调研无锡地区人民法庭现状，从实证角度考察诉源治理的司法实践，总结其中的经典做法和实践经验。提出人民法院应从顶层设计的法治化、多元共治的协同化以及定分止争的实效化入手，进一步完善诉源治理机制，在长三角一体化社会治理中发挥其应有价值。

2021年2月，习近平总书记主持召开的中央全面深化改革委员会第十八次会议审议通过了《关于加强诉源治理推动矛盾纠纷源头化解的意见》，明确提出加强诉源治理能力的建设，既要抓末端、治已病，更要抓前端、治未病。坚持和发展新时代"枫桥经验"，把非诉讼纠纷解决机制挺在前面，推动更多法治力量

---

* 王久荣，无锡市中级人民法院民二庭审判员；曹宏嘉，无锡市中级人民法院执裁庭法官助理。

向引导和疏导端用力,加强矛盾纠纷源头预防、前端化解、关口把控,完善预防性法律制度,从源头上减少诉讼增量。① 这一意见的出台不仅明确了诉源治理对于我国现代化治理体系建设的重要意义,更为诉源治理的建设提供了方向指导。随着《长江三角洲区域一体化发展规划纲要》的发布,长三角一体化发展明确为重大国家战略,构建良好有效的诉源治理机制是长三角一体化社会治理建设的重要课题。2019 年 2 月,出台《最高人民法院关于深化人民法院司法体制综合配套改革的意见——人民法院第五个五年改革纲要(2019—2023)》(以下简称"五五改革纲要")将诉源治理工作列为法院工作的重点内容,强调"创新发展新时代枫桥经验,完善诉源治理机制,坚持把非诉讼纠纷解决机制挺在前面,推动从源头上减少诉讼增量"。在长三角一体化建设不断深入的新时期,诉源治理是人民法院参与社会治理体系、破解制约区域协作发展障碍的关键抓手。如何在长三角一体化背景发挥法院的职能作用,为实现区域有效治理、一体化建设提供司法保障和司法担当,已成为当下应当思考的时代课题。

一、价值探索:诉源治理助推长三角一体化社会治理现代化

(一)诉源治理为长三角一体化社会治理提供法治动能

国家治理现代化包括了国家治理体系和治理能力现代化两个方面,国家治理体系的现代化重在客观,对国家治理的整体组织建构提出现代化要求;国家治理能力现代化重在主观,侧重于社会治理主体的素质水平和方式方法的现代化。而要实现国家治理现代化必须以法治作为治理的基本方式,国家治理法治化是国家治理现代化的重要标志,也是国家治理现代化的必由之路。② 习近平总书记曾指出,"实践证明,通过宪法法律确认和巩固国家根本制度、基本制度、重要制度,并运用国家强制力保证实施,保障了国家治理体系的系统性、规范性、协调性、稳定性"。长三角一体化的进程中依法治理不可或缺,而诉源治理正是依法治理的切入口。诉源治理作为社会治理的重要路径,蕴含着依法治国的法治内核,调和潜在纠纷和已出现的纠纷,减少诉讼性纠纷,以法治理念为社

---

① 新华社:《习近平主持召开中央全面深化改革委员会第十八次会议并发表重要讲话》,载中国政府网 2021 年 2 月 19 日,https://www.gov.cn/xinwen/2021-02/19/content_5587802.htm。

② 张文显:《法治与国家治理现代化》,载《中国法学》2014 年第 4 期。

会定分止争。人民法院作为我国社会治理体系下承担司法审判任务的国家机关,以诉源治理为抓手充分参与社会治理现代化,将进一步增强社会治理的法治底色。

（二）诉讼治理为长三角一体化社会治理奠定稳定基石

诉源治理的理念是对于“枫桥经验”的继承、发扬与创新,将社会矛盾通过源头治理、系统治理、综合治理和依法治理化解在萌芽,降低矛盾发酵扩大的风险。开展诉源治理能够在矛盾萌芽时期介入,有关当事人的利益诉求能够及时沟通与回应,社会治理者也能够采取有效的行动防止矛盾激化。① 现代化治理体系的构建遵循共建、共治、共享的基本要求,实现人人有责、人人尽责、人人享有的社会治理共同体。其深刻逻辑在于只有保障人民在治理体系中的主体地位,充分发挥群众的主动性、积极性、创造性,才能实实在在地预防纠纷、化解矛盾。诉源治理更加“接地气”,拓展社情民意的渠道,及时反映群众诉求,满足人民群众的多元解纷需求。此外,随着长三角经济交流和人员流动日渐频繁,长三角一体化社会治理过程中所面临的矛盾纠纷更加复杂多变,司法难以解决所有问题,而诉源治理恰恰可以充分发挥司法在社会治理中服务功能,同时减轻司法诉讼的压力。法院积极融入诉源治理机制,坚持把非诉讼纠纷解决机制挺在前面,符合人民群众的需求、社会稳定的需要、司法服务的宗旨,有助于司法职能的优化和社会治理的稳定。

（三）诉源治理为长三角一体化社会治理降低治理成本

从古至今,有效地维护社会稳定并高效地治理国家一直是国家政治生活的重点,也出现了很多有关国家治理的论述。例如,法家代表人物韩非子将严刑峻法作为社会治理的终极手段,在《韩非子》中提出:“明主知之,故设利害之道以示天下而已矣。”法家的主张虽然曾一度成为我国社会治理的理念,但其社会治理成本十分高昂,需要投入大量资源维系国家稳定。我国传统文化中“无讼”理念影响深远,诉源治理将治理关口前移,在矛盾还未积累放大的时候,着力化解矛盾、定分止争,符合传统文化,社会治理成本更低。社会治理在本质上是协调公民之间、公民与政府之间相互关系的制度,各方主体在这个制度框架内交

---

① 郭彦:《共建共赢内外并举全面深入推进诉源治理》,载《人民法院报》2016 年 12 月 28 日,第 8 版。

换意见、发表看法，最终形成利益平衡和社会稳定。[①] 诉源治理正是社会治理中理念、观点等互相交流平衡的机制平台，并且这一机制着眼于分歧伊始，更容易让各方达成共识，化解矛盾后也更不容易再次产生。此外，诉源治理机制下要求行政、司法等部门协同治理，减少各部门之间的重复管理或真空地带，社会治理的效用性十分明显。

二、桎梏分析：诉源治理在长三角一体化社会治理下的困境

（一）规则缺位导致制度缺乏基础，立法供给规模尚需提高

虽然在实践探索中形成了不少行之有效的诉源治理路径，但由于没有及时通过法律规则确定下来，各地区的实践经验难以系统化，尤其在长三角地区各市、各区的做法不尽相同，缺乏诉源治理的统一性。目前除了司法调解、人民调解有专门规定，行政调解有零星法律规定外，其他诉源治理过程中应用的纠纷解决路径并无明确法律规定。[②] 这导致一些诉源治理机制的工作方法在法律上缺乏依据，未能形成常态化、法治化的诉源治理体系。对于诉源治理的实践做法不甚统一问题，通过制定法律规则进行规范引导十分必要。近年来，为更好地发挥法院参与社会治理的职能，实现司法服务的职能，人民法院对于诉源治理一直保持关注。为此曾出台《最高人民法院关于建立健全诉讼与非诉讼相衔接的矛盾纠纷解决机制的若干意见》、《最高人民法院关于建设一站式多元解纷机制一站式诉讼服务中心的意见》等一系列指导性文件，为诉源治理提供了一定的规则参照。但最高院所出台的指导性文件毕竟仅为法院内部适用，对于其他参与诉源治理的社会主体仅有倡导作用，难以进一步形成制度性规则。这一问题对于长三角一体化社会治理尤为关键，长三角分属四个不同的省级行政单位，如果没有统一的立法供给，很难形成完善与统一的诉源治理合力。

（二）协同不足导致信息难以共享，联动协作水平有待增强

诉源治理是一项系统性工程，不仅需要法院参与，更需要党政机关、行业协会、社区乡贤等各方主体共同参与、协同治理；不仅需要一城一地的积极构建，

---

① 江国华：《通过审判的社会治理——法院性质再现》，载《中州学刊》2012 年第 1 期。

② 《民事诉讼法》《人民调解法》分别就司法调解和人民调解作了专门规定，而行政调解的法律规范则散见于治安管理处罚法、道路交通安全法等法律，且多为赋权式的原则性规定，缺乏具体的细则指引。

更需要区域协作、信息共享。但目前长三角地区诉源治理的协作机制尚存在短板。其一,同一行政区内部法院与其他主体之间的协同度不够。不同主体所推动的纠纷解决方式多线并行,缺乏行之有效的统筹协作,难以形成治理合力。其二,不同行政区之间的协同合作也并不活跃。目前司法审判工作一般以省级为统筹,长三角包括四个省级行政区,虽然在日常工作中有所交流,但制度设计与司法实践存在区域差异,在诉源治理方面的合作并不明显。其三,当前长三角区域不同行政区域内实体平台、网络平台还不能做到完全的对接互通,线上与线下的联动协调机制还不够完善。党的二十大报告指出,社会治理要"发挥智治支撑作用",推进信息互联互通。但目前诉源治理中还存在各自为政、信息孤岛等的问题。法院与其他部门之间、各地区之间的信息资源未能共享,现代科技在诉源治理的应用尚有很大潜力。

(三)社会发展导致全新问题出现,创新治理模式势在必行

随着长三角城市化和工业化进程推进,大量人口跨区域流动,既包括了长三角地区内部的流动,还包括了其他区域向长三角地区的流动,由此带来了全新的社会治理难题。一方面,快速的城市化与工业化本身就带来了诸多矛盾和问题,例如,因房地产开发而引发的征地拆迁纠纷、因工业化发展而增加的劳资纠纷、因城市化而频发的物业管理纠纷,这些群体性纠纷在长三角一体化进程中逐渐增多。另一方面,不同地区人员的风俗习惯、文化理念各不相同,外来人员与本地人员之间、外来人员与外来人员之间,各种矛盾复杂叠加,对诉源治理提出了全新的挑战。在长三角一体化加速发展的大背景下,社会矛盾与经济发展伴生而来,当前社会矛盾呈现数量增多、分歧加大、群体性显著的特点,因此,开展诉源治理,从源头上避免或减少社会矛盾具有很强的现实紧迫性。不可否认的是,当前我国社会的法治信仰尚未完全建立,相较于通过法律解决纠纷,乡土风俗与习惯依旧深入人心,通过乡村社区的乡贤主持调和,其效果往往更为显著。

(四)路径依赖导致诉讼高位运行,多元解纷制度实效不足

随着依法治国不断落到实处,社会对司法的服务职能提出了更高的要求,全国各级法院的司法审判压力日渐增大。在依法治国理念逐渐深入人心的今天,人民对于参加司法诉讼所抱有的恐惧心理已然减低,通过诉讼解决社会纠

纷逐渐形成了路径依赖,由此也造成了社会矛盾纠纷化解过分依赖司法的裁判功能,司法案件的逐年攀升。当前,诉源治理实践中并没有真正做到全方位治理,在矛盾发展初期的识别能力不够,在矛盾发展起来之后又不能及时化解调解,非诉讼纠纷解决机制的信任度不高。正是基于诉源治理实效不佳,由此造成大量案件进入司法审判,加剧了司法审判的压力。人民法院通过司法裁判解决纠纷这一路径,虽然具有终局解决纠纷的功能,但实践中往往会受案件程序、管辖范围等方面的影响。如果矛盾没能得到实质上解决,当事人依然会采取继续上诉、申请再审或信访等其他维权手段,不仅增加了当事人的诉讼成本,消耗了紧张的司法资源,也会对司法权威造成损害。

三、现状描摹:人民法庭参与诉源治理机制的无锡实践

人民法庭作为派驻在基层一线的审判组织,除了承担审判职能外,还应该"积极介入国家社会经济事务乃至政治事务,强化自己在国家治理中的应尽职能和应有位置"。自2019年最高院发布"五五改革纲要"以来,强化人民法庭在基层社会治理的诉源治理职能就成为人民法庭建设的重点。近年来,无锡地区人民法庭着力加强人民法庭建设,通过系统集成智慧法院建设、一站式多元解纷和诉讼服务体系建设,为全面推进社会治理现代化提供良好的法治力量。为全面客观掌握无锡地区人民法庭参与诉源治理的情况,笔者对无锡地区各人民法庭参与基层诉源治理的情况进行调研与了解,就其中形成的典型做法、取得的成效及存在的问题进行梳理,以期进一步更好实现诉源治理的职能。

(一)因地制宜,切实发挥矛盾疏解功能

作为基层司法审判组织,无锡地区人民法庭充分发挥基层群众自治,突出乡村调解员、村委会及居委会的作用,加强法治引导和调解服务,切实发挥矛盾疏解作用。一是常态化开展"法官进网格"工作机制,加强基层综合治理能力。坚持不懈推动"法官进网格"工作机制落到实处、形成常态、收获实效。强化"网格法官"的角色定位,主动掌握"网格社区"内的社情民意和矛盾纠纷,以"法官进网格"为制度抓手提供法律咨询、法律指导等服务,促进法官与社区工作人员协同配合,提升基层矛盾纠纷化解新能力。如宜兴法院各人民法庭创新"法官+工作站"模式入选最高院"打造枫桥式人民法庭服务基层社会治理"典型案例。二是切实发挥人民调解功能作用,增强基层纠纷调解水平。人民调解员身

处乡村、社区，清楚基层矛盾纠纷的情况，并且作为社区的一分子更了解当事人的脾气禀性，有利于发挥调解作用，提升诉源治理的实际效果。通过定期组织人民调解员旁听并评议庭审、召开座谈会等形式，提高人民调解员依法调解的能力，对矛盾可能激化的案件提前介入调解，维护社会稳定。如新吴法院的硕放法庭定期参加辖区司法所例会，对人民调解组织的调解工作进行针对性指导。三是完善多元解纷机制建设，提高基层综合治理效率。无锡法院大力推进一站式多元解纷机制建设，发布《全市法院深化一站式多元解纷和诉讼服务体系建设的实施意见》等一系列文件，明确 14 项重点工作举措，进一步完善诉讼与非诉讼对接机制，实现矛盾纠纷"前台统一受理，后台分流转办"，有力推动了诉源治理的高效化。

（二）转变思想，积极树立人民法治信仰

在构建诉源治理机制中，要坚持人民为中心，提升群众自治能力，树立人民法治信仰。无锡地区人民法庭积极落实普法责任制，通过发布典型案例，强化规则示范，引领社会良好风尚，以期形成遵法、信法、守法、用法的法治氛围。一是充分发挥司法审判的示范作用，以示范诉讼促进定分止争。通过提取基层纠纷矛盾的常见"公因式"，选取典型示范案件，实现"以讼止讼"的良好效果。在案件的审理过程中，注重调解和发挥乡规民约、风俗习惯的作用，倡导善良风俗，采用以案释法、判后答疑等形式开展普法宣传教育。例如，宜兴法院张渚法庭在辖区内设立审务工作站，定期安排法官深入乡村社区，开展巡回审判，以案释法。二是积极创新法治宣讲的内容模式，以法治宣传树立法治信仰。瞄准化解社会矛盾这个核心目标，紧扣社会热点、群众需求、受众兴趣为工作重点开展法治宣传，无锡各级法院创造性地设立了"锡法君说小案"网络课堂、"案说民法典"专栏、"反诈小剧场"等一批新颖独特的宣传普法栏目，以具有亲和力和感染力的法治信息提升人民群众的法治信仰。各人民法庭充分利用妇女节、消费者权益保护日、社区（村）换届选举等时间节点，开展普法宣传活动。如锡山法院东港法庭、安镇法庭结合"3·15"消费者权益保护日，深入商场、社区现场答疑解惑，提高消费者依法维权能力。

（三）协同共进，持续推进解纷协同机制

诉源治理是一项系统性工程，涉及社会治理的各个方面，着眼于社会矛盾化解，维护社会秩序的稳定。无锡法院积极推进两级法院与行政机关、仲裁机构、群团组织以及行业协会等单位的协调配合，加强诉讼与非诉讼对接中心的实体化建设，健全完善诉调对接工作机制。重点加强附设于法院内部的调解机制建设，积极吸纳退休法官、律师、法律工作者、代表委员等进驻诉讼服务中心开展诉前调解。一是健全矛盾调处协作机制，加强诉源治理联动。一方面，无锡各级法院积极与党政机关、群众组织等沟通协作，完善司法协调机制，对有可能引发群体性事件，与有关部门及时沟通配合，共同做好矛盾防范、化解工作。加强行政管理、司法审判、群众自治之间的良性互动，促进矛盾争议实质性化解。例如，无锡法院与妇联联合协作，在新吴法院旺庄法庭设立全市首家家事纠纷多元化解平台，聚焦家事纠纷，保护妇女儿童权益，促进家庭和睦的社会氛围。另一方面，无锡各级法院发挥司法服务职能，高度重视与人大代表、政协委员的工作联络，每年选取辖区内典型案件邀请旁听审理、评议案件，并定期走访听取意见和建议。此外，充分履行司法参与社会治理的使命责任，延伸审判职能，将案件审理过程中发现的有关社会治理、经济发展等问题，总结成因、探索规律、提出方法，向有关部门发送司法建议，从源头预防和减少社会矛盾，实现诉源治理。例如，锡山法院安镇法庭在审理案件过程中，发现基层社区自治的相关问题，经过深入调研，向有关社区居民委员会发送司法建议，增强了居民自治组织依法治理的能力。二是构建纠纷多元化解体系，协调社会力量共治。坚持把非诉讼纠纷解决机制挺在前面，为社会矛盾纠纷提供多元化解渠道。无锡各级法院联合行业协会、行政部门建立覆盖多领域的纠纷化解平台，并进一步加强与工商联、总工会、律师协会等的合作，探索建立相应的调解组织，通过行政调解等手段使纠纷得到有效化解。加强诉讼与非诉讼对接中心、非诉纠纷解决分中心建设，联合行业组织打造专业性诉调对接平台，分流化解突出矛盾。例如惠山法院洛社法庭致力于推进“法庭 + 商会”诉源治理联动模式，与当地商会联动协作，通过庭、商共建，推进多元解纷平台建设，优化营商环境，服务乡村振兴。

四、制度优化：长三角一体化背景下诉源治理的机制完善

（一）以法治化为引领，构建诉源治理法律体系

社会治理的法治化是构建国家治理现代化的核心所在和重要保障，依法治

理体现在国家治理体系和治理能力建设的各个方面。[1] 法治以其规则刚性、程序透明、准则有效而定分止争、惩恶扬善。[2] 构建现代化诉源治理机制的前提必须以法治化为基础,否则就如同"无源之水,无本之木"。第一,制定诉源治理的相关法律规则。从立法供给上整体性地构建诉源治理机制,充分整合现有的相关规定、文件及零星的法律,最终形成一部完整的诉源治理法律规则。在全国性的法律规则难以短时间推出的情况下,长三角地区应发挥协调合作机制,推出长三角地区一体化的诉源治理方案,规范和引领长三角地区的一体化社会治理。在诉源治理的法律规则中,需要明确规定司法机关与其他行政机关、行业协会、调解组织以及公证仲裁机构在诉源治理中的职能定位,明确划分各类主体在化解矛盾纠纷中的权力,分章节确立诉源治理机制的目标价值、原则规范、协作机制、运作方式等方面内容,并通过一定的激励手段推动促进诉源治理机制的实质化发展。第二,在充分总结长三角各地区诉源治理的优秀案例基础上,及时推广借鉴成功经验。浙江省作为"枫桥经验"的萌发地,由省委政法委牵头设立"一中心四平台一网格"基层矛盾纠纷综合化解体系,以县级矛调中心为牵引,并吸收法律咨询、心理服务等相关力量,2019 年成为全国唯一收案出现负增长的省区。[3] 江苏省南京市作为全国市域社会治理现代化首批试点城市,在诉源治理机制构建上推动"网格 + 诉源治理"的机制建设,有效实现了法院在诉源治理中的全流程参与。[4] 安徽省于 2018 年 11 月出台了《安徽省多元化解纠纷促进条例》为诉源治理提供规则基础,并且在执行过程中对安徽省 16 个市贯彻执行的情况开展全覆盖执法检查,确保诉源治理制度规则的实施效果。[5] 上海市充分发挥在线调解平台的应用,以上海法院"一站式多元解纷平台"为抓手,实现诉源治理的信息化和高效化。[6] 综上,长三角地区的诉源治理实践相当

① 卓泽渊:《国家治理现代化的法治解读》,载《现代法学》2020 年第 1 期。

② 张文显:《三治融合之理》,载《治理研究》2020 年第 6 期。

③ 陈东升、王春:《诉源治理的浙江实践》,载《浙江人大》2021 年第 4 期。

④ 孙丽莎、李夏婧:《关于"网格 + 诉源治理"机制建设的思考——以南京市雨花台区为例》,载《中共太原市委党校学报》2021 年第 2 期。

⑤ 安徽省高级人民法院课题组:《安徽法院诉源治理工作调查分析报告》,载《人民司法》2021 年第 28 期。

⑥ 徐汇区委政法委等:《长三角一体化背景下协作推进诉源治理实质化的建设构想——以在线调解平台的应用为例》,载《上海法学研究》2021 年第 15 卷。

丰富，且部分做法已经取得了良好的效果。将诉源治理的经验结合起来，在长三角地区统一推广，不仅有助于诉源治理机制在长三角社会治理中的作用发挥，并且能够对于长三角一体化进程的推进起到示范作用。

（二）以协同化为基础，提高联动协作制度张力

诉源治理机制的一个重要方面就是协作治理，必须将其作为一个系统性的工程进行运作，党在诉源治理格局中发挥着核心引领作用，法院作为其中重要的参与者与推动者。法院在诉源治理中的优势在于司法的专业性，但司法不是万能的，法院也无法完全回应社会治理的全部需求。法院应加强同党政部门、社会组织等主体间的协同联动，联合党政力量、审判力量、社会力量，构建纠纷解决整体协作机制，形成多主体、多条线、多维度治理局面。同时，重视不同纠纷解决方式之间的关系，通过它们之间的良性互动与衔接，充分发挥社会治理中自治、法治和德治的各自优势，促进"三治结合"，保障整个社会治理的整体功能。一是建立诉前联动化解机制。通过与党政部门、社会组织、自治组织等横向协调合作，对涉及相关行业协会、商会、工商等部门协调职能的案件，移送成员部门委托调解，或者由法院牵头、邀请各部门派员共同参与化解。二是建立诉中风险预警机制。案件立案后，发现可能引发舆情、引起系列诉讼和引起群体性事件的，及时向当地党委政府和上级法院报告，相互协调、共同应对，确保风险得到妥善解决。三是建立诉后信访消解机制。在案件审理及纠纷排查工作中发现的信访隐患，及时通告辖区党政部门，共同研究对策措施，合力化解矛盾和信访隐患。四是建立司法信息反馈机制。对辖区内多发性、典型性纠纷案件进行深入总结，分析现状特点、探究产生根源，及时提出司法建议以及形成调研报告，通报党政部门。

（三）以实效化为重点，回应定分止争现实需求

习近平总书记高度重视社会矛盾的多元化解和源头治理，强调"我国国情决定了我们不能成为'诉讼大国'""法治建设既要抓末端、治已病，更要抓前端、治未病"。[①] 开展诉源治理要紧盯纠纷化解实效，切实减轻司法审判压力。一是尊重传统习惯和风俗惯例。我国社会具有宗族社会、人情社会的特点，传

---

① 习近平：《坚定不移走中国特色社会主义法治道路，为全面建设社会主义现代化国家提供有力法治保障》，载《奋斗》2021 年第 5 期。

统的宗族规则在现代社会依旧有一定的影响力，尤其在长三角地区家族观念更为深入人心。传统家规民约和风俗惯例成为乡村社区自我治理的重要表现形式，在诉源治理中应充分重视其作用。乡规民约产生于社会之中，具有明显的内生性，不同于国家法律的社会规范，可以在社会治理中独立发挥其作用。[①] 在贯彻诉源治理机制时应在类案审查的基础上，对于不违反宪法及法律的乡规民约予以尊重充分。根据公序良俗原则可援引民间习惯作为裁判说理论证的重要补充，以弥补法理规则在调整范围局限性、调整时间滞后性等方面的不足。[②] 二是加强对自治组织的法律指导。通过建立人民法院法官常态化走访制度，依托基层村居、网格员、人民调解员等社会资源，提升自治组织有效解决纠纷，加强社会自我纠正秩序的能力。将社会矛盾化解从“诉讼中心主义”转向“诉讼与非诉并行主义”。[③] 三是注重发挥调解员作用。吸收当地乡贤精英、社区干部等担任调解员，充分发挥其贴近基层生活、熟悉乡情民意的优势，参与涉诉接访、纠纷调解，有效提升整体社会自治能力和自治水平。四是注重司法指引，涵养德治文化。人民法院应立足于审判职能，注重司法对道德共识的培育，努力通过个案裁判引领社会价值观。在婚姻家庭、相邻权纠纷、涉及民生等案件的审理中，一方面，通过程序化的庭审活动，以案释法，宣传法律，形成法治意识，强化规则意识，提高居民法治素养，帮助居民在法律框架内行使权利。另一方面，司法在解纷过程中充分发挥德治的教化作用，将传统道德、社会公正观与现代法律相融合。通过裁判文书说理，阐述法律所包含的伦理道德，倡导传统美德，引导礼俗规则与法律规则作用方向一致，或者使两者间形成良好的协调机制。[④]

---

① 陈寒非、高其才：《乡规民约在乡村治理中的积极作用实证研究》，载《清华法学》2018 年第 1 期。

② 陈柏峰、董磊明：《法治论还是治理论：当代中国乡村司法的理论建构》，载《法学研究》2010 年第 5 期。

③ 李占国：《诉源治理的理论、实践及发展方向》，载《法律适用》2022 年第 10 期。

④ 胡云腾：《论裁判文书说理与裁判活动说理》，载《人民法院报》2011 年 8 月 10 日，第 5 版。

中篇

法治化营商环境建设实践

第 5 章　创新联动机制

优化法治化营商环境
为高质量发展提供有力司法保障

一、背景介绍

法治是最好的营商环境。近年来,无锡法院深入贯彻中央、省市委及上级法院关于持续优化营商环境的决策部署,对标国际一流水平,牢固树立"案案事事都是营商环境"理念,认真践行"像尊重科学家一样尊重企业家"的部署要求,充分发挥法治固根本、稳预期、利长远的保障作用,为打造最优营商环境城市提供了坚强有力的司法保障。

二、主要做法

助力营造激励创新的发展环境。树牢保护知识产权就是保护创新理念,高水平建设和运行无锡知识产权法庭,协同推进 5 家基层法院知识产权审判庭和 5 个巡回审判点建设,形成"1 +5 +5"知识产权司法保护布局。加大对关键核心技术、新兴产业等领域知识产权司法保护力度,依法保护数据产权,审结全国首例短视频平台算法推荐侵权案,示范确立算法合理应用的裁判规则。严惩源头、恶意侵权行为,判令攀附"华立"商标及其字号的侵权人承担惩罚性赔偿金 640 万元,对假冒国际知名品牌注册商标的被告人并处罚金 2650 万元。支持向滥诉者索赔合理开支,对恶意诉讼阻碍创新的行为说"不",2 个规制滥用知识产权的案例分别入选《最高人民法院公报》、江苏法院推进知识产权诚信体系建设十大典型案例。联合相关部门设立物联网产业知识产权司法保护中心、阳山水蜜桃地理标志保护基地，深入120余家科研院所、高新技术企业开展“知识产权保护行”专项行动，与苏常通等地法院建立协作机制，合力构建全链条保护大格局。创新科技型企业劳动人事争议“调裁审一体化”工作模式，以调裁审贯通衔接方式妥善化解涉科技型企业人才纠纷，推动优化人才创新创业生态。该项目被省“两办”纳入部分设区市实施的自主改革事项清单。

助力营造公平公正的营商环境。实施“营商环境提优工程”，出台营商环境建设专项行动1.0~5.0版总方案和强化行政审判职能服务“放管服”改革等15个子方案，开展送法进企业解难题促发展活动、优化法治化营商环境执行年“1+4”专项行动，全力以优质司法供给提升市场主体“用户体验”。平等保护产权，激发市场活力，2个案件分别入选最高人民法院、省人民法院发布的助力中小微企业发展优化营商环境典型案例。准确适用不可抗力、情势变更等规则，妥善化解民商事纠纷，千方百计帮助企业复工复产。坚持善意文明司法，推行“物联网+执行”等“活封活扣”措施，坚决防止“办了案子、垮了厂子”。推动完善“商事纠纷商会解”机制，将涉企纠纷导入“商会调解+司法确认”渠道。

助力营造诚信守法的社会环境。坚持审判执行与社会信用体系建设深度融合，实施企业信用修复“暖企”行动，设立“信用修复辅导工作站”，创新纳失预警、纳失宽限期、信用修复证明等机制。2022年，对9207家纳入失信名单的被执行人企业进行集中治理，引导7431家企业恢复信用或退出“黑名单”，推动严重失信主体数量占全市注册企业的比重降至0.54%，提前完成工作目标任务。优化被执行人信用码查询系统，截至2023年第一季度，接受查询15.5万人次，891名被执行人申请恢复信用，主动履行1.2亿元，该系统入选“2022政法智能化建设智慧法院创新案例”。开展涉党政机关执行积案清理“惠企”行动，促进政务诚信建设。联合有关部门建立长效机制，规范处理以冒用他人身份信息等欺诈手段办理市场主体登记的不法行为。突出规则之治，规制随意毁约、恶意逃债等行为，弘扬“言而有信、有约必践”的契约精神。依法惩治不诚信诉讼行为，让违法失信者付出沉重代价。

助力营造优胜劣汰的市场环境。强化破产审判积极拯救和及时出清功能。在全国首例上市公司申请破产和解案中，市法院创新“庭外债务重组+庭内和解”的预和解模式，和解协议在案件受理后45天即全部执行完毕，快速消除澄星股份退市风险，开辟了上市公司挽救新路径。坚持“执破融合”思路，开展市场主体出清“助企”行动，实现“执行不能”案件有序退出与“僵尸企业”顺利出清的有机统一。“江南系”四公司合并破产清算案，一揽子化解债务2.13亿元，入选全省法院“执转破”优秀案例。联合相关部门出台破产企业金融事项、登记事项办理的实施意见，惠山、滨湖法院建立经营异常企业公益清算强制退出机制，推动处于吊销、长期停业等状态的企业快速有序退出市场，破产处置府院联动格局逐步完善。

三、工作成效

近年来，无锡市中级人民法院先后获批成立无锡知识产权法庭、无锡国际商事法庭；妥善处理了涉“双子楼”、上市企业中南文化公司破产重整案等一批在全国具有重大影响的案件；先后获评“商会商事调解联系协作机制省级示范单位”和“无锡市护商先进集体”；无锡法院牵头负责的“执行合同”和“办理破产”两项指标在2020年全省营商环境评价中位居第一位，优化营商环境相关做法获《人民日报》点赞。

四、经验启示

依法服务大局是人民法院的职责使命，只有完整准确全面贯彻新发展理念，牢牢把握法院工作的能动性特点，不断升级契合营商环境评价指标体系的司法举措，公正高效审理好每一起案件，在依法护航高质量发展上勇担使命、争做贡献，法院工作才能蹄疾步稳、行稳致远。

（无锡市中级人民法院）

破产审判与执行攻坚双向发力
"府院联动"服务保障经济社会高质量发展

一、背景介绍

当下,经济社会发展正值转型升级的关键时期,传统行业产能严重过剩,企业融资环境恶化、盈利能力下降、资产负债率攀升,不少企业出现资金链断裂、陷入债务困境。困境企业破产处置呈现"四多四复杂四难"特点:一是关联企业多,股权结构复杂,涉及母公司、子公司、孙公司等多层级关系,处置方案设计难;二是市场主体多,债权结构复杂,涉及金融机构、地方国资纾困债权、上市公司投资人权益多类型市场主体,社会矛盾化解难;三是涉足领域多,产业结构复杂,部分企业下属子、孙公司分布在外地甚至国外,破产投资招募难;四是权属问题多,房地状况复杂,房地分离、无证房产、多主体共用的现象普遍,资产清理处置难。

二、主要做法

江阴法院综合运用"庭外债务重组"衔接"庭内重整和解"、"个案审判执行"衔接"破产及强制清算"等多种市场化、法治化手段,依法处置困境企业,持续优化法治化营商环境。

(一)以新机制导航,"府院联动"助推市场化处置效果

一是搭建"府院联动"平台。成立政府、法院两个专班,政府专班由常务副市长牵头发改、工信、财政、资规、住建、行政审批、市场监管、税务、金监、银监等职能部门,配套解决破产衍生社会问题;法院专班由法院院长或分管副院长牵头立案庭、民二庭、执行局等业务部门,负责解决破产和执行财产处置中的法律问题。

二是健全联动协同机制。两个专班通过联席会议等方式构建起运行良好、效能卓越的联动体系。为招募华润化学投资澄星石化,政府专班多次协调复工复产的行政审批事项,法院专班负责清理债权债务和调整股权结构。加强法院内部执破衔接,构建“执破互通”打造集约化处置模式,推动执行不能的“僵尸企业”及时出清。

三是建立风险预警机制。协调公安、工信、市场监管、税务、金融、人社等职能部门,梳理归纳容易引发企业债务危机的关键数据和节点,对企业进行风险预判和评估预警。健全企业甄别沟通机制,深度挖掘司法大数据,创建危困企业动态名册有的放矢地采取政策帮扶、破产清算或重整和解等措施。

（二）以新路径破冰,“因企施策”打造集约化处置模式

一是精准衔接执破处置程序。第一,充分发挥执行的效率功能。在长龄液压对联华铸造、远东重工的并购设计中,指导相关方放弃冗长的破产重整程序,采取更高效的执行拍卖;同时,提出“营业跟着资产走、员工跟着营业走”的方式,推动整体资产以 2.74 亿元高价成交,通过“短平快”执行,完成企业并购的浩大工程。第二,充分发挥破产程序统筹优势。如澄星股份被集团占用 25 亿元全体债权人表决问题,运用破产特有的“多数决”机制,解决了“钉子户”难题,通过“府院联动”,解决历史遗留问题,打消投资人的后顾之忧,确保重整企业焕装再生。

二是积极探索预重整程序制度。第一,充分发挥庭外重组的试错和效率功能。在新浩系企业预重整案中,通过庭外重组表决效力延伸等程序设计,及早化解矛盾、靠前解决问题,快速盘活房产土地。第二,推动建立金融债委会协调机制。在澄星股份进入破产和解前,引导全体金融机构选举银团牵头行担任金融债委会主席,再由金融债委会主席召集召开金融债委会历次会议,达成共识、统筹行动。

三是科学整合多种处置方式。第一,通过重整和解“腾笼换鸟”。对于具备壳资源的企业,通过洗净债权债务驱动“股权”投资。具备上市主体地位的澄星股份以及具备化工资质的澄星系石化板块,均在激活壳价值引入新投资的基础上,保企业换股东“腾笼换鸟”。第二,通过重整式清算“腾鸟换笼”。对于外壳无价值甚至有负担的企业,通过营业资产转让驱动“财产”投资,对于受响水天嘉宜爆炸事故影响的倪家巷系企业,通过将厂房、土地、设备等资产整体打包拍

卖,使营业资产整体装入新企业“换壳重生”。

(三)以新理念引擎,“司法护航”延伸全局性处置职能

一是“转危为机”推动招商引资。第一,稳定企业经营,维护重整价值。通过指导管理人通过垫资、共益借款等方式,帮助澄星系石化板块走出资金链断裂的困境。第二,推介投资方案,激发再生动力。采取先吸引投行再招募资本的方式,在澄星股份破产处置中,先制作重组方案向中金资本进行推介,再由中金资本纵贯产业链上下游寻找意向投资方,最终确定吉利耀宁为产业投资方。第三,优化营商环境,保障持续发展。澄星股份项目收尾后,参与其中的投行以及融资方均表达了对江阴地区的投资信心,设计了建立重组基金的具体方案。

二是“修旧利废”推进城市更新。第一,腾退低效用地。将对“劣汰”企业的执行及破产处置作为腾退低效用地、促进产业升级的又一渠道。全国第一例退市A股海润破产清算案中,释放闲置土地12.6万平方米。第二,释放多头查冻。一方面积极协调执行处置,如荣驰公司资产被浙江萧山公安查冻,江阴法院争取执行处置权,迅速拍卖盘活资产;另一方面运用企业破产释放一切查冻,交由破产法院管辖的规则,如将澄星集团资产归入江阴法院集中处置。

三是“巧用破产”打击逃废债务。通过打通破产入口,启动债权人监管及管理人调查,通过行使破产撤销权、破产解除权、禁止抵销权等民事路径,挽回债权人损失;及时向公安移送转移资产线索,如东发机械实际控制人姜某明销毁财务账册案已移送江阴检察起诉,又如在澄星系财产追收中,与纪委、公安联动,发现了大量“隐名财产”。

三、工作成效

一年以来,江阴法院坚持“跳出案件看案件、跳出法院看法院”的理念,综合运用“庭外债务重组”衔接“庭内重整和解”、“个案审判执行”衔接“破产及强制清算”等多种手段,不断健全市场化、法治化的困境企业处置机制,审结澄星系、倪家巷系、新浩系、东发机械、龙鼎装饰等破产案件116件,联动审执结相关个案1342件,化解破产债权301亿元,盘活土地房产103万平方米,安置职工2万余名,《企业破产处置优化营商环境年度报告》得到江阴市委主要领导批示肯定。完善“府院联动”延伸全局性处置职能,出台《关于加强资产处置府院联动的意见》,通过会议联开、风险联判、纠纷联处等方式,协同解决困境企业处置中

的社会问题和法律问题。构建“执破互通”打造集约化处置模式，整合执行的效率功能与破产的统筹功能，推动执行不能的“僵尸企业”及时出清，出台《关于推进“执破衔接”的实施意见》《关于执转破案件的工作规范》，移送“执转破”案件111件，涉及执行案件987件，债务总额52.4亿元，经验做法被省高院全省推广，得到无锡市委领导批示肯定。创新金融债委会“预重整和解”助推市场化处置效果，衔接市场的驱动功能与司法的强制功能，成功挽救澄星系三大板块，引入华润化学、吉利耀宁等优质产业投资，其中澄星股份预和解转和解是全国首例股票上市期间破产和解的案件，在全国近50家“＊股”(有退市风险警示的股票)应退尽退背景下维持了上市地位；新浩系预重整转重整46天即告审结，快速盘活所涉房产土地。

四、经验启示

(一)市场主位，推动建立以金融债委会为核心的协调机制

金融债委会是在庭外重组程序中搭建的金融机构债权人信息互通、集体协商、共同决策、一致行动的工作平台，能够通过监管化解借贷双方信任危机，通过帮扶稳定困境企业“造血”功能，通过斡旋统一金融机构决策步调，最终促成合作共赢的庭外重组方案，实现庭外重组和庭内重整两套程序的有序对接。对于出现风险苗头但有复苏希望的大型企业，在企业已入困境但还未破产或无须破产的节点上，推动全体债权银行组建金融债委会，以统筹集体行动，稳定企业经营，解除债权风险，促进银企关系和谐共赢。

(二)政府配位，推动建立长效化的企业破产处置协商联动机制

第一，建立破产配套招商机制。对破产清算中的财产受让和破产重整中的股权投资，辅以土地变性、产权过户、统筹规划、招商引资等，保障破产处置顺利推进。通过搭建招商平台、提供政策支持、培育市场环境、加快腾笼换鸟、释放要素资源，逐步实现市场出清和企业提档，运用有形之手推动无形之手发挥作用。第二，建立稀缺资质保护机制。对于采用重整式清算的企业，凭借政府固有的公共服务职能和独有的资源配置优势，积极协调相关部门，保产能指标、保稀缺资质，切实推动“营业跟着资产走，人员跟着营业走”。

(三)司法备位，推动建立执破融合的引导保障机制

将执行与破产程序深度融合，使两者从“单向转化、前后衔接”转变为“双向

互促、一体推进”。第一,强化“以执促破”,充分发挥执行的效率功能。利用执行程序财产查明机制的优势,最大限度扩充责任财产,打击逃废债行为,挽回国资等债权损失;利用执行程序财产处置机制的优势,释放异地查冻措施,统筹处置破产财产,进一步优化资源配置,盘活有效资产,腾退低效用地,助推经济发展。第二,强化“以破促执”,充分发挥破产的统筹功能。利用破产程序一揽子解决所有法律关系的集中优势、效率优势和经济优势,推进金融债委会和预重整制度的运行,推动破执案件集中处理,确保重整企业换装再生。

(江阴市人民法院)

创新“网格+执行”联动机制　有力破解执行难

一、背景介绍

当前，查人找物难、法律文书有效送达难以及打击逃避执行、规避执行难是制约执行工作的难点、堵点、痛点问题，而解决这些问题需要综合施策、源头治理。中央全面依法治国委员会印发《关于加强综合治理从源头切实解决执行难问题的意见》，提出推动建立党委领导、政法委协调、人大监督、政府支持、法院主办、部门联动、社会参与的综合治理执行难工作大格局，加强执行难综合治理，深化执行联动机制建设。梁溪区“网格+执行”联动机制的建立，使法院执行工作可以有效借助基层综治网格化管理的成熟资源，充分发挥基层网格员熟悉社情民意、了解人员信息的优势，有力推动执行中相关难题的解决。

二、主要做法

一是坚持理念先行，借力成熟资源。梁溪区建有完善的网格管理体系，依托区、街道、社区三级平台，整合党建、综治、民政、城管、公安、12345热线、应急管理等各类网格要素，划分综合网格802个、专属网格335个，共配备网格员1138人。坚持依靠群众、发动群众，构建以网格化为底座、以信息化为支撑、以联动化为关键的网格执行联动机制，是攻坚执行难的“利器”。在此理念的指引下，梁溪区委政法委与区法院共同探索建立网格协助执行联动机制，实现为构建执行难综合治理工作格局造血强基。该机制被江苏法院简报《执行工作专刊》刊载推广，省法院褚红军副院长批示肯定，并荣获2022年度全市政法工作创新奖三等奖和梁溪区基层社会治理创新创优项目评比二等奖。

二是加强顶层设计，健全工作体系。区委政法委专题对法院执行工作进行调研，出台《梁溪区网格协助执行联动机制实施意见》。加强“网格+执行”工作顶层设计，成立区网格协助执行联动工作领导小组，由区委常委、政法委书记任组长，9 个街道依托网格管理服务中心成立网格执行联动工作站，157 个社区 806 名网格员作为协助执行的工作主体，建立了完善的组织领导和工作体系。区法院结合执行工作实际，制定《梁溪区网格协助执行联动机制工作规程》，为联动机制的有效、规范运行奠定了制度基础。结合网格员辖区全覆盖、熟悉所在网格片区社情民意、工作时间灵活等特点，细化协执清单，将协执事项确定为协助查人找物，协助送达法律文书，协助现场执行、见证执行，协助促进执行和解、化解执行矛盾，协助监督被执行人限制消费行为、进行执行宣传等。

三是建立绩效考评，完善履职保障。针对网格员履职需求，配套建立绩效考评、业务培训、履职保障等管理机制。网格智慧系统建立有完善的考核评价体系，执行法官可以对网格员协执任务完成情况进行评价，系统自动对街道、社区、专职网格员完成工作量进行统计汇总，以此作为区委政法委对网格协执工作考核的依据。区委政法委定期根据网格员的协助事项予以适当奖励，以提升网格员协助执行工作的积极性。同时，区法院同步引入执行悬赏制度，按照申请执行人自愿提供的金额或购买执行悬赏保险的赔付金额对网格员进行奖励。

四是研发智慧系统，畅通对接渠道。为畅通法院与基层网格的对接联络，成功研发“网格 + 执行”智慧系统，并嵌入“党建 + 网格审务工作站”平台。该系统分为电脑 PC 端及手机 App 端，充分利用信息技术实现“数据多跑腿，执行少跑路”，打通法院和社区网格数据壁垒，实现信息快速交换，让网格员第一时间接收协执任务，办案法官第一时间知道协执结果，大大减少法官执行过程中来回奔波，极大提高了办案效率。

五是开展实战演练，提升协执效率。选取辖区崇安寺街道进行智慧系统实战演练，以实战完善系统，以系统推动实战。当天，网格员通过手机接收到协执任务，仅用 15 分钟即查找到一离婚纠纷案件被执行人，网格员即时通知执行法官到场。在执行法官和网格员共同释法析理下，被执行人当场作出书面履行承诺，并在第二天来院与申请执行人达成了执行和解，案件得以顺利执行终结。该系统自 2022 年 9 月底正式上线运行以来，共线上向网格员发起协执任务 200 余件，办结率 100%，平均办理时限仅 2 天。

六是加强业务培训，规范协执办理。区委政法委、区法院组织对全区网格协助执行工作联络员、社区综治主任、社区网格负责人、网格员代表等分两场次共计 300 余人开展业务培训。就“网格 + 执行”智慧系统的操作、协助执行的基本业务知识进行讲授,促进网格员熟悉协助执行基本业务,提升利用智慧平台参与执行工作的能力,以更好更规范地协助法院做好执行工作。

三、工作成效

一是助力暖企行动,促进营商环境改善。在2022年4月省法院部署开展的优化法治化营商环境执行年“1+4”专项行动和企业信用修复“暖企”专项行动中,梁溪区被纳入清理范围的失信企业达994家,面广量大。区法院充分发挥基层网格和专职网格员人熟、地熟、情况熟的优势,通过“网格+执行”联动机制,将对994家失信企业的线下摸底排查工作分解至社区网格。辖区网格员在承担疫情防控重任的同时,积极配合法院工作,仅用1个月的时间,就全面完成了摸底排查工作,为企业信用修复工作打下了坚实基础。截至目前,成功屏蔽失信信息817家,失信修复率达到82.19%,“网格+执行”机制有力推动了梁溪区法治化营商环境的优化、社会信用总体水平的提升。

二是补强线下短板,合力攻坚执行难题。自联动机制运行以来,基层网格化服务管理的特有优势有效“植入”执行工作中,覆盖全域的网格员迅速成为协助执行的“眼睛”和“触角”,对突破“查人找物寻助”的执行“瓶颈”发挥了不可或缺的作用。在法院开展的多次集中执行活动中,在网格员的协助下,共成功查找到被执行人72人,促成执行和解23件,执结案件42件,执行到位金额800余万元,有效助力解决法院在执行末梢过程中面对的“人难找,物难寻”等难题,形成了综合解决执行难的强大合力。

三是融入基层社区,共同推进诉源治理。借助“网格+执行”联动平台,深入开展“执行法官进网格”活动,进入社区开展法律宣讲9场次,向网格居民宣传法院执行工作的基本知识,发放执行工作宣传手册,宣传失信联合惩戒、执行悬赏等措施,增强群众对法院执行工作的理解和支持,营造良好的诚信氛围。同时,将法院解纷服务嵌入基层网格服务工作,积极协助网格员解决社区里的矛盾纠纷。在合力化解矛盾的同时,加大普法力度,以案说法、以法育人,让更多群众尊重、理解、支持社区和网格员工作,共同打造美好的生活家园。

四、经验启示

梁溪区法院紧扣破解制约执行难的问题,借力梁溪区网格化管理的优势,精心打造“人在格中寻,物在格中找,案在格中执,事在格中办”的执行联动机制,凝聚起最广泛的社会力量,从源头切实解决执行难。同时,通过该机制,创新市域社会治理现代化,助力提升社会治理精细化水平,取得了显著工作成效。这一机制,实现了司法力量和网格力量的深度融合,“法”“网”力量有力地推进了执行工作的提质增效,创出了“破解执行难”的新路,彰显了可复制、可推广的创新经验和可圈可点的创新效应。

(无锡市梁溪区人民法院)

公益清算让“僵尸”企业顺利“出清”

一、背景介绍

惠山辖区内优质企业众多,但也存在大量经营异常的企业。经营异常企业的大量存在导致名称资源、监管资源被占用,阻碍了市场健康有序运行。由于市场主体主动办理注销退出意愿不强,相关部门注销环节繁杂以及监管手段不足,破产程序启动难等原因叠加,经营异常企业及时退出障碍依然存在。压降经营异常企业数量,既是提升区域市场主体质量的关键一招,也是营商环境评价指标体系中“市场监管”和“办理破产”两项指标优化的关键要素。在市场主体怠于履行清算义务时,需要行政力量的积极参与。行政主管机关对经营异常企业申请公益清算是法律赋予的权利,公益清算既涉及司法,也涉及行政,有助于突破传统的由股东或者债权人申请清算案件的路径依赖,既有法律依据,又有实践需求,是优化营商环境、实现辖区经济高质量发展的创新之举。

二、主要做法

(一)全面筛查与稳步推进并重,畅通退出渠道

一是深入研判,建章立制。聚焦市场主体退出意愿不强、注销程序烦琐等问题,与惠山区市场监督管理局联合开展调研,深入研判、对症下药,共同制定《关于推进经营异常企业公益清算强制退出的实施意见》,从筛查机制、申请启动、审理清算、资金保障、注销登记五方面予以规范,协调解决清算费用负担、资产处置、工商注销等难题。

二是全面筛查,摸清底数。市场监督管理局建立经营异常企业备选库,将失联、长期停业未经营和吊销未注销超过三年的企业纳入其中。定期梳理涉执行案件较多、无财产可供执行的企业,列入经营异常企业“黑名单”,并将“黑名单”通报至市场监督管理局,由市场监督管理局将符合条件的企业纳入经营异

常企业备选库。

三是精准识别,有序推进。市场监督管理局按照“风险可控、先易后难、先远后近”原则,分期分批在经营异常企业备选库中筛选当期拟强制清算退出的企业名单,并通报至法院。法院接收后,通过执行大数据系统核查企业是否存在执行案件,企业财产及债权债务,反馈市场监督管理局,确保稳步有序推动“关而不清”“倒而不破”的“僵尸企业”进入强制清算退出程序。

(二)依法规范与提高效率并重,强化程序保障

一是细化申请手续。市场监督管理局向法院申请强制清算时,应当提交载明申请人信息、被申请人信息、申请事项、申请事实与理由的申请书,证明申请人及委托代理人身份的相关文件,证明被申请人身份及其符合强制清算的相关证据,包括但不限于企业基本登记信息查询单、企业被吊销的行政处罚决定书等。提交申请时,应当“一企一档”,确保全面准确。

二是严格审理程序。法院受理相关案件后,严格按照上级法院关于审理公司强制清算案件的相关规定依法审理。法院决定在律师事务所、会计师事务所等社会中介机构中指定清算组的,应当在法院编制的破产管理人名册中指定,并指导清算组对企业财务状况、债权债务状况进行全面调查。审理中发现强制清算企业存在资不抵债情形,符合破产受理条件的,指导清算组向法院申请破产清算。

三是简化注销流程。对经法院依法裁定终结强制清算程序的企业,清算组可持法院裁定书申请办理简易注销登记,无须提交清算报告、投资人决议、清税证明、清算组备案证明、刊登公告等材料,提高行政审批效率,尽快释放“僵尸企业”占用的社会经济资源和行政执法资源。

(三)强制清算与积极救助并重,健全配套机制

一是深化协调机制。法院与区市场监督管理局分别组建工作专班,负责案件移送、信息对接、沟通协调等工作。加强与工商、税务等部门的信息共享和数据联通,及时高效获取企业涉税信息、社保缴纳信息等情况。健全联席会议机制,根据工作需要,不定期召开专题会议,总结阶段性工作成果,分析存在的问题和困难、工商解决之策,切实推动此项工作落地见效。

二是加强资金保障。针对大部分经营异常企业无财产的实际情况,将公益

强制清算费用及清算组报酬纳入破产专项基金保障范围,并在保障清算组必要的费用支出的同时提高被清算主体的积极性。此外,指定社会中介机构担任清算组的,根据案件复杂程度,将一定数量的案件打包,一次性指定给同一机构办理,并根据工作量核定清算组报酬补偿标准,大幅降低公益强制清算费用。

三是做好帮扶工作。对于筛查、审查中发现的符合吊销条件,但是仍有经营意愿的企业,一企一策,共同开展帮扶工作,指导企业用好助企纾困各项政策,帮助企业评估复工复产条件和可能面临的生产经营风险,助力企业重返市场。对于不愿意继续经营的企业,指导其依法、及时注销,并全程跟踪注销程序,形成工作闭环。

三、工作成效

2022 年 6 月 17 日,惠山法院联合惠山区市场监管局共同出台《关于推进经营异常企业公益清算强制退出的实施意见》,从筛查机制、申请启动、审理清算、资金保障、注销登记五方面作出具体规定,积极探索,率先在全市建立了经营异常企业公益清算强制退出机制。2022 年全年,惠山法院审结 50 件公益清算案件,助力 50 家企业实现市场"出清"。

惠山法院建立的公益清算强制退出机制入选江苏省高级人民法院印发的《江苏法院 2022 年司法改革案例选编(三)》。该机制同时入选"2022 年度无锡法院优化法治化营商环境十件大事"。

四、经验启示

惠山区法院在无锡市范围内率先开展对"长期处于吊销未注销状态企业"的公益强制清算工作,是对经营异常企业规范有序退出市场的一项积极探索,将最大限度压降惠山区经营异常企业数量,有效促进企业优胜劣汰,实现资源合理配置,具有重要的创新意义和实践价值。

(无锡市惠山区人民法院)

创新“三前置”工作模式
实现知识产权司法保护新飞跃

一、背景介绍

企业维权“周期长”“举证难”“成本高”，侵权“风险高”“防范难”“危害大”一直是阻碍企业知识产权保护的几大障碍。如何不断深化司法改革，创新举措提高审判质效，并紧密结合审判职能，不断优化法治化营商环境，是人民法院能动司法的重要课题。

二、主要做法

(一)调解前置，首创知识产权诉前调解“三步法”

一是“提前介入”，把握诉前调解先机。新吴法院知产庭立足审判实践中积累的经验，提前介入诉前调解环节。在进入诉前调解程序后，法官与具体承办的诉前调解员进行了对接，就已经审结的类似纠纷案的总体情况、主要特征、判赔标准进行通报，确保在诉前调解过程中掌握先机，实现精准预判。

二是“集中约谈”，提高诉前调解效率。针对系列商业维权案同一原告、多个被告的特征，以及涉诉个体工商户分布相对集中的具体情况，采用集中约谈的方式开展调解。确保每一位当事人能够充分、自主地参与到调解中来，自由、详尽地表达意见和诉求。同时，以一案的有效处理促成系列案件的妥善解决。

三是“下沉调解”，突破诉前调解障碍。在调解过程中，由知识产权审判法官下沉调解现场，释明知识产权侵权的法律规定以及实施侵权引起的法律后果，解答当事人就案涉行为法律认定的各种疑问。让前来调解的经营者了解法律规定，扭转日常经营中存在的错误认知。

(二)沟通前置，畅通知识产权司法保护高速路

一是优化内部衔接，让流转更科学。结合庭室人员构成，构建“体系化”资源配置模式、“类型化”案件分流模式、“找要素”简案审理模式，通过类案检索

作为参照，结合员额法官指导的方式，由法官助理主要承担简单案件的调处工作，充分发挥繁简分流作用，缩短批量式商业维权案件的办理期限。用好优质审判资源，由员额法官承办疑难复杂以及个案式维权案件，在保证案件办理质量的基础上，不断推出精品、典型案例。

二是打破举证僵局，让取证更便捷。针对平台用户侵权，权利人无法获取电商主体信息、销售信息的情况，新吴法院知产庭在案件受理初期即与原告取得沟通，通过向代理律师发出调查令、向平台发送调查函等方式进行取证。针对庭审中难以查明的事实，通过向双方当事人了解相关情况，由法官或法官助理及时到有关单位、部门、园区、企业进行实地走访调查、现场勘验，有效减轻权利人举证负担，保证权利人维权顺利推进。

三是强化庭前调处，让解纷更高效。通过电话、微信、电子邮件等线上沟通，庭前谈话、互联网线上谈话等方式，及时与双方当事人取得联系，找准矛盾纠纷症结，搭建沟通桥梁，做好双向引导，跨越空间障碍，打通纠纷化解“最后一公里”。通过沟通，63.8%的案件在庭前得以成功调处，快速做到案结事了，有效减轻当事人诉累。

（三）服务前置，构建全链条知识产权保护新机制

一是注重“同频共振”，让服务更合拍。牢固树立“一盘棋”思想，借助“无锡市智能传感器产业知识产权联盟”平台、“打击侵犯知识产权和制售假冒伪劣商品”工作平台，构建汇聚司法、行政、行业协会、仲裁调解机构等在内的立体化知识产权保护网络。不断丰富“请进来”交流活动。定期邀请代表委员及不同行业领域的企业家旁听典型案件庭审、开展座谈。依托“争鸣论坛”平台，开展知识产权保护专题研讨会，邀请司法、行政系统单位、部门以及高校、科研机构及企业代表共同参与研讨，凝聚共识，形成纵横联动、多方参与的共治格局。进一步发挥知识产权审判示范、警示、教育的作用，激发创新创造活力，联合无锡太湖国际科技园，在“太湖湾科创城”“新吴法苑”微信公众号上同步开设“法‘智’科创城”知识产权保护专栏，添设“法律速递”“以案释法”“热点资讯”“答疑说法”等栏目，开创服务企业发展的“指尖普法”新模式。

二是树立“问题导向”，让服务更及时。新吴法院知产庭通过走访不同行业领域企业，了解企业在经营管理过程中遇到的困难以及在知识产权保护中存在的疏漏与阻碍。在此基础上，打造“锐意创新，建设未来——青年科创人员知识

产权保护法治宣传”等系列专题讲座，在太科园、奥特维公司、日联公司等多家企业进行现场授课培训，通过向企业赠阅《知识产权宣传手册》《企业知识产权保护“十策”》等宣传手册，帮助企业构筑自主知识产权保护体系，在普及知识产权法律知识的同时，着力提高创新、创业人员尊重和保护知识产权的意识。

三是强化“精准施策”，让服务更到位。深入开展以法护商专项活动，助推“新吴区企业上市挂牌护航工程”落地落实，通过实地走访和座谈交流相结合的方式，在红豆集团、奥特维公司等多家企业内设立“知识产权司法保护服务站”，发挥服务站区域、产业辐射作用，由点带面为不同产业类型企业知识产权保护提供“精准滴灌”式法律服务。

三、工作成效

新吴法院知产庭在审判实践中不断摸索，不断优化诉前、诉中案件办理流程，通过创新诉前“调解前置”、诉中“沟通前置”，成功化解了包括针对辖区市场主体开展的商标、著作权维权纠纷在内的百余件案件，实现快速维权的同时，削弱了纠纷对辖区市场主体正常经营带来的不利影响；有力强化了涉诉市场主体对知识产权保护和侵权风险防范的正确认知。发挥规则治理作用，强化知产价值引领，创新司法服务工作举措，延伸司法服务，通过诉外“服务前置”，打造“行政”“企业”“学校”“园区”“协会”五位一体的多元的保护格局，推动相关行业走上健康、可持续的发展道路。针对企业提出的知识产权保护难题，开展“商业秘密刑事保护”“地理标志知识产权保护”专题研究，形成多项调研成果，为司法问题的有效解决提供新吴方案。

四、经验启示

法治是最好的营商环境，充分发挥知识产权司法保护优势是优化法治化营商环境中的重要一环。树立问题意识，坚持问题导向是不断推进知识产权司法保护工作创新的必然要求。新吴法院知产庭瞄准了知识产权司法保护的难点、痛点和堵点，锚定落实最严格知识产权司法保护的工作目标，有针对性地提出了工作方案和解决措施，通过实践的积累和打磨，进而探索出了“三个前置”工作模式，为营造激励创新、公平竞争的法治化营商环境提供新吴方案。

（无锡市新吴区人民法院）

第 6 章 智慧法院建设

"激励+惩戒"双向发力"执行+信用"双向融合
运用执行大数据赋能社会信用体系建设

一、背景介绍

市场经济是法治经济、信用经济,而司法是法治经济、信用经济的重要守护者,是社会治理的有机组成部分。当前,社会信用体系建设中存在信用评价机制不直观、正向激励机制有缺失等问题。为回应新的法治需求,无锡中院充分运用新技术、新理念,完善制度规范,坚持正向激励与反向惩戒相结合,不断推动"切实解决执行难"与社会信用体系建设双向融合、双向促进。

二、主要做法

(一)拓展公正执行效度,"码上查询"一体化展示信用"底色"

无锡中院联合市信用办,依托执行大数据,研发运行全市法院"被执行人信用码查询系统",通过"红、黄、绿"三色标识码形式,让被执行人信用情况可视化。

1. 履行力分析重在"精细"

依托无锡中院自行研发的"被执行人履行能力大数据智能分析系统",全方位查询被执行人的主要财产信息以及纳税、信用等级等信息,对被执行人社会关系、资金往来、生活消费等情况进行全方位、精细化分析,综合确定被执行人是否具备履行能力,是否存在转移资产、隐匿财产、规避执行等有违诚信的情况。

2. 信用度界定重在“精准”

在全面分析基础上，利用信息技术手段，自动生成被执行人专属信用二维码和电子信用证明。有执行案件，但未被法院采取强制措施的，显示为绿码；被执行人因不申报财产、申报不实等事由，被法院采取限制消费措施的，则显示为黄码；被执行人在执行过程中有能力而拒不履行等，被纳入失信被执行人名单的，则显示为红码。

3. 信息化渠道重在“精心”

充分考虑用户体验，社会公众可以通过中院微信公众号、中院诉讼服务网或无锡智慧法院 App 以及灵锡 App，随时随地用手机查询两级法院执行案件被执行人信用码标识显示情况，为个人社会交往、企业商业交易等活动提供参考。

（二）彰显善意执行温度，“正向激励”多维度恢复信用“本色”

深入贯彻落实善意文明执行理念，联合市信用办制定出台《关于推行全市法院被执行人信用码的实施细则》，为被执行人提供信用修复渠道。

1. 实行“信用画像”主动告知

执行立案后，第一时间将信用码规则和信用惩戒后果等告知被执行人。被执行人信用码转为黄码时，再次向被执行人释明，并督促其主动修复信用。被执行人信用码转为红码时，除进行第三次释明外，法院还将联合社会信用管理部门，共同约谈失信被执行人，督促其积极配合执行。

2. 实行“信用危机”及时修复

被执行人如有积极履行义务的意愿，可以向法院作出信用承诺，法院经审查，且经申请执行人同意的，可以暂停适用信用惩戒措施，将信用码恢复为“绿码”。被执行人如积极履行义务，或积极配合法院调查、处置财产，可以向法院申请信用修复，法院经审查，符合条件的，修复其信用评价，恢复为“绿码”。

3. 实行“信用评价”积分增信

被执行人可以通过灵锡 App、信用中国（江苏无锡）网站等渠道，经实名认证，激活、查询个人信用分“阿福分”，并根据平台规则提高“阿福分”分值，法院将根据执行案件情况，综合考虑个人“阿福分”情况，决定是否暂停或解除信用惩戒措施以及是否修复被执行人信用评价。

（三）保持强制执行力度，“反向惩戒”全方位打磨信用“成色”

在推行信用码机制、激励被执行人主动履行的基础上，对拒不履行义务的失信被执行人，加大强制执行力度，强化震慑效果，让失信被执行人“一处失信、处处受限”，以反向惩戒促进信用体系建设。

1.“共享+公开”，形成失信曝光的强大压力

与市信用办加强协作，促进司法大数据与信用数据信息共享融合，全力支持社会信用体系建设。每周向市公共信用信息平台推送失信被执行人名单、每半年推送刑事判决信息等数据。充分运用中国执行信息公开网、淘宝网、法院诉讼服务网等，公开失信被执行人名单信息、终本案件信息、网络司法拍卖信息等。

2.“攻坚+直播”，形成打击失信的强大声势

开展“使命2021－雷霆”专项执行行动、“根治欠薪冬季行动”等聚焦涉民生、涉黑恶财产、涉政府涉金融、涉企业四大类案件集中攻坚执行，聚焦涉案款物开展专项清理处置。开展持续13小时的强制执行大型网络直播活动，营造失信可耻的强大舆论氛围。

3.“监督+惩戒”，形成处处受限的强大震慑

牵头建立由43家成员单位组成的联席会议制度，强化执行联动和失信联合惩戒。在公务员招录、任用党员干部、选举代表委员时，加强对公职人员的信用监督；协助市信用办开发运行市公共信用信息联合奖惩系统，在行政审批、信用评级、授信融资支持等方面形成“奖励守信、惩戒失信”的大格局；向市税务局等多个单位定期推送失信被执行人名单，限制失信被执行人享受税收优惠政策、参与土地招拍挂、参加团队旅游、子女入读高收费私立学校等。

三、工作成效

无锡法院全力推进社会信用体系建设，努力让执行“提速”，使营商环境更优。相关创新做法荣获“无锡市法治惠民项目”第一名、获评“善治无锡”市域社会治理最佳创新案例，被江苏省社会信用体系建设领导小组评为省社会信用体系建设工作创新项目并在全省推广。

四、经验启示

（一）数据支撑，信用可视

充分认识到大数据是执行信息化建设的重要基石，实现多层次数据共享，

以数据可视化形式动态描述被执行人履行能力，辅助执行法官科学决策，实现精准执行。同时，社会公众可以随时随地查询信用码，让被执行人信用情况真正实现可视化。

（二）正向激励，诚信可复

建立信用修复机制，畅通信用修复渠道，使失信者积极努力恢复诚信。同时，通过给予“纳失宽限期”、设立“信用考察期”、发放“信用修复证明”等方式，激励被执行人主动修复信用。

（三）延伸职能，困难可纾

按照江苏省高院的统一部署，积极开展优化法治化营商环境“1＋4”专项行动，重拳治理辖区信用领域突出问题。无锡锡山区法院设立全省首个“信用修复辅导工作站”及“助企服务站”，启动全流程企业信用预警帮扶机制，运用信用保护和修复手段，提供全方位司法服务；无锡梁溪区法院与区政法委共同建立“网格协助执行联动中心”，启动“执行＋网格”联动机制，提高执行工作效率；无锡惠山区法院作出全市首份“纳失宽限期”执行决定书和“信用修复证明”，助力纾解企业困难、全面优化辖区营商环境。

（无锡市中级人民法院）

自主研发“大数据可视化平台”奏响信息时代强音

一、背景介绍

传统审判管理是扎口审管办通过审判执行系统采集数据，以报表、白皮书或大数据分析报告的形式展示本级法院审判执行运行态势，无法高效直观地对数据信息进行年度之间、区域之间的纵横对比，院庭长很难实时从数据中分析并发现司法活动中存在的异常现象和发展趋势。面向大数据时代，宜兴法院注重培养大数据思维，始终坚持“智转数改”，以数字化改革为牵引，自主研发“无锡法院大数据可视化平台”，以数据思维追求效率，可视化平台融合“审判可视化、执行可视化、专项研判可视化”三大模块为一体，通过与审判、执行系统自动关联，实现案件统计数据整合、考核指标管控、态势分析汇总等工作的智能化和信息化，以数字正义带来的“加速度”。

二、主要做法

（一）精准打通司法堵点，以大数据赋能审判管理和审判能力提升

一是以“高效”为目标，实现精细化管理。传统的审判管理对影响审判质效的具体环节缺乏深入研究和有效防范。平台“节点效率”专题对案件从立案到结案归档过程中主要环节的平均用时情况进行统计，自动统计展示各部门和承办人在立收案、排期送达、报结案节点的平均用时情况，了解制约案件平均审理天数的“堵点”，增强法官节点管控意识。平台“期限预警”专题对于案件自然审理期限15日、30日内即将届满的案件进行预警，并对审限变更原因分类统计，院庭长可以查看部门内期限即将届满的案件情况，提高办案效率。

二是以“业绩”为导向，实现智能化考评。平台“审判质效”专题即时生成质效展示数据，不仅包括本法院及辖区派出法庭质效考核指标情况，也可以展

示法院、部门、法官在无锡市的排名情况,以及与同期的对比情况。院庭长可以根据案由查询特定类型性案件的具体审判质效及同期对比,掌握审判动态、发展趋势和内在规律。实时动态展示法官个人与庭内重点指标的“双排名”,提高法官对质效指标的认同度,引导法官自主管理,庭室在同一条线内的对比分析营造了你追我赶、比学赶超的良好氛围。

三是以“分析”为特色,实现前瞻性预判。平台中的每个专题不仅是司法数据的整合,专题中通过饼状图、线形图等可视化方式分析案件超期原因,及不同类型案件的占比和五年内的收结趋势。院庭长可以自定义选择时间地点区间、案件类型、案由、结案方式等分析审判运行态势,预判动态走向,提早谋划。在“涉律师代理案件”专题,将法院涉诉案件代理的律师、律所的案件数量、上诉和发改案件数量进行统计排序,借助信息化加强对司法权运行的监督,将律师代理情况全面、真实、准确地纳入平台展示范围,为此后的案件备查、纪检监督法官和律师之间关系情况提供了依据。

(二)主动融入市域治理,以司法大数据服务市域治理现代化

一是司法大数据助推区域综治创新。法院受理的案件数量,与当地人口数量、经济发展、法治环境等因素息息相关。平台将“万人起诉率”嵌入展示的市域地图,全景展示区域内乡镇、街道的案件数量和特征,通过考察案件数量与人口数量的比值,反映乡镇、街道基层治理的整体成效,更为高效和便捷地向地方党委和政府部门提供指数信息。“涉黑恶案件分析”专题聚焦重大风险类案件,构建数据模型深入分析黑社会、恶势力地域分布趋势及反应、犯罪主体特征、犯罪行为特征,为有效预防、控制和打击黑恶势力犯罪提供有益参考。在涉民生案件分析专题中,可以准确识别涉妇女儿童权益案件,在获取数据基础上,展开深入分析,对相关案件分布情况等进行可视化分析,为重点民生问题提供数据参考。

二是司法大数据辅助地方经济决策。平台在“专项研判可视化”板块根据司法热点整理了涉民生案件分析、涉企业案件分析、涉金融案件分析等专题,各个专题通过对案件数量、标的、类型和对应的趋势分析,进一步挖掘这些数据之间的深入联系,实现案件信息增值,从中提炼出可供领导分析决策的辅助数据。“涉企业案件分析”立足司法数据进行定量研究,从司法角度研究市域范围内民营企业发展现状、特点和问题。“涉金融案件”立足司法前沿,引导金融市场健康发展,为优化民营经济营商环境提供数据支撑。

三是司法大数据引导规范执法守法。平台在“涉政府案件(行政)分析”专题对各行政机关涉诉情况、胜诉败诉、行政受案数量与案由变动情况进行分析,对政府败诉案件进行类型化分析,能够最为直接地反映以往政府决策行为的科学性,为今后同类行为的发展态势提供精确的数据解答,进而助力政府决策。在“涉政府(综合)分析”中可以对引发群体性诉讼案件的原因与走向进行分析,有效进行社会风险排查工作。

三、工作成效

2022 年宜兴法院各项审判质效稳步提升,连续四个季度以审判质效总分第一的成绩获得无锡地区“审判质效优胜奖”,一审判决案件被改判发回重审率、民事调撤率进入全省前 10 名。一审服判息诉率进入全省前 20 名,法定正常审限内结案率较去年同期上升 6.07%,平均审理天数较去年同期下降了 19.38 天。《智慧司法的应用实践——无锡法院大数据可视化平台建设应用》获得江苏省法学会大数据与人工智能法学研究会 2022 年会二等奖。《2021 年宜兴市人民法庭高质量服务乡村振兴探索实践工作的分析报告》被评为“2021 年度全省法院优秀态势分析报告”。

四、经验启示

1. 以问题导向解决需求。可视化平台从司法管理急迫需求和长远需求出发,在融合全域数据、规范办案流程、建立分析模块、开展趋势预判等关键技术上全力攻坚,形成办案流程标准化、审判质效直观化、数据分析报告自动化、审判管理智能化等司法管理的完整体系,从而为司法管理、监督提供有力抓手。

2. 以服务目标转化成效。秉持“让数据开口说话”理念,通过深度整合数据信息,系统展示市域地图显示辖区内各区域(城镇)的涉诉情况、涉诉主体数、收结案等相关数据,直观清晰地展现基层涉诉矛盾纠纷大数据,充分发挥大数据在社会治理体系中“智慧大脑”效能。针对社会热点问题,结合法院案件信息的汇聚、管理和分析,充分发挥司法大数据经济社会发展“晴雨表”和“风向标”作用,通过平台展示的动态分析报告成为党委政府了解经济社会运行情况以及作出科学决策的依据。

(宜兴市人民法院)

创新“法官 + 工作站”微板块 赋能优化营商环境大格局

一、背景介绍

为适应新形势下人民群众对司法服务的精准化、智慧化需求，宜兴市法院自主研发“法官 + ”信息化平台，整合智慧法院建设的线上资源，并以镇(街道)、村(社区)为基本布局点，建设线下“法官 + 工作站”，通过“一条网线、一块屏幕”，打造家门口的“数字微法院”，为人民群众提供一体化、便捷化的司法服务。相关做法取得明显成效，获得广泛关注。

二、主要做法

(一)线上与线下相结合，打造司法资源下沉的“智慧平台”

一是聚合多项功能。“法官 + ”信息化平台链接江苏微解纷、江苏法院诉讼服务网、互联网法庭、国家法律法规数据库、中国庭审公开网、12368 诉讼服务热线等信息化平台，涵盖微解纷、微指导、微立案、微庭审、微直播、微课堂、微法规、微法官、微执行 9 大板块应用场景，集法治宣讲、诉前调解、在线指导、网上立案、在线庭审等全过程司法服务于一体。

二是整合现有资源。“法官 + 工作站”建设不需要投入新的人力、物力，在镇(街道)矛盾调解中心、村(社区)服务中心等，依托现有场所、设施，以“一条网线、一块显示屏”的方式配备“法官 + ”信息化平台，就近服务人民群众。

三是融合多种需求。宜兴法院同步设立“法官 + 微服务中心”，制定《全面推进“法官 + 工作站”建设的实施意见》，编制“法官 + 工作站”使用指南和宣传手册，推动形成全面覆盖、功能完备、运行高效的运行体系。坚持问题导向和实用导向，注重把握基层组织、人民群众使用感受和意见建议，不断优化线下“法官+工作站”功能,同步推出掌上“法官+工作站”和“法官+”微信小程序,让司法服务足不出区、足不出户。

（二）非诉与诉讼相衔接,打造一站式纠纷化解的“便捷驿站”

一是立足“前端”深化诉源治理。把“法官+工作站”打造成法院落实“谁执法谁普法”责任制的平台,通过“微法规”模块,为基层组织、人民群众、当事人提供法律法规、司法解释查询服务。深入研判辖区矛盾纠纷成因特点,通过“微指导”,为基层调解员、村干部、网格员、企业等开设实务课程,提高矛盾纠纷防范和调处能力。

二是聚力“中端”强化非诉化解。强化“法官+工作站”的微解纷功能,发生纠纷后,当事人可以第一时间登录掌上“法官+工作站”,按照提示提交调解申请,或至就近的“法官+工作站”,简单纠纷由村干部、人民调解员等现场调解。复杂纠纷可通过“微指导”模块连线宜兴法院“法官+微服务中心”,由值班法官提供远程专业指导。对于疑难复杂问题,当事人、基层组织可以进行预约,法院组织集体会商后予以答复。基层法院把握不准的,可以连线无锡中院、省法院进行三级会商。

三是把握“后端”畅通诉讼服务。纠纷调解不成的,引导当事人通过“微立案”模块在线提交立案材料,通过“微法官”功能联系承办法官,及时掌握案件进程,案件审理过程中,通过“微庭审”远程在线开庭,并通过“微直播”实时查看或回看案件庭审过程。进入执行阶段,申请人如发现被执行人财产线索,可通过“微执行”一键向宜兴法院执行“110”报警,被执行人也可自行查询是否被纳入失信限高名单,预约并接受信用修复指导。

（三）借力与助力相统筹,打造赋能基层治理的“前哨堡垒”

一是筑牢服务地方发展的“桥头堡”。立足宜兴市特色产业,联合宜兴市企业家协会,设置“电线电缆企业联合会调解工作站”“线缆企业信用修复指导工作站”“破产调解联络站”等专业类“法官+工作站”,为企业提供涉诉纠纷调解、信用预警、信用修复指导等司法服务,并结合法院审理的真实案例,为分散在全国20余个省市的500多家企业开设“微课堂”,提示经营风险,解答疑难问题,促进行业规范发展。

二是搭建回应社情民意的“前哨站”。在辖区四级代表调解工作室设置“法

官 + 工作站”，融合人大代表来自群众、贴近群众、服务群众的特有优势和法官审判执行专业化的优势，拓宽了解社情民意、回应社情民意、解决群众急难愁盼问题的渠道，同时，将法院工作置于人大代表监督之下，双向互动，为基层治理贡献“代表智慧”和“法官力量”。

三是构筑法治文化传播的“新矩阵”。依托各镇（街道）、村（社区）“法官 + 工作站”，发布普法微电影、短视频 50 余部，上线 25 个“云课堂”课程，组织基层调解员、人民群众观摩庭审直播等 2000 余人次。联合宜兴市妇联，开设未成年人暑期法治课堂，帮助未成年人提高法律意识。“科技赋能文化传播矩阵”入选“全国法院文化建设特色项目”。

三、工作成效

2022 年以来，宜兴法院以科技创新为动力，以数字化改革为牵引，以满足人民群众司法需求为目标，探索建立“法官 + 工作站”综合司法服务平台，以数字治理探索全域解纷、全程服务、全员赋能的基层治理新模式，走出一条智慧、创新、为民的新路子。

（一）以“智”为介，连通司法为民“终端站”，找准智慧司法与服务基层的结合点

自主研发“法官 + ”智慧系统，将“法官 + 工作站”作为矛盾纠纷调处向最末端延伸的有效抓手，通过工作站调解各类矛盾纠纷 300 余起，真正实现“小事不出村、大事不出镇、矛盾不上交”，创新和发展了新时代“枫桥经验”。有效破解“法官进网格”现实困境。“法官 + 工作站”消除了司法服务时空制约，一旦发生纠纷，当事人既可远程视频连线法官获得专业指导，又可直接申请网上立案，还可利用微庭审组织线上开庭，足不出村（社区）即可全程享受法院微服务。

（二）以“新”为谋，服务乡村振兴“主旋律”，优化法治营商环境，助力支柱产业发展

先后在华东第一石材市场、电线电缆企业联合会等设立“线缆企业信用修复指导工作站”“破产调解联络站”，一体化实现企业信用预警、教育督促、信用修复及涉诉案件多元调解，助企纾困，暖企发展，推动产业振兴；强化司法惠农助农、保障现代化农业发展。在金兰村、美栖村等设立工作站，畅通涉农纠纷绿

色通道，瞄准农业升级、农村进步、农民发展中的涉法问题，主动为老百姓提供触手可及的司法服务；护航美丽乡村建设、支持旅游产业发展。在白塔村、龙山民宿村等设立工作站，定期开展法治宣传，为游客提供法律咨询，以"身边的司法服务"提升游客安全感和满意度。

（三）以"人"为本，打造法治传播"主阵地"，讲好法治故事

充分发挥"法官+工作站"司法宣传、教育、指引功能，构建横向到边、纵向到底、上下联动、覆盖宜兴城乡的法治文化传播站点，上线发布典型案例、巡回展播打击养老诈骗等短视频、微电影，让群众在潜移默化中接受法律熏陶。用好法治讲堂。与市妇联联合设立"阳羡爱心港"，开设未成年人暑期法治课堂，预防未成年人犯罪。

四、经验启示

"法官+工作站"运行以来，优化营商环境、纠纷源头治理、化解人案矛盾、释放司法资源效果显著，有力促进法院审执质效提升。宜兴法院始终坚持新时代人民法庭"三个服务""三个便于""三个优化"原则，全域7个人民法庭在宜兴市辖区（18个镇、街道）全面推进"法官+工作站"建设，以数字治理探索全域解纷、全程服务、全员赋能的基层治理新模式，走出一条新时代"枫桥式法庭"建设新路子，切实打造了市场化、法治化、国际化营商环境，不断促进全市经济高质量发展。

（宜兴市人民法院）

企业法律体检“云诊室”线上线下立体式助企发展

一、背景介绍

无锡市梁溪区人民法院扬名法庭管辖的扬名街道位于无锡中心城区东南端，为无锡工业强镇，辖区有扬名创智园、传感园等企业集聚园区，每年受理商事案件占半数以上。为践行习总书记关于“把非诉讼纠纷解决机制挺在前面”的指示精神，扬名法庭立足辖区企业集聚特色，打造企业法律体检“云诊室”创新品牌，利用“互联网 + 法律”实现“线上”“线下”互通互联，通过线下走访问需、线上咨询问诊、梳理查找漏洞、定向专门指导、在线调解谈判、发送司法建议等形式，对企业风险开展排查和指引，对涉企纠纷提前介入，源头化解纠纷。

二、主要做法

（一）善用科技手段，构建在线会商平台

整合现有审判资源，及时、便捷开展在线咨询、合规审查、回访建议等服务，聚合政府、公安、司法资源，将街道、派出所、司法所纳入在线平台，定期召开线上例会，为企业问需解惑，紧急事项不定期召开线上会商。

1. 在线会商，法律体检。从法庭办理案件中梳理排查出纠纷易发的企业名称、所属行业、常见问题，剖析企业经营中的风险点和漏洞，在线开展企业“法律体检”，给出风险预警和法律建议。重点围绕企业经营中遇到的应收账款催收、知识产权保护、劳动人事等法律问题在线咨询，对回款的周期、送货对账和追讨等环节进行梳理检查，给予完善建议填补漏洞，当场释疑答复和诉讼指引。2021 年以来，开展在线咨询会商 50 余次，服务辖区企业 120 余家。

2. 在线开庭，云端调解。利用“互联网庭审”“江苏微解纷”等线上平台，法

官、调解员对涉企案件在线开庭和调解。2021 年,一案件当事人被羁押在宁波监狱,在特殊时期,审判陷入停顿,为解当事人燃眉之急,承办法官多方联络宁波中院,两地法院携手,通过跨省云开庭的方式,既充分保障了当事人的诉讼权利,又避免了因为监狱特殊的封闭环境可能导致的危险性。

(二)延伸审判职能,畅通线下服务机制

针对线上不便解决的复杂事项,线下深入走访企业,从屏对屏到面对面,问需送法。针对企业需求和行业类别、常发纠纷的节点开展点单式法制宣讲,选取典型案例开展巡回审判、邀请企业家旁听庭审,向监管部门、相关企业发送司法建议。

1. 创新宣传形式,厚植法治文化。对分行业、分类型送法进企,走访数据资源型、高新科技型、食品加工、机械制造等企业 80 余家,发放优化营商环境白皮书暨典型案例;针对资金链紧张的富力等地产企业,开展定向专门性指导,营造暖企、助企氛围;专题与数据企业开展集中座谈,听取数据资源的司法保护需求;针对企业需求开展“点单式”法律宣讲,提示风险,规范制度机制。以案说法,通过“网购宠物通过普通快递寄送活物案”“商家‘四舍五入’多收 0. 44 元是否构成价格欺诈案”等鲜活案例宣传,改编成微电影,规范快递企业的寄送,保护商家合法利益。

2. 开展示范诉讼,定期巡回审判。选取违约失信、企业常见普遍的风险漏洞的典型案例,走进园区开展巡回审判,邀请企业家旁听庭审,实现“审理一案教育一片”。针对涉企的民生类案件,选取典型案例进行示范性裁判,为同类型案件提供解决方案。2021 年,对辖区某开发商因延期交房被 108 户业主起诉要求承担违约金的群体性案件,选择其中一例典型代表作了示范诉讼,慎重考虑开发商的履约积极性等因素,判决驳回了业主的违约金诉求,判决生效后剩余类案参照此案妥善化解。2022 年,选取一起典型涉融资担保的金融借款合同纠纷案件,邀请辖区银行走进法庭,观摩示范庭审,并在庭后举行民法典担保新规宣讲。

3. 强化诉前调解,理顺诉调对接。设立“浦爱丽调解工作室”品牌,诉前提速化解涉企纠纷。发挥省优秀人民调解员浦爱丽的优势,诉前介入涉企纠纷,运用“五心调解法”快速化解。设立三个速裁团队,法官助理参与指导人民调解,调解成功的由法官审核进行司法确认,调解不成的快速进入审理,六成涉企案件通过速裁化解,彰显“速度”正义。

4. 发送司法建议,堵塞经营漏洞。针对典型违约失信、风险漏洞,向监管部门或企业发送司法建议,规范市场秩序。2021 年,向保险公司发送司法建议,建议电子投保时增设车辆安全基本信息为必填项,规范投保流程;2022 年,就案件审理中发现的某企业的财务审批漏洞,向企业发送司法建议,建议其完善审批制度,优化财务报销流程。

三、工作成效

积极融入地方经济发展和社会治理大局,通过线下走访问需、线上咨询问诊、梳理查找漏洞、定向专门指导、在线调解谈判、发送司法建议等多种形式,护航企业健康发展,优化法治化营商环境贡献司法力量。

一方面,从源头化解了大量纠纷,提高人民法庭诉源治理水平。通过提前介入,从诉源化解了展鹏公司的货款追讨纠纷、华润燃气公司的燃气费计量争议等未成讼案件;关于受房地产调控政策冲击的地产企业,以走访送法形式,对供货商货款、逾期交房等裁判尺度予以指导,以实际行动给企业送去温暖。

另一方面,利用多元解纷力量化解在办案件,规范企业经营以避免类似矛盾再发。借力地方政府、公安等力量,帮助化解一批已形成诉讼的纠纷和问题。2022 年,辖区企业的厂房拆迁引发的房屋租赁纠纷多发,通过在线会商、实地调查等,在地方政府协助下合力化解。在审理华洋滚动公司案件中,就财务报销的漏洞,发送司法建议,收到该公司回函,对法庭服务企业举措给予高度评价,帮企业堵塞了漏洞。

2023 年 1 月,该项目的工作成果“企业法律体检‘云诊室’ 线上线下立体式助企发展”被省院《人民法庭动态》录用,在全省复制推广。

四、经验启示

创新服务企业的形式,以延伸审判职能。该项目基于扬名辖区企业集聚特色,实现人民法庭扎根地方、服务地方经济发展的功能,运用“一根网线、一块屏幕”的在线视频交互平台,实质上是通过现代科技的在线方式便利地延伸审判职能。针对法官少与企业法律需求多的工作痛点,对准需求解决实际问题,以信息化手段弥合短板,将有限的审判资源发挥更高的效率,取得事半功倍的良好效果。

(无锡市梁溪区人民法院)

第 7 章 审判创新工作

全域推进类个人破产试点工作

一、背景介绍

2022 年 1 月，经江苏省高级人民法院批复同意，无锡法院全域启动“与个人破产制度功能相当”(以下简称类个人破产)试点工作。在缺乏正式立法支持的情况下，无锡法院坚持法治化、规范化、协同化工作思路，大胆创新，探索出兼具“救济诚实而又不幸的人”和“预防逃废债”功能的类个人破产新路径，取得了审理案件数量多、债务清理效果优的良好成效。对司法融入社会治理，营造鼓励创新、宽容失败的营商氛围，维护社会安定有序，贡献了司法智慧和司法力量。

二、主要做法

(一)“三个导向”强化理念引领，把准类个人破产审判的大方向

始终坚持原则性与灵活性相结合，牢固树立契合经济规律、司法规律的类个人破产审判理念，确保方向不偏。一是突出法治导向。坚守法律底线，运用法治思维和法治方式妥善设计制度规则、稳步推进改革试点。在深入总结锡山法院试点工作经验、广泛借鉴国内外法律制度和成功实践的基础上，衔接现行民事执行制度和企业破产法相关原则、精神，制定个人破产试点工作指引，细化 5 大类 60 余项程序节点要求，初步形成了一套逻辑严密、务实管用、运行有效的

类个人破产程序规则体系。二是突出诚信导向。坚持诚信原则这个民商法“帝王原则”,把握拯救“诚实而不幸”债务人的功能定位,注重全流程引导形成鼓励诚信、宽容失败的氛围。程序启动之初,引导债务人全面如实申报财产;程序推进中,一旦出现或者发现债务人的恶意、不诚信行为,立即终止清理程序,或驳回申请;债务清理方案履行完毕后,明确在一定期间内仍受相关资格、行为等信用限制。在移送审查的案件中,有 14 件因债务人不诚信而被裁定不予受理。三是突出创新导向。积极创新实践,把自由财产制度、债务豁免、失权复权、免责考察等制度大胆适用于类个人破产案件审判,探索具体适用的情形和标准。如在议事规则上创设了“一致决 + 多数决”的双重表决规则,让意思自治成为当事人之间的法律;在锡山法院审理卫某类个人破产案时,虽然 15 名债权人中有 5 名债权人对债务豁免决议投反对票,但基于债权人均同意债权人会议的表决规则,法院最终确定决议结果对所有债权人有效。

(二)“三个环节”拓展程序功能,激发类个人破产审判的大效应

始终坚持抓统筹与抓重点相促进,聚焦关键“小切口”精准发力。一是把好入口关,严选试点对象。聚焦“执行不能”的现实问题,把“执转破”作为导入类个人破产程序的主渠道,共排查执行案件 1.51 万件,移送审查立案 162 件,涉及执行案件 744 件,债务清理成功的 15 件案件使 72 件执行案件得到同步解决,实现了破解“执行难”与帮助债务人脱困的双重效果。聚焦为诚信者解除债务危机、激发大众创业、维护债权人利益等价值目标,把为破产企业提供连带责任担保的自然人、因个人创业无法清偿到期债务的 70 名“商自然人”,作为适用类个人破产程序的优先考虑对象。如梁溪法院审理的肖某、陶某案,夫妻二人因经营快餐店不善负债 550 万元,经法院合并适用类个人破产并达成和解,不仅使债权人得到 100% 清偿,而且使两人重获商机、继续创业。二是把好免责关,精定考察期限。破产免责是个人破产制度的核心内容,必须进行严密的程序规制。按照合理平衡债权人和债务人利益原则,并考量当事人合意、债务清偿比例等因素,确定了最短为零、最长五年的免责考察期。如在梁溪法院审理的孙某案中,全体债权人一致同意孙某在拍卖房屋分配后剩余债权分三年清偿完毕,实现清偿 100%,则没有设定免责考察期;在惠山法院审理的袁某案中,债权人豁免袁某 4.6 万元,清偿比例 73.90%,因而确定了半年的免责考察期。三是把好出口关,畅通退出渠道。健全债权人和管理人的监督异议机制,发现债务

人存在转移财产、逃废债务等行为时,立即终止程序,坚决防止逃废债务;即便在债务清偿方案履行完毕之后,发现债务人存在违反诚信的行为,法院也可撤销债务豁免方案。如锡山法院在审理周某案中,债权人会议一致表决同意周某提交的债务清偿方案及豁免条件,周某履行清偿计划后,又发现周某的隐匿财产,法院则撤销债务豁免方案,对周某恢复强制执行。

(三)“三个维度”突出协同联动,构建类个人破产审判的大格局

始终坚持增动力与聚合力相协调,建立健全内外协调、运行顺畅的工作格局。一是强力凝聚内部“协”的力量。在法院内部,强化“立执破”部门一体联动,执行部门梳理“执行不能”案件精准锚定试点债务人,初步筛查后移送立案部门立案,再由破产审判部门 2 名法官、执行部门 1 名法官组成合议庭具体办理案件,并利用执行查控系统常态化开展查人找物、信用惩戒等措施。二是大力拓展上下“合”的功能。市法院成立由“一把手”院长担任组长的试点工作领导小组,出台试点工作意见,发布 3 期试点工作专刊,先后 12 次召开现场调研座谈、推进会或督导会,解决试点工作中的突出问题。各基层法院创新机制、加大案件办理力度,形成了一批有影响力的实践成果,锡山法院创建的审执结合衡平机制、唐某类个人破产案件被评为全省法院类个人破产创新机制和优秀案例。三是着力健全府院“联”的机制。在经费保障上,经与政府相关部门协调,将类个人破产的破产费用纳入市法院与市财政局联合建立的破产费用专项基金支付范畴;在信息共享上,法院向债务人所在社区或者单位、税务机关、信用管理部门征询意见,全面了解债务人情况;在债务人考察上,建立由村(社区)专人负责日常管理、破产管理人定期管理、法院常态化管理的债务人管控与救济新模式。

三、工作成效

2022 年,全市法院共受理类个人破产案件 156 件,涉债务 9.88 亿元,其中涉创业者、经营者 72 人;审结 147 件,其中和解式债务清理 22 件、清算式债务清理 2 件,涉及债务 8745 万元,清偿 1557 万元,豁免债务 2738 万元,成功帮助一批诚信创业者摆脱困境、获得经济重生,为个人破产立法提供了丰富的实践样本。全年审理案件数、结案数等关键指标位居全省第一,相关试点经验被省院工作简报刊用,并获省法院院领导批示,该试点项目还获评 2022 年全市法院创

新项目一等奖。

四、经验启示

类个人破产试点工作的本质是个人债务的概括执行和清偿，属于强制执行程序的延伸，以执行和解、参与分配制度为依据，并借鉴企业破产相关制度的原则和精神，办案结果可以起到与个人破产制度功能相当效果，兼具执行和破产工作内容。

（一）从执行工作角度把握类个人破产的合法性基础

改革探索在现有法律框架内进行，不突破现有法律规定。首先，坚持以现有民事执行制度作为其合法性依据，严格遵守执行制度的基本要求，不侵害债权人的合法权益。其次，在试点工作中作出的具体措施，特别是关乎当事人权益的，必须有法律、法理依据。例如，将"执行转破产"作为试点工作的基本思路，案件的受理首先要求债务人需要在法院有执行案件，以借助执行程序开展各项工作，包括限制债务人的一系列制度设计；案件审理必须由执行、破产法官组成联合合议庭审理案件，在促进执与破深度融合的基础上更好地把握试点工作的合法性底线；严格限制有省外债务或者未决债务的债务人进入程序，避免未决债权丧失司法救济或虚假债务稀释债权的情况，损害试点工作实际效果。

（二）从破产工作角度把握类个人破产的创新性价值

试点工作虽依托于民事执行制度，但在制度设计和价值取向上不同于个别执行程序，更具有破产法色彩，对于适用对象、适用范围、免责程序等问题因缺乏上位法支撑，理论和实践中均存在较大争议。因此，在试点工作中，首先循序渐进，充分吸收前期试点法院的有益经验，选择实践效果较好的方案。其次适度创新，对案件是否纳入试点范围、债务人的余债是否予以免责等问题，在采取当事人自愿原则基础上，加强对企业破产法市场化协商机制的借鉴和运用，减少适用强制性手段。最后宽进严出，对受理条件适度从宽，鼓励债权人和债务人提出申请；但对申请免除余债的，必须具备"债务清偿和解协议履行完毕"和"经过免责考察期"两个基本条件，防范"假破产、真逃债"。

（三）从自然人破产角度把握类个人破产的新理念新机制

自然人破产制度中的自由财产制度、债务豁免、免责考察等新理念新机制，是试点工作的理念指引和制度遵循。规定自由财产的范围,为债务人保留其本人及被扶养人的基本生活所需的生活物品;管理人针对债务人制定的债务清偿方案通过债权人会议决议通过,债务人的余债得以豁免,债务人获得“轻装上阵”的机会;根据债务清偿比例,为债务人确定半年到五年不等的免责考察期,平衡了债权人保护与债务人免责的冲突。上述新理念新机制,保证了试点工作在现行法律框架下实现与自然人破产制度功能相当的社会效果。

(无锡市中级人民法院)

创新调裁审一体化机制
妥善处理科技型企业劳动人事争议

一、背景介绍

党的二十大提出,科技是第一动力,人才是第一资源。科技人才工作已经提升到国家战略层面。我市较早启动人才计划。自2016年开始实施"太湖人才计划"和"锡引工程",擦亮了"无比爱才、锡望您来"的城市品牌。截至2022年年底,我市有各级别高新技术企业5547家,国家级专精特新"小巨人"企业88家。在人才引进政策与科技型企业蓬勃发展的双重影响下,我市劳动力结构也发生重大变化。越来越多的高科技人才、技术性人才、高级管理人员正在成为劳动关系的一方主体。行业、人才引进政策、合作方式、薪酬体系的不同导致相关的劳动人事争议更加复杂,处理难度更大。裁审程序衔接是劳动人事纠纷化解的程序特色,但如何适应新类型复杂案件的需求,亟须整合相关解纷资源,打造适应科技型企业与科技型人才之间的劳动争议一体化新体系。

二、主要做法

(一)将专业化保护贯穿"调裁审一体化"各环节,为企业与人才"互利共进"增强更多信心

市法院联合市人社局、总工会、工商联制定实施意见,推出18项法治举措,以专业化的"调裁审"举措、高水平的"调裁审"效果,为科技型企业放心发展、高层次人才安心择业营造公平公正的法治环境。

一是建立专业化的"调裁审"队伍。建立专业调解组织,在太湖湾科创带设立科技型企业劳动争议调解中心,着力培育专业调解员队伍。建立特邀调解资源库,吸收技术类专家、科技型企业以及科技型人才杰出代表、人大代

表、政协委员等参与调解,提升调解的“技术含量”。创建仲裁员、调解员、审判员“成长 + ”平台,开展岗位练兵、技能比武和“同堂培训”活动,一体化提升专业水平。

二是构建专业化的“调裁审”机制。将“专家辅助人制度”引入裁、审事实查明程序,在一起涉人工智能领域竞业限制纠纷案中,诉辩双方分别申请中科院、中国生物医学工程学会的专家,就“算法”专业问题出庭陈述,帮助法庭查明了技术问题。通过跨庭(室)组建合议庭、召开跨部门专业法官会议等形式,保障审理效果。建立“1 + N”案件评查、裁审月报交流、裁审信息对比三大机制,法院与仲裁委开展文书互评、典型案例互选、裁审案例发布活动,促进裁审理念统一。

三是成立专业化的“调裁审”咨询库。在全省率先建立由 AI 人工智能、芯片集成电路、生物医药等 10 多个领域 18 名专家组成的技术专家咨询库,为纠纷调解、仲裁和审判提供技术支持。

(二)将平衡保护贯穿“调裁审一体化”各流程,为企业与人才“互惠共益”提供更多机会

以科技型企业和高层次人才“双保护”为目标,正确处理劳动法治和契约自由的关系,为科技型企业顺利发展、高层次人才人尽其用营造规范有序的发展环境。

一是最大限度尊重人才引育规律。对引才用才的柔性模式、高层次人才聘用合同中的个性化条款等焦点问题,在尊重意思自治的基础上结合法律、政策妥善认定,确保人才资源配置实现效率最优化和效益最大化。如在教授级高工陶某与某汽车智能装备公司劳动合同纠纷案中,法院在充分评估考量行业发展情况的基础上,依法认定双方签订的 2000 万元保障金条款有效,充分尊重科技型人才智力劳动成果的市场价值。

二是最大限度平衡才企双方利益。协调处理好交叉领域法律适用问题,既保障企业创新发展利益,又保障人才适配成长利益。如在某医疗上市公司与其首席科学家竞业限制纠纷案中,合理区分通用技术、自有技术及公司可保护利益,对竞业限制的地域、行业范围作出合理判断,平衡保护了人才、技术的合理流动和企业核心技术利益。

三是最大限度保障和谐劳动关系。将工会、仲裁委的“金牌调解组织”与法

院诉前调解相融合,建立工会等社会调解组织、仲裁调解、诉讼调解和司法确认环环相扣、贯通全程的调解工作体系。2022 年,仲裁委调解相关纠纷 12 件,调解成功率达 30%;法院调解相关纠纷 23 件,调解成功率达 21.7%。在哈工大机器人集团(无锡)科创基地研究所与 36 名科研人员劳动合同纠纷案中,经人社局、工会和法院三方协力,成功于诉前调解阶段化解纠纷,取得了良好的社会效果。

(三)将源头保护贯穿"调裁审一体化"各阶段,为企业与人才"互助共赢"奠定更多基础

立足"前端",开展多样化的"送法进企业"活动,促进企业提高内部治理能力,从源头预防矛盾纠纷,为科技型企业健康发展、高层次人才静心研究营造稳定可靠的社会环境。

一是建立"问诊机制"。市法院联合市人社、工商联、总工会等开展科技型企业用工体检活动,零距离为企业"把脉问诊"。2021 年,走访科技型公司以及梁溪区欧美同学会等企业或组织 117 家,编印发放 1200 余册《企业用工管理指引》,召开由 63 位科技型企业 HR 参加的 6 场座谈会,指导企业规范用工关系,健全内部人事管理制度和劳动争议协调化解机制,帮助企业消除风险,预防矛盾纠纷 278 件次。

二是发挥"三书功能"。对于调、裁、审过程中发现的企业在人事管理等方面存在的短板漏洞,充分发挥工会劳动法律监督意见书、劳动仲裁委员会仲裁建议书以及法院司法建议书"三书功能",以更大力度督促和帮助企业及时整改、规范治理,实现健康发展。2022 年共发布"三书"50 余份。

三是拓展"服务平台"。推动成立无锡市民营经济高质量发展法律服务团,首批成员由 37 名来自无锡较大规模、较高水平律所的知名律师组成,下设企业规范用工委员会,为有需要的科技型企业和高层次人才提供法律咨询、诉讼支持等服务。在科技型企业、高层次人才聚集地设立调裁中心(江阴)、巡回审判点(惠山),通过巡回调解、巡回仲裁、巡回审判以及案件旁听评议、典型案例发布等方式,发挥"处理一案,化解一片"的引领、示范作用。

三、工作成效

1. 省评 A 等。项目被省"两办"纳入 2022 年设区市自主改革事项清单,完

成情况经省评为 A 等。

2. 做法获得肯定及推广。1 篇工作建议被省院简报刊发;1 篇经验做法和 2 篇情况反映被市委信息刊发;《关于深化科技型企业劳动人事争议"调裁审一体化"工作积极推进新时代人才强市建设的实施意见》发布在《江苏劳争专栏》2022 年第 10 期,供全省劳争条线交流学习,并在全省要求深化推广;科技型企业"调裁审"一体化报告受到时任市政法委书记朱爱勋的批示肯定。

3. 化解一批矛盾。2022 年以来,以调裁审贯通衔接方式妥善化解 100 余家专精特新科技型企业和涉"江苏省双创人才""江苏省创新标兵"高级工程师等劳动人事争议案件 146 件,促进了科技型企业和高层次人才和谐共赢。

4. 形成裁判规则。提炼涉科纠纷 8 项裁判规则,被最高院司法案例研究院专题刊发;4 篇涉科纠纷的案例、裁判文书被最高院、省院录用;与人社联合发布 2021 年度劳动人事争议十大典型案例,定制《企业用工管理手册(二)·科技型企业篇》等,扩大裁判的影响力。

5. 形成宣传亮点。创新举措和成效被人民日报客户端、学习强国强国号、人民法院报、无锡日报、工人日报、中国劳动保障报、科技日报以及无锡日报、网易频道、无锡新闻频道进行了报道。

四、经验启示

一是须更新理念。遵循人才发展规律,坚持以市场化方式提高人才配置水平,充分尊重和保障意思自治;强化平衡保护,激励创新创造,保护人才创新生态,促进高科技企业与高层次人才互相成就。

二是须提升"调裁审一体化"的专业化、技术化含量。核心技术人才与企业激烈对抗易导致两败俱伤,而此类纠纷的性质特点决定了"老娘舅"式的工作方式作用不大,因此在确保调解全环节贯通的同时,还需提升"调裁审一体化"专业化、技术化水平。

三是须进一步融合解纷资源。目前法院、人社、总工会、工商联参与联席会议,今后视情况可逐步拓展单位范围,定期召开会议,共同分析研判,扩大成果。

(无锡市中级人民法院)

构建精准化、规范化工作机制
稳步推进二审独任制适用

一、背景介绍

新修正的《民事诉讼法》把独任制适用范围扩大到二审程序。无锡市中级人民法院聚焦精准适用、程序保障、制约监督三个方面，完善举措、健全机制，科学有序推进二审独任制适用，进一步完善二审涉企民商事案件的繁简分流机制。充分发挥二审独任制灵活高效的优势，对符合独任制适用条件的案件，在征求当事人同意后，积极主动予以适用，从而盘活既有审判团队人力资源，实现司法资源配置再优化，有效缩短个案审理周期，在释放制度活力的同时促进二审涉企民商事案件审判效率与质量更高水平统一，为优化法治化营商环境保驾护航。

二、主要做法

（一）“三个重点”强化精准适用，确保“依规不失范”

聚焦精准适用二审独任制这一基础，细化适用标准，健全甄别机制，优化审判资源，确保循序渐进推进改革落地落实。

一是建立清单式标准。在准确把握《民事诉讼法》第41、42条“正面清单+负面清单”民事二审独任制案件适用标准的基础上，结合长期推行繁简分流改革的成功经验，进一步细化不适用二审独任制审理的案件“负面清单”，即拟处理意见与本院、本省其他法院已生效判决的类案处理结果发生冲突的案件，院长、庭长认为应当组成合议庭审理的案件，属于本院《六类案件监督管理暂行规定》明确的“六类案件”，按规定需要提交审判委员会讨论的案件，使二审独任制适用更有可操作性。

二是实行精准化甄别。建立“系统识别＋人工识别”的案件甄别机制，利用自行研发的民商事案件繁简智能识别分流系统，智能划定简案范围。在此基础上，由法官通过庭前阅卷，聚焦“案件范围、案件难易、当事人意见、负面清单”四项内容进行人工识别：“案件范围”主要审查是否一审适用简易程序审结或不服一审裁定；“案件难易”重在审查事实是否清楚、权利义务关系是否明确；“当事人意见”旨在审查是否具备双方当事人同意适用的意思表示。在对上述要素进行审查的基础上，反向审查有无“负面清单”列举情形。

三是推行要素式审判。在现有简易文书的基础上，围绕机动车道路交通损害赔偿事故、劳动争议、买卖合同和一般侵权案件等常见类型化案件，制作要素归纳表，探索制定要素式审判标准流程和裁判文书范式样本，为独任制法官提供指引和参考，保障独任制审判“有章可循、有规可依”。在道路交通事故损害赔偿责任纠纷案件中，推广运用 Excel 要素式、智能化审判平台，通过基础信息自动提取、计算公式嵌入、裁判因子载入等技术，实现赔偿项目自动计算、裁判文书自动生成。

（二）“三大环节”强化程序保障，确保“权利不减损”

聚焦加强二审独任制程序保障这一重心，围绕告知同意、异议转换、庭审审理三大核心环节，充分尊重当事人程序权利，以程序公正促进实体公正。

一是细化告知同意的方式。明确二审独任“经双方当事人同意”应当是明示的同意，并记录留痕，当事人未明确表示同意的，不得推定或者变相强制其同意。同时，在明晰二审独任制适用条件的基础上，进一步明确征询当事人是否同意可以在两个环节完成。一方面，委托一审法院在移送上诉案卷前征询当事人意见，并第一时间下发《关于第二审民事案件适用独任制审理征询当事人意见相关工作的通知》和征询意见模板，由基层法院针对一审适用简易程序审结或者不服裁定提起上诉的案件进行书面征询意见并在移送案卷时做好标记工作。另一方面，由二审法院在受理上诉案件后，送达受理上诉通知书、上诉应诉通知书等诉讼材料之前征询当事人意见。

二是优化异议转换的流程。充分尊重当事人的程序异议权。当事人对适用独任制审理提出异议的，独任法官应当对异议进行初步审查，认为异议不成立的，应当提请团队长或庭长审核后裁定驳回；认为当事人提出的异议成立的，或独任法官在审理过程中自行发现案件存在不适用独任审理情形的，应当提交所在团队预设合议庭进行审核评议后裁定转由合议庭审理。转由合议庭审理的,已经完成的诉讼行为仍然有效,合议庭认为案件事实需要进一步查清的,可以重新组织审理。

三是强化庭审审理的保障。坚持以开庭为原则,不开庭为例外,明确适用独任制审理的第二审民事案件,应当开庭审理,细化列明不开庭审理的情形。庭审中,强化法庭调查和庭审询问,确保有效查明案件事实,有效厘清案件争议。

(三)"三项机制"强化制约监督,确保"独任不放任"

聚焦加强二审独任制审理的制约监督这一关键,健全配套机制,确保实现提升审判效率与保障审判质量的有机统一。

一是建立法律文书交叉互阅机制。关注放权与监督、效率与质量之间的平衡,改革初期,对适用独任制审理的案件,由庭长指定团队中的另一名法官对裁判文书进行交叉核稿,核稿意见不一致的,建议独任法官提交专业法官会议讨论。

二是健全专业法官会议讨论机制。完善专业法官会议工作规则,对案件审理进度和审理质量进行双重监督。明确独任制审理案件未在规定节点审结的,应当提交专业法官会议讨论;独任法官认为需要听取专业法官会议意见的,可以提交专业法官会议讨论,需要改判或者发回重审的,应当提交专业法官会议讨论。

三是完善常态化监督管理机制。加强院庭长监管,院庭长可以要求承办法官汇报审理进度、提供类案裁判文书或检索报告。加强案件评查,建立当事人异议和程序转化案件监管台账,并将独任制及独任制转合议制审理案件纳入评查范围,定期进行分析研判。同时,定期总结、提炼类案裁判标准,通过编写会议纪要、典型案例、裁判规则等方式,加强对内、对下指导。

三、工作成效

自新《民事诉讼法》2022 年 1 月 1 日正式施行以来,无锡市中级人民法院二审独任制适用率逐步提高,在侵犯商标权、侵害作品信息网络传播权、著作权侵权、特许经营合同四类民商事案件中,达到 30% 以上,平均审理天数 36.1 天,远低于同期民商事案件的平均审理天数,且无一起案件申诉信访。二审独任制有效盘活既有审判团队司法资源，有效缩短个案审理周期，在释放制度活力的同时促进了二审民商事案件审判效率与质量更高水平统一。

四、经验启示

法治是最好的营商环境。近年来，无锡市中级人民法院不断强化司法职能、提高司法效能，在优化法治化营商环境、为全面推进中国式现代化无锡新实践提供有力的司法服务和保障方面持续改革创新，在确保公正的前提下逐年压缩涉企民商事诉讼的办理周期，最大限度降低诉讼对企业正常经营的影响，尽最大可能为民营企业节省维权的时间成本。2021 年修正的《民事诉讼法》正式实施以来，无锡市中级人民法院抓住二审独任制改革的契机，聚焦精准适用二审独任制这一基础，细化适用标准，健全甄别机制，优化审判资源，确保循序渐进推进改革落地落实；聚焦加强二审独任制程序保障这一重心，围绕告知同意、异议转换、庭审审理三大核心环节，充分尊重当事人程序权利，以程序公正促进实体公正；聚焦加强二审独任制审理的制约监督这一关键，健全配套机制，确保实现提升审判效率与保障审判质量的有机统一。无锡市中级人民法院的二审独任制改革经验分别入选江苏省高级人民法院和最高人民法院发布的司法改革案例。

（无锡市中级人民法院）

试点知产案件小额诉讼
构建知识产权诉讼繁简分流

一、背景介绍

为全面推进民事诉讼程序繁简分流改革，进一步提升知识产权司法保护效能，无锡滨湖法院以贯彻落实新民事诉讼法修改为契机，在无锡地区首次开展知识产权案件小额诉讼试点工作，并探索制定《关于知识产权民事案件适用小额诉讼程序实施细则》，将简化民事诉讼程序、高效保护知识产权的理念全方位嵌入审理程序，从立案、送达、庭审、裁判文书制作等各环节进行全流程优化，确保知识产权司法保护质效，提升当事人、办案人员程序运用获得感。

二、主要做法

（一）细化繁简分流，明确排除适用、终止适用范围

将不正当竞争、技术合同、因恶意提起知识产权诉讼损害责任案件，以及需要确认权属、确认不侵害知识产权等共计九类案件，立案时排除适用小额诉讼程序。对于在审理过程中，当事人申请增加诉讼请求、提出反诉，或提出权利冲突、合法来源、在先使用抗辩等不适宜继续适用小额诉讼程序的情形，终止适用小额诉讼程序。

（二）优化审判流程，线上送达，一步到庭

指导当事人填写《电子送达确认书》，充分运用诉讼平台、电话、短信、微信、电子邮件、及其他即时通信工具等简便方式进行线上送达，依法依规做好相关工作记录和留证。当庭归纳无争议事实和争议焦点，梳理证据，对于争议事实，引导当事人当庭质证、辩论，平均庭审时长可有效控制在 30 分钟内，并做到一庭审结、当庭宣判。

（三）简化诉讼文书，推行“分离式”裁判

对于适用小额诉讼程序审理的知识产权案件，积极采用“分离式”裁判文书，将审理查明的事实及文书裁判说理在宣判笔录中予以载明，最终文书中仅需记载当事人基本信息、诉讼请求、裁判依据和裁判主文，简便易行，大幅减少了法官文书制作的工作量，使法官能够从简易知识产权案件中腾出更多的时间和精力用于其他复杂案件的办理。

（四）压缩审理期限，提升审判绩效

2021 年《民事诉讼法》修正后，将小额诉讼程序审限从 3 个月缩减为 2 个月。滨湖法院进一步为知产审判提速，《关于知识产权民事案件适用小额诉讼程序实施细则》将知识产权小额诉讼案件审理期限在 2 个月法定审限的基础上压缩至 15 日。充分运用诉调对接机制，对于送达地址确认、明确答辩举证期限等事项，在诉前调解阶段完成。

（五）明确适用方式，创新程序指引

为扩大小额诉讼程序适用率，体现“应用尽用”的基本要求，对于标的额符合约定适用条件的知识产权案件，当事人除可在诉讼中同意适用小额诉讼程序外，《关于知识产权民事案件适用小额诉讼程序实施细则》首次明确当事人也可以通过事先约定的方式在合同中选择适用小额诉讼程序。

三、工作成效

施行知识产权案件繁简分流，实现简案快审、难案精审。通过开展知产小额诉讼试点工作，快速审结知产案件 92 件，调撤率 91.3%，平均审理天数 2.66 天，法定审限内结案率 100%，知识产权审判质效得到大幅提升，切实有效增强当事人司法获得感。通过在知识产权小额诉讼中推广应用“分离式”裁判文书，滨湖法院知识产权案件结案数同比增加 90%，程序效能、审判活力得到进一步激发。

四、经验启示

（一）善用诉调对接，充分发挥程序价值

深入贯彻落实习近平总书记将“非诉讼纠纷机制挺在前面”的重要指示精

神,依托滨湖法院矛盾纠纷多元调处中心,将知识产权民事案件全面融入诉前调解机制,并构建诉与非诉无缝衔接的知识产权民事纠纷多元化解格局。对于在诉前调解阶段可以化解的知识产权纠纷,严格以"诉前调书""诉前调确"方式结案,杜绝将纠纷引入诉讼阶段;对于在诉前调解阶段未化解的知识产权纠纷,充分发挥诉前调程序价值,做好诉讼事项告知、送达地址确认、诉辩意见固定等工作,提升后期诉讼效率。

(二)加强宣传引导,坚持"应用尽用"

通过在微信公众号、诉讼服务大厅摆放宣传册,以及媒体宣传报道等方式,向当事人介绍小额诉讼程序一审终审、诉讼简化、审限较短等优势。对于符合法定适用小额诉讼程序的知识产权案件,在审核排除适用情形后,立案时直接适用小额诉讼程序。对符合约定适用条件的知识产权案件,鼓励双方合意选择适用小额诉讼程序。

(三)强化诉讼指导,充分保障权利

在立案时同步向原告送达《小额诉讼程序告知书》,释明小额诉讼审理期限、送达方式、一审终审等相关事项;在向被告送达起诉状副本、证据、传票等应诉材料时,一并送达《小额诉讼程序告知书》,并从答辩、举证期限和程序异议等方面加强释明指导,充分保障当事人诉讼权利。

全力推进知识产权小额诉讼程序应适尽适,既是推动案件办理繁简分流、优化司法资源配置的重要举措,又充分发挥了小额诉讼程序高效、便捷、低成本、一次性解纷的制度优势。滨湖法院创新机制,多措并举,全力推进小额诉讼程序应适尽适,为基层法院缓解"案多人少"、提高司法效率提供了创新思路,着力实现司法效益最大化,为更进一步深化诉源治理贡献司法智慧。

(无锡市滨湖区人民法院)

推进“全链条”保护
为创新创造注入司法动能

一、背景介绍

创新是引领发展的第一动力，保护知识产权就是保护创新。近年来，无锡法院全面贯彻习近平总书记关于强化知识产权全链条保护，加强协同配合，构建大保护工作格局的重要论述精神，充分发挥审判职能作用，深化知识产权保护机制改革，推动形成齐抓共管、深度联动的大格局，着力提升知识产权整体保护能力，取得明显成效。2022 年，无锡获批设立知识产权法庭，系全国第 25 家专门知识产权法庭，无锡也成为江苏省内第三个成立知识产权法庭的城市。

二、主要做法

（一）坚持“严保护”的理念，司法主导作用持续彰显

旗帜鲜明，让最严格保护成为知识产权司法裁判的价值理念，发挥知识产权审判的引领、震慑作用。

一是更加注重通过依法裁判鼓励创新。深化审判方式改革，通过专业化审判、聘用技术调查官辅助查明案件技术事实，充分运用举证妨碍排除、证人出庭作证等诉讼规则，减轻权利人举证负担，降低维权成本，鼓励创新创造。

二是更加注重通过惩罚性赔偿保护创新。通过让恶意侵权人付出数倍于成本的代价，充分发挥惩罚性赔偿对遏制重复侵权、严重侵权的作用。

三是更加注重通过标杆性判决确立创新导向。以司法裁判为新技术、新业态、新模式划好边界，为“先侵权发展后缓慢治理”模式敲响警钟。

（二）构建“大保护”的格局，系统保护体系加快形成

聚力升级知识产权司法保护格局，推动形成“全面保护、重点保护、联动保

护”的知识产权保护体系，为打造知识产权保护高地贡献司法力量。

一是优化全面保护格局。设立无锡知识产权法庭，获得技术类权属、侵权纠纷，驰名商标认定、垄断纠纷等民事、行政案件管辖权。设立5家知识产权巡回审判庭，构建起“1+5+5”的无锡知识产权司法保护布局。

二是完善重点保护格局。加大对地理标志产品、非物质文化遗产等地方特色产业的保护和扶持，联合市市场监管局在惠山区院士小镇设立“阳山水蜜桃”地理标志保护基地，并发布《“阳山”水蜜桃地理标志保护实施意见》，强化地理标志知识产权司法保护。加大对物联网等关键核心技术的保护力度，联合市科协、无锡物联网创新促进中心共同设立“物联网产业知识产权司法保护中心”，促进无锡物联网产业高质量发展。

三是健全联动保护格局。健全知识产权保护互联互通机制，每季度发布《知识产权互联互通工作专刊》，知识产权法庭一成立便召开工作联席会议，共同分析我市知识产权保护形势，研究解决知识产权保护工作中的难点、焦点问题。

（三）优化“快保护”的机制，整体保护效能显著提升

完善知识产权纠纷化解和审判机制，精准施策，着力解决知识产权保护“取证难”“周期长”等问题。

一是采取技术手段便利诉讼。充分运用互联网、大数据、人工智能和区块链技术，大范围开展在线诉讼，研究分析电子数据证据的特点，推广可信时间戳认证等电子数据证据的适用认证，降低诉讼时间及费用成本，提高全面查明事实水平。

二是升级繁简分流举措。以滨湖法院为试点法院，在知识产权民事案件中适用小额诉讼程序，从立审执各环节进行全流程优化。贯彻落实2021年修正的《民事诉讼法》，在二审知识产权民事案件中推广适用独任制。

三是畅通程序衔接机制。完善知识产权民事、行政、刑事案件之间的程序衔接，会同行政执法机关以及公安、检察机关，确立商标、专利、商业秘密侵权的行政处罚与刑事立案、处罚标准。制定《关于审理知识产权刑事案件若干问题的解答》，强化与公安、检察机关在知识产权刑事司法程序中的衔接配合。

（四）塑造“同保护”的氛围，创新发展环境日益优化

加大知识产权源头保护和普法宣传力度，增强全社会尊重和保护知识产权

意识，营造知识产权事业发展的良好氛围。

一是助力发挥企业主体作用。开展“知识产权保护行”“送法进企业解难题”专项行动，一把手院长带头走访无锡药明生物技术股份有限公司、物联网产业研究院等重点企业，深入了解企业在知识产权方面的布局，逐一解答企业在知识产权培育、运用、保护各环节中遇到的具体问题。

二是广泛凝聚院校智慧。联合江南大学共同举办知识产权法“蠡湖论坛”，与学术界、实务界专家学者，共同研讨知识产权领域前沿问题，促进知识产权理论界与实务界互动交流，汇聚关注知识产权、保护知识产权的多方智慧。赴无锡学院开展知识产权宣传普及的专题讲座，鼓励青年学生投身知识创新、技术创业的浪潮。

三是营造知识产权全社会保护氛围。组织开展“4·26世界知识产权日”系列活动，召开知识产权司法保护新闻发布会，发布知识产权保护十大典型案例，推出知识产权原创漫画《李大创的创业之路》、微电影《赢商》、微视频《警惕微信公众号中的“知识产权”侵权风险》，通过线上线下相结合的方式，扩大知识产权保护知晓度和影响力。

三、工作成效

无锡法院一个案件入选《最高人民法院公报》，两个案例分别入选江苏法院推进知识产权诚信体系建设十大典型案例、江苏法院反不正当竞争十大典型案例。探索适用证据提供令制度，准确适用惩罚性赔偿，依法、合理界定短视频领域的网络服务提供者的侵权责任；知识产权小额诉讼案件审理周期压缩至15日，侵犯商标权等案件的二审独任制适用率达35.4%，平均审理天数35日，相关工作成效、经验做法被《人民日报》报道。

四、经验启示

1. 一是创新审判制度和方式，全面提高审判效率，及时维护企业合法权益。打造技术化专业化审判团队，定期开展有针对性的业务培训，做好“法律+技术”结合型审判人才梯队建设。二是积极探索设立技术调查官制度。由技术调查服务提供方派遣若干技术人员常驻办公，就审理专利等技术类案件提供全方位技术支持，另提供若干技术人员组成技术咨询专家库，根据案件审理需要，提供多领域的技术咨询服务。三是推进繁简分流。充分利用无锡地区“1 +5 +5”的知产审理网络,同时引入多元路径纠纷解决,做到简案快审、精细化审理复杂案件,推广知产小额诉讼试点和二审独任制,进一步缩短审理期限。

2. 加强关键领域重点保护,以审判促进创新激励,提升企业知产培育及维权动力。严格实施知识产权侵权惩罚性赔偿制度,有效遏制知识产权侵权行为。加大对“专精特新”中小企业关键核心技术和原始创新成果的司法保护力度,支持和引导市场主体通过技术进步和科技创新提升核心竞争力,积极发挥供给侧对消费升级的支撑引领作用。加强与各部门在知识产权行政执法程序衔接和数据共享,保护创新成果运用及流转在上下游环节的顺畅度与执行效率,打造审判为主、保护为辅的一体化保护机制,助力科技强国建设。

3. 落实知识产权司法助力行动,提升市场主体知识产权保护意识及能力。探索多种宣讲及培训方式,邀请来自政、产、学、研的代表进行充分互动交流,提高两级法院干警的审判工作的站位高度,为知识产权保护工作注入新的活力。助力企业构建知识产权涉外风险防控体系,定期走访无锡本地“走出去”企业、开展知识产权涉外风险防控“双月谈”等活动,提供知识产权点对点、面对面服务,解决企业在知识产权管理、价值挖掘、风险控制以及政策理解等方面存在的问题。建立健全知识产权海外纠纷协调解决机制,支持引导企业用好有关知识产权政策措施,减少或规避企业知识产权海外侵权风险,为企业“走出去”保驾护航。

(无锡市中级人民法院)

第 8 章　多元解纷机制

架构多元解纷体系　提升诉源治理能力

一、背景介绍

随着无锡市迈入“万亿级城市”对法治化营商环境的新期待、新要求，无锡法院深入贯彻习近平总书记“把非诉讼纠纷解决机制挺在前面”的重要指示，创新发展“枫桥经验”，针对诉讼和信访、维稳高度融合及群体性纠纷不断增加的新态势，将群众路线与法治思维、法治方式相结合，融合司法行政资源及社会力量构建分层递进、衔接配套的诉讼与非诉讼对接体系，有效防控社会风险，多元化解矛盾纠纷，切实减轻群众诉累，大力提升诉源治理效能。2020 年 3 月，市中院被江苏高院评为“全省多元解纷和诉讼服务示范法院”；2021 年 2 月、2022 年 3 月，中院立案一庭连续两年被中共无锡市委组织部、无锡市文明办等共同评为“为民解难先进单位”。

二、主要做法

(一)突出集约融合，打造集约化对接中心

一是深化中心布局，由单打独斗向协同配合转变。全市法院以“诉讼与非诉讼对接中心”(以下简称对接中心)为枢纽，对接人民调解、行业调解(物业、保险行业等)、专业调解(涉侨、金融调解等)、律师调解，有效衔接行政调解，建立法院、外驻调解员相互衔接配合的 160 余人的专业解纷团队，构建覆盖全市诸领域的10余家多元解纷平台,引导群众以非诉讼方式解决纠纷。

二是深化在线融合,由粗放管理向智能统筹转变。推行云解纷、云管理模式,深化江苏微法院、江苏微解纷应用,案件受理、线上解纷、数据统计均运用大数据进行智能分工,平台互联互动、全程留痕、实时监管。2022年,全市法院对接中心通过“江苏微解纷”平台在线化解纠纷33,272件,调解成功20,773件。当事人赞许“不花钱、不起诉就解决了问题,既方便又给力”。

三是深化制度建设,由各自探索向有章可循转变。完善多元解纷工作规章制度,近年来市中院先后与市委政法委等部门联合印发《关于加强人民调解员队伍建设的实施意见》《在道路交通事故损害赔偿处理中进一步加强人民调解工作的实施意见》《关于进一步加强诉讼与仲裁工作衔接的意见》,在法院系统下发《关于推进诉讼与非诉讼纠纷解决方式对接工作的实施方案》《民商事纠纷先行调解工作规程》等规范性文件,组织召开全市法院一站式多元解纷和诉讼服务体系建设推进会,制作特邀调解组织和特邀调解员名册,制订人民调解员培训手册,多措并举使诉讼与非诉讼对接工作有章可循。

(二)推进联动联通,构建多元化解纷模式

一是突出力量整合,聚集多方资源。坚持网格化社会治理体系,推进“法官进网格”工作,依托乡镇(街道)、村(社区)和人民法庭、法官工作室、巡回审判点等开展法治宣传、法律释明、解纷指导。目前,全市法院已完成与1083个社区、7432个网格的对接,建立73间人民调解工作室,配备136名调解员。2022年,全市1008名网格法官源头处理矛盾纠纷2271件,开展涉诉矛盾快调快处56,205件,进入555家企业提供法律帮扶,派发宣传手册6138件次,充分发挥了法院在“前端”的解纷作用,凝聚起基层社会治理合力。

二是突出主体多元,广筑解纷网络。无锡法院先后与人民银行无锡分行、工商联、住建局、侨联、总工会、物业管理协会、保险行业协会、律师协会等部门行业建立专门调解平台,引入专家、律师、志愿者等联合开展咨询、解纷服务,凝聚工作合力。2022年,全市有1435名律师入驻人民法院律师公共法律服务站,向17,611名群众提供诉讼服务;全市法院在“江苏微解纷”平台调整充实特邀调解组织30个、特邀调解员189名,为全市多元解纷工作充实新力量、提供新方案。

三是突出特色创新,打造优秀品牌。滨湖区法院与区司法局共同建立的全省首家区级层面合署办公并实体化运行的一体化矛盾纠纷多元化解平台“滨湖区矛盾纠纷多元调处中心”，将区块链技术与滨湖区的调解体系深度融合，打造调解区块链数据服务系统，实现“一个矛盾进门，整个系统服务”，被评为法治无锡建设惠民实事工程项目一等奖。

三、工作成效

一是服务大局强预警，化解风险促治理。全市法院坚定政治立场，积极为全市工作大局献计排忧。市委、市政府部署化解涉“双减”纠纷和楼盘纠纷、金融平台纠纷等重点工作以来，无锡中院率先向市委国安办等报送《关于落实教育领域“双减”政策的风险研判》等报告，参与协调会议，各项工作建议和举措得到了党委政府主要领导的支持和采纳。依靠党委政府领导，全市处理涉“双减”政策等纠纷和诉前调解工作紧密配合，良性互动。

二是良性示范息群访，钝化矛盾保稳定。全市法院以诉源治理为目标，积极实践以示范性案例化解群体性纠纷的解纷模式。新吴区某楼盘992户逾期交房引发群体性上访，700余名业主起诉要求开发商支付违约金5000余万元。新吴法院启动非诉讼纠纷化解机制，在2日内为510户业主办妥诉前调解及司法确认手续，一揽子妥善解决该群体性纠纷，该良性示范效应快速有效遏制了同类群体性纠纷的再次爆发，受到无锡市委及高新区领导高度肯定。

三是心系民生护权益，成效卓著获口碑。全市法院将多元解纷与为民办实事相结合，办案下沉谋实效，化解了一大批涉民生纠纷。锡山区锡北镇两位老人因香樟树遮挡阳光发生采光权纠纷，法官协调人民调解员、村调解主任和网格员联动，促成双方达成息诉方案，老人连声赞道“多年的纠纷，没想到法院上门帮我解决了，太感谢了”。该案例被选为全省政法队伍教育整顿“我为群众办实事”典型案例，人民法院报专版刊登，引发社会广泛关注和好评。宜兴法院创建“道交一体化”调处新机制，仅司法鉴定一项就压降周期40余日，大大降低百姓的维权成本。该创新经验获中共中央宣传部“学习强国”学习平台、江苏法制报、交汇点新闻等媒体刊发推广。

无锡法院赋予“枫桥经验”以法治方式开展社会综合治理的新内涵，构建完善的多元解纷体系成效好、理念新、示范强，2022年，全市法院诉前调解纠纷数为51,053件，调解成功18,159件，调解成功数占同期一审民商事案件收案数的

20.89%，超1/5的民商事纠纷通过多元解纷机制得以彻底化解，取得了政治效果、法律效果和社会效果的统一。

四、经验启示

无锡法院创新发展“枫桥经验”的司法实践有力促进了基层治理能力的显著提升，在有效解决社会纠纷、维护保障民生权益、诉源治理方面交出了一份优秀的答卷，为持续优化法治化营商环境、助力企业健康稳步发展提供了有力保障。

（无锡市中级人民法院）

聚力人民法庭“三微三全”工程助推乡村振兴新征程

一、背景介绍

“欲致其高，必丰其基。”为深入贯彻习近平法治思想，按照“坚持把非诉讼纠纷解决机制挺在前面，从源头上减少诉讼增量”的重要指示精神，充分发挥人民法庭在化解基层矛盾纠纷、服务基层社会治理、全面推进乡村振兴中的积极作用，市中院于2022年4月印发了《关于在全市人民法庭开展“三微三全”工程的实施意见》，推出以“微庭审、全程服务，微指导、全域解纷，微课堂、全员赋能”为主要内容的“三微三全”工程，积极探索运用智慧法院成果与数字化手段参与和融合基层治理，从促进多元解纷、健全诉讼服务、提升业务水平三个方面打出“组合拳”，打造具有鲜明特色的无锡基层司法品牌。

二、主要做法

（一）开展“微指导、全域解纷”，为推进多元解纷拓展“新视野”

全方位、多层次搭建解纷平台，推动人民调解员、村干部等基层组织人员进人民法庭与法庭法官进基层全覆盖，形成“纵向到底、横向到边”的基层纠纷化解联系网络。通过可视化视频系统与辖区综治中心、镇街村社、调解工作室、矛调中心等建立远程调解室，解决前端调解中迫切需要法官指导的问题，协同化解前端突发、重大、群体性矛盾纠纷。

（二）推出“微庭审、全程服务”，为健全诉讼服务启动“新引擎”

深度融合智慧法院建设成果，将司法服务的载体和触角向村（社区）衍生，打造网上立案、在线调解、在线诉讼、一网通立、一网通审、一网通调线上线下一站式司法平台，将一体化、均衡化、便捷化的诉讼服务送到群众“家门口”。充分运用人民法庭的视频调解室、网络科技法庭，提供跨域庭审和调解服务，打造让群众触手可及的“云端法庭”，可以“零跑腿、无接触”地就近参与庭审，真正实现诉讼服务“无差别、零距离”。

（三）打造“微课堂、全员赋能”，为提升业务能力创造“新动能”

建立中院与人民法庭互联互通视频平台，开辟上级法院直达人民法庭的指导绿色通道，形成“云教室”讨论疑难法律问题的“微课堂直通车”模式，满足基层法官即时释疑解惑的需求。发挥技术类专家法官的模范带头作用，畅通意见收集及问题报送渠道，建立审理规则及发改案件双向反馈机制，通过“微课堂”平台“面对面”与原审承办法官定向会商沟通，明确裁判指引。

三、工作成效

（一）织密基层联调防护网，打造“一庭一特色、一庭一亮点”工作格局

滨湖法院在既有“两诉服务中心”的基础上，成立以省人大代表冠名的“陆栋调解工作室”，与胡埭镇共建的“胡埭商事纠纷调解工作室”以及由马山法庭、马山司法所、和平社区共建的“和美调解工作室”，持续完善多途径、全方位诉源治理格局；江阴法院成立劳动争议调裁中心、金融纠纷调裁中心，建立“法院 + 工会”劳动争议多元化解机制，完善“法院 + 仲裁”的联动调解模式；宜兴法院成立全省首家“线缆企业信用修复指导工作站”“破产调解联络站”，依托“陶都模式”“法官 + 工作室”及欧阳华、黄亚云调解工作室等知名平台，形成基层治理完整服务链。全市法院已完成与 1083 个社区（村）、7432 个网格的对接，建立 73 间人民调解工作室，配备 136 名调解员。

（二）搭建远程指导问诊台，助力基层治理矛盾纠纷化解

宜兴法院整合智慧法院成果，打造“法官 + 工作站”多功能司法平台，通过连线“法官 + 微服务中心”，轮值法官对前端调解过程中的疑难法律问题提供即时或预约指导，依靠“微指导”功能，道路交通一体化矛盾调处中心的交警部门顺利解决了前端调解中迫切需要法官指导的法律问题，调解成功率大幅提升。截至 2022 年 10 月，全市人民法庭已协助基层联调平台参与纠纷化解 5836 件，成功让重大矛盾纠纷“化于未发、止于未诉”。

（三）整合智慧法院成果，强力打造全方位诉讼服务

“法官 + 工作站”集咨询、调解、立案、审理、执行等全过程司法服务于一体，

目前已在18个镇(街道)全面铺开,更延伸至电线电缆、金融保险等行业组织,发挥企业家协会调解的专业性优势,拓宽和丰富了该类专业化纠纷的处理渠道和路径,诉讼服务更优质多元。部分法庭在社区设立“24小时自助诉讼服务”设备,为群众提供“全天候、不打烊”的服务。2022年以来,全市人民法庭共开展网络庭审1049次,完成8起案件的跨域立案,做到了地域有界,服务无界。

四、经验启示

(一)依托现有平台资源,构建协作共调生态链

坚持将人民法庭审判工作融入辖区经济社会发展大局,提高服务高质量发展的贡献度。依托全市已建成的调解工作室、矛调中心、审务工作站等诉调对接工作平台,建立线上信息通报和共享机制。及时掌握并研判综治矛盾纠纷信息,对于可能成讼的群体性、矛盾突出纠纷,由各人民法庭发挥属地主导作用参与调解,实现“平台网格中建、矛盾网格中化、难题网格中解”,对审判、执行、信访等工作中发现的普遍性的社会问题,及时反馈,形成良性互动。

(二)完善便民利民措施,畅通司法便民“最后一公里”

持续深入推进人民法庭一站式建设,加强对当事人的诉讼引导和帮助,增强诉讼服务的可得性、易得性。积极发挥司法裁判的示范引领作用,综合运用巡回审判、以案说法、典型案例示范等形式,丰富“送法下乡”活动的开展,促进乡村干部群众法治意识提升,助力乡村法治文化建设。

(三)强化法庭队伍建设,锻造高素质政法人才

坚持把能力建设放在中心,注重对青年干警调研、宣传等综合司法能力的培养,打造集案例式、研讨式、实战式为一体的全方位、分级分类培训平台。开发线上培训方式,引入培训资源,全市法院已开展12次“微课堂”活动,创新了教育载体、丰富了交流形式,充分发挥了“微课堂”平台的既定功效,青年干警的潜能也得到深度挖掘。

(无锡市中级人民法院)

坚持“四函一书一建议一报告”制度提升行政争议实质性化解效能

一、背景介绍

党的十八届四中全会通过的《中共中央关于全面推进依法治国若干重大问题的决定》提出，健全社会矛盾纠纷预防化解机制，完善调解、仲裁、行政裁决、行政复议、诉讼等有机衔接、相互协调的多元化纠纷解决机制。2019年，习近平总书记在中央政法工作会议上作出重要指示，明确提出要“把非诉讼纠纷解决机制挺在前面”。《最高人民法院关于进一步推进行政争议多元化解工作的意见》（法发〔2021〕36号）要求，把非诉讼纠纷解决机制挺在前面，从源头上预防、化解行政争议，促进行政争议诉源治理。2022年，无锡市政府主要领导在无锡市中级人民法院报送的《2021年度行政审判工作年报》上作出批示，要求相关部门“提出压降行政机关诉讼案件数量和败诉率的针对性前瞻性措施”。为认真贯彻习近平总书记重要指示精神和上级有关部门决策部署，2022年，无锡市中级人民法院行政审判庭以优化府院联动机制为抓手，通过坚持“四函一书一建议一报告”制度，推进行政争议实质性化解，取得良好效果。

二、主要做法

（一）明确责任，完善行政争议多元化解机制

一是积极引导做好诉前调解。认真贯彻《无锡市中级人民法院关于建立行政争议诉前调解工作机制的意见》，原告提起行政诉讼，需要协调化解的，经释明同意后，送达《行政争议诉前协调化解告知书》，引导原告选择行政争议诉前化解程序，同时向被告送达《行政争议诉前协调化解移交函》《行政争议诉前协调化解反馈函》。宜兴法院所有行政案件均进入诉前调解程序，调解成功率达33%。

二是通力协作做好诉中化解。原告拒绝选择诉前协调化解程序,立案后向被告送达《涉诉行政案件告知函》及起诉状副本等起诉材料。合议庭经审理,认为被告存在较高败诉风险,或原告一方诉求具有合理性,以及案件重大敏感,不宜裁判解决的,及时向被告发送《行政诉讼争议协调化解建议函》。

三是及时救助做好判后化解。行政案件审理过程中或裁判后,经过协调化解等途径仍无法实现行政相对人正当、合理诉求,符合司法救助法定条件的,根据《国家司法救助工作规则》,依法给予当事人司法救助,以钝化社会矛盾。

(二)加强考核,优化行政机关负责人出庭应诉机制

一是健全行政审判和行政应诉联络工作机制。严格制发《行政机关负责人出庭应诉通知书》,案件庭审结束后,填写"行政机关负责人出庭应诉登记表",并在每季度首月第3日前送交中院行政庭进行汇总。进一步推动负责人出庭、出声、出效果。江阴法院与司法行政部门完善行政出庭应诉培训制度,以熟悉庭审规则和基本流程,以解释法律规定、回应原告诉求、庭外协调沟通为重点内容,提高行政机关负责人、行政执法人员等相关人员的应诉能力,通过组织行政机关旁听优秀庭审、庭审中设置负责人发表意见环节等方式,让相对人不仅能告官见官,更要与官对话,让官发声,进一步提升出庭应诉实际效果,真正把行政机关负责人出庭应诉作为直面行政管理相对人和化解涉诉行政争议的有效渠道。

二是建立"预约、通知、指导、制裁、评价、通报、反馈"七步法。要求行政机关负责人应当充分了解案情,主动参与案件审理和协调化解,至少应在答辩及最后陈述阶段针对案情就实质性化解行政争议发表意见,推动矛盾纠纷化解。2022年,我市行政机关负责人出庭应诉率从2021年的92.59%上升至94.35%。

三是通报考核压实责任。市委依法治市办每季度对全市行政诉讼基本情况、行政机关负责人出庭应诉情况、行政诉讼败诉情况,存在的问题,下一步工作要求进行通报,以更加有效监督和规范行政执法。

(三)多措并举,推动行政机关深度参与矛盾协调化解

一是强化行政争议跨区域化解合作。2022年年初,中院行政庭召开全市法院行政争议实质化解工作推进会,研究部署行政争议实质性化解工作。会上,全市各集中管辖法院、属地法院、属地司法行政机关共同签署了《跨区域行政争议化解合作框架协议》,致力于通过行政争议的跨区域化解合作,推动行政争议

有效化解。

二是整合矛盾纠纷化解平台合力。依托“无锡市社会矛盾纠纷调处服务中心”平台和人员，集聚各方面解纷资源，借助专业调处力量促进行政争议实质性化解，加大行政争议诉源治理力度。梁溪法院依托“党建+审务”工作站，将原有的驻点拓展为巡回，加大城市更新重点项目司法保障力度。滨湖法院与检察院签署《关于共同推进行政争议实质性化解的实施意见》。市中院在梁溪区某地块征收补偿案件中，成功实质性化解了一起标的额为3500万元的征收补偿案件，一揽子解决所有问题，实现了政治效果、社会效果和法律效果的有机统一。该案办理的成功做法被《无锡市房屋征收工作简报》录用，并获得无锡市委主要领导批示肯定。

三是持续开展行政争议诉源治理。中院行政庭举行2021年行政审判工作新闻发布会，向社会发布行政审判工作年报，发布行政审判十大典型案例，为行政执法活动提供稳定的执法预期。与市司法局联合出台《关于建立完善预防化解行政争议工作联席会议制度的实施意见》，强化诉源治理，推行前端化解，畅通定期通报交流渠道，构建行政复议、行政应诉与行政审判重要工作会商机制。宜兴法院依照行政处罚法、行政强制法通过行政非诉审查创新加强住建局对房地产开发企业商品房预售情况进行主动监管，避免烂尾楼事件。

（四）协同创新，优化府院联动工作机制

一是充分发挥司法建议功能。坚持“一案一建议”制度。发现行政执法存在突出问题，或者虽然判决行政机关败诉，但是原告的正当诉求、实质利益仍然无法有效实现的，向行政机关发出司法建议。对于当事人的诉求正当，但因不属于行政诉讼受案范围、超过起诉期限等原因裁定不予立案或驳回起诉的案件，发送司法建议，建议行政机关作出相应行政行为，支持当事人实质诉求，实质化解行政争议。2022年又一篇司法建议获评全省法院优秀司法建议。

二是坚持工作情况通报制度。通过审判白皮书、定期通报、综合情况反映、工作专报等多种形式向行政机关通报情况，反映行政执法中存在的问题，推动行政机关依法行政，从源头上预防和减少行政争议的产生。行政审判年报获市主要领导批示。

三是完善疑难问题研讨机制。参加无锡市锡山区人民政府组织的府院联动座谈会，就行政协议、集土征收、行政复议等相关法律疑难问题等作了解答。

与海关系统签署党建共建协议,召开行政争议诉前调解和与职业打假人相关的行政执法活动的审查标准座谈会。为行政机关开展专题培训12次,参训人数1500余人。参加行政机关组织的专题工作会商研讨会等20余次,千方百计提升行政执法能力,减少行政纠纷产生。

三、工作成效

2022年,全市法院一审行政诉讼案件行政机关败诉率为9%,较去年同期11.4%下降了2.4个百分点。与此同时,2022年调撤率为22.19%,与往年同期基本持平。行政争议实质性化解工作取得良好成效。

四、经验启示

坚持实质性化解行政争议,是广大行政审判法官坚持以人民为中心的发展思想,维护人民群众合法权益,服务发展大局中心工作的具体体现,对于优化法治化营商环境,提升人民群众的幸福感获得感都有极其深远的意义。要实现实质性化解行政争议的目标,需要做到以下几点。

一是集聚各方资源。人民法院是解决行政争议的最后一道防线,但是靠人民法院单打独斗去化解行政争议是远远不够的,必须广泛集聚社会各界的力量,尤其是要让行政机关发挥化解行政争议的主力军作用,才能做到有效化解行政争议。

二是强化创新意识。解决问题的办法不是凭空出现的,需要深入研究法律法规在现实运行过程中出现的实际问题,在吃透法律规定的基础上,结合法律的立法目的,认真调查研究,创新工作方式方法,让法律的规定得以在现实生活中顺畅运行。

三是坚持源头治理。行政机关是行政争议产生的源泉。要从根本上做到预防和减少行政争议的产生,推进行政机关全面依法行政,不断提升行政执法能力水平是治本之策。人民法院要不断延伸司法职能,通过庭审观摩、司法建议、座谈研讨、培训共享等多种方式助力辖区行政机关不断提高执法能力,提升执法水平。

（无锡市中级人民法院）

依托“诉源治理研究基地”有效发挥共建“创新力”

一、背景介绍

无锡市锡山区人民法院安镇法庭地处锡东新城高铁商务区，管辖安镇街道、厚桥街道和羊尖镇，共26个村（居）委，辖区面积182.20平方千米，人口近30万。随着锡东新城的高速发展，辖区内案件数量也呈爆发式增长，安镇法庭案多人少的矛盾愈发突出。近5年来，安镇法庭年均办理案件1800件。面对日益突出的审判压力，安镇法庭坚持以习近平新时代中国特色社会主义思想为指导，充分发挥审判职能，积极贯彻落实“坚持将非诉讼纠纷解决机制挺在前面，从源头上减少诉讼增量”的要求，发扬新时代“枫桥经验”，发挥司法在多元纠纷化解中的引领、推动、保障作用，主动融入社会治理大格局，全力助推辖区经济社会发展。

二、主要做法

（一）产学合作，提供诉源治理智力支持

无锡学院人文法政学院与锡山法院签订诉源治理研究合作共建协议。通过借助无锡学院高校智库作用，在共建中发挥各自优势，在学术会议、课题研究、教师互访和实践指导等方面深化院校合作，共同研究经济社会发展和司法实践中面临的新情况新课题，推进“产、学、研、用”紧密结合。同时“诉源治理研究基地”在安镇法庭正式挂牌，以安镇法庭辖区的矛盾纠纷为主要研究对象，开展诉源治理工程系统研究。

（二）因地制宜，助力诉源治理体系建设

一是开展“枫桥经验新传承，法庭法官走村居”活动。安镇法庭选取羊尖镇

矛盾纠纷调处中心以及安镇街道吼山社区、厚桥街道新厚桥社区调解机构作为联系点，共同推进“三进”工作；法庭与区人大内务司法工委、羊尖镇人大组成履职联盟，通过协同搭建载体、协同宣传法治、协同汇集民意、协同增进和谐、协同促进工作等方式，加强“上下联动、横向互动”，充分整合资源力量，提高履职效能；陆续走访了无锡锡商银行股份有限公司、无锡市鑫羊管阀附件有限公司、江苏新日电动车股份有限公司等辖区重点企业。

二是设立审务工作站，开展巡回审判。安镇法庭在辖区羊尖镇、厚桥街道设立两个审务工作站，在羊尖镇设立巡回审判庭，选取辖区内较为典型或者涉及面较广的诉讼案件组织定期巡回审判，确保至少每两个月开展一次，并邀请相关人员或基层调解人员旁听。同时对当地党委、政府提出的示范审判的要求，结合审判实际，开展专题性巡回审判，做到审判一个案，教育一大片。后期安镇法庭将借助羊尖镇精密机械及成套装备产业园规划，在羊尖巡回审判庭成立精密机械及成套装备产业园法律服务站，坚持“三个面向”“三个便于”原则，做好“三个服务”，助力羊尖精密机械及成套装备产业园发展。

三是开展调解工作进乡村、进社区、进网格。搭建村、社区、网格员、人民调解员等基层解纷力量调解网络，工作上提供普法宣传、诉讼服务辅导、调解化解等服务，做到就地解纷。搭建“司法＋网格”信息共享平台，建立有辖区司法所所长、网格员、调解员在内的信息群，定期发布调解信息，开展调解工作。

（三）丰富形式，提高诉源治理能力水平

一是与地方党支部开展共建工作。与安镇街道锦安社区党总支结对共建，建立法庭党群工作联系点，依托锦安社区“党建＋”工作平台，保障信息共享，优势互补，紧密结合地方经济发展和民生需求，延伸司法职能，服务全面推进乡村振兴和基层社会治理。

二是联络代表，听取意见建议。延伸司法服务触角，走访辖区代表委员，开展调研座谈、邀请视察、观摩庭审等形式，“走出去”与“请进来”有机结合，与辖区人大代表、政协委员形成常态化联络机制，主动汇报法院工作，广泛听取代表委员司法诉求，同时实现“法官＋人大代表”协同化解矛盾纠纷，共议矛盾化解之策，共商风险防范之策，共谋精准服务之策，有效防范化解社会矛盾隐患。

三是提前介入及早化解纠纷矛盾。对辖区内重点项目地块拆迁、商品房延期交房等存在苗头性倾向，可能引发群体性纠纷的情况提前介入，加强与辖区街道、行业主管部门的密切联系,强化风险评估,配合政府共同做好解纷稳控工作。2022 年配合党委政府化解安镇街道中隆广场延期交房等涉商品房买卖纠纷等群体性案件,并为后续纠纷解决提供示范样本。并向相关单位发送工作联络函,如 2022 年 11 月,法庭就物业纠纷诉源治理问题向鑫安社区居民委员会发送《司法建议书》,2022 年 12 月,鑫安社区居民委员会作出了回复函表示将争取各方支持努力将矛盾纠纷化解在萌芽状态,有效防止大量类似案件涌入法院。

三、工作成效

与无锡学院人文法政学院的产学合作中,安镇法庭选派调研骨干组成了诉源治理研究小组,双方已就研究方向、方案通过交流座谈等形式达成共识,多次开展实地走访,分析研判辖区内矛盾纠纷类型,对辖区矛盾纠纷类型进行系统化梳理,研究小组保持密切沟通,并已初步形成切实可行的诉源治理"锡山方案"。同时,双方签订了《校外实习实践基地协议书》,在"诉源治理研究基地"基础上加深合作,建立"实习实践基地""产教融合示范基地",将高校科研理论优势与司法实践优势互动互补,为法院输送更多优质的法律人才。

2022 年,安镇法庭克服仅有三位员额法官案多人少的局面,优化案件办理流程、提高案件审理质量,充分发挥审判团队作用,做到简案快审、难案精审,全年共受理案件 2237 件(包括旧存 241 件),达到历史新高,审结 2027 件,结案率达 90. 61%(同期增长 2. 87%),结收案比达 101. 55%,法定正常审限内结案率达 96. 3%(同期增长 13. 67%),调撤率达 66. 77%(同期增长 10. 06%),各项审判指标实现全面提升。同时,法庭有效化解合同纠纷,先后解决仁发企业诉大地影院房屋租赁合同纠纷案等企业生存困难产生的纠纷,获得辖区党委政府、地方企业及群众的高度评价。

四、经验启示

一是质效再提升,更切实履行审判职能。严格把控审理进度,优化办案理念思维,打好诉调存案化解、长期未结案件清理、办案模式转化三大攻坚战;持续开展民事诉讼程序繁简分流工作,健全完善电子送达机制。

二是机制再优化,更贴心提供司法服务。继续全面提升一站式多元解纷的质量和水平，深入推进在线调解工作，加强推动诉源治理与社会治理融合互动。健全诉讼服务体系，持续推出并不断完善诉讼便民、利民举措。

三是能力再提高，更严格打造专业队伍。进一步增强推进法治化营商环境建设的责任感和使命感，紧抓司法能力建设，加强业务研判和专题培训，持续改进司法工作作风，提升审判人员专业化水平和综合素养。

（无锡市锡山区人民法院）

构建涉众型房地产纠纷多元高效化解机制

一、背景介绍

近年来，随着房地产行业的"爆雷"，群体性矛盾时有发生，业主涌至法院进行维权。面对案件涌入审判程序的冲击，例如某楼盘延迟交付房屋，900多户业主要求开发商支付违约金；某楼盘延迟办理产权登记手续，107户业主要求开发商支付违约金等多起群体性案件，新吴法院摒弃案件越多，成绩越大的狭隘司法政绩观，积极探索涉众型房地产纠纷多元高效化解机制，以诉前调解、代表人诉讼、示范性裁判作为"三大抓手"，化繁为简，节省了大量的人力、物力、财力等诉讼资源，效果显著，得到了多方好评与认可。

二、主要做法

(一)大力推广"诉前调解+司法确认"，打造"一站通办"服务体系

一是搭建诉前调解平台。针对某楼盘未能按约交付房屋，900多户业主要求开发商支付违约金达5000余万元的案件，经过多方梳理，为保护业主利益得到保障，迅速开展诉前财产保全措施，并查封开发商名下未售出的商铺及车位，随后在法官、人民调解员的主持下，倍感压力的开发商与业主达成初步调解方案，双方同意扣除合理逾期天数后确认违约金数额。

二是打通司法确认渠道。为保障业主申请强制执行的权利，依法审查调解协议，由法院出具司法确认裁定书，既可打消双方的顾虑，也可免去诉讼费用，节约了维权成本。

三是提供一站通办服务。因涉众型纠纷人数多、诉讼能力参差、维持秩序困难，也考虑到业主工作日要上班，为减轻当事人诉累，法官团队利用节假日，在小区现场办公，设置流程，排队取号，有序签署调解协议、司法确认申请书等基础法律材料，"一站式"办妥所有手续，一揽子解决群体性纠纷。

（二）积极运用“代表人诉讼制度”，实行“一审落锤”诉讼模式

一是充分“摸排见底”，发挥代表作用。新吴区某房产公司未按约办理房屋初始登记，导致业主延迟办理产权登记手续，上百户业主陆续到法院提起诉讼，要求房产公司承担违约责任。经过摸排，确认第一批起诉人数达 107 户，法院积极提供指导，组织业主了解权利义务后依法推选出 4 位诉讼代表人，并与代表人通力合作，提供模板材料，组织业主们签署了代表人授权材料。

二是梳理“要素表格”，提高庭审效率。因涉众型纠纷人数多，为使庭审顺利、高效进行，加班加点梳理 107 位业主的诉讼材料，合理设计审理要素表，包括身份信息、门户、房屋总价、交房日期、逾期办证天数、违约金额等要素，充分调动代表人作用，填写完备的审理要素表，交由房产公司核实，及时互通信息，提前梳理确定各户业主的无争议部分与争议点，以便庭审有的放矢。

三是保障“一审落锤”，节约诉讼成本。在有代表人及审理要素表的前提下，法官迅速安排正式庭审，一审落槌。《107 户胜诉，只用一次庭审》一文被多家媒体平台推广，对今后同类型案件的处理具有重要借鉴意义，新吴法院后续采用该制度也处理了多起涉众型纠纷，妥善解决了业主人员多、起诉难、维权贵的问题，广受好评。

（三）创新探索“示范性裁判”，发挥“一案预判”引导功能

一是锁定代表性案件。针对新吴区某精装修商品房内提供的中央水处理系统存在质量问题，上百户业主诉至法院进行维权，引发群体性纠纷。因双方调解差距大，且代表人诉讼推行困难，考虑到该涉众型纠纷主体重合、法律关系相同、诉讼请求相似、牵涉面广、敏感性强等特点，新吴法院积极探索“示范性裁判”模式，也为了节约诉讼成本，与业主达成一致意见，选定一件事实和法律争点具有代表性的案件作为示范案件。

二是快审快结快生效。在选定代表性案件后，法官快速组织双方进行证据交换，安排庭审，尽快判决，通过发挥示范案件的司法引领作用，妥善化解平行案件的纠纷解决机制，待示范性案件裁判文书生效之后，再着手调处剩余案件。

三是对标范例引导调解。可以利用生效案件的引导性功能，释法明理，帮助当事人对诉讼结果进行预判并选择理性的维权方式，根据双方利益的平衡点进行调解工作，既能真正做到案结事了，节约司法资源，也能降低上诉率和信访

率，提升社会治理成效。

三、工作成效

自2021年以来，新吴法院通过“诉前调＋司法确认”的“一站通办”服务体系、代表人诉讼制度、示范性裁判机制，快速处理化解了涉1000余户的涉众型房地产纠纷，涉案金额达20，000，000余元，有效缓和了诉讼主体众多和诉讼空间有限之间的矛盾，缓和了群众利益与房地产公司的冲突对抗，大幅提升法院的社会综合治理效能，构建了良好有序的营商环境，为新吴区房地产业的稳健发展保驾护航。

四、经验启示

面对涉众型房地产纠纷，新吴法院在不断的摸索、改善中已经构建了较为成熟的多元高效化解机制，此类做法、经验，也可以推广至其他涉众型营商纠纷中，例如涉及批量性产权式商铺的合同纠纷、群体性的物业管理纠纷等领域，本改革案例“抛砖引玉”，供大家参考。

（无锡市新吴区人民法院）

下篇

优化营商环境典型案例

案例1　纵容“影视剪辑”,短视频平台被判侵权

——北京爱奇艺公司与某科技公司、某信息技术公司、某通信公司侵害著作权纠纷案

基本案情

爱奇艺公司经授权,享有电视剧《琅琊榜》《老九门》的信息网络传播权及转授权的权利,用户观剧时需要购买 VIP 会员后才可收看全剧。某科技公司开发运营的××App 中存在大量用户上传的电视剧《琅琊榜》《老九门》视频片段剪辑,某科技公司将此类视频按照主题、内容主动进行选择、整理、分类推荐,并通过设置视频分类、智能索引、话题编辑等方式推荐给用户,用户可以在线播放及下载此类视频。一审法院认为,某科技公司等短视频平台利用流量获取高额经济利益的同时也要对流量来源尽到更高的注意义务,爱奇艺公司多次通知某科技公司删除侵权作品,某科技公司未予以删除,存在主观过错,对被诉侵权视频的信息网络传播起到帮助作用,故不适用“避风港”原则,某科技公司应当承担侵权责任,判决某科技公司停止侵权,对两部侵权作品分别承担 80 万元、100 万元赔偿额及相应的合理费用。某科技公司等不服提起上诉。二审认为,某科技公司通过设置话题及相应内容的版块等行为对其平台上涉及《琅琊榜》《老九门》视频进行了编辑、整理,并向网络用户提供了涉及《琅琊榜》《老九门》视频的榜单、目录、索引、简介等,吸引网络用户关注和浏览,向公众推荐侵权短视频,依法可认定其应知平台中有涉案侵权短视频。某科技公司作为短视频平台的经营者,有责任对平台上的侵权现象进行主动治理,而不应在收到爱奇艺公司关于要求删除侵权短视频的请求后不采取任何有效措施制止侵权。据此,二审认定某科技公司构成侵权,判决驳回上诉,维持原判。

典型意义

本案系全国首例短视频平台“算法推荐”侵权案,判决后社会反响热烈。随着新媒体平台的发展,长短视频平台之间就影视作品的剪辑、切条、搬运、传播等是否构成侵权引发争议。不同于长视频平台的商业模式,短视频平台为持续获取流量、保持用户黏性,运用算法技术,通过“人工 + 技术”的推荐模式,强化个性化推送行为,进一步锁定用户,使“长短之争”愈演愈烈。短视频平台能否适用“避风港”规则予以免责,应重在审查其对网络用户侵害信息网络传播权的行为是否构成明知或应知。判决短视频平台对涉案侵权视频选择分类后设置专门话题及相关内容板块的推荐模式属于《最高人民法院关于审理侵害信息网络传播权民事纠纷案件适用法律若干问题的规定》第 10 条规定的推荐行为,据此认定短视频平台经营者构成应知,判决其承担帮助侵权责任。视频平台的运营应正确树立知识产权保护的理念,利用算法推荐技术进行推荐,仍然应当对视频是否侵权承担一定的审查义务,对于热播影视作品更应该承担较高的注意义务。视频无论长短,如果是侵权抄袭的,均应受到法律的禁止。此案判决示范确立算法合理运用的裁判规则。

(审理法院:无锡市滨湖区人民法院、无锡市中级人民法院)

案例2 “借壳”侵权也要担责

——小天鹅公司诉丽丽公司、许某、张某、胡某等不正当竞争纠纷案

基本案情

小天鹅公司现为全球第三大洗衣机制造商，小天鹅洗衣机商标于1994年1月13日注册在洗衣机、干洗机商品上，具有较高的知名度和影响力。胡某于2012年3月27日以“美丽天鹅”作为字号设立美丽天鹅公司，后更名为丽丽公司，其法定代表人原为胡某，后变更为许某；其股东原为胡某、张某，后变更为许某、张某。丽丽公司与胡某陈述丽丽公司只负责销售，生产是委托美乐公司等代为加工。2018年，美丽天鹅公司因经营小天鹅洗衣机产品被诉至无锡市新吴区人民法院，最终以美丽天鹅公司、美乐公司承担停止侵权、变更名称及赔偿损失等责任的方式调解结案。结案后，美丽天鹅公司、美乐公司生产的涉案洗衣机产品外包装仍标注有美丽天鹅公司名称、“中国·无锡”、“全心全意、精致生活”、400电话以及飞翔状态的天鹅图形商标。

法院认为，“小天鹅”字号在洗衣机行业中已经具有了较高的知名度，“小天鹅”三字与小天鹅公司建立了稳定的关联联系，产生了识别经营主体的商业标识意义。丽丽公司登记地址并不具备生产条件，其通过使用“天鹅”文字作为企业名称的组成部分，并在涉案洗衣机产品包装突出使用“中国·无锡”等文字及天鹅形状商标的使用构成了不正当竞争行为。美乐公司作为洗衣机的生产企业，构成共同侵权。

许某、张某、胡某三人通过操纵所设企业不规范使用商标，攀附小天鹅公司商誉的目的明显。三人以侵权为业，将丽丽公司作为其实施侵权的工具和载体，亦符合共同侵权行为构成要件，应当与实施侵权行为的丽丽公司承担共同侵权责任，遂判决丽丽公司、美乐公司停止不正当竞争行为，共同赔偿小天鹅公

司经济损失80万元,许某、张某、胡某对丽丽公司前述付款义务承担连带赔偿责任。宣判后,各方均提起上诉。江苏高院二审维持。

典型意义

随着司法机关对于涉字号不正当竞争行为打击力度的不断加大,越来越多的侵权人开始采取措施规避责任。一些侵权人将与权利人字号或商标相似的文字登记为企业字号,而且所设立的通常为不具备实际生产经营能力的空壳企业。侵权人主要采取对外授权使用其企业名称或委托生产的方式获取利益,而自然人股东则通过注册与企业字号相同的商标并以许可使用的方式占有侵权企业利润。该做法一方面利用企业名称攀附他人字号或商标知名度的方式,逃避不正当竞争责任;另一方面则利用公司有限责任制的特点构筑隔离墙,转移侵权获利,逃避实际侵权人的赔偿责任。本案的审理避免侵权人滥用法人独立地位和出资人有限责任,逃避债务的企图得逞,严厉打击了此类不正当竞争行为,净化了市场,为此类型案件的处理确立了审查标准。

(审理法院:无锡市中级人民法院)

案例3　贴标再售？侵权！

——维秘公司与陈某侵害商标权纠纷案

基本案情

维秘公司系“VICTORIA’S SECRET”商标的权利人，陈某从他人处购入未贴标内衣，“VICTORIA’S SECRET”吊牌，进行加工后在其开设的淘宝店铺内进行销售。后被法院认定陈某犯假冒注册商标罪，非法经营数额总计17万余元，判处有期徒刑1年6个月，缓刑2年。维秘公司提起民事诉讼，请求进行惩罚性赔偿，要求赔偿50万元。陈某辩称其已受过刑事处罚，不应再适用惩罚性赔偿，其没有主观恶意。

无锡中院认为陈某具有故意：(1)“VICTORIA’S SECRET”具有较高知名度，陈某作为业内人士理应知晓；(2)陈某实施的是假冒注册商标行为；(3)陈某通过购买无标睡衣、围巾产品及假冒标贴进行贴牌加工行为，侵权恶意明显；(4)陈某开设多家淘宝店铺均销售“VICTORIA’S SECRET”品牌睡衣等商品。《最高人民法院关于审理侵害知识产权民事案件适用惩罚性赔偿的解释》第4条规定，对于侵害知识产权情节严重的认定，人民法院应当综合考虑侵权手段、次数，侵权行为的持续时间、地域范围、规模、后果，侵权人在诉讼中的行为等因素。该条第2款列举了可以认定为情节严重的情形，其中第2项为以侵害知识产权为业。本案中，侵权情节严重：(1)从刑事案件查明的事实来看，陈某系个体经营网店，其利用多个淘宝店铺销售假冒“VICTORIA’S SECRET”的商品，构成以侵害知识产权为业；(2)陈某非法经营数额为17万元，远超假冒注册商标罪刑事追诉标准5万元，且已被刑事处罚；(3)陈某制假成本极低，谋取暴利；(4)利用多个淘宝账户售假，严重降低“VICTORIA’S SECRET”的市场声誉。综上，一审适用惩罚性赔偿，以陈某的侵权获利作为基数，以行业平均利润率40%计算，施以一倍惩罚再加上合理开支，最终判决赔偿20.6万元。江苏高院二审维持。

典型意义

本案系涉外知识产权纠纷案件,涉案注册商标“VICTORIA’S SECRET”系美国知名商标,在中国境内也具有较高的知名度,陈某从网络上专门购买廉价的无牌产品,自行缝制上被控侵权标识,并开设多家网店同时进行销售,其通过生产销售假冒商品获取非法收益的目的明显,属于故意侵权、以侵权为业。本案准确认定了《最高人民法院关于审理侵害知识产权民事案件适用惩罚性赔偿的解释》规定的惩罚性赔偿的适用条件,综合考虑被侵害知识产权客体类型、权利状态和相关产品知名度、被告与原告或利害关系人之间的关系等因素,尤其是涉案假冒行为,认定构成“故意”这一要件。同时,综合考虑侵权手段、次数,侵权行为的持续时间、地域范围、规模、后果,侵权人在诉讼中的行为等因素,认定被控侵权行为会对权利人高档内衣品牌商品声誉、商业信誉造成损害,也严重侵害消费者权益,其通过网络销售影响较广,销售数额已达刑事入罪标准,可以认定被诉侵权行为属于以侵权为业,构成“情节严重”这一要件。本案在陈某被追究刑事责任后,再适用惩罚性赔偿进行民事处理,对于现在网络普遍的贴牌方式制假售假行为有一定的教育警示作用。同时,本案的审理也体现了中国法院严格依法平等保护外国当事人的知识产权,切实履行国际条约义务,保护国际品牌,尊重国际营商惯例。

(审理法院:无锡市中级人民法院)

案例 4　打击商标犯罪，实行最严格保护

——被告人王某、吴某、王某妹犯假冒注册商标罪、被告人王某坤销售假冒注册商标商品罪系列案件

基本案情

美商可斯可批发公司系“KIRKLAND/柯克兰”注册商标专用权人；箭牌糖类有限公司系“MALTESERS/麦提莎”注册商标专用权人；星巴克公司系“STARBUCKS”注册商标专用权人；罗伊斯糖果有限公司系“ROYCE”“NAMA CHOCOLATE”注册商标专用权人。上述注册商标均在有效期内。

2020 年 10 月至 2021 年 11 月，被告人王某伙同吴某经事先共谋，组织工人在未经注册商标权利人许可的情况下，利用低价批量购入的坚果等原材料，灌装至标有“KIRKLAND/柯克兰”“MALTESERS/麦提莎”“STARBUCKS”“ROYCE”“NAMA CHOCOLATE”等注册商标的外包装盒中。尔后，上述人员通过物流代发的方式，将上述假冒注册商标的商品出售给王某坤等人，销售金额共计 1817 万余元。

2020 年 10 月至 2021 年 11 月，王某坤明知从王某等人处购入的混合坚果、腰果、麦丽素等食品系假冒“KIRKLAND/柯克兰”“MALTESERS/麦提莎”“STARBUCKS”“ROYCE”“NAMA CHOCOLATE”等注册商标的商品，通过淘宝网店、拼多多店铺对外销售，销售金额共计 1179 万余元。

法院判决：王某犯假冒注册商标罪，判处有期徒刑 6 年，并处罚金 1000 万元；吴某犯假冒注册商标罪，判处有期徒刑 5 年，并处罚金 1000 万元；王某坤犯销售假冒注册商标的商品罪，判处有期徒刑 5 年，并处罚金 600 万元；王某妹犯假冒注册商标罪，判处有期徒刑 3 年 6 个月，并处罚金 50 万元。

典型意义

本系列案件的从严判处体现江苏法院持续深化最严格知识产权司法保护，尊重企业品牌塑造的努力以及平等保护国内外权利人的决心，同时在保护手段上更加注重惩罚的导向作用。商标是现代社会商业价值的集大成者，往往代表着商品相应质量和口碑，假冒他人注册商标是纳入我国刑法的典型犯罪行为，给权利人造成巨大损失，对假冒他人注册商标的犯罪行为进行打击是对权利人最有力的保护。本系列案件平等保护国内外知识产权权利人的合法权益，为境外投资企业继续加大在华投资注入强心剂。另外，该案判决也体现人民法院不断加大对重点行业、重点领域的刑事打击力度，对食品等涉民生领域犯罪慎用缓刑，有效发挥了刑罚的威慑作用，为民众在食品等重点领域的消费提供有力保障。人民法院将继续加强知识产权侵权源头治理、溯源打击，及时有效阻遏侵权行为；提高侵权违法成本，构建不敢侵权、不愿侵权的法治氛围。

（审理法院：无锡市新吴区人民法院）

案例5　维护金融监管秩序，保护中小投资者合法权益

——上诉人姚某与被上诉人许某股权转让纠纷案

基本案情

甲公司于2015年5月在全国中小企业股份转让系统挂牌交易，于2019年3月终止在全国中小企业股份转让系统（以下简称"新三板"）挂牌。此外，甲公司章程规定，公司董事、监事和高级管理人员在任职期间每年转让的股份不得超过其持有的公司股份总数的25%。

2017年5月，甲公司股东姚某与许某签订了1份股权转让协议。协议约定：第一，姚某将其持有的甲公司30万股转让给许某（姚某当时共持有公司70万股，转让30万股超过了持有公司股份总数的25%）。第二，姚某代许某持有该股份。第三，股权转让款在协议签字生效后60日内支付。双方签订股权转让协议后，许某一直未支付股权转让款。

2020年10月，姚某提起诉讼，请求法院判决许某支付股权转让款及相应利息。一审法院审理后认为案涉股份转让协议无效，姚某无权依据案涉股份转让协议要求许某支付股份转让款及相应利息。姚某不服一审判决提起上诉，二审法院审理后判决驳回上诉，维持原判。

典型意义

中小投资者是我国现阶段投资市场的主要参与群体，加强对中小投资者合法权益的保护有利于提振投资者信心，促进资本市场健康发展，这既是激发市场活力、优化法治化营商环境的应有之义，也是司法护航高质量发展的重要举措。实践中，上市公司及新三板公司董事、监事和高级管理人员常以"协议转让+股权代持"的形式规避国家金融监管，不仅损害不特定投资者的利益，还破坏了金

融秩序,必须坚决予以打击。本案的裁判体现了切实保护中小投资者合法权益的司法理念,对于规范金融市场运行秩序具有重要的指导、引领和示范意义。通过对此类行为的规制,不仅可以有效指引市场主体行动路线,而且能够倒逼公司董监高规范自身行为,更为以司法助力法治化营商环境建设提供了新实践、新经验和新样本。

（审理法院:无锡市滨湖区人民法院、无锡市中级人民法院）

案例6　破除股东注资迷雾，焕发企业生机活力

——旭航公司诉曾某等股东损害公司债权人利益责任纠纷案

基本案情

鑫莱公司注册资本为625万元，股东为曾某、何某、时某，出资期限均为2034年6月4日。经生效判决确认鑫莱公司需支付旭航公司货款。

旭航公司提起诉讼认为上述股东未履行出资义务，要求各股东在未履行出资义务范围内承担清偿责任。曾某认为其和时某已履行出资义务，曾某向法院提交了2018年7月7日至2019年8月23日其以个人持有的银行卡分50次向鑫莱公司汇款5,301,717元的汇款回单、银行流水。银行流水显示其与鑫莱公司存在多次资金往来，汇款回单中有4笔合计53万元汇款用途标注为"股东注资"，1笔2万元标注为"股东打款"，其余回单均无用途标注。时某向法院提交了其向鑫莱公司汇款125万元的汇款凭证，其中客户回单"客户摘要"栏记载为"投资款"。

法院认为：股东以货币出资的，应当将货币足额存入公司在银行开设的账户，股东对于其已履行出资负举证责任。当股东与公司间存有垫付、报销、交易等多种资金往来时，仅凭汇款记录不足以认定出资是否实缴，而应结合公司财务记录、进账凭证、出资证明、年度报告等材料综合认定。曾某提供的凭证，从其汇入款项的金额、次数、前后陈述分析并综合判断，均无法确认上述资金系作为其本人出资汇入公司。曾某、何某明确鑫莱公司财务资料下落不明无法查找，故应由其承担举证不能的责任。关于时某汇入鑫莱公司的125万元，该款汇入时间为2020年4月17日，鑫莱公司注册资金由500万元增至625万元的时间亦为2000年4月17日，且汇款凭证客户摘要明确记载为"投资款"，故从该笔款项的形式要件判断，更符合作为时某股东出资的特征，可以确认时某的

出资义务已经履行完毕。据此,法院对曾某、何某已履行出资义务的抗辩意见不予采信,并判决该二人在未履行出资义务范围内对鑫莱公司对外债务承担补充连带清偿责任。

典型意义

在认缴制公司中,股东以其认缴的出资额为限对公司债务承担责任,当出现出资义务加速到期,需要股东在未履行或未全面履行出资义务范围内承担责任情形时,股东有无履行完毕出资义务将对债权公司利益产生重大影响。现阶段,大部分认缴制有限责任公司的股东在出资时不规范,未按照公司法的规定程序进行出资并做好相应记载,这就导致债权公司向股东主张权利时存在困难。本案中,对于以货币形式出资的股东注册资本有无投入的认定,首先将该股东有无将货币足额存入公司在银行开设的账户的举证责任分配给出资义务股东,明确了举证主体;同时,当股东与公司间存有垫付、报销、交易等多种资金往来时,确认仅凭汇款记录不足以认定出资是否实缴,而应结合公司财务记录、进账凭证、出资证明、年度报告等材料综合认定。本案对于股东投入公司的资金能否认定为注册资本提供了有效的审理思路,同时从形式和实质两个维度维护了债权公司的利益,保障债权企业回笼资金,维护企业生机活力。

(审理法院:宜兴市人民法院)

案例7　国企民企平等保护，实质化解系列纠纷

——源天公司与文旅集团等合伙协议、确认除名决议无效等纠纷案

基本案情

源天公司是一家具有基金牌照专门从事基金投资的民营企业。为开发里运河文化长廊—中国漕运城、板闸遗址公园项目，2017年11月，源天公司与文旅集团等国有企业签订合伙协议，约定各方共同设立合伙企业文旅基金，源天公司作为该合伙企业的普通合伙人和执行事务合伙人，文旅集团等作为该合伙企业的有限合伙人。合伙企业的拟募集规模为30.1亿元，设立时认缴出资总额为6.1亿元。同月，源天公司与市政集团签订合伙协议，约定双方共同设立合伙企业昌硕基金，源天公司作为该合伙企业的普通合伙人，市政集团作为该合伙企业的有限合伙人。合伙企业的拟募集规模为35.1亿元，设立时认缴出资总额为3.6亿元，市政集团未履行认缴出资义务。2018年8月14日，文旅集团、文旅基金、昌硕基金等单位共同设立漕运城公司，拟运营漕运城、板闸遗址公园PPP项目。2020年5月12日，该项目被终止运营。源天公司作为文旅基金、昌硕基金管理人认为文旅集团、市政集团违约中止项目，要求承担违约责任，并起诉市政集团要求履行出资义务。市政集团则提出解散昌硕基金，将源天公司从合伙企业除名等诉讼。文旅集团也提起了解散文旅基金等诉讼，并于2021年2月1日召开临时合伙人会议，形成决议，将源天公司除名。源天公司向一审法院起诉，请求确认除名的决议无效。一审法院判决驳回源天公司的诉讼请求。源天公司向无锡中院提起上诉。

无锡中院审理时发现，本案系两家基金公司对外投资失败引起的系列案件中的1件，如果不从根本上解决问题，纠纷会越来越多。因此，无锡中院并未简单审查除名决议的效力，而是召集双方以及案外人昌硕基金一起了解全部纠纷情况。经判断两基金的对外投资项目，已无盈利可能，继续存续只会给投资人

造成更多损失,解散基金公司是最优选项。在深入分析释明后,源天公司同意解散基金并调解。调解中,基于源天公司并无过错,而两基金若继续存续,源天公司可以每年收取固定的基金管理费,法院侧重考虑优先保护源天公司合法权益,在源天公司收回前期所有投入的基础上,再由文旅集团、市政集团给予预期收益的适当补偿。在召集双方进行了10余次调解后,最终于2022年5月28日促成当事人及案外人达成了长达12页的一揽子调解方案。调解方案内容:解散文旅基金、昌硕基金由文旅集团、市政集团分别担任两基金的清算人,源天公司作为两基金执行事务合伙人的权利全部移交给清算人文旅集团、市政集团;解散前的基金管理费、合伙费用按实结算;因两基金提前解散,由文旅集团、市政集团各补偿源天公司一笔预期收益款,两基金所有剩余财产分别归文旅集团、市政集团所有和处置;所有涉及两基金的诉讼均撤回起诉、上诉、申诉。协议签字后,各方之间再无纠纷。至此,文旅集团、市政集团与源天公司之间涉及省内外三级法院共计8起诉讼全部了结。

典型意义

注重诉讼调解,力求案结事了,是近年来无锡法院商事审判在修复经济社会关系、促进社会和谐稳定方面的有益实践;坚持平等保护民营企业,营造公平竞争的市场环境,更是贯彻"打造市场化、法治化、国际化一流营商环境"司法实践的重中之重。本案中,文旅集团、市政集团等国有企业,在案涉项目终止,已产生亏损的情况下,希望解散合伙企业及时止损。另一方源天公司认为合伙协议约定的合伙期限尚未届至,其按约每年可以取得固定管理费及投资收益,不同意解散合伙。因本案的处理结果还直接影响当事人其他纠纷的解决,在当事人自愿的基础上,无锡中院围绕"平等保护、公正处置"的思路,有针对性地把双方的交易成本、经营风险识别等纳入调解说服的考量因素,历经10余次磋商调解,最终促成各方当事人达成了提前解散合伙企业,由文旅集团、市政集团对源天公司进行补偿,两基金所有剩余财产分别归文旅集团、市政集团所有和处置的调解方案。通过本案的调解,既确保了国有资产减少损失,又维护了民营企业的合法收益,还使双方之间因案涉基金投资产生的所有纠纷得到了全部化解,实现了法律效果和社会效果圆满统一。

(审理法院:无锡市中级人民法院)

案例 8　多向联动深度融合，助力企业困境重生

——澄星系企业破产重整、和解案

基本案情

澄星集团是江阴千亿级大型企业集团，实际控制的磷化工、石化和房地产板块企业，在相关领域具有较强竞争力，特别是磷化工板块，以上市企业澄星股份为龙头。由于澄星集团财务状况恶化以及关联企业之间互相担保等原因，澄星集团和三大板块企业陷入债务危机，生产经营难以为继，澄星股份也因股东违规占用资金等原因自 2021 年 5 月 6 日起股票被实施退市风险警示。澄星系企业拥有职工 10,000 余名，总负债逾 600 亿元，涉及金融债务 200 亿余元。自 2021 年 2 月起，江阴法院陆续受理澄星系石化板块 4 家公司、房地产板块和澄星集团的庭内破产重整。2021 年 11 月，无锡中院受理澄星股份破产重整审查，同意其庭外重组。

在此期间，一方面由江阴法院积极搭建"府院联动"平台，形成法院、政府和专业机构联动体系，协同解决破产重整过程中的各项问题；另一方面由江阴法院与无锡中院共商协同推进方案，整体推进上市公司保壳与澄星系重整程序。经过多方努力，澄星系企业整体债务风险得到有效化解，石化板块 4 家公司联合招募同一重整投资人，重整计划草案获江阴法院裁定批准，各类债权得以获偿。房地产板块重整完成"收债"等步骤，程序事项快速推进。澄星集团完成资产清点和债权梳理工作，其中澄星集团持有的澄星股份通过拍卖由星盛州科技以 5.17 亿元成功竞得。澄星股份在 40 家" * 股"（有退市风险警示的股票）退市的应退尽退政策背景下，实现成功"摘星"，完成上市公司"保壳"。

典型意义

澄星系企业重整、和解案是两级法院共同化解的规模最大的破产案件。两

级法院通过多向联动，发挥协同优势，石化板块4家公司联合招募重整投资人，实现企业重整价值和债权清偿率的最大化，上市公司迅速消除退市危机，助力困境企业涅槃重生，打造了大型企业集团破产处置市场化运行的示范模板。一是以新机制导航，“府院联动”“上下协同”助推市场化处置效果。由政府、两级法院及管理人等中介机构组成，通过联席会议等方式协调处置各项事务，构建起运行良好、效能卓越的联动体系。二是以新路径破冰，“因企施策”打造集约化处置模式。对于具备壳资源和化工资质的板块，在激活壳价值引入新投资的基础上，通过联合招募重整投资人“腾笼换鸟”。面对解决上市公司被集团占用资金问题，通过组织庭外重组衔接庭内破产和解程序，发挥市场驱动与司法强制叠加效应，低成本创新解决难题，成功审结全国首例上市公司申请和解案。三是以新理念引擎，“司法护航”延伸全局性处置职能。通过组建金融债委会，保留一个生产经营账户免予查封，指导管理人自行垫资、共益借款等，稳定企业资金“造血”功能；通过制作保壳方案向投行推介择优确定投资人，推动“矿—电—磷”至新能源领域的产业升级。

（审理法院：江阴市人民法院、无锡市中级人民法院）

案例9　高效衔接“执转破”程序，助力“僵尸企业”及时有序退市

——江苏江南系公司合并破产清算案

基本案情

江苏江南新材料有限公司(以下简称江南新材料公司)、江苏江南环保有限公司(以下简称江南环保公司)在经营过程中因资金链断裂、无法清偿到期债务被诉至法院，在无锡中院执行过程中，江南新材料公司、江南环保公司主动向法院申请进行破产清算，无锡中院协调小组经研究认为，鉴于被执行人江南环保公司、江南新材料公司目前资不抵债已符合破产受理条件，如由中院在执行程序中快速拍卖资产，不仅不利于资产利益最大化，更影响其他债权人合法债权，资产抵债出租及两公司可能混同的现状在拍卖、清偿过程中可能引发一些社会不稳定因素，因而该案执行转破产是当前解决问题的较为妥当的途径。故一致决定该案执行转破产，后无锡中院于2020年1月30日依法受理后将该案移交宜兴法院审理。

宜兴法院依法指定管理人后，指导监督管理人迅速开展各项基础工作，其中，重点要求管理人拓宽履职范围，把可能与两家公司存在关联关系的公司全部纳入调查范围并逐一排查梳理，最终发现江苏江南搪瓷发展有限公司(以下简称江南搪瓷公司)、宜兴市江南环保有限公司(以下简称宜兴江南环保公司)与上述两家公司存在资产、人员、经营场所和经营高度混同情况。其间，宜兴法院依法受理了债权人对江南搪瓷公司、宜兴江南环保公司的破产清算申请，后经管理人征求债权人意见并向法院申请，宜兴法院于2020年7月23日裁定对四家公司合并进行破产清算。

在公司资产变现过程中，宜兴法院充分发挥司法能动性，指导管理人精准把握市场行情，适时挂拍四公司破产财产，最终以评估价的91.9%顺利变现，大

大高于平均变现率。同时，对前期实际占用江南系公司厂区20户人员，宜兴法院主动积极进行沟通，最终形成合理解决方案，实现了破产财产的顺利交接。最终，该案依法清偿金融债权4703万元，占金融债权总额的89.2%，全额清偿职工债权及税款债权，58个普通债权得到依法清偿，合计消解四公司债务2.13亿元，化解执行不能案件20件。该案于2020年12月8日审结，自受理起不到1年，自合并进行破产清算起不满6个月，取得了较好的司法效果和社会效果。

典型意义

本案通过"执转破"程序，化解执行不能案件20件，消化债务2.13亿元，是以"执转破"机制破解"执行难"、优化法治化营商环境的成功典范。一是上下联动、部门协同，通过"僵尸企业"有序退市优化营商环境。本案中，无锡中院及宜兴法院突破相同法院间进行"执转破"移送的固有模式的限制，实现上下级法院和同法院执行、审理部门之间的深度融合衔接。二是追根溯源、深挖彻查，通过关联企业合并破产保障债权人利益。本案中，宜兴法院监督指导管理人在尊重公司独立人格的基础上，全面梳理江南新材料公司、江南环保公司两公司自成立以来的生产经营、股东变更、对外投资等具体情况，最终依法认定江南搪瓷公司、宜兴江南环保公司系上述两家公司的关联公司，符合合并破产清算条件，此后四家公司所有资产被统一纳入破产财产范围向债权人清偿，提高了债权清偿率。三是重点突出、法理并重，通过司法能动介入促进社会长期矛盾消解。审理中，宜兴法院坚持市场化、法治化导向，在管理人积极履职、有序推进各项清算事务的基础上，充分发挥司法能动性，坚持"因企施策、因案施策"方针，精准探寻阻碍案件审结和矛盾化解的顽疾桎梏，通过耐心释法和情理沟通，实现破产财产的顺利交接，彻底消解了长期存在的社会矛盾。

（审理法院：宜兴市人民法院）

案例10 “公益清算”让“僵尸企业”有序退出市场

——禅金公司公益清算案

基本案情

禅金公司设立于2009年4月24日,注册资本500万元。因经营管理不善以及对外提供担保等情况,产生巨额负债,经营陷入困境。2013年度、2014年度未依法进行纳税申报,且无法取得联系,在市场监管局发布提示性公告期限内,仍未依法履行法定义务。构成“公司成立后无正当理由超过6个月未开业的,或者开业后自行停业连续6个月以上的,可以由公司登记机关吊销营业执照”规定的情形,市场监管局于2017年6月28日吊销禅金公司营业执照。2022年8月15日,市场监管局向惠山法院申请对禅金公司进行强制清算。惠山法院审查后认为,法人解散的,清算义务人应当及时组成清算组进行清算。清算义务人未及时履行清算义务,主管机关或者利害关系人可以申请人民法院指定有关人员组成清算组进行清算。禅金公司被依法吊销营业执照后,未及时进行清算,市场监管局作为主管机关申请对其进行强制清算,符合法律规定,故裁定受理对禅金公司的强制清算申请,并指定管理人为禅金公司清算组。在清算过程中,发现禅金公司以不能清偿到期债务,且资产明显缺乏清偿能力为由,财产不足以清偿破产费用,申请宣告破产,并终结破产程序。惠山法院于2022年10月18日裁定宣告禅金公司破产,终结破产程序。禅金公司顺利实现市场出清。

典型意义

惠山法院在无锡市范围内率先开展对“长期处于吊销未注销状态企业”的公益强制清算工作,是对经营异常企业规范有序退出市场的一项积极探索,将最大限度压降惠山区经营异常企业数量,有效促进企业优胜劣汰,实现资源合理配置,具有重要的创新意义和实践价值。一是双向谋划共同推进。以优化营商环境为主线,以府院联动机制为平台,锚定“经营异常企业退出难”这一现实困境,聚焦市场主体退出意愿不强、注销环节繁杂等因素,与市场监管部门合力谋划、精准研判,协调解决清算费用负担、资产处置、工商注销等难题,畅通退出渠道,构建市场主体多元化退出机制。二是双向筛查精准识别。市场监管部门建立经营异常企业备选库,将因失联、长期停业未经营等吊销未注销超过 3 年的企业纳入其中,实时更新,予以通报。目前,惠山区历年累计吊销长期停业企业未注销户数达 8580 户。法院结合执行工作实践,定期整理涉执行案件较多且经执行案件系统查询无财产可供执行的企业,列入异常企业“黑名单”。三是双向反馈提升效能。法院将“黑名单”反馈市场监管部门,由市场监管部门审查,将符合条件的企业纳入备选库,并定期向法院推送强制清算企业备选列表。法院对备选企业的财产、债权债务等基本情况进行专项核查,最终确定当期进行公益清算的企业名单,确保“关而不清”“倒而不破”的“僵尸企业”有序退出。

(审理法院:无锡市惠山区人民法院)

案例11　以良法促善治，让“诚实而不幸”有生路

——无锡首例“个人债务集中清理”案

基本案情

债务人卫某，原带领工程队从事建筑工程施工工作，因工程款拖欠严重，致使其无法向工人支付薪资。其间，卫某因法院强制执行以及债权人分别向其催讨债务，致使其无心继续经营，甚至东躲西藏。随着年龄增大，亦无法再从事重体力劳动，其家庭收入仅能够偿还少量债务。

2021年4月，根据卫某申请，法院裁定受理卫某个人债务集中清理一案，并指定管理人。案件受理后，锡山法院组成审执办案团队，通过网上执行查控系统以及线下调查的方式，对卫某的财产情况进行了全面梳理。查明卫某无不诚信行为，债务虽不多，但据其现有财产无法清偿，对其进行强制执行，将严重影响其生产生活，为此，适用个债清理程序。

2021年9月，锡山法院召开卫某个债清理债权人会议，会议通过了按照多数决原则制定的议事规则，审查了债务人债权，听取了管理人工作报告，并通过了《债务人自由财产清单》以及《债务清偿计划》两项决议。在形成的清偿方案中，卫某需要按时无差别支付纳入清偿计划的债权人的债务，同时债权人自愿免除卫某迟延履行债务利息。清偿率共计为92.16%，清偿金额为75,838元。债务清偿计划作出后，锡山法院解除对卫某的所有限制措施，实现了债权人和债务人的双赢。该案审结后，法院研究制定了对卫某救济与管控的配套措施，有效解决其后顾之忧。

典型意义

开展“与个人破产功能相当的试点工作”是贯彻落实党中央、国务院要求推动个人破产立法、实现市场主体有序退出的重要举措，能够为我国个人破产制

度的建立提供实践基础和经验样本。作为无锡市唯一试点法院,锡山法院坚持以“救济诚实而又不幸的人”和“预防逃债”为原则,在案件审理中充分尊重当事人意思自治,确保债权人公平受偿,同时设置规则,让债务人“起死回生”,体现法治包容性。另外,为体现法治的严肃性和惩罚性,设置规则做到不枉不纵、严格债务人筛选,而不让失信人钻空子。案件审结后以府院联动为平台对债务人进行“帮扶”,有效提升联动融合理念促进共享共治,提升司法参与社会治理现代化的水平。该案的审结,有利于营造鼓励创新、宽容失败的营商氛围,有效释放市场要素资源,切实维护社会安定有序。

(审理法院:无锡市锡山区人民法院)

案例12　促进信用恢复，激励守信履约

——黄某某申请信用修复案

基本案情

黄某某曾在无锡两级法院涉及10余起执行案件，因未能履行完生效法律文书确定的全部义务，被法院依法采取了信用惩戒措施。信用码查询系统上线后，黄某某得知了信用码的标识规则以及信用修复的相关情况，便查询了自己的信用状况，发现其信用码为黄码。于是，2021年12月，黄某某主动联系无锡中院，称其之前所涉执行案件的标的额巨大，短时间无法还清，但这几年一直没有逃避债务，积极还款，至2020年还清了所涉执行案件的债务，现因其银行征信受到影响，故向法院提出信用修复的申请。

在收到黄某某的信用修复申请后，无锡中院依照《关于推行全市法院被执行人信用码的实施细则》的相关规定，依法对其所涉执行案件的履行情况进行审查。在核实了相关情况后，法院依法运用信用修复机制，帮助黄某某提升了信用评价。

典型意义

本案中，被执行人关注其自身信用状况，积极主动履行了生效法律文书确定的义务，并向法院申请修复信用，充分展现了信用码查询系统便捷、可视化特点及信用修复的正向激励作用，有效促进了被执行人从“拒不还”到“主动还”的转变。作为社会诚信体系建设中的关键一招，信用修复既能给失信者“复权”的机会，也能减少信用惩戒带来的“误伤”。无锡法院充分运用法律法规和司法手段，竭力为破产重整的企业、诚实而不幸的创业失败者以及自愿履行的被执行人进行信用修复，帮助解决其“欲而不能”的难题，让曾经的失信者过而能改，残缺的信用恢复如初。

（执行法院：无锡市中级人民法院）

案例13 “纳失”宽限90天，让失信困境企业“喘口气”

——申请执行人某自动化设备公司与被执行人某精密机械公司、杨某买卖合同纠纷案

基本案情

被执行人某精密机械公司、杨某结欠某自动化设备公司货款15.6万余元，在法院主持下达成调解协议。但因某精密机械公司未按调解协议履行，某自动化设备公司向法院申请强制执行。法院受理后，依法向被执行人送达了执行通知书、财产报告令等材料，但被执行人未按法律规定及时申报财产，也未及时履行还款义务。据此，法院拟将某精密机械公司、杨某纳入失信被执行人名单。

在执行中，某精密机械公司向承办法官言明了现实困难，一旦将公司纳入被执行人名单，则可能导致其无法参加招投标，企业正常生产、工人工资发放等都会受到很大影响，希望法院能给予一定的期限组织生产并分期履行。“竭泽而渔不如放水养鱼”，承办法官将该情况反馈申请执行人，某自动化设备公司表示理解某精密机械公司实际经营困难，同意给予其一定的履行期限。

在法院组织下，某自动化设备公司与某精密机械公司、杨某重新达成了执行和解协议。同时，法院结合实际案情认为，执行双方在执行中已重新达成和解协议，且目前被执行人正在履行中，其申请纳入失信被执行人宽限期具有现实合理性，遂依法作出给予90天宽限期的决定书。

决定书写明，宽限期满后，某精密机械公司若仍具有应当纳入失信被执行人名单情形，法院将依法将其失信信息录入最高人民法院失信被执行人名单库。在90天的宽限期内，承办人定期询问被执行人的复工复产情况、履行义务状况，并及时与申请执行人沟通。过后，被执行人恢复生产并且按照协议正常履行。因此，在90天宽限期满后，法院决定不再对其采取纳失措施。

典型意义

执行工作不仅仅是兑现胜诉人的司法权益，更要在依法的范畴下充分发挥依法保护各类市场主体的合法权益，做好“六稳”工作、落实“六保”任务，推动社会诚信体系和法治化营商环境建设。被执行人暂时无法履行义务时，“一刀切”地适用惩戒措施会阻碍债务人的生产经营，可能导致其丧失完全履行能力，与执行的初衷背道而驰。在这一背景下，依法审慎采取执行惩戒措施是善意文明执行的客观要求，纳失宽限期的推出是推进社会诚信体系建设，优化法治化营商环境的又一重要举措。给失信困难企业纠正失信行为一个缓冲期，既可以敦促其主动履行还款义务，又能最大限度不影响正常生产经营，有利于优化法治化营商环境。

（审理法院：无锡市惠山区人民法院）

案例14　借助"物联网+执行"技术盘活企业资产

——某银行与某铜业公司、某材料公司等
金融借款合同纠纷系列执行案

基本案情

某铜业公司因担保产生的债务约8亿元，经审理后进入强制执行程序。经财产调查，发现该公司可供执行财产只有4.4万平方米的厂房及相关机器设备，但该企业生产经营尚属正常，如果采取正常的查封后拍卖等措施，不仅会影响该公司的正常经营，还会因此导致该公司财产情况进一步恶化，最终也会损害申请执行人的利益。

为实现在执行中保障企业正常生产经营的目标，无锡市中级人民法院借助物联网制定如下执行方案：(1)运用联合研发的"物联网查封财产监管系统"，全时段动态监管该企业所有的厂房、原材料、生产设备等财产，实时感知和预警现场情况，并及时回传监管平台，实现企业"边查封边经营"。(2)系统实时采集该企业生产经营中用电、原料投入、成品产出等十个维度信息，通过终端协同和边缘计算，建模还原企业日常生产状况，帮助法院判断企业经营是否正常以及查封的财产价值是否发生变化。

上述执行方案实施后，因监管得力且该企业生产经营正常，无锡市凌峰铜业有限公司整体资产的拍卖价达1.6亿元，溢价4000万元，远超第一次拍卖流拍价。无锡市中级人民法院于2021年4月15日裁定终结本院(2020)苏02民初164号民事调解书的本次执行程序。

典型意义

充分运用现代信息技术来强化善意文明执行理念，既是巩固深化"基本解决执行难"成果、维护人民群众合法权益的必然要求，也是贯彻善意文明执行理念和营造法治化营商环境的有力举措。本案执行过程中,无锡市中级人民法院通过物联网查封财产监管系统的应用,动态监管被执行企业所有的厂房、原材料、成品、生产设备等有价值的财产,并实时回传至后方监管平台,实现对被执行企业财产的全流程、全时段、全方位感知和预警。同时,系统实时采集被执行企业生产经营中的用电、用气、原料投入、成品产出等信息,通过终端协同和边缘计算,建模还原企业日常生产运营的真实状况,帮助执行法院和申请执行人判断企业经营是否正常以及生产经营能力。最终达到了既最大限度降低对被执行企业正常生产经营影响,又最大程度兑现了胜诉方实体权益的双赢效果。

(审理法院:无锡市中级人民法院)

案例 15　通力协调保障民生，主观能动实现多赢

——慧阳公司执行异议审查案

基本案情

2022 年 3 月 25 日，法院立案受理资产管理公司诉慧阳公司、大发房产公司、煜阳房产公司等合同纠纷一案。资产管理公司申请财产保全，请求冻结慧阳公司等银行存款 3.2 亿元或查封、扣押其等值的财产。法院于 2022 年 4 月 6 日作出冻结慧阳公司等银行存款 3.2 亿元或查封、扣押其等值财产的裁定。查封了被告待开发建设的一块土地、预查封慧阳公司名下 195 套在建工程。慧阳公司提出超额保全异议，并提出 195 套房屋中已出售 138 套，为了保护购房人的权益，希望能够对这些已售房屋解封。实际购房业主也多次到法院等地反映，要求解封所购房屋，确保能够顺利交房及子女如期上学。法院以民生为先，经过多方协商，最终解除了无争议的 121 套房屋的预查封措施。

典型意义

法院在查封、执行等过程中，应以保障民生、善意文明的理念，充分发挥主观能动性，确保在建工程能够正常施工，避免因不当查封造成工程烂尾，充分保护购房人的合法权益，实现法律效果和社会效果相统一。本案在执行异议审查过程中，法院多次接待业主代表，听取业主代表意见，并多次组织各方就慧阳公司提出的车位替换已出售房屋的方案等问题进行协商。最终，在住建部门、所在街道、银行等各方的共同努力下，于 2022 年 9 月 15 日签署了《协调会会议纪要》，就已售房源解封、施工保障等一揽子问题达成了一致意见，既保护国有财产，又确保正常施工，还能够保障民生，实现多赢的结果。

（审理法院：无锡市中级人民法院）

案例16　灵活保全促审执，善意司法看得见

——周某诉投资公司等债权转让
合同纠纷财产保全案

基本案情

2022年5月，滨湖法院受理周某诉投资公司、李某债权转让合同纠纷一案。立案后，周某申请财产保全，要求查封、冻结被告名下价值1.5亿元的财产。滨湖法院查得投资公司经深圳某证券公司在深圳证券交易所持有大量股票，遂赶往深圳，欲冻结股票。经与深圳某证券公司沟通后得知，投资公司在其公司开设有融资账户，有大额融资，如法院对投资公司所持股票实施冻结，投资公司剩余资产将因达不到证监委及证券公司相关法规政策的要求，所持股票会被强行平仓，一旦强行平仓，原被告利益均将受损。获知该情况后，法院将不利后果告知周某，经周某同意后，滨湖法院仅对投资公司等的普通账号、信用资金账号实施1.5亿元的额度冻结，并对股票作出可售性冻结，即允许股票买卖，但禁止取款、转托管、撤指、销户等部分控制属性。

投资公司获知账号、股票被冻结后随即与滨湖法院取得联系，寻求协商解决的可能。经法院主持调解，双方就诉争事宜初步达成一致，即由投资公司通过股票交易获取本案所需款项并直接汇付给周某。该方案实施的前提是解除冻结，但这将会给保全资金的去向带来极大的不确定性。此时适逢股票价格上涨，法院与证券公司进行了大量沟通，在投资公司解决融资担保问题后，法院采取分段解封的形式操作，即在原来冻结投资公司账号资金1.5亿元的基础上，再次冻结1亿元，而后随即解除1.5亿元的冻结，并解除禁止取款的控制属性，保留其他控制属性不变，通过“一封一解”使投资公司获得5000万元资金的操作空间。在周某确认收到5000万元后，再次冻结4000万元，随即解除1亿元的冻结。以此类推，直至周某收到全部款项。经过3天连续努力，本案解封终于

完成,双方当事人均对滨湖法院灵活的保全和解封措施感到十分满意。目前,双方就本案纠纷已达成调解。

典型意义

财产保全的目的在于使申请保全人的诉讼利益在将来得以实现,尽可能减少诉讼风险,但不同的保全标的属性不同,因此,在保全措施的实施上应依据保全标的的特性不同而有所区别。法院在充分维护当事人权益的前提下,采取灵活的保全措施,将司法为民理念始终贯彻始终,赢得了当事人的尊重。本案中,如采取常规的财产保全方式,直接冻结被告股票,虽可完成财产保全内容,但将导致被告被强行平仓,此举于被告而言利益将严重受损,于原告而言,极大地降低了其实现诉讼利益的可能性。法院意识到常规保全方式无利于双方,故改变了保全思路和措施,既维护了原告的利益,又将财产保全对被告的投资影响降到了最低,并且为案件后续解决奠定了基础。解封过程中,同样贯彻了灵活解封的思路,通过分段解封的形式,逐步释放被告的资金,既让被告获得了收益,又最大限度维护了原告利益,取得了双赢结果。法院基于善意司法的理念,在严格依法保全的同时,又彰显了司法的温度。

(审理法院:无锡市滨湖区人民法院)

案例17 企业外派深造，违约应赔费用

——尚某与联电无锡厂劳动合同纠纷案

基本案情

尚某担任联电无锡厂供应商质量工程师。2017年双方关于国际派遣进行反复磋商，后在同年7月，尚某发起《员工国际派遣审批表》，载明派遣的目的是学习并培训工程流体系、零件专业知识等。8月尚某签署《“员工国际派遣”相关规定的告知书》，明确其已完全知晓服务期及违约金的确定方法。10月，双方签订《员工国际派遣合同》，约定：根据公司业务需要决定派遣尚某到某海外国际大公司接受专业技术培训；并再次重申服务期从2018年11月1日起至2022年10月31日止及违约金的计算。随后尚某到某海外国际大公司接受为期一年的项目培训。培训期间，尚某接受了面授课程，还参加专家会议、讨论质量问题及解决方案、与供应商交流工艺、拜访客户、了解相关生产工艺等。国际派遣结束回国后，尚某在员工培训单上签字，再次明确培训的性质及费用。其后不久，尚某即以个人发展原因提出辞职，双方就违约金问题发生争议。尚某认为其未接受专业技术培训，而是被派遣至海外国际公司工作，故合同约定的服务期及违约金条款无效。

联电无锡厂申请劳动仲裁后诉至法院。法院认为，在职专业技术培训并不局限于课堂教学，还包括现场教学、实地考察观摩、参加专家研讨会以及与上下游供应商的工艺交流等，这种将专业理论学习与实践操作结合的培训方式，全面提升了专业人才的技能。故应认定尚某接受了公司安排的专业技术培训，合同约定的服务期及违约金条款有效，尚某在服务期内辞职属于违约行为，应支付违约金。

典型意义

技术是科技型公司的核心驱动力，企业为保持行业领先优势，通常会选派

优秀人才赴国外先进公司接受专业技术培训。劳动者从专业技术培训中获取的劳动力价值提升,是一种内在的、存在变现可能的利益,或表现为工作技能上的竞争优势,或表现为获得晋升的可能机会。用人单位出资对劳动者进行专业技术培训属于直接开发、培育劳动力资源,能直接从数量、质量上增加劳动力资源的供给,对劳动力市场发展具有正向作用;当用人单位忌惮于高层次技术人才、管理人才跳槽而减弱资本投入并转向以相对廉价方式挖相关企业墙角时,当司法缺乏对技术创新、人才培养支持时,可能会导致社会经济秩序受到扰乱,最终受到损害的是劳动者整体以及整个社会的利益。本案对何为在职专业技术培训进行了界定,对劳动者服务期离职的行为进行了否定评价,给予用人单位出资培训以司法支持,有利于提升用人单位培养人才的积极性,引导劳动者诚信地履行服务期,推动优化人才在职专业技术培训生态。

（审理法院:无锡市中级人民法院）

案例 18　依法准确适用缓刑，推动企业合规经营

——某针织公司、王某、张某虚开增值税发票案

基本案情

被告人王某于 2014 年 8 月至 2017 年 9 月在实际经营针织公司期间，在无货物交易的情况下，授意被告人张某以支付开票费的方式虚开增值税专用发票，张某通过杨某从其他公司虚开给针织公司增值税专用发票共 13 份，价税合计 1,495,025 元，税款合计 217,225.88 元。上述增值税专用发票均已由针织公司向税务机关申报抵扣，致使国家税款被骗 217,225.88 元。

王某于 2015 年 4 月至 2017 年 4 月在经营某纺织品公司期间，在无货物交易的情况下，授意其儿媳张某以支付开票费的方式虚开增值税专用发票，张某通过杨某先后从其他公司虚开给纺织品公司增值税专用发票 19 份，价税合计 2,163,163 元，税款合计 314,305.71 元，上述增值税专用发票均已由纺织品公司向税务机关申报抵扣，致使国家税款被骗 314,305.71 元。

案发后，针织公司和纺织品公司均已全额补缴涉案税款。

一审法院认为，针织公司让他人为自己虚开增值税专用发票，被告人王某系直接负责的主管人员，被告人张某系直接责任人员，针织公司、王某、张某的行为均确已构成虚开增值税专用发票罪，且系单位犯罪。张某帮助纺织品公司虚开增值税专用发票，其行为确已构成虚开增值税专用发票罪，系共同犯罪，对张某依法应当数罪并罚。根据王某的归案情形，依法可认定坦白，其自愿认罪认罚，针织公司已补缴税款，对针织公司和王某均予以从轻处罚。张某接公安机关电话传唤后自动到公安机关接受调查，在接受询问时如实供述了 1 笔犯罪事实，对该笔犯罪可认定自首；张某在与纺织品公司共同犯罪中起次要作用，系从犯，自愿认罪认罚，涉案税款已补缴，对其所犯单位犯罪和个人犯罪均予以从轻处罚。根据王某、张某的犯罪情节、悔罪表现及审前调查评估意见，没有再犯

罪危险,宣告缓刑对所居住社区没有重大不良影响,依法可以宣告缓刑。

一审法院以(单位)虚开增值税专用发票罪,判处针织公司罚金人民币6万元;以虚开增值税专用发票罪,判处被告人王某有期徒刑1年,缓刑1年3个月;以(单位)虚开增值税专用发票罪,判处被告人张某有期徒刑9个月,以(个人)虚开增值税专用发票罪,判处被告人张某有期徒刑6个月,并处罚金人民币2万元,决定执行有期徒刑1年,缓刑1年3个月,并处罚金人民币2万元。二审经审查,认为原审判决认定张某构成自首、从犯的情节符合法律规定,遂维持原判。

典型意义

依法保护企业家合法权益,营造企业健康发展法治环境是法院重点工作之一。虚开增值税专用发票是企业家涉刑风险的高发源头,定罪判刑对企业家和企业自身经营发展都会产生巨大影响。法院推动企业合规与适用认罪认罚从宽制度相结合,努力让企业"活下来""留得住""经营得好"。本案的处理,体现了法院对于打击企业犯罪和保护企业发展的平衡。对于企业在生产经营中触犯刑法、构成犯罪的行为,必须依照法律规定依法打击,但在依法打击的同时还要切实保护企业及企业家的合法权益,特别是企业家的人身权利和自由。本案的审理正是在法律范围内,通过维持原判,避免因为一次犯罪行为而造成企业经营不良乃至破产倒闭的后果,切实做到了宽容失误者、惩治犯罪者,落实了优化营商环境的决策部署,实现了法律效果与社会效果的统一。

(审理法院:江阴市人民法院、无锡市中级人民法院)

案例 19　严厉打击虚假诉讼，维护诚实守信经营环境

——某建设集团公司与某度假村公司建设工程施工合同纠纷再审改判案

基本案情

某建设集团公司与某度假村公司签订工程施工承包合同后进行施工建设，因某度假村公司未履行生效民事判决载明的银行借款付款义务，其名下国有土地上所有在建工程（案涉工程）被法院查封后停工。某建设集团公司于 2018 年 9 月向原审法院提起诉讼，请求判令某度假村公司支付工程进度款 9800 多万元并承担违约金，依法确认其享有优先受偿权等。原审法院根据原告某建设集团公司提供的证据、评估鉴定价值及被告某度假村公司对工程款的确认，判决支持了某建设集团公司的全部诉求。2019 年 2 月 16 日，案涉工程经司法拍卖成交。某度假村公司的其他债权人因可分配的拍卖款严重不足而申诉，认为某建设集团公司与某度假村公司相互串通、虚构工程款，虚增债权，通过执行程序得到全额优先分配，损害其他债权人利益。

无锡中院经审查，指令原审法院再审。原审法院经再审查明，某建设集团公司于原审中提交的部分付款凭证、工程合同涉及虚增 4700 多万元工程款。再审经评估鉴定，涉案工程造价为 31,560,981 元。原审法院基于再审查明的事实，结合对案涉工程启动的工程造价鉴定结果，改判某度假村公司支付某建设集团公司工程款 31,560,981 元并承担相应违约金，某建设集团公司享有优先受偿权。某建设集团公司提出上诉后，无锡中院维持了原审法院的再审判决。

对双方公司在原审中存在的伪造证据、虚假陈述、虚增工程款金额特别巨大的行为，原审法院依法予以司法制裁，分别对某建设集团公司、某度假村公司各罚款 1,000,000 元，对建设集团公司实际施工人罚款 100,000 元，并将相关犯

罪线索移送公安机关。被罚款人不服罚款决定向无锡中院申请复议,无锡中院驳回了复议申请。

典型意义

诚实信用是民事活动的基本原则,也是和谐社会、公正司法的基石。虚假诉讼败坏社会风气、妨碍公平竞争、损害司法权威,严重影响营商环境,必须坚决打击。人民法院在履行审判职责过程中,应当依法全面、客观地审核各方当事人提交的证据,合理分配当事人举证责任,防止机械适用"谁主张、谁举证"的证明规则,谨慎对待当事人自认,必要时依职权主动调查收集证据,从而及时甄别、防范虚假诉讼,助力诚信社会建设。本案审理中,人民法院既通过审判监督程序及时纠正错误裁判,又根据当事人实施妨碍民事诉讼行为的性质、情节、后果,以及诉讼标的额等因素,对不诚信诉讼行为处以了最高额度司法制裁,对于倡导企业诚信经营、维护公平的市场交易秩序、营造优化法治化营商环境、弘扬社会主义核心价值观具有重要意义。

(审理法院:无锡市中级人民法院)

案例20 承认与执行外国仲裁裁决，促进国际司法交流合作

——SIBIAR股份公司与江阴某公司申请承认俄罗斯联邦工商会国际商事仲裁院仲裁裁决案

基本案情

申请人SIBIAR股份有限公司系俄罗斯联邦企业，被申请人系江阴一家企业，双方在有关买卖铁皮的合同中约定了仲裁条款，后申请人主张被申请人返还多付的预付款而向俄罗斯联邦工商会国际商事仲裁院提起仲裁，该国际商事仲裁院作出了涉案仲裁裁决。因被申请人已进入破产程序，申请人在诉讼中变更申请为仅承认该仲裁裁决。

我国与涉案仲裁裁决作出国俄罗斯联邦缔结有《中俄司法协助条约》，该条约第21条规定，缔约双方应根据1958年6月10日在纽约签订的关于承认与执行外国仲裁裁决的公约，相互承认与执行在对方境内作出的仲裁裁决。故本案援引了《纽约公约》的相关规定进行审查。

经审查，申请人在文件提交方面符合《纽约公约》第4条的规定，且被申请人未根据《纽约公约》第5条第1款的规定，对涉案仲裁裁决提出不予承认的抗辩，涉案仲裁裁决亦不存在《纽约公约》第5条第2款规定的拒绝承认与执行的情形。故无锡中院作出裁定，承认俄罗斯联邦工商会国际商事仲裁院所作第M-1/2020号仲裁裁决。

典型意义

随着“一带一路”建设的全面推进，如何为“一带一路”建设提供完善的司法服务和保障成为法院的时代命题。相比诉讼，仲裁因一裁终局的程序快速

性,越来越受到“一带一路”商事主体的选择。为确保仲裁裁决内容真正落到实处,中国法院就需要依据国际条约的规定对各种纠纷解决方式提供司法支持或协助。本案依据中俄双边条约承认了俄罗斯仲裁机构的裁决,既体现了中国法院支持仲裁的司法理念,也丰富了无锡法院在承认与执行外国仲裁裁决案件中的司法实践,为“一带一路”建设提供了涉外商事审判领域的司法支持。作为国际司法协助的重要内容,依法有据地承认和执行外国仲裁裁决,对于促进国际司法交流与合作、提升无锡国际化营商环境水平具有十分重要的意义。

(审理法院:无锡市中级人民法院)

附录一

优化营商环境特色制度

无锡市中级人民法院
关于为建设高标准市场体系
提供司法服务和保障的实施意见

建设高标准市场体系是加快完善社会主义市场经济体制的重要内容,对加快构建新发展格局具有重要意义。为认真贯彻落实《江苏省建设高标准市场体系行动方案》《江苏省高级人民法院关于充分发挥司法职能作用服务保障全国统一大市场建设的指导意见》和《无锡市建设高标准市场体系实施方案》等文件精神,充分发挥人民法院职能作用,为建设高标准市场体系提供高质量司法服务和保障,现结合全市法院工作实际制定本实施意见。

一、总体要求

1. 指导思想。坚持以习近平新时代中国特色社会主义思想为指导,深学笃行习近平法治思想,全面贯彻党的二十大精神,完整、准确、全面贯彻新发展理念,深刻认识建设高标准市场体系对推动经济高质量发展、加快构建新发展格局的重大意义,准确把握司法服务保障高标准市场体系建设的切入点、着力点,充分发挥法治的规范、引领和保障作用,协调统筹立审执各领域、各环节精准发力,高效统筹市场主体、要素、规则、秩序统一保护,扛起"四敢"担当,优化司法措施、创新司法机制、提升司法效能,为构建统一开放、竞争有序、制度完备、治理完善的高标准市场体系营造安全稳定的社会环境、公平正义的法治环境和优质高效的服务环境。

2. 工作原则。坚持党的领导,深刻领悟"两个确立"的决定性意义,增强"四个意识"、坚定"四个自信"、做到"两个维护",把不折不扣贯彻执行中央和省、市委决策部署和依法独立公正行使审判权统一起来,坚定正确政治方向。坚持市场导向,充分发挥市场在资源配置中的决定性作用,尊重市场规律、经济规律,妥善化解涉及高标准市场体系建设的各类矛盾纠纷,推动实现降低市场交易成本、促进科技创新和产业升级、打造市场化法治化国际化营商环境等工作目标。坚持法治引领,发挥法治固根本、稳预期、利长远作用,坚守法律底线,既不缺位,又不越位,突出规则之治,善于运用法治思维和法治方式助推建设高标准市场体系。

二、重点任务

(一)加强市场主体统一平等司法保护

3.加大市场主体产权平等保护力度。认真落实"两个毫不动摇",坚持各类市场主体诉讼地位平等、法律适用平等、法律责任平等,保障不同所有制主体、不同地区市场主体、不同行业利益主体平等使用资源要素、公开公平公正参与竞争、同等受法律保护。严格区分经济纠纷、行政违法与刑事犯罪,坚决防止将经济纠纷当作犯罪处理,坚决防止将民事责任变为刑事责任。依法惩治侵犯产权违法犯罪行为,健全违法犯罪线索移送机制和涉案财物追缴处置机制。积极参与涉政府产权纠纷问题专项治理行动,常态化开展涉党政机关执行积案清理"惠企"行动,公正审理行政协议、财产征收征用等行政案件,妥善解决政府机构与企业、企业家之间的产权纠纷。依法处理产权案件申诉、申请再审案件,健全涉产权冤错案件有效防范和纠正机制。

4.健全市场主体知识产权司法保护体系。按照全国一流标准,高水平建设和运行无锡知识产权法庭,深入推进知识产权"三合一"审判机制改革,健全专业化审判体系、规范化管理体系和智能化保障体系,构建与"严保护、大保护、快保护、同保护"相适应的全链条保护格局。实施"专精特新"企业知识产权保护行动,加大对新兴、重点领域关键核心技术和企业原始创新成果的保护力度。严厉打击链条式、区域性、产业化知识产权犯罪行为,惩治侵犯商业秘密、驰名商标和各种假冒侵权行为,规制滥用知识产权阻碍中小微企业创新与发展的不法行为。完善知识产权执法司法联动机制,推动行政执法与司法裁判标准统一。组织开展"世界知识产权日"专题宣传等普法活动,开展面向企业的知识产权业务培训,促进全社会强化知识产权保护意识。

5.促进健全统一的市场准入机制。依法审理建设工程、房地产、矿产资源以及水、电、气、热力等要素配置和市场准入合同纠纷案件,准确把握自然垄断行业、服务业等市场准入放宽对合同效力的影响,严格落实"非禁即入"政策。

依法审理涉市场准入行政案件，支持分级分类推进行政审批制度改革，遏制不当干预经济活动特别是滥用行政权力排除、限制竞争等行为。加强市场准入负面清单、涉企优惠政策目录清单等行政规范性文件的附带审查，推动行政机关及时清理废除含有地方保护、市场分割、指定交易等妨碍统一市场和公平竞争的规范性文件，促进破除地方保护和区域壁垒。

6. 完善市场主体救治和退出机制。坚持破产审判市场化、法治化、专业化、信息化方向，依法稳妥审理破产案件，促进企业优胜劣汰。坚持“尽可能多兼并重组，少破产清算”的思路，对于暂时经营困难但是适应市场需要、具有发展潜力和经营价值的企业，积极适用破产重整、和解程序，促进生产要素优化组合和企业转型升级。深入推进“执转破”，推动实现“执行不能”案件有序退出与“僵尸企业”顺利出清的有机统一。强化府院联动，全面推行经营异常企业公益清算强制退出工作。深入推进与个人破产制度功能相当的改革试点，准确把握挽救“诚实而不幸”债务人的定位，准确运用失权复权、免责考察等机制，帮助诚信创业失利者获得经济重生。

7. 依法及时兑现市场主体胜诉权益。根据最高法院《平安建设(解决执行难)考评办法》，推动将协助查控等执行工作与平安建设考核体系深度融合。联合城运中心、城管部门研发被执行人停车信息预警系统，协同税务部门建立被执行人税务信息查询专线。探索公证、律师、会计、审计等专业机构和人员深度参与执行的方式方法，健全网格员协助送达、查人找物的“执行 + 网格”机制。落实落细执行“854”模式一体两翼新机制，优化“物联网 + 执行”模式，迭代技术、升级产品，研发“终本案件质量智能评查系统”，完善“被执行人履行能力大数据分析系统”。坚持严格依法执行与善意文明执行并重，聚焦拖欠民营企业账款等重点案件，开展“天擎 2023”系列执行行动，实现专项执行工作常态化。

(二)促进市场要素安全有序高效流通

8. 依法保障土地要素市场化配置。深化“城市更新护航工程”，开展国有土地违建执法类案件专题调研，完善土地行政执行案件“裁执分离”机制，善于运用司法手段提升低效用地腾退效能，确保城市建设发展与被征收人合法权益的有机统一。围绕盘活利用土地、规范高效利用建设用地目标，妥善审理涉及国有企事业单位改革改制土地资产处置、存量划拨土地资产产权确定、上市交易等案件以及建设用地使用权转让、出租、抵押等纠纷案件。妥善审理涉农村土地“三权分置”纠纷案件,促进土地经营权有序流转;依法审理农村集体经营性建设用地入市纠纷,支持加快建设同权同价、流转顺畅、收益共享的城乡统一建设用地市场。

9.依法保障资本要素有序流通。深化金融审判方式改革,创新以金融法庭专业化、集约化审判为特点的审判机制,创新覆盖“调立裁审执”的全链条、一体化金融纠纷化解模式。妥善审理金融借款合同、证券、票据等金融案件,规范资本市场投融资秩序。依法保护融资租赁、保理等金融资本与实体经济相结合的融资模式,遏制金融资本“脱实向虚”。完善促进物联网金融健康发展的司法举措,推动解决中小微企业“融资难、融资贵”问题。依法严惩操纵市场、内幕交易、非法集资、贷款诈骗、洗钱等金融领域犯罪,促进金融市场健康发展。积极参与非法金融活动专项治理,健全民间借贷领域“套路贷”防范和打击机制。加强与金融监管部门的沟通协调,建立常态化信息共享、纠纷共调工作机制,共筑金融风险防火墙。

10.依法保障技术和数据要素市场培育发展。积极参与市科技成果转移转化行动,妥善处理因科技成果权属认定、权利转让、权利质押、价值认定和利益分配等产生的纠纷,大力支持科技创新成果市场化应用。加强数据产权属性、形态、权属、公共数据共享机制等法律问题研究,依法保护数据权利人对数据控制、处理、收益等合法权益,以及数据要素市场主体以合法收集和自身生成数据为基础开发的数据产品的财产性权益。妥善审理因数据交易、数据市场不正当竞争等产生的各类纠纷案件,为培育数据驱动、跨界融合、共创共享、公平竞争的数据要素市场提供司法保障。探索建立数据资源专业化审判工作机制,归口审理涉及数据资源的各类案件,推动数字经济健康发展。

11.依法保障劳动力要素高效配置。把持续推进涉科技型企业劳动人事争议“调裁审一体化”工作与市“城市合伙人”计划、“锡引”工程等有机融合,建立科技型企业劳动争议调解中心,充实劳动人事争议审判技术专家咨询库,完善契合高科技人才劳动人事争议特点的“调裁审一体化”模式,推动优化人才创新创业生态。树牢平衡保护理念,加强灵活就业和新就业形态劳动者权益保障,妥善审理平等就业权纠纷等案件,推动消除户籍、地域、身份、性别等就业歧视,促进劳动力、人才跨地区顺畅流动,服务保障就业优先政策落实。积极开展根治欠薪专项行动,畅通欠薪案件“快立、快审、快执”绿色通道,依法严惩拒不支付劳动报酬违法犯罪行为，充分保障劳动者工资报酬权益。

12. 依法保障生态环境和能源市场建设培育。主动融入长江经济带发展等重大战略，坚持用最严格制度最严密法治保护生态环境。适应"9 +1"环资审判机制改革要求，完善江阴法院长江流域环境资源第一法庭运行机制，加强与跨区域案件管辖地政法机关、行政职能部门的沟通协调，形成环保审判工作合力。充分发挥司法在环境保护、资源循环利用方面的保障、指引功能，妥善审理企业环境信息公开和涉碳绿色信贷、碳交易产品担保等案件，促进绿色金融市场健康发展。依法审理涉及水资源、矿产资源、动植物资源等案件，严惩相关违法犯罪行为，推动资源合法有序开发利用。加大碳中和、碳达峰等司法前沿问题研究，积极探索碳汇认购、技改抵扣等替代性赔偿方式在审判实践中的运用，引导市场主体对设备技术进行绿色升级。

（三）助推构建高能级商品和服务市场

13. 助力提升商品质量。积极参与市质量提升行动，坚决惩处制售假冒伪劣商品等违法犯罪行为，依法审理因商品质量引发的合同、侵权纠纷案件，注重运用司法手段助推商品质量提升。依法严惩危害食品药品安全等直接关系群众健康和生命安全的犯罪，推动最严谨标准、最严格监管、最严厉处罚、最严肃问责"四个最严"要求落实落细。依法审理涉产品质量行政纠纷案件，支持行政机关深化质量认证制度改革，加强全供应链、全产业链、产品全生命周期管理。加大"阳山水蜜桃"等地理标志，惠山泥人、宜兴紫砂等地方特色产业和老字号注册商标、驰名商标的司法保护力度，推动设立相应的司法保护基地，依法保障形成一批国际竞争力强、品牌价值高、具有地方特色的"无锡品牌"集群。

14. 保障提升消费服务质量。认真落实《最高人民法院关于为促进消费提供司法服务和保障的意见》，公正审理执行涉及消费领域的各类案件，积极营造全面促进消费、加快消费提质升级的法治环境。依法公正审理消费民事公益诉讼案件，在诉讼程序、庭审过程、举证责任等方面加强对消费者的保护。在涉食品安全民事公益诉讼中准确使用惩罚性赔偿制度，对侵权人及潜在违法者强化震慑和警示。建立公益诉讼赔偿金账户，探索把惩罚性赔偿金纳入专门公益账户统一管理，依法统筹用于消费者合法权益保护。健全消费者权益保护案件繁简分流、多元化解机制，引导小额消费纠纷案件适用小额诉讼程序快速处理，广泛运用在线诉讼、"移动微法院"等方式化解矛盾纠纷。推动建立消费者权益保护工作部门间衔接联动机制,促进消费纠纷源头治理。

15. 保障市场基础设施建设。聚焦长三角一体化发展、苏锡常都市圈建设等重大部署,探索建立区域司法服务一体化运行机制。围绕“一轴一环三带”“一体两翼两区”国土空间开发格局、市域城镇空间布局以及交通同网、产业同链等工作中可能出现的新情况、新问题,加强调查研究和司法应对,妥善化解因土地征收征用、区域利益分担、行政程序变更等引发的行政争议。依法高效处置锡宜高速扩建、锡太高速等重大交通基础设施建设引发的征收征用补偿纠纷,提升行政争议实质性化解水平。依法审理江海联运、水陆联运、海空联运等多式联运纠纷,充分保障交通物流畅通。

16. 推动商品、服务等市场高水平开放。高标准建设无锡国际商事法庭,实质化运行涉外司法研究中心,深入实施国际商事审判精品战略,加快构建专业化审判体系,努力打造国际商事争端解决优选地。优化涉外商事多元化纠纷解决机制,探索港澳台居民担任特邀调解员、人民陪审员参与纠纷化解,优化国际商事审判新模式。依法审理“走出去”企业在基础设施建设、经贸往来、产业投资等方面的案件,保护企业合法权益。升级服务“走出去”企业应对风险挑战的司法举措,深入“走出去”企业走访调研,探索建立“一带一路”司法协作机制。全面实施外商投资准入前国民待遇加负面清单管理制度,探索与市台办、市港澳办等部门共建涉港澳台民商事法律服务机制,助力将无锡打造成为国际资本投资中国的首选地。

(四)维护规范统一的市场规则

17. 优化法治化营商环境。组织开展“法润营商护发展”深化行动,对标国评省评先进城市成功经验,对表营商环境评价指标体系,推出优化法治化营商环境建设5.0版,持续优化“执行合同”“办理破产”等指标。完善“法企双月谈”、损害营商环境“曝光台”机制,常态化听取人大代表、政协委员以及企业家协会、企业家的意见建议。加大营商环境司法保障工作宣传力度,发布法治化营商环境建设白皮书、典型案例,营造让企业家专心创业、放心投资、安心经营的社会氛围。充分利用无锡“百年工商名城”和物联网产业优势,积极争取最高法院在无锡设立民营经济发展司法保护研究基地、物联网司法应用研究基地,探索建立全市法院优化营商环境专家咨询委员会,提升法院优化法治化营商环境的工作水平。

18. 加大司法反垄断力度。严厉打击实施垄断协议、滥用市场支配地位等垄断行为,推动加强自然垄断、要素市场以及医药、公用事业等民生领域反垄断监管。加强对平台企业垄断的司法规制,推动落实平台企业并购行为依法申报义务,防止"掐尖式并购",促进平台经济平稳健康发展。加强沟通合作,健全执法司法衔接机制,支持反垄断行政执法机构依法履职,推动形成打击垄断的工作合力。

19. 依法打击不正当竞争行为。强化反不正当竞争司法,严厉打击侵犯商业秘密、商标恶意抢注、攀附仿冒等不正当竞争行为,加强科技创新、信息安全、民生保障等重点领域不正当竞争案件审理。依法惩治强揽工程、串通投标、强迫交易以及故意损害商业信誉等破坏公平竞争犯罪,依法审理互联网、大数据、人工智能等新业态新领域案件,严惩强制"二选一""大数据杀熟"以及强制搭售、屏蔽封锁、刷单炒信等违法行为。依法制止利用数据、算法、技术手段等方式排除、限制竞争行为,防止资本无序扩张。健全反不正当竞争领域行政处罚与司法规制的有效对接机制,提升反不正当竞争执法司法效能。

20. 推进社会信用体系建设。坚持审判执行与社会信用体系建设深度融合,贯彻合同自由、诚实信用原则,突出规则之治,发挥司法裁判明辨是非、惩恶扬善、平衡利益、定分止争功能,引导市场主体增强法治意识、诚信意识、规则意识。总结推广失信预警、纳失宽限期、信用恢复证明等工作经验,设立"民营企业信用修复辅导工作站",推动持续压降严重失信主体占注册企业数量的比重。严格依照法定条件、程序及期限对被执行企业适用失信惩戒措施,健全分级分类惩戒和守信激励机制。构建虚假诉讼预防、识别、惩治机制,依法严惩虚假诉讼违法犯罪行为。优化被执行人信用码查询系统,加强与市大数据局等部门的协作联动,融合融通金融、征信等领域数据,以信息化手段助推社会信用体系建设。

(五)推动强化高效能市场监管

21. 服务深化"放管服"改革。依法加大对行政行为的司法审查力度,依法监督、促进行政机关严格依照法定权限和程序进行监管,助推全面落实"双随机、一公开"监管。推动建立行政行为自纠制度,完善行政行为自我纠正工作程序,及时弥补当事人受损权益,促进行政争议实质、源头化解。推进出庭应诉工作,探索"负责人出庭应诉+行政执法人员庭审观摩+行政审判人员庭后讲评"

三位一体运行机制，真正实现行政负责人出庭、出声、出效果。

22. 监督和支持市场监管执法。依法审理市场监管类行政案件，严格审查相关案件中的事实认定、法律适用和处罚程序，督促市场监督管理部门加强事中事后监管。准确适用新修订的行政处罚法，推动行政机关规范从轻、减轻行政处罚以及“首违不罚”“教育为主、处罚为辅助”原则的适用条件和标准，监督行政机关慎用顶格罚、慎用查封、扣押、冻结等强制措施。支持行政机关实施包容审慎监管，推动不予处罚、从轻减轻处罚、不予实施行政强制措施“三张清单”落实落地。

23. 强化司法与行政良性互动。加强与检察机关协作，通过审理行政公益诉讼案件，共同推动市场监管部门健全权责清晰、分工明确、运行顺畅的监管体系。加强与市场监管执法部门沟通协作，通过建立联席会议制度、开展“同堂”培训、发布行政审判白皮书、常态化发送司法建议以及参与重大决策风险评估、规范性文件咨询论证等形式，推动市场监管领域行政裁判规则与执法标准统一，促进形成权责明确、透明高效、公正统一的市场监管格局。

24. 维护市场安全和稳定。依法惩处侵犯各类市场主体及其经营者合法权益的合同诈骗、商业贿赂等犯罪，严厉打击逃税、骗税、虚开增值税专用发票等违法犯罪行为，积极参与“净网”“断卡”等专项行动，全力维护市场经济秩序。聚焦金融风险防范化解，加强对涉大型企业债务风险、地方隐性债务风险、私募投资基金等新情况新问题的研究应对，健全金融司法与监管协同的风险防范机制。依法审理涉及房地产领域的破产、合同等案件，配合党委政府推进“问题楼盘”处置，保障做好保交楼、稳民生工作，促进房地产市场平稳发展。

三、保障措施

25. 建设现代化法院。主动服务和融入中国式现代化历史进程，紧紧围绕“深化高质量司法、建设现代化法院”工作思路，提振“敢为敢闯敢干敢首创”的精气神，深入推进思想观念、司法理念、审判体系、审判能力和司法保障现代化，在建设现代化法院中更好地保障高标准市场体系建设。

26. 严格公正司法。坚持主业主抓，立足执法办案第一要务保障高标准市场体系建设。实施“执法办案优质效”进位行动，坚持“审判质量是司法裁判的生命线”，在统筹把握“三个效果”有机统一中抓审判，在科学把握审判质量、效率和效果的协调关系中提质效。统筹推进以审判为中心的刑事诉讼制度、审级职能定位和繁简分流、矛盾纠纷多元化解等改革,全面提升司法效能。

27. 强化组织推进。全市法院要把服务保障高标准市场体系建设作为重大政治任务,列入党组重要议事日程,及时研究解决工作推进中的新情况新问题,对是否存在妨碍高标准市场体系建设的相关规定和实际情况开展自查清理。压紧压实各法院、各部门责任,按照各自职能抓好各项任务的落实落地落细。加强与公安、检察机关以及相关行政职能部门、社会团体的协作,凝聚工作合力。

28. 加强宣传引导。广泛通过报刊杂志、网络网站、微博微信等各类媒体,创新运用微电影、动漫等形式,及时总结、宣传和推广工作中涌现的好做法和好经验,充分发挥先进典型的示范、激励和引领作用,不断提高法院服务保障工作的社会知晓率、群众参与度,为建设高标准市场体系营造良好的社会氛围。

无锡市中级人民法院
关于服务和保障民营企业发展的十六条措施

为深入贯彻党的二十大精神以及习近平总书记关于民营经济发展的系列重要讲话精神，全面落实省政府《关于推动经济运行率先整体好转的若干政策措施》和《市政府关于进一步加快培育壮大市场主体的实施意见》、市委办公室市政府办公室《关于实施“稳增长、强信心、护主体、增动能”行动的若干措施》等文件精神，通过强化司法职能激励“企业敢干”、引导市场主体强信心、护航民营企业高质量发展，以“四敢”担当作为更好彰显新时代工商名城风采，为全面推进中国式现代化无锡新实践提供有力的司法服务和保障，现结合全市法院工作实际提出以下措施。

1. 依法惩治侵犯企业和企业家权益的犯罪行为。推进扫黑除恶常态化，严厉打击黑恶势力敲诈勒索、寻衅滋事和以强揽工程、串通招投标等手段侵犯企业和企业家权益的违法犯罪行为，突出打击在市场竞争中出现的“村霸”“市霸”和“行霸”等犯罪活动，增强企业及企业家的安全感。妥善审理因经济纠纷引发的暴力讨债、绑架、非法拘禁等“民转刑”案件，严惩职务侵占、挪用资金、合同诈骗、侵犯知识产权等犯罪行为，让企业家专心创业、放心投资、安心经营。

2. 健全防止利用刑事手段干预经济纠纷的长效机制。深化以审判为中心的刑事诉讼制度改革，认真贯彻罪刑法定、疑罪从无等原则，落实非法证据排除规则，严格区分民营企业正当融资与非法集资、合同纠纷与合同诈骗等行为的界限，坚决防止把经济纠纷认定为刑事犯罪、把民事责任认定为刑事责任。加强产权司法保护，组织开展涉民营企业重点刑事案件专项评查活动，重点评查涉合同诈骗、挪用资金等类型案件中是否存在以刑事手段插手、干预经济纠纷等情形，建立健全涉产权冤错案件有效防范和纠正机制。

3. 加强民营企业知识产权全链条保护。高水平运行无锡知识产权法庭，协同推进 5 家基层法院知识产权审判庭和 5 个巡回审判点建设，优化知识产权司法保护布局。加大对“专精特新”企业关键核心技术和原始创新成果的保护力度,支持和引导民营企业通过技术进步和科技创新提升核心竞争力。落实惩罚性赔偿制度,制定技术调查官参与审判的工作规则,创新适用“证据提供令”、行为保全等机制,广泛适用小额诉讼、独任制审理简易案件,着力解决知识产权维权“举证难、周期长、成本高、赔偿低”等问题。联合行政机关、苏常通等地法院建立协作机制,组织开展“世界知识产权日”系列宣传活动,合力营造尊重知识产权的法治氛围。

4. 升级服务“走出去”企业应对风险挑战的司法举措。高标准建设无锡国际商事法庭,深入实施国际商事审判精品战略,妥善化解“走出去”企业在基础设施建设、经贸往来、产业投资等领域的矛盾纠纷,加大对单边制裁、平行诉讼、长臂管辖的司法研究和应对力度。积极与对外贸易主管部门、贸促会等机构共建法律服务机制,优化国际商事线上服务平台,通过发布风险提示、在线解答法律难题等方式,保障“走出去”企业对外经贸往来有序进行。联合侨联、行业协会等建立“一站式”国际商事纠纷调解机制,完善多元化国际商事纠纷化解体系。加强与对外经贸大学等高校的协作,畅通国际商事审判理论和实务的良性互动渠道,为服务“走出去”企业提供“智库”支撑。

5. 助力缓解企业融资难融资贵问题。加快推进金融审判体系和审判能力现代化建设,完善金融法庭运行机制,充分发挥金融案件调裁中心、金融纠纷人民调解委员会的作用,健全小额纠纷快速化解、金融纠纷中立评估等工作机制,构建覆盖“调立裁审执”的全链条、一体化金融纠纷化解模式。妥善审理涉企金融纠纷案件,依法支持服务实体经济的金融创新,助力拓宽实体企业融资和担保方式,保障支持中小微企业发展的各项金融政策落实落地。保护和规范民间借贷,合理认定利息费用标准,坚决否定高利转贷、职业放贷等行为的效力,有效降低企业融资成本。完善促进物联网金融健康发展的司法举措,推动解决中小微企业融资困境。

6. 优化科技型企业劳动人事争议“调裁审一体化”工作模式。坚持保障劳动者合法权益与促进企业发展并重,将涉科技型企业劳动人事争议“调裁审一体化”工作经验推广运用至涉民营企业劳动人事争议领域。建立专业化“调裁审”队伍,设立专门化“调裁审”专家咨询库,完善涵盖纠纷源头治理、柔性化解、诉非衔接等重点环节的“调裁审”工作机制,妥善化解劳动人事争议,促进企业与劳动者互利共存、互惠共益。

7. 健全民营企业救治和退出机制。落实“尽可能多兼并重组,少破产清算”要求,以市场机制和产业政策为导向,对虽然丧失清偿能力但仍能适应市场需要、具有营运价值的企业,综合运用破产重整、和解、重整式清算等手段推动企业再生,创新适用预重整、预和解机制,减少破产对于企业带来的震荡。大力推进“执转破”,全域推进经营异常企业公益强制清算工作,引导“僵尸企业”有序退出市场。健全府院联动机制,促进破产企业税收优惠、信用恢复等政策有效落实。

8. 深入推进与个人破产制度功能相当的改革试点。持续深化兼具“救济诚实而又不幸的人”和“预防逃废债”功能的类个人破产模式,拓展适用范围,把为民营企业提供连带责任担保的自然人、因个人创业无法清偿到期债务的“商自然人”作为优先适用对象,创新适用自由财产、债务豁免、失权复权、免责考察等制度,帮助诚信创业失利者摆脱债务困境、获得经济重生,积极培育和发扬企业家精神,营造鼓励创新、宽容失败的创业氛围。

9. 开展涉民营企业案件集中执行专项行动。加大对拖欠民营企业账款案件执行力度,针对被执行人恶意逃废债务、隐匿转移财产等规避、逃避、抗拒执行的行为,联合有关部门深入开展打击拒执犯罪专项行动,推行“涉嫌拒执犯罪预告书”送达机制,切实保障胜诉企业合法权益。针对机关、事业单位拖欠民营企业账款等问题,巩固拓展涉党政机关执行积案清理“惠企”行动工作成果,推动建立考核评价、督促执行等长效工作机制。

10. 常态化开展涉诉企业信用修复工作。总结推广失信预警、纳失宽限期、信用恢复证明等工作经验,设立“民营企业信用修复辅导工作站”,推动持续压降严重失信主体占注册企业数量的比重。严格依照法定条件、程序及期限对被执行企业适用失信惩戒措施,健全分级分类惩戒和守信激励机制,对主动履行义务的企业和企业经营者,依法给予正向激励,帮助其及时恢复信用。优化被执行人信用码查询系统,加强与市大数据局等部门的协作联动,融合融通金融、征信等领域数据,为民营企业健康发展营造良好的信用环境。

11. 谦抑审慎适用司法强制措施。审慎冻结被执行企业银行基本账户,严禁违反法定权限、程序查封、扣押、冻结涉案财物,严禁明显超范围超标的查封,坚决防止“办理一个案子、搞垮一个厂子”现象发生。对因生产经营暂时陷入困境无法及时履行债务的企业,依法慎用强制执行措施,积极引导当事人达成和解,通过“放水养鱼”实现债权受偿和企业生存发展。推广“物联网 + 执行”等“活封活扣”措施,对民营企业正在投入生产运营或用于科技创新、产品研发的设备等采取动态监管,最大限度减少对企业正常生产经营活动的不利影响。

12. 实施“商会商事调解培优”行动。推动优化“法联商会商事调解中心”运行机制,完善“商会调解 + 司法确认”模式,拓展涉民营企业案件调解适用范围,规范调解流程,全面提升诉前调解案件分流率和诉前调解成功率,助推形成以行业或企业内部化解为主、诉讼托底的商事纠纷源头治理模式。大力推进“一站式”多元解纷机制建设,加强诉讼与仲裁、公证、行政裁决、行政复议等非诉讼解纷机制的衔接,完善人民调解、行政调解、司法调解联动工作体系,为民营企业提供更多的纠纷解决途径。

13. 探索建立企业合规司法审查和指导机制。在刑事审判中,建立涉企业合规刑事案件法检联席会商机制,协同检察机关共同解决企业合规法检衔接工作中的重大问题,统一涉企业合规刑事案件的量刑标准。在民事审判中,针对民营企业在合同交易、公司治理、劳动用工、对外投资等重点领域司法需求,探索建立企业合规经营指导团队,积极引导和帮助企业规范经营管理。在行政审判中,梳理高频多发类违规违法行为,制定涉民营企业行政合规指导清单,为民营企业提供“菜单式”合规事项指导服务。

14. 全面降低企业涉诉成本。持续推行案件繁简分流、轻重分离、快慢分道,提高小额诉讼程序、简易程序适用率;大力压缩立案、鉴定、两次开庭、上诉流转等环节办理周期,在确保公正的前提下最大限度地快审判、快执行,尽最大可能为民营企业节省维权的时间成本。依法拓展司法救助范围,对民营企业尤其是生产经营存在严重困难的中小微企业提供减交、缓交诉讼费等司法救助;通过合理确定保全担保数额、引入保全责任险担保等方式,降低企业保全成本;加大查人找物力度,完善网络司法拍卖和询价评估机制,提高被执行人主动履行率和资产处置变现效率,尽最大可能为民营企业节省维权的经济成本。

15. 构建便企安商的司法服务体系。在诉讼服务中心设立涉诉企业服务专窗、专线,为企业提供“一窗即办、一网可办、少跑快办”的诉讼服务。畅通企业涉诉信息公开渠道,方便涉诉企业及时查询了解案件进展情况。开展法官进企业、企业家进法院“双进”活动,完善“法企双月谈”、损害营商环境“曝光台”机制，常态化听取人大代表、政协委员以及企业家协会、企业家的意见建议。探索建立优化营商环境专家咨询委员会，促进提升服务民营企业的司法能力水平。加强法治宣传，及时发布依法保护民营企业合法权益的典型案例，推动全社会形成“像尊重科学家一样尊重企业家，像尊重教育家一样尊重实业家”的良好氛围。

16. 推动涉民营企业司法保护研究平台优化升级。实体化运行涉外司法研究中心、金融司法研究中心，打造保障民营企业发展的新平台。积极争取最高法院在无锡设立民营经济发展司法保护研究基地、物联网司法应用研究基地，汇聚高能级法治要素、集约高水平专业力量，加强对涉民营企业疑难复杂法律问题和民营经济发展新模式、新业态的研究，不断健全契合民营经济发展规律的审判工作机制，为解决民营经济发展面临的问题提供新思路。

无锡市中级人民法院
关于推进法治化营商环境建设
专项行动方案(2022)

为深入贯彻落实中央、省市委和上级法院关于持续优化营商环境的决策部署,全力打造稳定公开透明、可预期的一流营商环境,助推无锡经济社会高质量发展,依据《江苏省优化营商环境行动计划》《无锡市进一步优化营商环境行动方案》《全市政法机关优化法治营商环境2022年重点工作实施方案》工作要求,结合无锡法院工作实际,制定本方案。

一、指导思想

以习近平新时代中国特色社会主义思想为指导,全面贯彻党的十九大及十九届历次全会精神,认真落实省市第十四次党代会精神,准确把握立足新发展阶段、贯彻新发展理念、构建新发展格局的要求,以推动高质量发展为主题,以提升市场主体满意度获得感为重点,充分发挥人民法院审判职能作用,坚持问题导向、标杆引领、数字赋能、系统推进,为奋力走在率先实现社会主义现代化最前列,谱写"强富美高"新无锡建设崭新篇章,提供有力司法服务和保障。

二、主要目标

对标高标准市场规则体系和国家、省、市营商环境创新试点先进举措,聚焦重点领域和关键环节,多点发力,攻坚突破,持续为企业发展提供全生命周期保障,更大力度激发市场主体活力和发展内生动力,实现司法服务和保障营商环境水平显著增强,市场主体满意度获得感全面提升,形成一批可复制可推广的制度创新成果,为国家营商环境建设提供"无锡样本",着力提升城市软实力和核心竞争力,推动我市营商环境走在全国全省前列,全方位打造最优营商环境城市。

三、工作举措

（一）坚持示范引领，突出权益保护

1. 完善产权司法保护机制。贯彻落实《最高人民法院关于充分发挥司法职能作用　助力中小微企业发展的指导意见》，积极为中小微企业发展营造公平竞争、诚信经营的法治环境。最大限度尊重市场主体关于合同履行期限、违约责任等内容的约定，严格审查合同解除条件，依法准确认定合同效力，谨慎调整违约金标准，依法支持实际损失和可得利益损失。推进扫黑除恶常态化，对黑恶势力侵犯企业合法权益的犯罪案件，依法从快、从严打击，维护市场安全稳定秩序。进一步发挥审判监督职能作用，健全涉产权冤错案件有效防范和常态化纠错机制，切实维护企业合法权益。

2. 健全中小投资者权益司法保护机制。严格落实民法典、公司法优先保护特殊市场主体的立法精神，切实保护中小股东的知情权、利润分配权、优先购买权等合法权益，增强投资者信心。完善中小投资者诉讼绿色通道，对于拖欠中小微企业账款案件，以快立、快审、快执机制，确保企业账款及时回笼，维护企业合法权益。加大对错误保全损害赔偿案件的审查力度，严厉查处恶意申请保全妨碍中小微企业等市场主体正常经营的违法行为。

3. 推动完善金融市场法治化治理机制。依法规制民间借贷市场秩序，严格执行借贷利率司法保护标准，对"高利转贷""职业放贷"等违法借贷行为，依法认定无效。审判执行过程中发现有非法集资、"套路贷"、催收非法债务等犯罪嫌疑的，及时移送相关部门。依法妥善审理金融借款纠纷案件，对金融机构违反普惠小微贷款支持工具政策提出的借款提前到期、单方解除合同等诉讼主张，不予支持。依法认定所有权保留、融资租赁、保理、让与担保等非典型担保的优先受偿效力。

4. 落实最严格知识产权司法保护制度。深入贯彻《关于服务和保障太湖湾科创带建设的意见》，聚焦科创重点领域，全面加强知识产权司法保护，激发创新创造活力。落实知识产权侵权惩罚性赔偿制度，细化落实侵害知识产权及不正当竞争案件确定损害赔偿指导意见，按照案件类型细化明确适用惩罚性赔偿的条件和赔偿基数标准，对重复侵权、恶意侵权、大规模侵权行为，加大制裁力

度,提高违法成本。

5. 建立涉公司类纠纷示范裁决机制。出台规范性文件,细化操作指引,在处理涉公司群体性纠纷中,选取具有代表性的案件先行审理、先行判决,通过示范效应妥善化解其他关联纠纷案件,督促公司履行社会责任,规范上市公司依法履行如实披露信息义务。

6. 健全完善消费者公益诉讼制度。加强与市有关部门、消费者协会的协调沟通,针对美容美发、健身、餐饮、教育培训等行业发生的预付式消费群体性纠纷,依法审理消费者公益诉讼,制定诉讼指引,优化工作机制,倒逼供给质量提高。探索在涉消费者权益保护、食品药品安全、产品责任等直接涉及公共安全和人民群众生命健康领域,研究施行惩罚性赔偿,完善全主体、全链条、全流程监管体系。

7. 深入开展"法企同行"护航行动。开展全方位、立体化、多层次的普法宣传和法治教育,为企业提供精准化、个性化法律服务。充分运用"两微一网"等新媒体平台,定期推送涉企司法保护典型案例,强化规则示范,营造良好社会风尚。配合有关部门对上市公司董监高管理人员开展公司法规培训,督促忠实勤勉履职,促进上市公司合规经营。开展企业知识产权保护法律知识培训,提升企业知识产权保护意识,引导和帮助企业防范创新风险。

(二)加强改革创新,造浓发展氛围

8. 高标准建设无锡知识产权法庭。围绕设立法庭的预期目标,聚焦进一步统一知识产权裁判标准、进一步提高审判质量效率、进一步提升司法公信力和品牌影响力、进一步加强对国家创新驱动发展战略和知识产权战略实施的司法保障,深化技术类知识产权审判领域改革,不断完善工作机制,着力打造知识产权争端解决优选地。

9. 探索建立无锡法院涉外司法研究中心。整合全市法院涉外商事审判人才队伍,联合国内重点高校科研机构,成立无锡法院涉外司法研究中心,加强对外国法、国际条约、国际贸易惯例、国际规则标准以及其他涉外法治问题的研究运用,积极探索域外法查明的有效路径,打造涉外争端解决一流智库,服务和保障无锡"走出去"企业应对风险挑战。

10. 加强人民法庭建设。积极推进人民法庭参与基层社会治理、服务乡村振兴,构建诉源治理新格局,重点打造以微庭审、全程服务,微指导、全域解纷,微课堂、全员赋能为主要内容的人民法庭“三微三全”工程。坚持发展“枫桥经验”，加强矛盾纠纷诉源治理，主动对接社会大调解机制，努力推动形成共建共治共享的基层社会治理新格局。深入开展“一法庭一品牌”创建活动，坚持因地制宜，分类施策，挖掘自身特色，突出个性亮点，打造品牌名片。

11. 深入推进市场化破产审判。健全常态化府院联动机制，完善法院与市有关部门协作，制定关于破产企业变更登记、简易注销、信息互通、企业破产状态公示、支持破产企业重整再生的实施意见，规范流程指引。建立关联企业实质合并破产机制，细化实施细则，完善市场主体拯救和退出机制。健全企业重整期间信用修复机制，依法依规调整对破产重整企业实施的相关信用限制和惩戒措施。探索破产审判与破产纠纷人民调解委员会衔接机制，推进破产纠纷多元化解。

12. 稳步推进“与个人破产制度功能相当试点”工作。坚持依法依规、循序渐进、全域推开、宽进严出原则，准确把握试点工作挽救“诚实而不幸”债务人的功能定位，将诚实信用的创业失败者作为重点试点对象，落实试点工作实施意见及工作指引要求，加强审执联动，完善配套机制，高起点、高标准推进试点工作。积极争取党委政府支持，加强沟通协调，优化工作机制，深入挖掘、培育试点经验做法，推动形成一批可复制、可推广的创新成果。

13. 健全企业破产案件财产处置联动机制。落实府院联动处置破产财产协调机制，做好破产企业登记、金融、涉税等事项办理，优化破产企业土地、房产、车辆等处置规则，提高破产财产处置效果。优化破产案件财产解封及处置机制，破产案件经法院裁定受理后，由破产管理人通知债权人及相关单位进行财产解封，相关单位应当及时解除保全措施；相关单位未及时解除保全措施的，破产管理人对已查封的财产进行处置时无须再办理解封手续。

14. 探索建立破产预重整制度。建立庭外重组程序与庭内重整、和解程序的衔接机制，制定符合实践需求的预重整规则，提高重整效率，降低重整成本，实现对陷入困境但具有重整价值的企业的尽早挽救。深入培育预重整、预和解、重整典型案例，提升影响力、引领力，打造破产审判无锡品牌。（责任部门：金融庭）

15. 健全破产管理人监督指导制度。加强对破产管理人的业务指导和监督，提升管理人的执业能力，促进管理人依法、规范履职。建立完善管理人履职考评和淘汰机制,将考核结果作为管理人选任、分级管理、确定报酬的重要依据。加强对破产管理人履职保障,进一步便利破产管理人查询破产企业财产信息。

16. 建立政务诚信诉讼执行协调机制。加强与市相关部门的协调沟通,推动出台相关政策文件,由法院定期将涉政府部门、事业单位、国有企业等失信情况推送给市信用办,市信用办协调推动有关单位执行法院裁判结果,保障市场主体合法权益,推进社会信用体系建设。

17. 完善常态化院企沟通联系机制。继续推行"双月谈"和"曝光台"制度,广泛听取企业家意见建议,及时通报处理反面典型,用心用情用力服务企业发展。健全落实召开全市政法机关与企业家协会联系会议制度,及时研究解决企业反映的痛点难点堵点问题。畅通投诉举报反馈渠道,保障市场主体合理、合法诉求得到回应和处置,无法解决的,做好解释说明。健全落实涉企政策征求机制,制定出台涉及企业发展的制度意见,充分吸纳企业家协会和相关行业商会的意见建议。

(三)优化资源配置,提升司法效能

18. 深入推进民商事审判改革。建立繁简案件精准识别体系,提升系统随机自动分案水平,完善繁简分流机制和简转繁机制,健全符合速裁快审特点的流程管理。全面贯彻新《民事诉讼法》,制定二审民事案件、知识产权案件适用独任制审理实施细则,提升司法效能。探索知识产权小额试点,允许标的额较小、符合相关诉讼请求的知识产权纠纷案件适用小额诉讼程序。积极指导基层法院扩大简易程序、小额诉讼程序适用范围,在确保案件质量的前提下,缩短诉讼时间。深化科技型企业劳动争议纠纷"调裁审一体化"改革试点,精准服务我市"太湖人才计划""锡引"工程。

19. 深化多元解纷机制建设。充分发挥商会调解中心、金融调解组织等解纷平台作用,推进市区两级法院诉讼与非诉讼对接中心的实体化建设,健全完善诉调对接工作机制,确保全市法院商事案件诉前调解案件分流率和诉前调解成功率在全省法院排名靠前。推动建立预防、化解行政争议工作联席会议制度,构建行政应诉、行政复议工作定期通报和重点行政争议会商机制,促进行政争议诉源治理。

20. 大力促进诚信法治政务环境提升。出台《关于发挥行政审判职能优化营商环境指导意见》，妥善审理涉企业行政许可、信息公开、公司登记、行政协议等案件，促进优化政务环境。加强对行政机关不履行法定职责案件的审理，督促行政机关依法履职。坚持法律标准与政策考量相结合，统筹兼顾城市建设发展与被征收人合法权益保护的关系，妥善处理涉城市更新矛盾纠纷案件，依法服务保障太湖湾科创带、梁溪科技城等重点工作有序推进。

21. 全面提升民商事审判质效。建立审限问题常态化督查机制，切实解决违规延长、扣除审限问题，持续开展长期未结涉企民商事案件专项清理，建立台账、明确时限、逐案督办，确保法定正常审限内结案率，一、二审服判息诉率在全省法院排名靠前。加强民商事案件诉讼全流程管理，压缩立案、保全、鉴定、两次开庭间隔、上诉流转等各环节的审理周期，加快推进在线保全、在线鉴定机制，提高保全和委托司法鉴定对外服务事务全流程在线办理的比例，进一步压缩审理期限，力争解决商业纠纷耗时指标排名全省法院前 3 位。

22. 持续巩固执行质效。制定完善执行权力和责任清单，切实解决选择性执行问题，坚决纠正超标的查封、乱查封现象，提升执行规范化水平。加强法院内部各平台的信息对接，建立生效判决自动生成查询机制，确保执行立案时无需当事人提交裁判生效纸质证明。强化执行案件查询、处置、案款发放等全流程节点管理，确保有财产可供执行案件法定审限内执结率、无财产可供执行案件终本合格率和执行案件执结率达到 100%，执行案件结案平均用时及执行信访指标在全省法院排名靠前。推动涉党政机关作为被执行人案件的实际履行。

23. 切实提高破产审判质效。落实破产立案登记制，进一步深化“执转破”程序衔接，出台执转破规范性文件，实现破产案件应收尽收。推进破产案件简繁分流，实现“简案快审”“繁案精审”，缩短破产案件审理时间，力争一般破产案件 1 年内结案，进一步提高结案率。加大对长期未结案件清理和指导督办力度，做到“应清尽清、应结尽结”，到年底基本消除 3 年以上未结案件。加大破产债权线上申报审核、网络债权人会议、资金监管分配等信息化应用，提升破产审判效率，降低解纷成本。

24. 健全完善综合治理执行难工作格局。进一步破解综合治理执行难，推动健全政法委牵头的执行联动机制，进一步完善立审执协调机制，促进综合治理、源头治理执行难问题各项工作机制常态化运行。建立健全与检察院、公安机关打击拒执犯罪协作机制，制定工作指引，统一拒执罪的认定标准与办案流程。

25. 完善文书送达机制。推广集约送达,提升电子送达适用率,进一步压缩送达用时。健全企业法律文书送达地址先行确认及责任承诺制,将企业登记的住所以默示方式确认为法律文书送达地址,推动解决企业送达地址确认难问题。推进司法专递面单电子化改革,在受送达人签收、拒收或查无此人退回等送达任务完成后,邮政公司将法院专递面单进行电子化,通过系统对接后回传给法院,原始纸质面单可由邮政公司集中保管,法院将电子面单入卷归档。

26. 加强对委托鉴定工作的规范管理。加强与鉴定机构主管单位沟通协调,推动出台规范鉴定机构管理的制度文件,完善鉴定机构的遴选、评估、退出等工作机制,降低鉴定费用,努力缩短鉴定用时。探索以竞争方式确定鉴定机构工作机制,制定相关细则,规范招标流程管理,提高鉴定质效。

27. 完善事实查明机制。探索无争议事实记载机制,调解程序终结时,当事人未达成调解协议的,调解员在征得各方当事人同意后,可以用书面形式记载调解过程中双方没有争议的事实,在诉讼程序中,当事人无需对调解过程中已确认的无争议事实举证。试行向不动产登记机构提供即时有效的律师调查令、立案文书信息在线核验,便利律师查询不动产登记信息。

(四)深化数字赋能,打造智慧法院

28. 大力推进网上立案。完善移动微法院、网上诉讼服务中心等诉讼平台,简化网上立案程序,健全网上立案容缺受理机制,畅通网间数据交换,提高响应效率,全面推进民商事案件网上立案、网上缴费。推进无纸化诉讼,当事人已在线提交符合要求的起诉状等材料的,不得要求再提供纸质件。

29. 自主研发全域可视化诉讼服务系统。加强应用系统整合优化,自主研发跨地域、跨网络、跨终端、全融合的全域可视化诉讼服务系统,促成辖区内音视频统一接入、统一调度、统一存取,实现全域庭审、视频谈话、视频调解、远程接访一体推开。

30. 深化"物联网+执行"模式。推广物联网技术在执行领域的深度运用,完善物联网查封财产监管系统、物联网电子封条、物联网称重系统等实践创新,让暂时陷入困境但又具备发展潜力的被执行企业"边查封边经营"。深化"被执行人信用码"运用机制,不断完善被执行人信用修复机制,激励被执行人守信履约。

31. 提升电子卷宗质量及应用水平。推行人民法院档案电子化管理，对于以电子方式收集或形成的文书材料可直接转为电子档案归档，无需另行形成纸质档案。努力实现案件各流程、各诉讼环节、执行节点制作的诉讼文件、实施的诉讼执行活动，均能在网上进行并同步转化、上传电子卷宗，全面推进电子卷宗随案生成和深度应用向更高层次发展。

32. 推动司法信息公开体系向纵深发展。进一步推进司法公开标准化、信息化建设，持续推进审判流程、执行信息、司法数据、裁判文书等全流程公开，力争审判流程信息有效公开率排名全省法院前 3 位，拓展司法公开的广度和深度，促进平台从单向披露转为多向互动，让司法活动、诉讼结果更加公正透明可预期。

四、组织保障

33. 加强组织领导。充分发挥中院优化营商环境工作领导小组统筹协调作用，把营商环境建设作为“一把手”工程推进，形成主要负责同志作为第一责任人、分管领导统筹领导、牵头部门专班推进、各责任部门协同配合、全院支持参与的一体化工作机制。各基层法院、本院各部门主要负责同志要切实履行好本单位本部门优化营商环境工作第一责任人职责，亲自研究部署，亲自组织推动，亲自解决问题。

34. 严格责任落实。各基层法院和本院各责任部门要根据本方案，结合本辖区、本部门工作实际，做好任务细化分解，狠抓工作落实。认真研究省营商环境评价指标要求，主动加强与省院条线部门的及时跟踪衔接，进一步明确工作重点。深入分析与先进地区存在差距的原因，积极学习借鉴先进地区经验做法，落实解决问题的办法措施。本院各责任部门要强化对本条线基层法院的监督指导，坚决避免“上热中温下冷”现象，务求取得实效，达成预定目标。

35. 强化督查考核。加强与审管部门的协调配合，对各基层法院、本院各部门重点任务落实情况，国评、省评、市评反馈整改情况，审判质效指标提升情况等跟踪督查，定期通报结果。对推进营商环境工作不重视、慢作为、拖后腿的单位和部门，进行通报批评并督促整改；对工作成效显著的单位和部门，予以表扬激励。将营商环境工作情况纳入年度综合考核，加大考核结果运用，直接与各单位、各部门绩效考核、评优评先挂钩，评选年度营商环境先进集体和先进个人,激励争先进位、比学赶超。

36. 注重宣传引导。各基层法院、本院各部门要在优化营商环境工作获得省级以上正式文件表彰、奖励、督查激励、复制推广、现场会典型经验发言以及省级以上主要领导批示表扬等方面下功夫,积极报送创新、典型事例,争取更多加分项。将营商环境宣传纳入全市法院宣传工作重点,围绕司法服务营商环境建设的特色亮点、创新举措、典型案例等,加大宣传力度、频次,构建全方位、多层次、系统化格局,营造“人人都是形象代言、事事都是营商环境”的浓厚氛围。

无锡市中级人民法院 关于提升“办理破产”指标优化 营商环境行动方案(2022)

为深入贯彻落实中央、省市委和上级法院关于持续优化营商环境的决策部署,着力提升“办理破产”质效,进一步推动营商环境持续优化,更好服务经济社会发展,根据无锡市委政法委《全市政法机关优化法治营商环境2022年重点工作实施方案》、本院《推进法治化营商环境建设专项行动方案(2022)》,对标省高院营商环境评价工作要求,结合无锡法院破产审判工作实际,制定本行动方案。

一、总体目标

在世界银行、国家发改委和我省营商环境评价体系中,“办理破产”均是重要指标之一。全市法院要充分认识“办理破产”在优化营商环境工作中的重要作用,切实增强责任感和使命感,提高破产审判工作的市场化、法治化、协同化、专业化水平,不断提升破产审判质效,健全破产审判工作机制,强化司法与行政协调联动,持续优化法治化营商环境。努力争创办理破产评价水平全省一流、全国领先,为我市法院争当全省高质量司法领跑者贡献力量。

二、评价内容和要求

(一)破产审判质效指标

主要内容:市场主体破产退出通道畅通情况、执行转破产机制运行情况、强制清算与破产案件办理情况、长期未结强制清算与破产案件情况、重大破产案件办理情况。重点考核:受理和审结强制清算与破产案件数,执转破案件数,平均审理用时,快速审结案件数、结案数占比,三年以上长期未结破产案件数。

具体要求:全年受理和审结强制清算与破产案件数要有较大幅度增长,特别是加大执转破和简化程序的适用,提高此类案件结收案数占比;压缩案件审理用时,提高案件审理效率和结案率;大力压降3年以上长期未结破产案件数,确保全市法院3年至5年未结案件总数在10件以下,每家基层法院3年至5年未结案件数在3件以下,全市法院5年以上长期未结破产案件清零。

(二)破产审判制度建设和改革创新指标

主要内容:破产审判工作创新、建立健全长效机制情况。重点考核:破产审判机制创新取得的成果和实效。

具体要求:在破产审判专业化建设、预重整、实质合并破产、管理人选任及履职监督、个人债务清理等方面积极探索创新,及时建立机制、制定文件,进行经验总结和亮点宣传。

(三)破产处置协调联动机制指标

主要内容:企业破产处置协调联动机制运行效果、企业破产保障经费使用及保障力度情况、打击破产逃废债情况。重点考核:破产处置协调联动机制运行联席会议或文件制定情况,破产保障经费实际使用及保障情况,公检法合力打击破产逃废债机制建设和运行情况。

具体要求:建立常态化的司法与行政协调机制,定期召开联席会议,研究解决企业破产处置中维稳、信用修复、企业注销、财税政策等突出问题,签署会商文件;及时总结和推广地方政府或有关部门支持破产审判的典型案例;实现企业破产保障经费市县两级全覆盖,切实提高保障经费使用率;探索建立公检法合力打击破产逃废债机制,争取在涉破产欺诈犯罪线索移送、立案侦查、审查起诉、司法审判方面有突破有进展。

三、工作举措

(一)全力提升破产审判质效

1.严格落实破产案件应收尽收原则。畅通市场主体退出通道,贯彻破产申请立案登记制工作要求,不得在法定条件外设置附加条件,限制剥夺当事人的破产申请权,阻止破产案件立案受理,影响破产程序正常启动。坚持破产案件申请形式审查与实质审查相分离,提高破产案件立案审查专业化、标准化水平,提升受理效率。对当事人向有管辖权的基层法院申请而未接受造成当事人直接向本院申请并被受理的案件实行动态通报并纳入年度办案绩效考评体系。

2. 大力推动“执行转破产”工作。严格落实最高人民法院《关于执行案件移送破产审查若干问题的指导意见》、《全国法院破产审判工作会议纪要》及省高院《关于执行案件移送破产审查的若干意见》，进一步推动符合条件的执行案件移送破产审查工作，实现破产案件应移尽移，充分发挥破产程序的制度价值，加快推进解决执行难。加强移送环节的协调配合，进一步规范审查程序，保障执行程序与破产程序有序衔接、协调配合，提升工作实效，确保破产启动程序顺利有序进行。基层法院移送审查过程中产生的问题，可报请本院协调解决，力争今年年底前完成全市法院受理420件执转破案件的总目标。

3. 进一步提高破产审判效率。加强审判管理，压实工作责任，通过创新工作机制，简化办理流程，合并工作事项，限缩办理期限等举措，加快法院和管理人工作节奏，切实提升破产审判工作效率。实施破产案件繁简分流，符合条件的，必须一律纳入简单案件快速审理机制，按照上级法院及本院关于简化审理的指导意见，在符合破产法前提下，最大限度优化审理程序，特别是“无产可破”和“执转破”等简易案件，在适用简化审理程序基础上，探索集中受理、集中选定管理人、集中审理、集中公告的审理模式，实现简案快办。加强院庭长管理和内部审限控制，简单案件6个月内审结，普通案件应在1年内审结，重大复杂案件应在2年内审结。

4. 进一步加强对长期未结案件的清理力度。继续实施破产清案审限管控，院庭长切实履行审判管理职责，抓好重点案件清理督办；本院加强业务指导，推动清案工作常态化。通过清案指导结对联络人制度、破产清案工作季度通报制度、破产管理人工作迟延惩戒制度和破产程序主要节点期限制度，做到“应清尽清、应结尽结”，形成“积案清理成效显著、新案审理有序推进”的良好局面。全市各家法院争取到年底基本消除3年以上未结案件。

5. 进一步压降破产成本。充分运用执行机构已经完成的财产查控成果、评估结论及处置结果，避免重复劳动，提高管理人接管破产企业财产效率；整合法院“总对总”、“点对点”查控系统，破产财产网络拍卖平台等网络查询、估值、处置平台，降低变现成本；在保障债权人合法权益基础上，充分利用电子送达、非现场表决方式等便捷措施，降低破产费用支出。

6. 持续加强破产审判信息化建设。进一步实现法院内部以及法院之间的互联互通、数据共享，提升破产财产查询、拍卖等环节的效率，推进快速审理、资产清查与财产处置,加快实现各类债权。持续落实和完善破产案件一体化管理平台的运用,实现法院与外部数据流动共享,提升程序透明公开,加大破产债权线上申报审核、网络债权人会议、在线处置破产财产、在线分配破产财产、在线监督管理人资金使用等各项功能完善,最大限度提升债权人参与度,提升破产财产处置效率,维护债权人合法权益。

(二)积极推动破产审判改革创新

7. 深入推进“与个人破产制度功能相当试点”工作。按照依法依规、循序渐进、逐步推开、宽进严出原则,在全市范围全面铺开试点工作,各家基层法院要认真落实试点工作实施意见,严格按照省法院问题解答、本院工作指引要求,加强审执联动,完善配套机制,深入挖掘、培育试点经验做法;本院要强化业务指导,形成两级法院合力,确保试点工作高起点、高标准推进,促进试点工作走深走实,今年内取得明显成绩。

8. 不断推动市场化破产审判模式创新。因企施策,借助市场调节机制,不断探索和创新破产审判模式,提高担保债权回收率。按照“尽可能多兼并重组,少破产清算”的要求,对于仍有生存能力的企业,通过重整、和解程序保留其资产用于再生经营,提高企业持续经营的价值,创造更高的债权清偿;对于丧失生存能力的企业,通过高效清算减少时间和成本,最大限度实现债权人的权益回收。鼓励有运营价值的企业继续经营,吸收专业人员或意向投资人参与经营管理,促进破产企业保持营运价值。创新和完善“破产重整式清算”等企业整体转让清算方式,避免对债务人财产零散出售,最大程度保留企业营运价值,提高财产处置整体收益。

9. 探索建立破产预重整、预和解与庭内重整、和解衔接机制。加强法院与破产纠纷人民调解委员会协作沟通,引导鼓励建立破产管理人行业专业咨询机制、破产受理前调解机制等,积极开展破产预重整、预和解实践,依法支持债权人、债务人、出资人、战略投资人等利害关系人对困境企业,通过谈判、协商对债务重组事宜作出合理安排。积极探索破产预重整、预和解与庭内重整、和解的衔接制度,重点研究解决预重整期间执行程序中止、预表决效力司法确认、临时管理人聘任与续任等问题,制定完善相关规程和操作指引,通过重整、和解程序对当事人庭外协议依法确认,提高重整和解效率,降低程序成本,实现对具有拯救价值企业的尽早挽救。

10. 积极探索关联企业实质合并破产制度的应用。按照最高人民法院《全国法院破产审判工作会议纪要》关于关联企业破产的意见,探索并实践关联企业实质合并破产,在关联企业合并破产的适用范围、程序和效力,审查标准细化、管辖权确定和法律后果等方面积累实践经验,培育典型案例,提高复杂主体破产程序效率,保护债权人依法公平受偿,充分实现破产制度的公平价值及程序价值。

11. 精心审理重大典型案件。积极发挥"生病企业医院"的功能定位,对危困上市公司、企业集团、涉房地产停工项目企业等重大案件,坚持触角前移和"一盘棋"思想,有效整合资源,保证审理效果。深入培育重大典型案例,不断创新审判方法,提升审判效率,总结审判经验,争取在繁案上出精品、出成效、出亮点,提升司法影响力、引领力,打造破产审判无锡品牌。

(三)深入推进破产处置协调联动机制

12. 加强管理人选任及管理工作。严格落实分级管理和选任文件要求,按照"摇号选任随机定、竞争选任透明化、管理报酬科学付"的原则,加强对破产管理人的日常管理,规范管理人依法履职,尝试建立管理人"黑名单",及时发现入册管理人的违法违纪情况,并施以降级、除名等处罚。强化对管理人个案履职过程和结果考核,每案终结时,均应对管理人履职行为实时考评,形成详细报告并打分,作为管理人升降级和淘汰增补的重要依据。进一步加强管理人行业自律和业务培训,充分依托破产管理人协会,加强管理人培训和教育,持续提升管理人的理论水平和执业能力。

13. 推动破产处置协调机制常态化运行。要充分利用已经建立的府院联动协调工作平台以及上级法院联动文件,强化协调工作刚性落实,针对破产审判涉及的资产处置、社保欠缴、职工安置、税收优惠、信用修复、企业注销、产权瑕疵等相关问题,尽快建立协调联动子机制,成熟一项,出台一项,确保企业破产处置各项联动措施落实落细。强化管理人身份认同,支持管理人依法履行接管、调查、管理、处分破产企业财产等职责。加强企业破产风险隐患预警、信息共享与反馈、跨部门联合调研等,促进解决破产管理人依法履职保障等瓶颈问题,推动实现个案协调向制度化对接转变。

14. 完善破产企业登记事项办理。在落实《关于进一步落实破产企业工商简易注销登记改革工作的通知》基础上,继续对接市场监管部门,做好破产企业登记事项办理,支持管理人申请办理破产企业档案查询、变更登记、注销登记、备案登记等手续,支持对破产企业持有股权的解封,规范破产企业变更登记,落实破产企业简易注销制度。

15. 优化破产企业金融事项办理。对接金融监管部门,做好破产企业金融事项办理,支持管理人申请办理破产企业账户查询业务,以及破产企业账户资金划转、非正常户激活、账户注销等业务;鼓励金融机构充分发挥集体协商机制协商作用,完善内部流程管理,及时信用修复,提供信贷支持,积极高效支持破产程序推进,支持破产企业重整再生。

16. 探索建立公检法合力打击破产逃废债工作机制。加大对隐匿、故意销毁会计凭证、会计账册或财务报告、隐匿财产、承担虚构债务或其他方法转移、处分财产,实施虚假破产等行为的打击力度,推动建立法院、检察院、公安机关等相关部门协调联动机制,在线索发现、评估、立案查办和监督移送等方面订立具体协作方案,实现信息互通,相互配合,形成合力,共同防范和打击利用破产程序恶意逃废债务的行为。

(四)切实加强破产审判宣传调研工作

17. 积极探索和总结破产前沿问题。在现有法律框架下,积极开展个人债务集中清理、预重整、预和解、关联企业合并破产等方面的实践探索并深入调研、及时总结,打造特色亮点、创新举措、典型案例,争取在营商环境评比中获得更多加分项。

18. 加大破产审判宣传力度。积极通过传统媒体和微信公众号、微视频、线上直播等新媒体途径,加大破产审判工作的宣传力度;及时向社会公布涉及破产审判服务保障营商环境的重要司法文件和改革举措,定期发布破产典型案例,切实将破产审判经验转化为提升人民法院破产审判水平、引领保障市场主体健康发展的制度成果,进一步提升社会公众感受度。

四、保障措施

(一)强化组织领导

各基层法院和本院各责任部门要切实将“破产办理”指标提升摆上重要位置,压紧压实责任,细化任务分工,强化推进措施,确立全市法院“一盘棋”思想,形成“会商、落实、考核、宣传、推广”全链条工作机制。

(二)注重协同配合

各基层法院和本院各责任部门要认真研究省高院“办理破产”评价指标要求,主动加强与上下条线部门的及时跟踪衔接,进一步明确工作重点,强化监督指导,协同推进,按时形成评价结果。

(三)强化工作保障

各部门应明确专门机构和专门工作人员负责营商环境评价有关资料和数据的收集、整理、报送工作,在人、财、物等方面给予保障,确保优化营商环境评价工作的顺利推进。

无锡市中级人民法院
关于开展“优化法治化营商环境年”
1 +4 专项行动工作方案

为贯彻落实党中央、国务院和省市委关于优化营商环境决策部署，根据《最高人民法院关于充分发挥司法职能作用助力中小微企业发展的指导意见》《江苏省优化营商环境行动计划》《江苏省高级人民法院关于开展“优化法治化营商环境年”1 +4 专项行动工作方案》《无锡市信用领域突出问题专项治理实施方案》等文件规定，进一步充分发挥执行职能作用，积极促进社会诚信建设，优化法治化营商环境，经研究，决定 2022 年在全市法院开展“优化法治化营商环境年”1 +4 专项行动，现制定工作方案如下：

一、指导思想和目标任务

（一）指导思想

坚持以习近平新时代中国特色社会主义思想为指导，深入贯彻落实习近平法治思想，全面贯彻党的十九大和十九届历次会议精神，立足执行工作职能，提升市场主体满意度和获得感，积极助力无锡建设市场化、法治化、国际化的一流营商环境，为坚决扛起“争当表率、争做示范、走在前列”光荣使命，奋力谱写“强富美高”新无锡建设现代化新篇章提供坚强有力司法保障，以优异成绩迎接党的二十大胜利召开。

（二）目标任务

立足“优化法治化营商环境年”1 +4 专项行动，即以企业信用修复“暖企”行动为牵引，以市场主体出清“助企”行动、善意文明执行“护企”行动、涉党政机关执行积案清理“惠企”行动、执行信访突出问题攻坚化解“安企”行动为支撑，坚持公正高效规范文明执行，综合运用信用修复、教育督促、“执转破”、失信约束等措施，与政府相关部门紧密配合，对失信企业进行专项治理，做到“减存量、控增量”，全面降低纳入失信被执行人名单的企业数量和占全市注册企业数量比重，努力化解一批涉企执行积案和信访案件，推动无锡法治化营商环境持续优化、社会信用总体水平持续提升。

二、基本原则

（一）坚持严格依法执行与善意文明执行并重

专项行动的各项措施不得超出法律规定的原则、标准和程序，将企业纳入或者退出失信被执行人名单要符合法定实质性要件和程序性要求。要强化善意文明执行理念，加强“活封”“活扣”和信用警示提醒、信用修复服务，努力减少执行查控措施和信用惩戒措施对企业被执行人正常生产经营活动的影响。

（二）坚持鼓励诚信与惩戒失信并重

鼓励和支持守法诚信行为，及时落实信用修复措施，促进企业主动纠正失信行为。严格依法执行、严厉制裁失信行为，对逃避执行、规避执行、抗拒执行等违法犯罪行为坚决予以严厉打击，营造诚信应褒扬、失信必惩戒的社会氛围，促进企业减少违法、失信行为。

（三）坚持府院联动、综合治理

认真贯彻落实《关于加强综合治理从源头切实解决执行难问题的实施意见》（锡委办发〔2020〕55 号）及各地贯彻落实文件，主动争取党委领导和政府支持，依托综合治理执行难工作联席会议制度，特别是要按照《无锡市信用领域突出问题专项治理实施方案》（锡信用发〔2022〕1 号）建立相应的工作平台，健全完善企业信用修复府院联动机制，做好与发展改革委（信用办）、税务、市场监督管理等部门的对接工作，形成上下联动、横向协调、部门互动工作格局，保障专项行动顺利推进。

（四）坚持分类施策、精准治理

在减存量方面，要对失信企业调查摸底、系统梳理、精准施策，确定“退出”“指导”“约束”三类清单，分类处置、分步清理，确保失信企业存量大幅减少。持续加大企业“执转破”工作力度，深入推进“与个人破产功能相当的试点”工作，畅通市场主体退出渠道。在控增量方面，要坚持善意文明执行，依法化解执行信访突出问题，确保强制执行措施、信用惩戒措施合法合规，有效控制失信企业增量。

(五)坚持创新机制、长效治理

充分利用信息化手段加强对失信被执行人名单、终本案件、“执转破”等工作的监督管理,提升执行工作质量和效率。大力推广专项行动中各法院好的经验和做法,建立健全告知提醒、修复服务、惩戒失信、褒扬诚信等长效机制,持续优化法治化营商环境。

三、1 +4 专项行动任务举措

(一)企业信用修复“暖企”专项行动

1. 目标:按照《无锡市信用领域突出问题专项治理实施方案》(锡信用发〔2022〕1 号)、《全市法院开展严重失信主体专项治理工作方案》(锡中法电〔2022〕85 号)要求,协同发展改革委(信用办)、税务、市场监督管理等部门,对企业失信被执行人进行全面清理,对符合法定条件的集中依法撤销或者删除,并会同信用综合管理部门集中修复信用,推动失信企业信用惩戒与修复机制进一步完善,促进无锡信用综合评价水平提升。以 2022 年 3 月 10 日数据为基数,被纳入失信被执行人名单(以下简称纳失)企业占注册企业的比例全市总体明显下降,力争到 2022 年底前,纳失企业数量占全市注册企业数量比重不高于全省平均水平。

2. 主要措施和时序进度。

(1)3 月底前,全面排查、摸清底数。对全市法院纳失企业进行清查摸底,全面掌握纳失措施在不同时期、不同主体、不同情形的适用现状。

(2)3 月底前,参考省法院《企业信用修复工作指引》,制定具体实施方案,进一步明确企业信用修复工作流程,为全市法院提供明确具体的操作标准。

(3)9 月底前,分类施策、集中清理。一是建立退出、指导(帮扶)、约束(惩戒)三类清单。坚持“谁认定、谁审查、谁修复”原则,根据注册经营状态(注销、吊销、存续)、企业实际状况(在业、停产停业、破产清算)和案件执行情况(在执、终本、终结)制作三类清单台账,制定不同修复方案,逐案核查处于纳失状态的企业。二是科学安排退出步骤。根据省法院《企业信用修复“暖企”专项行动工作方案》,按照先易后难、先形式审查后实质审查的思路,分类梳理 11 种情形,合理安排在排查摸底阶段、集中修复阶段、常态化全程开展,并通过"执转破"、政府公益清算等途径促进企业依法有序退出失信名单。三是依法删除失信信息。在4月、7月分别对所涉案件已终结本次执行程序的纳失企业通过"点对点"网络查控系统、不动产及车辆网络查控两条专线,发起2次集中财产查询,每个所涉案件指定核查人员,紧紧依靠党委政府支持配合,在各地基层组织协助下开展1次集中现场调查,并向申请执行人发送提供线索通知书,未发现有可供执行财产的,依法删除失信信息。四是健全指导帮扶机制。对指导清单中的企业,指导其配合法院执行、主动履行义务,或者促成其与申请执行人达成执行和解协议。对符合法定条件的删除失信信息。五是严格适用纳失措施。进一步规范条件和程序,加强失信惩戒措施适用的规范性、精准性,确保新增纳失企业符合法定标准,惩戒约束失信企业倒逼履行相关义务,有效控制严重失信主体新增数量。

(4)11月底前,建章立制、巩固提升。对企业信用修复专项行动进行总结,制定适用纳失措施程序指引,会同市信用办等部门探索建立信用惩戒分级制度、失信宽限期制度,完善信用修复机制、守信激励机制、信用惩戒救济机制,助力提升企业持续经营发展能力,营造鼓励自动履行、支持诚实守信的良好氛围。

(二)市场主体出清"助企"专项行动

1. 目标:树立"企业被执行人无终本"理念,持续加大企业"执转破"工作力度,做到应转必转、当破必破,助力失信主体依法依规退出市场。持续加大企业被执行人的物联网电子封条应用力度,每个拟终本案件结案前做到应贴必贴,让申请执行人可以实时查看监管信息。继续扩大"与个人破产功能相当的试点"范围,为"诚实而不幸"的个人债务人纾困解难。

2. 主要措施和时序进度。

(1)3月底前,全面排查企业被执行人未实际执结案件(重点是终结本次执行案件和涉案较多的企业被执行人),逐案甄别是否符合"执转破"条件,符合条件的6月底前集中移送破产审查。

(2)6月底前,江阴、宜兴、梁溪3家法院各应移送并裁定受理"执转破"案件80件以上,锡山、惠山、滨湖、新吴4家法院各应移送并裁定受理40件以上,中院执行局应移送中院金融庭、中院金融庭应裁定受理20件以上。

(3)6月底前,完善执破衔接机制。强化"执转破"案件简化程序适用,优化、规范“执转破”案件办理流程，切实提升“执转破”案件办理工作效率。企业被执行人进入破产程序的应及时解除纳失等措施。

(4)9 月底前，省法院、市中院对符合“执转破”条件而未移送案件进行逐案督办。

(5)9 月底前，深入推进“与个人破产功能相当的试点”工作，评选优秀典型案例，组织召开试点工作推进会，总结试点经验，加强对试点工作的规范、引导和宣传。

(三)善意文明执行“护企”专项行动

1. 目标：全面落实省法院《规范查封、扣押、冻结财产工作指引》《关于进一步强化终结本次执行程序案件监督管理工作规范》等文件要求，进一步规范执行强制措施的运用和终本结案方式的适用，切实减少和防范违法违规执行行为发生。全力推广应用物联网电子封条、物联网称重系统、物联网财产监管系统，实现“物态可监控，生产可延续，货值可控制”，扩大“活封”“活扣”适用范围，努力减少执行查控措施对被执行人正常生产影响，解决企业融资、增信、脱困难题。

2. 主要措施和时序进度。

(1)3 月底前，通过举办“砺剑执行讲堂”，组织学习省法院《规范查封、扣押、冻结财产工作指引》。

(2)6 月底前，通过举办“砺剑执行讲堂”，开展执行、执行裁判条线培训，将践行善意文明执行优化营商环境作为培训重点，提升执行队伍专业化能力和执行规范化水平。

(3)9 月底前，以涉企类终本案件为重点，制定终本案件评查工作方案，建立常态化案件评查机制，对各法院终本案件开展线上直播式评查或现场评查，评查结果实行通报。对于违法违规终本情节严重的，严肃问责。

(4)9 月底前，全面推广运用“物联网 + 执行”，协调无锡物联网研究院等，推动物联网电子封条、电子监管系统提档升级、降低成本，完善“物联网 + 执行”信息管理系统。组织“物联网 + 执行”典型案例评选及宣传活动。

(5)12 月底前，积极整合执行资源，持续开展“我为群众办实事”活动，常态化组织涉企业、涉民生、涉金融等集中执行行动，持续加大执行力度，依法维护胜诉权益，精准服务“六稳”“六保”。视情组织开展执行案款集中发放、执行直播行动。

(四)涉党政机关执行积案清理“惠企”专项行动

1. 目标:2021年12月31日以前受理的涉党政机关被执行人民法院生效裁判案件实现基本清零,2022年5月31日前受理的相关案件实现动态清零。对涉党政机关执行案件,努力达到有财产可供执行案件100%执行到位、暂无财产可供执行案件100%足额纳入预算的“两个100%”目标。

2. 主要措施和时序进度。

(1)3月底前,全面排查摸底,各法院对属于清理范围的积案以及历年终本案件进行梳理并建立台账,做到底数清、情况明。实行涉党政机关执行案件“月通报”“月调度”制度,确保全覆盖动态台账监管,督导督促各法院规范高效执行。

(2)6月底前,紧紧依靠党委领导、政府支持,合力攻坚。推动市委政法委牵头组织召开综合治理执行难联席会议,将推进涉党政机关执行积案清理工作列入会议议程。定期向党委汇报涉党政机关拖欠民营企业和中小企业债务执行情况,及时向发改委(信用办)推送名单,由各地发改委敦促相关党政机关限期履行义务或将债务纳入本级财政预算。

(3)9月底前,对于执行难度大、涉案标的多或者可能产生敏感问题的涉党政机关执行案件,实行院领导包案、一案一策、全力攻坚。强化惩戒运用,采取送达《限期履行通知书》《失信预告知通知书》等方式,督促涉执单位履行。

(4)11月底前,健全完善涉党政机关自动履行法院生效裁判长效机制,综合运用平安建设考评、依法治省考核等手段,将涉党政机关案件执行工作重心由“后端强制执行”调整至“前端自动履行”,坚持长效长治,促进提升法治政府建设水平。

(5)12月底前,强化工作考核,对纳入清理范围但未能执结的案件,或者债务逾期未纳入财政预算、未达成执行和解的,报最高法院和省委政法委扣减平安建设考评分,倒逼党委政府主要领导重视协调和推动解决。

(五)执行信访突出问题攻坚化解“安企”专项行动

1. 目标:根据省委、省政府、省法院开展“信访突出问题攻坚化解年”行动的工作要求,以为党的二十大胜利召开营造和谐稳定环境为主线,以严格落实信访工作责任为关键,以涉企执行信访为重点,全面排查梳理涉执领域信访突出问题,统筹推进执行信访案件实质化解,努力实现“四下降、四提升、四个不发生”目标任务。

2. 主要措施和时序进度。

(1)3 月底前,全面系统排查评估,坚持集中排查和滚动排查相结合,建立健全风险案件动态管理台账,全面掌握涉执越级访、重复访、涉众访以及涉房地产、涉金融、涉政、有过激言行等执行信访案件,做到全覆盖、无盲区、零遗漏。

(2)对省法院立案庭交办的涉执信访案件,要确保 3 月底前化解 50% ,6 月底前化解 90% ,9 月底前基本完成化解任务,化解稳定率达 95% 以上。

(3)8 月底前,严格信访案件化解标准,贯彻“三到位一处理”根本原则,突出发现错误、纠正错误,严格落实执行信访实质化办理要求,发现违法违规执行坚决予以纠正。重点案件落实领导包案、实质化解,真正解决一批执行信访“骨头案”。

(4)8 月底前,强化整改落实。及时梳理执行信访投诉和执行异议申请,针对反映案款超期发还、乱查封、超标的查封、违规终本等违法违规执行问题,市中院执行局进行通报点评、责令整改并进行“回头看”,切实压紧压实信访化解责任。对信访反映的突出问题及时启动“一案双查”。

四、工作要求

一是加强组织领导。市中院成立“优化法治化营商环境年”1 +4 专项行动领导小组,由市中院党组书记、院长钱斌任组长,党组成员、执行局局长邱必友担任副组长,市中院执行局、执行裁判庭、立案一庭、金融庭、督察处、审管办、宣传处、教培处等部门主要负责人为成员。领导小组办公室设在执行局。各基层法院要参照成立领导小组,组织精干力量,建立工作专班,科学制定方案,高效有序推进专项行动。各基层法院行动方案,请于 4 月 10 日前报市中院备案。

二是认真谋划部署。各法院要充分认识人民法院执行工作对优化营商环境的重要意义,不断增强服务经济社会发展大局的责任感使命感,切实把专项行动作为年度重点工作任务抓紧抓实,精心部署,狠抓落实,确保取得实效。各法院要结合本地实际,制定时间表路线图,采取务实措施推动专项行动扎实有效开展。市中院适时组织召开专项行动动员部署会及总结会。

三是营造良好氛围。发挥宣传联动效应，加大专项行动宣传力度，开展“执行现场”全媒体直播等活动。积极主动邀请人大代表、政协委员、特邀监督员、媒体记者走进法院“零距离”见证执行工作，主动听取代表委员的意见建议，不断增强执行工作透明度，提高人民群众对执行工作认可度。组织媒体集中采访活动，召开新闻发布会，发布打击拒执、善意文明执行等典型案例，讲好执行故事，展现执行法官良好形象，为法治化营商环境建设营造良好社会氛围。

四是开展督查考核。市中院要充分发挥“三统一”管理职能，充分利用局长例会、督办令、月通报等方式，常态化对专项行动落实情况进行重点督查，加大专项行动组织推进力度。各法院要严格对照时间表和任务单，保质保量完成目标任务。对贯彻落实不力的法院，严格根据营商环境考评与执行单独考核办法，扣减相应分值，对敷衍应付、工作不力的法院予以通报批评，必要时约谈院主要负责同志。2022 年底，对在专项行动中表现突出的法院和个人以适当方式予以鼓励。

五是注重巩固提升。各法院制定出台的规范文件、形成的好经验好做法，要第一时间报送。要在年底前对专项行动开展情况进行“回头看”，及时查漏补缺，认真总结经验，完善长效工作机制，并形成书面总结报告。各基层法院应于 6 月 25 日和 9 月 25 日前将专项行动阶段性总结，于 12 月 20 日前将专项行动年度总结报告报送市中院。

无锡市中级人民法院
关于发挥行政审判职能服务和保障
放管服改革优化法治化营商环境十条意见

为贯彻落实中央、省委、市委关于优化营商环境的决策部署，充分发挥行政审判职能作用，深入优化法治化营商环境，根据《最高人民法院关于为改善营商环境提供司法保障的若干意见》，无锡市委政法委《全市政法机关优化法治营商环境2022年重点工作实施方案》及《无锡市中级人民法院关于推进法治化营商环境建设专项行动方案(2022)》，结合全市法院行政审判工作实际，制定本意见。

1. 依法审理行政登记案件，营造规范高效的政务环境。要依法办理各类涉纵深推进"放管服"改革行政诉讼案件，监督、支持行政机关对取消或下放审批事项开展事中、事后监管，促进有效市场和有为政府更好结合，服务构建新发展格局。加大对涉房地登记、工商登记、税务登记等行政案件的审理力度，明确同类型行政行为合法性审查范围，统一裁判标准。要加大对各类市场主体特别是中小微企业涉行政登记案件的司法保护力度，切实维护市场主体合法权益，有效提升市场经济活跃度。

2. 依法审理与民营企业市场准入相关的行政许可案件，保护各类市场主体合法信赖利益。维护民营企业在涉及行政许可的变更、续期、撤回、注销、撤销等事项中的合法权益。支持行政机关放宽市场准入，督促行政机关规范行政许可的办理流程，依法公开行政许可目录，为各类市场主体打造平等对待的市场环境。监督行政机关依法保护市场主体已合法取得的行政许可，保护市场主体合理信赖利益。促进形成权责明确、公平公正、透明高效、法治保障的市场监管格局。

3. 依法审理行政处罚案件，提升行政机关执法规范化水平。审理行政处罚案件要坚持实体和程序并重，依法纠正侵犯各类市场主体合法权益的违法行政行为。督促行政机关落实行政执法三项制度，有效保障执法公平、公正、阳光运行。监督行政机关充分考虑市场主体违法行为的行为性质、危害结果、主观过错、行业发展及经营情况,合理运用处罚措施和力度。支持政府及时制定行政处罚"首违不罚"事项、减轻、从轻处罚事项三张清单,规范涉企处罚自由裁量标准,明确权利运行边界。

4. 依法审理行政机关不履行法定职责案件,监督行政机关积极作为。在行政机关依职权应履行法定职责的情况下,该义务不因行政机关怠于履行而消灭,特别是在市场主体已向行政机关提出履职申请时,行政机关更应及时有效履行,优先保障市场主体的诉权,不能简单以超过起诉期限为由不予受理。司法实践中,可根据行政机关不履行职责的具体情形,依法判决确认违法、重新作出行政行为、限期履责、给予行政赔偿等,确保行政机关依法履职,及时回应市场主体的合理诉求。

5. 依法审理政府信息公开案件,提高政府工作透明度。按照"以公开为常态、不公开为例外"以及"公正、公平、合法、便民"原则,监督行政机关及时、准确公开政府信息。准确把握政府信息公开的主体和适用范围,既要依法保障各类市场主体获取政府信息的权利,提高工作透明度,又要强化对企业商业秘密、个人隐私以及第三方合法权益的保护力度。正确引导各类市场主体依法提出政府信息公开申请,对滥用政府信息公开申请权利、浪费行政和司法资源的情形,依法予以规制,确保政府信息公开切实发挥对人民生产、生活和经济社会活动的服务作用。

6. 依法审理行政协议和行政允诺案件,强化契约精神,推进诚信政府建设。依照《行政诉讼法》及《最高人民法院关于审理行政协议案件若干问题的规定》,准确认定协议的性质,合理分配举证责任,严格审查行政协议中行政机关行使行政优益权的合法性。因行政机关的原因导致行政协议被确认无效或者被撤销的,可以同时判决责令行政机关采取补救措施;给市场主体造成损失的,应当判决行政机关予以赔偿。对于市场主体请求行政机关兑现行政允诺,政策承诺的,依法予以支持。对于行政主体逃避或拒绝兑现奖励义务等行为,依法判决限期履行。督促行政机关积极落实招商引资活动中为市场主体落户经营提供的优惠政策及条件。

7. 依法审理行政补偿、行政赔偿案件,提高政府担责意识。依法确定行政赔偿及补偿案件的举证责任,准确把握行政赔偿与补偿案件的审理思路与裁判标准,坚持依法赔偿与合理补偿原则。在具体补偿、赔偿金额的认定上,既要体现对行政机关违法行为的惩戒,也要确保市场主体的合法权益得到充分保障。支持政府探索建立行政机关自赔程序,主动纠错、自愿担责,增强行政机关自我纠错意识。

8. 依法审理劳动和社会保障类行政确认案件,合理衡平企业和劳动者诉求。对涉及基本养老保险、基本医疗保险、失业保险、工伤保险、最低生活保障等劳动和社会保障领域行政确认案件,要加强全面审查,确保客观中立裁判。既要依法保护劳动者合理诉求,又要全面关注企业经营实际,特别是审理工伤保险资格认定案件时,应合理关切中小微企业的经营困难,准确把握保护劳动者合法权益和维护企业正常经营之间的平衡点,加大协调化解力度,促成企业与劳动者实现"双赢"。

9. 深入推进行政机关负责人出庭应诉工作,切实提升出庭应诉实效,促进行政争议实质性化解。严格落实中共江苏省委全面依法治省委员会办公室、江苏省高级人民法院、江苏省司法厅《关于深入推进行政机关负责人出庭应诉有关问题的意见》,及时通知行政机关负责人出庭应诉,并就实质性解决行政争议发表明确意见。建立定期反馈制度,逐案统计行政机关负责人出庭应诉情况,按季度汇总并反馈至市级司法行政机关。支持将行政机关负责人出庭应诉情况及出庭能力纳入法治政府建设考核范围。建立定期培训制度,法院和司法行政机关应当共同加强行政诉讼应诉业务培训和工作指导,并通过组织专题讲座、案例评析、旁听庭审等形式,不断提高行政机关负责人出庭应诉能力。

10. 深化府院联动,构建与行政机关常态化协调联动机制。全市法院要紧紧依靠党委领导,加强与各级行政机关的信息交流与共享。对涉企行政案件中发现的突出或普遍性问题定期交流通报,助力法治政府建设。对于涉企行政案件中反映的执法问题,及时研判分析,有针对性地向行政机关发送司法建议。在行政审判工作年报中,专门报告辖区上一年度涉企行政案件的基本情况、优化营商环境的经验举措及工作建议,助力全市法治化营商环境的深入推进。

无锡市中级人民法院
关于服务和保障太湖湾科创带建设的意见(试行)

为深入贯彻落实创新驱动发展战略和国家知识产权战略,发挥知识产权司法保护对科技创新的促进和激励作用,服务《无锡太湖湾科技创新带发展规划(2020—2025年)》顺利实施,保障无锡产业技术抢占制高点,争夺发展主导权、创新主动权,打造高新产业地标,结合法院工作实际,提出以下实施意见:

一、深刻认清发展大势,全力融入科创大局

建设太湖湾科创带是市委、市政府把握国内外发展大势,立足无锡推动高质量发展、构建新发展格局需要,面向世界科技创新前沿、面向率先基本实现现代化而作出的重大战略决策,是面向长远、涉及全局的重大战略抓手,是举全市之力打造的"头号工程"。全市法院必须深刻领会习近平总书记关于知识产权保护工作的重要论述,准确把握知识产权作为战略资源和竞争优势的核心地位,充分认识保护知识产权就是保护科技创新的历史使命,牢固树立大局意识、机遇意识、责任意识,以知识产权审判为中心,充分发挥司法保护主导作用,积极为打造具有国际影响力的科创名城提供司法智慧和力量。

二、聚焦科创重点领域,发挥能动司法作用

全面加强知识产权司法保护,助力解决"卡脖子"关键技术受制于人等问题;完善现代产权制度,让人民群众在每一个案件中感受到公平正义;深入推进司法体制改革,推动实现审判体制和审判能力现代化;立足国际化水准和国际影响力,着力建设一支革命化、正规化、专业化、职业化的知识产权审判队伍,以更高的司法能力助力太湖湾科创带建设。

要着眼于科创带目标定位,配套一核十园多点高端创新资源要素聚集的战略布局,深入调研集成电路、物联网、人工智能、生物医药、智能装备、数字经济

等领域知识产权的创造与保护问题,服务凝聚核心竞争力,为建成世界级产业集群打好创新基础;要创新打通各产业领域的知识产权创造、运用、保护、管理、服务全链条,找准司法服务工作切入点、着力点,增强对创新的系统保护能力,提高科创带“科”的含量、“创”的质量、“带”的能量。

三、加强知识产权保护,优化创新创造环境

坚决依法制裁和打击各类侵害专利权、商标权、著作权、商业秘密等犯罪行为,加大财产刑的适用力度,坚决追缴侵犯知识产权犯罪违法所得,收缴犯罪工具,销毁侵权产品,彰显刑事司法打击的震慑威力。坚持宽严相济的刑事政策,依法审理涉及科创领域的知识产权刑事犯罪案件,积极探索侵犯知识产权轻微刑事案件和解机制,维护各主体创新热情。统一知识产权犯罪的证据标准和量刑标准,推动形成规范化的量刑机制,发挥刑罚惩治和预防知识产权犯罪的功能。

要依法适用惩罚性赔偿,从严惩治恶意侵权、重复侵权、群体性侵权、以侵权为业等严重侵权行为,显著提高侵权成本,规范创新市场秩序。引导权利人充分举证,在证据证明实际损失或侵权获利超出法定赔偿最高限额时,实行在最高限额以上酌定赔偿,充分体现知识产权的实际市场价值。加大对诉讼失信行为的惩戒力度,对抗拒证据保全、故意逾期举证、毁损证据、隐匿证据、提交虚假证据、进行虚假陈述的当事人,依法加以制裁,营造诚实守信的诉讼环境。继续秉持精细化裁判理念,合理分配举证责任,优化损害赔偿计算方式,保护创新创造者权益。准确适用多种赔偿计算方式,发挥损害赔偿补偿和惩罚双重功能。通过大额损害赔偿、惩罚性赔偿加大知识产权保护力度。

四、统筹各方利益诉求,浓厚创新创造氛围

深化知识产权“三审合一”审判机制的升级迭代,聚力保护太湖湾科创带企业创新创造的合法权益。充分关注和保护中小微企业创新创造成果,统筹兼顾权利人、竞争者以及社会公众对创新创造的利益诉求,激发大众创新创造的无穷活力。正确处理保护知识产权与促进科创产业发展的关系,既加大保护力度促进科创产业发展,又合理确定保护范围和强度,预留科创产业发展的竞争空间。正确处理保护知识产权与防止权利滥用的关系,既依法支持权利人的正当

主张,又防止权利人滥用权利损害他人合法利益,有效遏制和防止其侵入公共领域,促进社会治理体系和社会治理能力的提高。

重视科创领域市场运营机制建设,通过公正及时审理股权激励、人才流动、知识产权运用等案件,规范和提高知识产权、科技咨询、科技金融等中介服务机构的水平,激活人才要素、资源要素、技术要素、创新要素,促进科创服务产业集群化建设,促进市场化新型研发组织、研发中介和研发服务外包新业态的培育和发展,以科技服务业赋能创新功能与产业功能协同提升。

五、准确把握法律政策,打造法治营商高地

深入贯彻落实《民法典》相关规定,坚持同股同权、同股同利的基本原则,依法妥善处理科创公司设立、股权期权激励、股东知情权、利润分配权、优先购买权、股东代表诉讼、对赌协议等纠纷案件,充分保护科技创新人员和企业的合法权利,充分保护科技类无形资产入股和科技产权股权转让行为,充分保护中小股东合法权利,引导技术成果产业化,促进公司治理规范化。坚持物权、债权、股权及知识产权等财产权全面保护原则,依法妥善审理涉及产权保护的各类案件。保障企业和企业家合法权益,严格区分经济纠纷与刑事犯罪,稳妥做好涉案财产处置工作,严格区分个人财产和企业法人财产、涉案人员个人财产和家庭成员财产,依法维护涉案企业和人员的合法权益。依法妥善认定各种新类型融资担保合同的效力,支持民营企业利用创新成果和各种财产权融资,支持民营企业拓宽融资渠道,增强融资能力,促进解决“融资难”问题。严格限制高息融资和“高利贷”,严格执行借贷利率的司法保护标准,对于在合理息费以外变相收取高息或者利用格式条款损害民营企业合法权益的,依法否定合同条款效力,促进解决“融资贵”问题。充分尊重和保护市场主体的意思自治,促进市场在资源配置中起决定性作用,规制各类垄断行为和不正当竞争行为,推动形成稳定公平透明、可预期的法治化营商环境。

六、不断探索改革新路,提高服务创新效能

认真贯彻落实立案登记制,完善分类立案材料清单制度,对依法应当受理的科创领域案件,做到有案必立、有诉必理,畅通诉讼渠道,依法保障当事人的诉权。依法及时适用证据保全、财产保全、行为保全等临时救济措施,提高权利

人的司法保护力度;加快智慧法院建设的升级换代,运用网上立案、网上咨询、电子送达,网络开庭等平台,促进各类案件高效、便捷地进行审理。

整合用好各方力量,打造科创带建设最强保护示范区。加强知识产权的跨区域合作,与苏州中院建立立案管辖对接机制、知识产权案件审理互助机制和合作调研服务机制,妥善协调苏州无锡两地知识产权审判中的交叉和衔接,实现区域资源优势互补;加强横向部门的交流共进,深化与政府机构、法学院校、报社媒体、园区企业的合作研讨,积极探索新时代知识产权保护的制度创新及发展路径,合力打造知识产权创造、保护和运用的专业决策智库,推动建立保护联动、网络联系、信息共享的保护新格局。

七、优化利用各种资源,提高社会治理能力

积极参与社会大调解机制建设,积极引导当事人选择商会调解、行业调解、专家调解、仲裁等方式解决科创领域的各类纠纷,加强法院与仲裁委、商会、政府机关等单位部门的联系,构建知识产权纠纷诉前、诉中、判后全流程纠纷化解机制,最大限度地化解知识产权矛盾纠纷。

加强与行政主管部门的联系与协作,开展多领域协同配合。继续发挥对知识产权行政行为的司法审查和监督职能,及时向相关单位和部门提出司法建议,借助知识产权联席会议平台和互联互通机制平台,相互通报情况,促进行政执法与司法之间的互动与提高。

加强涉太湖湾科创带案件的统计分析,深入各园区、产业园开展调研工作,建立纠纷动向提示和风险防范化解机制,严厉打击以创新为名,规避金融监管、进行制度套利的行为,运用审判白皮书、审判动态信息等方式,为企业“稳发展”“走出去”提供司法智慧;充分发挥司法建议的作用,积极向党委、政府和相关部门、企业提出针对性的司法建议,积极为太湖湾科创带的产业发展、制度创新、政府决策提供司法智库。

八、坚持绿色高效理念,建设美丽湖湾新城

围绕“产科城人融合”发展理念,坚持山水林田湖草一体保护,依法引导、保障、支持产业集群形成智能化、绿色化、高端化的发展模式,构建环太湖绿色低碳循环发展体系。鼓励引导人才和资本向太湖湾科创带“十园”发展方向集聚

和转移，重点支持未来产业园、特色产业园、现代服务业产业园建设，促进企业形成绿色发展的内生动力。积极发挥中院环保庭与长江流域环境资源第一法庭的司法功能，加强与公安、检察等部门的配合协作，拓展环保公益诉讼案件的案源，提高环保公益诉讼案件的影响力、辐射力。建立太湖湾科创带生态司法修复基地。

针对科创企业竞争激烈的严峻态势，完善建立市场化、法治化的破产企业分类处置机制，推动落后产能平稳退出市场，减少资源占用，释放生产力要素，努力实现企业破产的“软着陆”和“零震荡”。创新重整、和解工作机制，挽救有发展前景的濒危企业，将规范市场主体退出与促进企业转型升级紧密结合，在保障债权最大化受偿的基础上推动企业可持续发展。通过建立预重整引导人制度，运用市场化的专业力量推动庭外重组与庭内重整的衔接。积极尝试个人信用破产机制，努力使合法的创新投资者能够卸掉包袱，轻装上阵，让更多的优秀人才愿意加入到创新创造大潮中来。

九、及时解决劳资纠纷，吸引人才落地创业

积极贯彻市委市政府招智引才的政策，依法审理涉科创企业的劳动争议案件，及时保护创新投资者的合法权益，采取有效措施帮助科创企业防控引进人才风险，切实保障高新技术企业、科研院所、高等院校等单位与科研人才在处理劳动合同关系过程中的合法权益，保障科研人才合理流动，保障外国专家等高层次人才的劳动权益，促进高层次人才、高技能人才竞相汇聚。继续推进劳动争议调裁审一体化工作机制，打造调解在诉讼与非诉讼全对接和争议要素在调解、仲裁、审判全对接，以及诉讼保障在仲裁与法院全对接的“三个对接”工作模式，维护太湖湾科创带创业、就业良好秩序，力争以更好的环境和更优的服务，吸引更多的科创企业和优秀人才加盟进驻。

十、扩大司法宣传力度，打造服务科创品牌

全市法院以打造法治化营商环境为抓手，以服务太湖湾科创带建设为目标，大力加强宣传策划，开展知识产权司法保护行动月、大型论坛、新闻发布会等活动，紧盯科创发展方向、企业关心难点、新型权利焦点加强普法宣传教育。充分运用法院“两微一端”、新闻媒体等平台，发布典型案例，发挥以典型案例释

法的引导、规范、预防与教育功能,强化市场主体的诚信意识、契约意识、规则意识和责任意识,引导诉讼当事人正确预判诉讼利益和诉讼风险。运用漫画、小视频、宣传册等多种形式,广泛宣传无锡法院助力科创带建设的做法和成效,提升全社会对司法公开透明便捷服务的获得感和满意度,努力建设最优服务科创企业的“无锡样本”,形成具有全国影响力的最佳司法服务典范。

无锡市中级人民法院
关于服务和保障无锡“走出去”企业
应对风险挑战的实施意见

为深入贯彻落实中央和省、市委关于加强“一带一路”建设、进一步扩大对外开放、推动形成全面开放新格局的重大战略部署，按照市第十四次党代会关于主动参与“一带一路”交汇点建设、加强“走出去”综合服务平台建设的部署要求，充分发挥人民法院服务保障职能，促进无锡“走出去”企业提升应对风险、参与国际竞争的能力水平，结合全市法院工作实际，制定如下意见：

1. 探索成立无锡法院涉外司法研究中心。整合全市法院涉外商事审判人才队伍，联合浙江大学、对外经贸大学、江南大学等高校科研机构，成立无锡法院涉外司法研究中心，加强对外国法、国际条约、国际贸易惯例、国际规则标准以及其他涉外法治问题的研究运用，积极探索域外法查明的有效路径，努力把研究中心建设成为“走出去”企业应对风险挑战的一流智库。

2. 实施国际商事审判精品战略。坚持平等保护、充分尊重当事人意思自治、慎用公共政策保留、条约优先适用等法律适用原则，大力推进国际商事案件专业化、精细化审判，努力打造一批体现公正司法水平的精品案例、精品文书，为国际商事规则的制定和完善提供案例来源和实践支撑。

3. 创新国际商事纠纷诉讼服务体系。完善国际商事纠纷案件在线立案、在线调解、在线庭审等机制，利用在线身份核对、电子送达、互联网庭审等数字智能手段审理国际商事案件，切实提高审判效率。

4. 建立国际商事线上服务平台。定期公布涉外司法保护最新资讯，加强涉外投资贸易方面的法律宣传内容，利用法院微信公众号开设“涉外法律之窗”栏目，推送域外法律制度、司法制度等信息，积极回应“走出去”企业准确理解域外法律制度的需求；设立线上涉外司法服务窗口，在线解答“走出去”企业在开展境外业务所遭遇的法律难题。

5. 推动建立“一站式”国际商事争端调解中心。联合侨联、商会、行业协会等组织成立国际商事纠纷调解机构，委托或委派调解国际商事纠纷，化解涉外商事案件送达难、耗时长、公证认证慢等难题，促进构建公正高效、便捷低成本的国际商事纠纷解决机制。

6. 健全诉讼与仲裁衔接机制。鼓励“走出去”企业在域外开展经济交往中选择仲裁方式解决纠纷，帮助企业制定以境内、本地仲裁机构解决纠纷的合同文本。认真贯彻落实市法院与仲裁委关于加强诉裁衔接的意见，畅通诉讼与仲裁对接渠道，提升涉外仲裁案件比例。严格审查撤销涉外仲裁裁决申请，依法及时承认和执行外国仲裁裁决。

7. 完善企业服务平台共建机制。建立与对外贸易主管部门以及“走出去”企业的法律服务机构的沟通协调机制，通过座谈会、业务研讨等形式，就“走出去”企业面临的法律困境与难题，提供咨询意见、解决方案。建立人才培养交流机制，为“走出去”企业服务团队开展国际商事方面的业务培训。

8. 深化国际司法合作交流。拓宽国际司法交流渠道，探索与柬埔寨西港特区法院建立司法沟通联络机制，探索互为送达、取证、承认和执行裁判文书等司法协助途径，共同参与完善西港特区产城融合发展建设的司法保障计划，为“走出去”企业提供精准司法服务。

9. 大力培养高素质国际商事审判人才队伍。适应经贸、金融、知识产权等领域国际司法交流合作和涉外审判需要，健全涉外审判人才引进、选拔、使用、管理机制，加强以实践为导向的人才培养机制，开展与高等院校涉外人才的互聘交流和共同培养工作，培养和储备国际商事审判人才。

关于深化科技型企业
劳动人事争议“调裁审一体化”工作
积极推进新时代人才强市建设的实施意见

科技型企业是高层次人才引育积聚的重要平台，也是我市实施“太湖人才计划”、打造人才供应链条的重要载体。为全面推进新时代人才强市建设，推动以法治化手段优化人才创新生态，全力打造人才发展现代化先行区，现就深化科技型企业劳动人事争议“调裁审一体化”工作提出如下意见。

一、总体要求

(一)基本目标

以习近平新时代中国特色社会主义思想为指导，坚决落实习总书记关于新时代人才工作的新理念新战略新举措，深入贯彻中央和省、市委人才工作会议精神，严格遵循新时代人才工作“八个坚持”重大原则，突出人才引领发展的战略地位，聚焦深化科技型企业劳动人事争议“调裁审一体化”工作，建立健全符合科技型企业劳动人事争议特点的纠纷预防化解机制，推动劳动人事争议调裁审衔接更加规范顺畅、争议处理更加公正高效、劳动关系更加和谐有序、人才创新生态更加优良优质，以一流的法治环境吸引一流人才，为优化“无比爱才、锡望您来”城市品牌、全力打造人才发展现代化先行区提供有力支撑。

(二)基本原则

——强化市场导向，遵循人才发展规律。始终坚持以市场化方式提高人才配置水平，准确把握科技型企业人才引育规律，对引才用才的柔性模式、高层次人才多重身份特点所形成的不同法律关系、高层次人才聘用合同中的个性化条款等劳动人事争议焦点问题，充分尊重和保护意思自治，结合法律、政策妥善认定和处置，推动人才资源配置实现效率最优化和效益最大化。

——强化法治保障，突出多元共建共治。始终坚持以法治化手段优化人才发展环境,推进劳动人事争议法治化建设,做到解决问题用法、化解矛盾靠法。充分发挥人力资源和社会保障、工会、工商业联合会等单位在预防和化解劳动人事争议中的积极作用,强化司法的引领、推动、保障作用,合力化解矛盾纠纷,促进科技型企业劳动人事关系和谐发展。

——强化平衡保护,激励创新创业创造。始终坚持以平衡化保护涵养人才创新生态,根据高科技企业与高层次人才互相依存、互相成就的特点,在坚持全面、依法、平等保护的基础上,灵活采取调裁审措施,妥善处理高级管理人员、高级技术人员等因入职信息披露不充分、薪酬分红、竞业限制等引发的劳动人事争议纠纷,既要激励创新、宽容失误、依法保护高层次人才的合法权益,又要衡平利益、开放包容、促进科技型企业成长发展,确保高科技企业与高层次人才实现“多赢”。

二、工作内容

(一)夯实“调裁审一体化”基础,确保调解全环节贯通

深刻把握高科技企业发展壮大与高层次人才引育成长的密切关系,充分发挥调解在纠纷化解中的协商性强、对抗性弱、灵活度高的优势,坚持把调解协调优先的柔性化解手段贯穿始终,最大限度地钝化矛盾、修复劳动关系。

1. 推动企业建立内部协商机制。工会组织要积极引导高科技企业建立职工代表大会制度,发挥职工代表大会在实施企业发展重大决策和处理涉及职工切实利益等重大事项上的重要作用。推动企业建立规范有效的内部对话沟通渠道和诉求表达机制,成立劳动人事争议调解委员会,争取将矛盾纠纷化解在萌芽状态。

2. 探索建立专业化调解中心。积极探索在太湖湾科创带、梁溪科技城及其他创业园区等科技型企业聚集区建立专业化调解中心,由科技型企业代表组织、工会组织、行业协会代表、律师、行业专家等组成,引导、鼓励科技型企业、高层次人才优先选择专业化调解组织化解矛盾纠纷。

3. 建立特邀调解资源库。处理涉技术类人才劳动人事争议,邀请技术类专家参与调解;化解涉外及涉港澳台高层次人才的劳动人事争议,邀请符合条件的外国人或者香港、澳门特别行政区和台湾地区同胞参与调解;广泛邀请人大代表、政协委员、专家学者等社会第三方力量参与调解重大疑难复杂劳动人事

争议案件。

4. 加大仲裁调解力度。仲裁机构对进入仲裁程序的涉科技型企业劳动人事争议,要加强调解,注重调解方式、方法创新,引导科技型企业与高层次人才共谋发展,促进双方共同营造新型和谐劳动关系。

5. 优化司法确认程序。积极将特邀调解组织或特邀调解员调解达成的劳动人事争议调解协议纳入司法确认范围,推行"特邀调解 + 司法确认"解纷模式,加大对非诉讼纠纷解决机制的司法保障力度。

6. 加强诉讼调解。把涉科技型企业劳动人事争议纳入法院一站式多元解纷机制统筹推进,善于运用"互联网 + 调解"、微解纷平台等开展诉讼调解,在立案、审理、执行等阶段加大调解力度,提高调解效能。

(二)把握"调裁审一体化"重点,确保裁审全流程对接

深刻把握裁审衔接工作规律,着力构建系统完善、运转顺畅的对接机制,促进提升仲裁和诉讼的公信力,确保涉科技型企业劳动人事争议处理取得"三个效果"的有机统一。

7. 抓好立案受理对接。密切关注涉科技型企业劳动人事争议特点,统一案件裁审的受理范围,特别是对新类型、疑难、复杂纠纷类型,要加强分析研判,依法保护当事人诉权,确保做到有案必立。

8. 强化保全程序衔接。探索建立劳动仲裁程序中申请财产保全机制,畅通保全申请书、案件材料移送渠道,提高保全效能。人民法院办理涉科技型企业劳动人事争议案件,必须坚持谦抑、审慎、善意理念,灵活运用保全措施。

9. 规范裁审办案模式。仲裁机构、人民法院建立专业化办理团队,专门办理涉科技型企业劳动人事争议案件。探索建立中间裁决机制,对于事实认定复杂、审理周期较长的案件,可先行就相关争议作出中间裁决,提高劳动人事争议化解效率。

10. 创新鉴定及取证机制。探索建立仲裁机构通过委托人民法院开展司法鉴定工作机制,提升仲裁阶段委托鉴定的便捷性和法律效力。仲裁机构根据民事诉讼法、仲裁办案规则等相关规定,探索建立调查令取证制度,增强调查取证的实效性。

11. 统一相关法律适用标准。重点针对高层次人才兼具公司股东、公司董监高身份且又与公司签订劳动合同的法律关系认定,准确区分业绩提成、绩效

工资、加班工资、分红等薪酬的性质，合理认定股权激励机制中的权利义务、高层次人才离职后的竞业范围及竞业限制补偿金等问题，加强涉科技型企业劳动人事争议法律适用问题研究，逐步统一裁审法律适用标准。

12. 加强执行程序衔接。人民法院依法执行仲裁机构作出的先予执行裁定，加大对仲裁机构裁决书、调解书的执行力度，运用善意文明执行方式确保当事人的胜诉权益及时兑现。

（三）优化“调裁审一体化”举措，确保效能全方位拓展

深刻把握公正高效化解涉科技型企业劳动人事争议对推动人才发展的重要作用，持续创新、完善工作举措，充分激发调裁审一体化的效能。

13. 健全联席会议制度。人民法院、人力资源和社会保障部门、工会、工商业联合会等单位健全联席会议制度，逐步拓展成员单位范围，定期召开会议，共同研究分析涉科技型企业劳动人事争议处理形势，互相通报工作情况，推动解决相关难点、焦点问题。

14. 建立业务常态交流机制。人民法院联合相关单位举办调解员、仲裁员、审判员业务培训班，通过“集中授课、同堂培训”的方式，邀请专家授课、开展庭审观摩，增强相关人员的素质和能力。

15. 联合开展走访调研。人民法院联合人力资源和社会保障部门、工会、工商业联合会等单位走访涉科技型企业，对企业的劳动人事管理制度、高层次人才的用工模式、工会调解等工作进行调研评估，引导科技型企业规范用工管理、健全内部人事管理制度。

16. 强化“三书”功能。充分发挥工会劳动法律监督意见书、劳动仲裁委仲裁建议书、人民法院司法建议书等“三书”作用，在新类型、疑难、复杂劳动人事争议中实行必发“三书”机制，促进科技型企业规范治理。

17. 设立巡回办案点。探索在科技型企业聚集区建立巡回仲裁、巡回审判点，选定典型案例公开审理，既方便当事人参与仲裁或诉讼活动，又发挥案例的示范教育作用。

18. 提升信息化运用水平。探索建立涉科技型企业劳动人事争议“网上数据一体化处理”机制，推动劳动争议处理相关部门的信息互通和数据共享，实现纠纷网上处理、快速化解。

三、组织保障

（一）加强组织领导

各相关部门要提高政治站位，充分认识深化科技型企业劳动人事争议“调裁审一体化”工作对打造人才发展现代化先行区、优化营商环境的重要意义，切实将此项工作纳入重要议事日程，结合自身职能研究制定具体措施，进一步优化“调裁审一体化”机制建设。

（二）加强工作协调

各相关部门要充分发挥各自职能优势，互相配合、通力协作，认真落实联席会议、业务常态交流等工作机制，认真研究解决“调裁审一体化”工作中的各种问题，依法高效预防和化解科技型企业劳动人事争议，逐步优化创新生态。

（三）加强宣传引导

各相关部门要注重总结提炼“调裁审一体化”工作中的好经验、好做法，加大对典型案例、改革成效的培育和宣传力度，提升宣传的感召力、影响力，力争创造具有广泛影响力的推进新时代人才强市建设的“无锡经验”。

无锡市中级人民法院
“与个人破产制度功能相当”试点工作实施意见

为贯彻落实省法院关于“与个人破产制度功能相当”(以下简称类个人破产程序)试点工作的要求，在全市范围内积极、稳妥、有序开展试点工作，根据《人民法院第五个五年改革纲要(2019—2023)》、国家发改委等13部门《加快完善市场主体退出制度改革方案》、最高人民法院《关于深化执行改革健全解决执行难长效机制的意见——人民法院执行工作纲要(2019—2023)》、省法院《关于开展“与个人破产制度功能相当”试点工作中若干问题解答》(以下简称问题解答)等文件精神，结合全市法院工作实际，制定本实施意见。

一、指导思想和工作目标

坚持以习近平法治思想为指导，按照循序渐进、逐步推开、宽进严出的工作方针，依法依规开展试点工作，充分发挥类个人破产程序对“诚实而不幸”债务人的救济功能，消除诚信创业者后顾之忧，促进市场主体有序退出，保护创业积极性，营造鼓励创新创业、宽容失败的社会氛围，防范化解区域金融风险，服务经济社会发展大局，为无锡走在率先实现社会主义现代化最前列提供司法服务和保障。通过试点工作检验理论、积累经验，争取形成可复制可推广的无锡司法经验，为个人破产制度正式出台做好充分准备。

二、工作原则

(一)坚持于法有据

遵循法治思维和法治方式，开展试点工作应当在现有法律框架内进行，要以民事诉讼法以及相关司法解释为依据，特别是有关财产调查、参与分配、执行和解、失信惩戒等规定，参照企业破产法相关原则和精神，确保在法治轨道上开展试点工作。

（二）坚持司法为民

准确把握试点工作挽救"诚实而不幸"债务人的功能定位，将诚实信用的创业失败者作为重点试点对象。同时要切实维护债权人正当权益，实现法律效果与社会效果高度统一，增强人民群众的司法获得感和认同感。

（三）坚持积极探索

研究推动建立个人破产制度作为最高法院明确的一项重大司法改革任务，要在试点工作中充分发挥司法智慧，用好法律精神，抓住改革试点的实质和突破口，适度创新改革。

三、具体措施和分工

（一）强化试点工作调研部署

1. 开展调查研究并制定试点工作实施意见及工作指引。市中院根据试点工作要求，结合试点工作调研、座谈情况，制定试点工作实施意见及工作指引，统筹部署全市法院试点工作。

2. 适时召开试点工作推进会。贯彻最高法院"开展与个人破产制度功能相当的试点工作，为建立个人破产制度打下实践基础"工作精神，落实省法院关于类个人破产程序试点工作要求，传达市委领导关于试点工作的指示。

（二）落实试点工作重点任务

1. 主动筛查执行案件。各法院执行部门要积极作为，主动梳理排查债务人为个人的执行案件，重点以因资金困难、市场变化等原因负债的科技创业人员、技术革新人员等为排查对象，推动一批类个人破产案件的形成，帮助部分诚信债务人彻底退出执行程序。

2. 做好有效释明引导。执行部门要通过法律释明等方式加强对受理条件、程序、法律后果的阐释引导，同时向申请人释明提供虚假申请材料的法律后果。依法接收债务人、债权人提出的申请，注意申请主体、管辖、申请材料是否符合规定要求。

3. 组建试点工作合议庭。各法院选派办案经验丰富、理论功底扎实的破产审判法官 2 名、执行法官 1 名组成试点工作合议庭，保障试点工作审判资源配置。

4. 建立审查协调机制，确定合议审查重点。鉴于类个人破产案件的特殊性和复杂性，涉及多部门法律业务，为提高衔接工作效率和质量，建立由立案、执行、破产审判等部门具有审判职称的人员组成的协调小组，负责审查材料出具审查意见，确保破产案件的受理质量。申请材料经审查符合要求的，由各法院执行部门移送各自立案庭以“执个”案号立案。试点工作合议庭要按照市中院工作指引的要求，重点审查债务人有无规避执行、财产申报不实、有履行能力而拒不履行等行为，经审查发现不符合受理条件、不符合类个人破产程序适用条件的，及时裁定不予受理或者终结类个人破产程序，确保试点工作适用于“诚实而不幸”债务人。

5. 及时协调关联案件。债务人有在办执行案件或者有财产尚未处置的终结本次执行案件在省内其他法院的，受理申请法院及时书面通知已知执行法院中止对进入类个人破产程序被执行人的执行，并可以报请共同的上级法院将相关案件指定至受理申请法院集中执行，市中院执行局负责统筹协调类个人破产中债务人的相关执行案件。

6. 在办执行案件衔接。执行法院收到类个人破产受理申请法院通知后应当中止执行，被执行人名下财产已经进入变价程序的，经受理申请法院同意，执行法院可以继续处置，但不得对变价款进行分配和交付；执行案件符合终结本次执行程序条件的，可以裁定终结本次执行程序；因债务人财产分配结束、无财产可供分配、达成和解而裁定终结类个人破产程序的，各法院执行部门要及时终结对债务人的执行。

7. 妥善办理试点案件。各法院要严格依照省法院问题解答、市中院工作指引的规定和要求开展工作，案件办理过程中重点关注类个人破产申请的合规审查、债权人会议表决规则、债务人诚信程度和财产状况的调查、对管理人工作的指导等重点工作，妥善维护好债权人及债务人的合法权益。

8. 做好信息技术保障。各法院信息技术部门要加强试点工作的系统衔接、案号创建、功能设置，全力做好信息技术保障，推进试点工作各办公环节高效化、便捷化。

9. 强化免责考察监督。各法院要督促管理人做好免责考察期内债务人的行为监督，并将管理人履职表现作为管理人定级依据。管理人怠于履行或者不当履行职责的，由人民法院责令改正，并可以采取降低管理人报酬、依职权更换管理人等措施;管理人与他人恶意串通,妨害司法程序的,由人民法院依法予以训诫、罚款。

四、组织实施

(一)提高政治站位,层层落实推进

全市法院要坚决贯彻省法院和市委工作要求,积极进取,奋发有为,开创试点工作新局面。要深刻认识到探索推进类个人破产程序是人民法院深化司法改革、探索个人破产制度、促进“诚实而不幸”个人重生的重要举措,是充分发挥法律制度功能、切实维护人民群众合法权益和社会经济秩序健康稳定的迫切需要。各基层法院主要负责人要亲自抓、负总责,全面推进改革试点工作;牵头院领导负责抓好各项改革任务,具体抓、抓落实。有关责任部门要按照重点任务要求,进一步细化工作安排和具体工作责任人,确保各项工作落实到位、责任到人。

(二)统筹工作安排,加强组织领导

市中院成立“与个人破产制度功能相当”试点工作领导小组,党组书记、院长钱斌担任组长,党组成员、副院长陈靖宇,党组成员、执行局局长邱必友担任副组长,其他院领导担任领导小组成员,统一领导全市法院试点工作。领导小组下设办公室,党组成员、副院长陈靖宇,党组成员、执行局局长邱必友兼任办公室主任,办公室设在金融庭,金融庭、执行局、立案一庭、宣传处、研究室主要负责人为成员,具体负责试点工作的统筹规划、综合协调、调研指导、舆论宣传、总结报告等工作。全市各基层人民法院成立试点工作领导小组,统筹安排本院试点工作,确保类个人破产程序试点工作依法有序推进。

建立联络员制度。领导小组办公室成员所在部门各指定 1 名负责人和 1 名联络员,基层法院各指定 1 名院领导和 1 名联络员作为试点工作负责人和联络人,加强试点工作沟通联络。

(三)强化业务指导,促进协同联动

类个人破产程序试点工作涉及面广、专业性强,两级法院破产审判、执行部门要加强上下条线的沟通协调,各法院要强化本院破产审判、执行、立案、信息技术部门之间的协同联动,完善配套机制,服务改革试点。市中院要加强对基层法院的业务指导，形成两级法院合力，确保试点工作高起点、高标准推进，促进试点工作走深走实。

（四）加强司法调研，培育典型案例

各法院要加强试点过程中的实践调查和研究论证，深入挖掘、培育试点经验做法，对试点工作中的工作动态、经验做法、问题建议及时报送和研判，努力培育一批“诚实而不幸”个人通过类个人破产程序重生的典型案例，发挥案例指导作用，更好指导试点实践。

（五）规范宣传引导，强化检查督导

各法院宣传部门要规范类个人破产程序试点工作的新闻宣传和舆论引导，既要宣传我市试点工作的亮点和成效，同时也要注意严把审核关口，防范负面舆情，维护法院形象。增进社会对类个人破产程序的理解，关注敏感案件，谨慎开展个案宣传。各法院要明确时间节点，落实任务分工，层层推进类个人破产程序试点工作。市中院将定期进行检查督导，并计划于今年 8 月开展试点工作初期评估，广泛听取法院内部和社会各界的意见建议。

无锡市中级人民法院“与个人破产制度功能相当”试点工作指引(试行)

为深入开展“与个人破产制度功能相当”试点工作,促进确无履行能力的诚信自然人被执行人依法有序退出民事执行程序,根据最高人民法院《关于深化执行改革健全解决执行难长效机制的意见——人民法院执行工作纲要(2019—2023)》,依照《中华人民共和国民事诉讼法》等法律、司法解释,江苏省高级人民法院《关于开展“与个人破产制度功能相当”试点工作中若干问题解答》,参照《中华人民共和国企业破产法》的有关精神,结合我市法院工作实际,制定本指引。

第一章 总 则

第一条 【概念】本指引所指“与个人破产制度功能相当”试点工作,是指在民事执行程序中,人民法院根据申请,依照有关财产调查、参与分配、执行和解、失信惩戒等法律规定,参照企业破产法相关原则和精神,促成债权人与债务人达成和解并同意对其免责,在免责考察期届满后终结执行,以促进确无履行能力的诚信债务人个人重新恢复正常生产、生活能力的一项工作,简称“类个人破产程序”。

第二条 【原则和工作方针】依照本指引适用类个人破产程序,应当遵循依法依规、诚实信用、公平清偿、利益衡平、公正高效的原则,贯彻循序渐进、逐步推开、宽进严出的工作方针。

第三条 【适用主体】在无锡辖区居住且参加无锡社会保险连续满三年,或具有无锡户籍的自然人,以及无锡辖区内市场监督管理局登记注册的个体工商户,不能清偿到期债务,资产不足以清偿全部债务或者明显缺乏清偿能力,且在人民法院有作为被执行人的强制执行案件的,可以依照本指引适用类个人破产程序。

适用该程序的被执行人个人以从事商事活动的主体为主,其他符合条件的个人被执行人可参照适用。

第二章 申请和受理

第四条 【申请主体】符合本指引第三条规定情形的债务人,可以向人民法院提出适用类个人破产程序申请。

债务人不能清偿到期债务,单独或者共同对债务人享有10万元以上到期债权的债权人,可以向人民法院提出对债务人适用类个人破产程序申请。

上述债务人的配偶同为法院被执行人的,可以合并提出申请。

第五条 【管辖】同时符合以下条件的我市人民法院可以开展类个人破产工作:

(一)债务人住所地、经常居住地、缴纳社会保险所在地在该人民法院辖区内;

(二)该人民法院有以该债务人作为被执行人的强制执行案件。

上述法院无债务人执行案件的,申请人可以向有权主持参与分配的法院提出申请。

两个以上符合条件的人民法院收到针对同一债务人的申请的,由最先立案的人民法院启动类个人破产程序。

第六条 【债务人申请材料】债务人提出申请的,应当向人民法院提交下列材料:

(一)申请书,载明申请人的基本情况、申请事项、申请的事实和理由;

(二)债务人(含配偶和未成年子女)财产及收入状况报告;

(三)债权债务明细;

(四)申请之日前两年内单次超过一万元支出的财产变动情况;

(五)请求保留的豁免财产清单;

(六)人民银行征信报告等个人信用证明材料;

(七)诚信承诺书;

(八)法院认为需要的其他材料。

申请人有收入来源且超过维持其本人及其扶养家庭成员基本生活水平的,应当提交债务清偿计划。

第七条 【债权人申请材料】债权人提出申请的,应当向人民法院提交下列材料:

(一)申请书,载明申请人、被申请人的基本情况、申请事项、申请的事实和理由;

(二)到期债权证明;

(三)经书面或者法定程序要求债务人清偿债务的证明等相关材料;

(四)诚信承诺书;

(五)法院认为需要的其他材料。

第八条 【申请的撤回】人民法院裁定受理申请前,申请人可以书面形式撤回申请,人民法院经审查认为不损害其他当事人合法权益的,应当裁定准许。

申请人无正当理由在裁定准予撤回申请之日起一年内再次就相同债务人提出申请的,人民法院应当裁定不予受理。

第九条 【立案审查】人民法院审查申请时,重点对被执行人的财产状况、债务申报情况、有无失信行为、有无违反诚实信用原则等情况进行审查,一般以书面调查的方式进行;案情复杂的,可以进行听证调查,听证时间不计入审查时间。

人民法院可以向被执行人所在社区或者单位、税务机关、信用管理部门送达申请书副本并征询意见。

第十条 【立案受理】人民法院收到申请后,经审查符合条件的,应当于收到申请之日起三十日内作出受理裁定。

第十一条 【不予受理情形】人民法院审查申请时,发现有下列情形之一的,应当裁定不予受理:

(一)债务因故意违法犯罪、赌博、挥霍消费等不良行为产生;

(二)有履行能力而拒不履行生效法律文书确定义务;

(三)以伪造证据、暴力、威胁等方法妨碍案件审理、抗拒执行;

(四)以虚假诉讼、虚假仲裁或者以隐匿、转移财产、放弃债权、虚构债务等方法妨害诉讼、规避执行;

(五)违反限制消费令;

(六)存在无正当理由拒不履行执行和解协议等违反诚实信用原则的情形;

(七)债务人提供的财产及收入状况说明不实;

(八)在江苏省辖区外有作为被告、被执行人或者被申请人的应负或者可能应负金钱给付义务的诉讼、执行、仲裁、公证债权案件;

(九)有作为被告、被申请人的可能应负金钱给付义务的正在审理中的诉讼、仲裁、公证债权案件,上述案件在签订债务清偿和解协议前形成生效法律文书的除外;

(十)债务人有其他数额较大债务可能进入诉讼、仲裁、公证等法律程序;

(十一)不符合本指引第三条、第四条情形的。

因第(一)至(七)项情形裁定不予受理之日起三年内,申请人再次提出申请的,无论是否符合受理条件,人民法院均应当裁定不予受理。

第十二条　【受理通知】债务人提出申请,人民法院裁定受理的,应当自受理之日起五日内将裁定书送达债务人。

债权人申请对债务人适用类个人破产,人民法院裁定受理的,应当自受理之日起五日内将裁定书同时送达债权人和债务人。债务人自裁定书送达之日起十五日内,应当向人民法院提交本指引第六条除申请书以外的其他相关材料。

第十三条　【中止执行】裁定受理申请后,受理法院应当书面通知省内已知执行法院中止对进入类个人破产程序被执行人的执行,并报请共同上级法院将相关案件指定至该院集中执行。

执行法院收到通知后应当中止执行,被执行人名下财产已经进入变价程序的,经受理申请法院同意,执行法院可以继续处置,但不得对变价款进行分配和交付,也不得以物抵债;执行案件符合终结本次执行程序条件的,可以裁定终结本次执行程序。

第十四条　【限制行为】裁定受理申请的,应同时作出限制债务人行为的决定。自决定作出之日起至债务人复权前,除债权人会议另有决议外,债务人不得有下列行为:

(一)《最高人民法院关于限制被执行人高消费及有关消费的若干规定》第三条禁止的高消费及非生活或工作必需的消费行为,乘坐飞机经济舱及高铁二等座除外;

(二)担任任何企业的董事、监事、高级管理人员;

(三)人民法院认为应当进行限制的其他行为。

第十五条 【债务人的义务】人民法院受理申请后,债务人应当履行下列义务:

(一)妥善保管其占有和管理的财产以及相关资料,并根据人民法院、管理人要求及时完整移交;

(二)根据人民法院、管理人的要求进行工作;

(三)根据《最高人民法院关于民事执行中财产调查若干问题的规定》第五条至第七条的规定报告财产情况;

(四)列席债权人会议并如实回答债权人的询问;

(五)及时向人民法院或者管理人报告个人通讯方式、住所地变化情况。

前款一至三项适用于债务人的近亲属、利害关系人。

第十六条 【个别清偿】人民法院受理申请后,债务人不得对个别债权人的债务予以清偿,但符合下列情形之一的除外:

(一)债务人为维持日常基本生活需要支付的费用;

(二)个别清偿行为使债务人财产受益的。

第十七条 【终结程序】人民法院受理申请后,发现债务人存在第十一条所列情形或其他逃废债行为,以及严重违反本指引第十一条第二款、第十四条、第十六条行为的,债务人及其近亲属、利害关系人未履行第十五条行为的,人民法院可以依职权或依管理人、债权人的申请,裁定终结类个人破产程序。符合恢复执行条件的,恢复原生效法律文书的执行,并根据情节依法对被执行人及其他当事人采取罚款、拘留等措施,构成犯罪的,依法追究刑事责任。

第三章 管 理 人

第十八条 【指定管理人】裁定受理类个人破产申请的,应当同时指定管理人。

债务人以个人名义借款实际用于公司经营或者为公司债务提供担保,该公司已经进入破产程序的,一般由企业破产案件的管理人担任类个人破产程序管理人;其他管理人参照本市法院企业破产案件管理人的选任规定予以指定。

第十九条 【管理人职责】管理人履行下列职责:

(一)接管债务人的财产以及相关资料;

(二)调查债务人财产状况,制作财产状况报告;

(三)通知已知符合条件的债权人申报债权,接受债权申报、进行审查并提交债权人会议核查;

(四)监督债务人的日常开支和其他必要开支;

(五)管理和处分债务人的财产;

(六)经债务人授权后,代表债务人参加诉讼、仲裁或者其他法律程序;

(七)提议召开债权人会议;

(八)拟定债务人财产变价方案、财产分配方案;

(九)协商债务人并提出债务清偿和解方案;

(十)监督债务人履行债务清偿和解协议以及免责考察期内的行为;

(十一)提请终结类个人破产程序;

(十二)人民法院认为管理人应当履行的其他职责。

第二十条 【管理人报酬】管理人报酬参照《最高人民法院关于审理企业破产案件确定管理人报酬的规定》执行。

各法院可以协调当地主管部门,将破产专项基金使用范围扩大至用于支付类个人破产程序管理人报酬。

第四章 债务人财产

第二十一条 【财产申报】债务人应当自人民法院受理裁定送达之日起十五日内如实申报本人、配偶、未成年子女及其他共同生活的近亲属下列财产情况:

(一)工资收入、劳务所得、银行存款、现金、微信和支付宝等第三方支付平台账户资金、住房公积金账户资金等现金类资产;

(二)投资或者以其他方式持有股票、基金、投资型保险以及其他理财产品等享有的财产权益;

(三)投资境内外非上市股份有限公司、有限责任公司,注册个体工商户、个人独资企业、合伙企业等财产权益;

(四)集体经济组织的分红、信托受益权、知识产权等财产权益;

(五)所有或共有的土地使用权、房屋等不动产;

(六)交通运输工具、机器设备、产品、原材料等动产;

(七)文玩字画、个人收藏等贵重物品;

(八)债务人基于继承、赠与、代持等依法享有的财产权益;

(九)债务人有理由主张的财产权益;

(十)债务人在类个人破产申请受理前可期待的财产或者财产权益;

(十一)债务人在境外获得的本条(一)至(十)项规定的财产及财产权益;

(十二)债务人其他具有处置价值的财产。

第二十二条 【财产收回】人民法院受理类个人破产申请后,债务人的债务人或者财产持有人应当向管理人清偿债务或者交付财产。

第二十三条 【债务人财产】类个人破产申请受理时属于债务人的全部财产,以及类个人破产申请受理后至类个人破产程序终结前债务人取得的财产,为债务人财产。

第二十四条 【自由财产】《最高人民法院关于人民法院民事执行中查封、扣押、冻结财产的规定》第三条规定的下列财产,债务人可以保留:

(一)债务人及其所扶养家属生活所必需的衣服、家具、炊具、餐具及其他家庭生活必需的物品;

(二)债务人及其所扶养家属所必需的生活费用。当地有最低生活保障标准的,必需的生活费用依照该标准确定;

(三)债务人及其所扶养家属完成义务教育所必需的物品;

(四)未公开的发明或者未发表的著作;

(五)债务人及其所扶养家属用于身体缺陷所必需的辅助工具、医疗物品;

(六)债务人所得的勋章及其他荣誉表彰的物品;

(七)根据《中华人民共和国缔结条约程序法》,以中华人民共和国、中华人民共和国政府或者中华人民共和国政府部门名义同外国、国际组织缔结的条约、协定和其他具有条约、协定性质的文件中规定免于查封、扣押、冻结的财产;

(八)法律或者司法解释规定的其他不得查封、扣押、冻结的财产。

第二十五条 【自由财产】债务人请求保留本指引第二十四条规定以外财产的,应当由出席债权人会议有表决权的债权人过半数同意,并且其所代表的债权额占无财产担保债权总额的三分之二以上通过。

第二十六条 【财产调查】管理人应就债务人的财产状况及债权债务等事项展开全面调查,调查范围包括但不限于:存款、证券、保险、社保账户、不动产登记、家庭婚姻及共同财产状况、动产占有情况、维持日常生活的收入来源、对第三人是否享有债权等。管理人也可向法院申请网络查控以及搜查措施等。必要时,法院可依据职权进行调查。

第二十七条 【财产调查】债务人应当对以下事项接受管理人调查,并接受债权人质询:

(一)债务人现有财产及或有资产的种类、数量、性质、权属凭证;

(二)受理前两年是否从事经营性活动;

(三)受理前两年内银行、证券、保险账户收支情况;

(四)家庭成员扶养基本情况;

(五)人民法院及管理人认为需要调查的其他事项。

第五章 清理程序

第一节 债权申报和确认

第二十八条 【通知公告】人民法院应当自通知执行法院中止执行之日起十日内,通知已知债权人。通知和公告应当载明下列事项:

(一)对类个人破产程序的简要释明;

(二)债务人姓名、身份证、其他有效证件号码;

(三)人民法院立案受理的时间;

(四)申报债权的债权人应当已经取得生效执行依据或对债务人的财产有优先权、担保物权;

(五)申报债权的期限、地点和注意事项;

(六)债务人的债务人或者财产持有人应当清偿债务或者交付财产的要求;

(七)第一次债权人会议召开的时间和地点;

(八)管理人姓名、名称及联系方式;

(九)人民法院认为应当通知或者公告的其他事项。

第二十九条 【债权申报期限】债权人应当在人民法院确定的债权申报期限内向管理人申报债权。债权申报期限自受理申请公告之日起计算,最短不少于三十日,最长不超过六十日。

第三十条 【债权人申报要求】债权人申报债权时,应当书面说明债权的金额和有无财产担保,并提交生效执行依据、财产优先权证明、担保物权证明等证据。

申报的债权属于连带债权的,应当予以说明。

连带债权人可以由其中一人代表全体连带债权人申报债权,也可以共同申报债权。

债务人的保证人或者其他连带债务人已经代替债务人清偿全部债务的,以其对债务人的求偿权申报债权。

债务人的保证人或者其他连带债务人尚未代替债务人清偿债务的,以其对债务人的将来求偿权申报债权。但是,债权人已经向管理人申报全部债权的除外。

连带债务人中数人经裁定适用类个人破产程序的,其债权人有权就全部债权分别申报债权,但应当如实说明已申报情况、相关破产案件信息和已获清偿的金额。

第三十一条 【无需申报的债权】债务人依法应当承担的赡养费、抚养费、扶养费无需申报,由管理人根据债务人提供的信息调查核实后,予以公示。

债务人所欠雇用人员的工资和医疗、伤残补助、抚恤费用,包括应当缴入雇用人员个人账户的基本养老保险、基本医疗保险等社会保险费用,以及依法应当支付给雇用人员的补偿金等无需申报,由管理人调查核实后予以公示。

被赡养人、被抚养人、被扶养人、被雇用人员对公示内容有异议的,可以要求管理人更正。

第三十二条 【编制债权表】管理人收到债权申报材料后,应当登记造册,对申报的债权进行审查,并编制债权表。债权表和申报材料由管理人保存,供利害关系人查阅。

依照前款规定的债权表,应当提交第一次债权人会议核查。

第二节 债权人会议

第三十三条 【债权人会议成员】依本指引申报债权的债权人为债权人会议的成员,有权参加债权人会议,享有表决权。

对债务人的特定财产享有担保权的债权人,未放弃优先受偿权利的,对于本指引第三十五条第(九)项规定的事项不享有表决权。

债权人可以委托代理人出席债权人会议,行使表决权。代理人出席债权人会议,应当向人民法院或者债权人会议主席提交债权人的授权委托书。

仅有一位债权人的,由其行使债权人会议的职权。

第三十四条 【债权人会议主席】债权人会议可以设主席一人,由人民法院从有表决权的债权人中指定。债权人会议主席主持债权人会议。

第三十五条 【债权人会议职权】债权人会议行使下列职权:

(一)核查债权;

(二)申请人民法院更换管理人;

(三)监督管理人;

(四)审查管理人的费用和报酬;

(五)审议债务人财产状况报告;

(六)通过准许债务人保留的自由财产清单;

(七)通过债务人财产的管理方案;

(八)通过债务人财产的变价方案;

(九)通过债务人财产的分配方案;

(十)人民法院认为应当由债权人会议行使的其他职权。

债权人会议应当对所议事项的决议作成会议记录。

第三十六条 【会议召开】第一次债权人会议由人民法院召集,自债权申报期限届满之日起十五日内召开。

以后的债权人会议,在人民法院认为必要时,或者管理人、债权人委员会、占债权总额四分之一以上的债权人向债权人会议主席提议时召开。

召开债权人会议,管理人应当提前七日通知已知债权人。

第三十七条 【会议形式】债权人会议可以以现场、书面或者网络形式召开并进行表决。

债务人财产少、债权人数量少于三人且争议不大的案件,经人民法院决定,可以不召开债权人会议,直接征询债权人意见。

第三十八条 【表决规则】债权人会议可以采用双重表决规则,即先由全体债权人一致同意通过表决规则,再根据通过的表决规则对各事项进行表决。

第三十九条 【发现新的债权人】第一次债权人会议召开后,当事人申报债权的,人民法院应当对债务人是否故意隐瞒该债权进行审查。如存在故意隐瞒情形的,裁定终结类个人破产程序。如不存在故意隐瞒情形的,可以再行召开债权人会议。

第三节　清算式债务清理

第四十条　【财产变价】债务人财产变价处置应当通过网络拍卖进行，但是债权人会议另有决议的除外。

第四十一条　【债权清偿顺位】对债务人的特定财产享有担保物权等优先权的权利人，对该特定财产享有优先受偿的权利。

债务人财产在优先清偿类个人破产费用和共益债务后，其他债务依照下列顺序清偿：

（一）债务人欠付的赡养费、抚养费、扶养费、劳动报酬以及人身损害赔偿款；

（二）欠缴税款；

（三）普通债权。

债务人财产不足以清偿同一顺序债权的，按照比例分配。

第四十二条　【债务人财产分配完毕后的处理】债务人无收入来源，或者虽有收入来源但维持其本人及扶养家庭成员基本生活后无剩余的，其财产分配完毕，经债权人会议表决通过债务豁免方案后，人民法院可以裁定终结类个人破产程序。

第四十三条　【债务人无财产可供分配的处理】债务人无财产可供分配，且无预期收入或者预期收入不足以维持其基本生活的，经债权人会议表决通过债务豁免方案后，人民法院经审查确认可以裁定终结类个人破产程序。

第四十四条　【保证人、连带债务人的后续责任】债务人的保证人以及与债务人承担连带债务的其他债务人，对债权人经过类个人破产程序未受清偿的债权，继续承担清偿责任。

第四十五条　【财产分配方案的表决】管理人应当及时拟订财产分配方案，提交债权人会议讨论。

财产分配方案应当载明下列事项：

（一）参加财产分配的债权人名称或者姓名、住所；

（二）参加财产分配的债权额；

（三）可供分配的财产数额；

(四)财产分配的顺序、比例及数额;

(五)实施财产分配的方法。

债权人对财产分配方案有异议并说明理由的,可以按照《最高人民法院关于适用〈中华人民共和国民事诉讼法〉的解释》第五百一十一条、五百一十二条的规定寻求救济。

第四节 和解式债务清理

第四十六条 【和解式债务清理的优先适用】有个人收入或预期内会有固定收入,且收入超过维持其本人及其扶养家庭成员基本生活水平的债务人,应优先适用和解式债务清理。

第四十七条 【和解方案的提交及内容】债务人应当在第一次债权人会议前向管理人提交债务清偿和解方案。

债务清偿和解方案应当包括下列内容:

(一)自由财产范围;

(二)现有财产的处置方案;

(三)清偿率(可以针对不同情形债权设定不同清偿率,但相同情形债权原则上适用相同清偿率,且均不得低于其依照本指引其他程序所能获得的清偿比例);

(四)清偿方法(分期清偿的,履行期一般不得超过五年,超过五年的应当具有可行性);

(五)权利恢复请求;

(六)有利于债务清偿的其他方案。

第四十八条 【债务清偿和解方案的表决】按照本指引第三十八条规定的表决规则,且债务清偿和解方案同时符合以下条件即为通过:

(一)出席债权人会议的对债务人的特定财产享有担保权的债权人过半数同意,且其所代表的债权额占有财产担保债权总额的三分之二以上。

(二)出席债权人会议的无财产担保债权人人数过半数同意,且其所代表的债权额占无财产担保债权总额的三分之二以上。

第四十九条 【和解方案通过后的结案】为了防止出现超长期积案,债务清偿和解协议确定的履行期超过六个月的,人民法院可以以“达成和解”方式对类个人破产案件结案。

第五十条 【和解方案未通过的法律后果】债务清偿和解方案经债权人会议两次表决未通过的，人民法院应当裁定终结类个人破产程序。

第五十一条 【和解方案的执行监督】债务清偿和解方案由管理人监督执行，清偿期结束后，管理人向人民法院提交债务清偿计划执行情况报告。

第五十二条 【和解方案的调整】债务人财务状况或者生活条件意外恶化导致不能继续履行原和解协议的，或者债务人在债务清偿和解协议履行期间或免责考察期内获得大额资产的，管理人、债权人及债务人可以申请重新议定债务清偿和解方案。

重新议定的债务清偿和解方案经债权人会议两次表决未形成一致意见，经管理人或者债权人请求，人民法院应当裁定终结类个人破产程序，符合恢复执行条件的，恢复原生效法律文书的执行。

第五十三条 【特殊终结情形】类个人破产程序期间和免责考察期内，出现《中华人民共和国民事诉讼法》第二百六十四条情形的，人民法院应裁定终结类个人破产程序，并裁定执行案件终结执行。

第五十四条 【和解方案履行完毕的处理】债务清偿和解方案履行完毕的，经管理人或者债务人请求，人民法院应当裁定终结类个人破产程序。

类个人破产案件结案后，出现类个人破产程序终结情形的，应当恢复类个人破产案件，并裁定终结类个人破产程序。

第五十五条 【和解方案不履行的法律后果】债务人有能力履行但不履行债务清偿计划的，经管理人或者债权人申请，人民法院应当裁定终结类个人破产程序，符合恢复执行条件的，恢复原生效法律文书的执行，并予以公告。

第五节　免责与复权

第五十六条 【免责考察期】依照本指引第四十二条、第四十三条裁定终结类个人破产程序的，免责考察期自人民法院裁定终结类个人破产程序之日起算。适用债务清偿和解方案分期清偿的，免责考察期自清偿计划的最后一期之次日起算。

在类个人破产程序中和免责考察期内，债务人应当遵守人民法院作出的限制债务人相关行为的决定，并履行本指引中的债务人其他义务。

债务人违反前款指引的,人民法院可以决定延长免责考察期,但延长期限不超过两年。

债权人会议对债务人免责考验期限另有决议的,按照债权人会议决议执行,但债权人会议决议的免责考验期限最长不得超过本条指引的期限。

第五十七条 【免责申请】债务人满足下列条件,且没有本指引第十一条、第十五条、第六十三条规定的情形的,可以自下列期限届满之日起,向人民法院申请免责:

(一)清偿全部债务的;

(二)债务清偿率达到80%以上的,考察期已满半年;

(三)债务清偿率达到60%以上不足80%的,考察期已满一年;

(四)债务清偿率达到30%以上不足60%的,考察期已满二年;

(五)债务清偿率达到20%以上不足30%的,考察期已满三年;

(六)债务清偿率达到10%以上不足20%的,考察期已满四年;

(七)债务清偿率不足10%的,考察期已满五年。

债务清偿计划履行完毕后,债务人自愿履行未清偿债务的,应当按照原债务清偿比例追加分配。自愿履行的金额与清偿计划中已履行的金额合并计算后,可以相应缩短免责考察期。

第五十八条 【不可免责情形】下列债务不可免除,但债权人同意减免的除外:

(一)欠缴税款;

(二)债务人因故意侵权行为产生的人身损害赔偿债务;

(三)债务人因履行法定抚养、扶养、赡养义务的费用;

(四)因不可归责于债权人的事由导致该债权人未申报债权,债务人对该债权清偿数额未达到已申报债权受偿比例的部分;

(五)法律、司法解释规定的其他应当继续清偿的债务。

第五十九条 【许可免责程序及后果】管理人应当对债务人是否存在不能免除的债务以及不能免责的情形进行调查,并向人民法院出具书面报告。

人民法院根据债务人申请和管理人报告,裁定是否免除剩余债务,并同时作出解除对债务人行为限制的决定。

免除剩余债务的裁定的效力及于参与本类个人破产程序的全体债权人。

债务人的保证人和其他连带债务人,在清理程序终结后对债权人依照清理程序未受清偿的债权,依法继续承担清偿责任。

第六十条 【撤销免责】免责考察期届满后五年内,债权人或者其他利害关系人发现债务人通过欺诈手段获得免除剩余债务的;发现债务人存在本指引第十一条、第六十三条规定情形或者违反本指引第十五条规定义务的,人民法院可以依管理人、债权人、利害关系人的申请撤销免责裁定,债务人应当按照原债务继续清偿。

第六十一条 【撤销免责】人民法院撤销免除债务人剩余债务裁定的,应当将撤销裁定书送达债务人和债权人,并予以公告。

第六十二条 【不免责的后果】人民法院裁定不免除债务人剩余债务的,或者免除债务人剩余债务裁定被撤销的,债权人可以向债务人继续追偿原债务。

第六十三条 【行为限制】在免责裁定生效之前,债务人不得有下列行为,但债权人会议另有决议的除外:

(一)《最高人民法院关于限制被执行人高消费及有关消费的若干规定》第三条第一款第(二)至(八)项规定的行为;

(二)人民法院认为应当进行限制的其他行为。

第六十四条 【免责期考察责任】管理人负责监督债务人考察期内的相关行为。考察期内,债务人应每半年向管理人报告个人收入、开支、财产等情况。管理人应当就债务人财产状况、阶段个人信用情况、履行债务清偿和解协议情况等形成书面报告通报全体债权人和人民法院。

第六十五条 【执行案件结案】依照本指引第四十二条、第四十三条裁定终结类个人破产程序的,执行部门以《中华人民共和国民事诉讼法》第二百六十四条第六项为由终结对债务人的执行。

依照本指引第四十九条类个人破产程序结案的,以和解长期履行为由终结对债务人的执行。

第六十六条 【公示与监督】人民法院应当建立进入类个人破产程序诚信债务人名录,并定期在人民法院网站、微信公众号等相关媒体公布。债务人在免责考察期届满前,应当自觉接受社会各界对其所受信用限制和其财产状况的监督。

第六十七条 【实施】本指引自下发之日起试行。

关于做好破产企业金融事项办理优化营商环境的实施意见

为贯彻落实国家发展改革委员会、最高人民法院、中国人民银行、中国银保监会等联合印发的《关于推动和保障管理人在破产程序中依法履职进一步优化营商环境的意见》，江苏省高级人民法院与人民银行南京分行、江苏银保监局联合印发的《关于做好破产企业金融事项办理优化营商环境的实施意见》，进一步做好破产企业金融事项办理、推动困境企业重整再生、提升企业破产清算效果、依法保障金融机构权益、防范化解金融风险、持续优化我市营商环境，结合我市企业破产工作实际，制定本实施意见。

一、支持管理人依法履职

1. 建立保障管理人依法履职工作机制。金融监管部门、金融机构应当按照法律、行政法规的规定，积极支持和配合管理人依法履行接管、调查、管理、处分破产企业财产等职责，建立和完善与支持管理人依法履职要求相配套的金融监管、金融服务工作机制。人民法院应当加强对管理人办理金融相关事项的指导与监督。

2. 强化管理人身份认同。管理人可以向金融机构申请办理破产企业账户信息（含开户情况）、交易明细、冻结状态、质押情况等查询业务，以及破产企业账户资金划转、非正常户激活、账户注销等业务。金融机构应当予以配合并及时办理，无法当场办理的，应当告知具体办理时间。管理人办理上述业务，视同破产企业自行办理。

3. 管理人账户开立、续期、注销。管理人可以向金融机构申请开立管理人账户。金融机构在充分履行客户身份识别义务、确保风险可控的前提下，缩短账户开立周期，便利管理人操作使用。鼓励金融机构适当减免管理人账户开立、使用相关费用。临时存款账户期限根据管理人的申请设定，一次开户有效期最长不超过2年。管理人账户到期后需续期的，管理人有权申请续期，金融机构应当予以配合并及时办理。破产事务处理完毕后，管理人应当申请注销管理人账户，金融机构予以配合并及时办理。

4. 管理人证明材料。管理人经办人员可以持人民法院受理破产申请裁定书、指定管理人决定书以及管理人单位及其负责人身份证明，经办人员授权委托书、有效身份证件，向金融监管部门、金融机构申请办理有关业务。涉及变更债务人企业在金融机构预留印鉴的，管理人应当按照金融机构的流程要求填写变更申请书或签署协议。

二、支持破产程序有序推进

5. 支持破产程序推进。金融机构应当支持和鼓励金融机构债权人委员会等集体协商机制在企业破产过程中充分发挥协调、协商作用。鼓励金融机构进一步完善、明确内部管理流程，积极向上级行争取支持和授权，充分、合理地授权代表其参与破产程序的委托代理人，促进金融机构债权人在破产程序尤其是重整程序、和解程序中积极高效地行使表决权。

6. 支持债权平等受偿。金融机构债权人应当依法处理与破产企业之间的债权债务关系，不得私自、违法扣划破产企业或破产管理人账户资金。金融机构债权人存在《中华人民共和国企业破产法》第十六条和第三十二条规定情形的，应将相关款项返还至管理人账户。

7. 支持管理人查询与破产企业有关联关系的主体信息。管理人因为履职需要，确有必要查询债务人账户资金往来交易对手信息或债务人关联企业、实际控制人、出资人、高管账户等相关信息的，可以向人民法院申请依法进行调查。人民法院可通过现场、发函等方式向金融机构进行查询。金融机构应当按照人民法院要求提供相关信息。

8. 支持破产企业账户解封。金融机构应当依据原冻结法院、破产法院或其上级法院出具的解除保全裁定书以及协助执行通知书，解除对破产企业账户的冻结。保全措施解除后，破产法院应当及时通知原采取保全措施的法院。破产申请受理后，破产法院裁定驳回破产申请的，应当及时通知原采取保全措施的机关按照原保全顺序恢复保全措施。

9. 推动企业挽救。对于具有重整价值和可能性、符合国家产业政策的企业，鼓励金融机构债权人积极推动企业重组、预重整或重整、和解，促进困境企业重获新生。

10. 支持信用修复。人民法院重整计划、和解协议执行完毕后，债务企业或管理人可以凭人民法院出具的相应裁定或者证明文件，通过人民银行在金融信用信息基础数据库中添加相关信息，及时反映企业重整、和解情况。鼓励金融机构对重整、和解后企业的合理融资需求参照正常企业依法依规予以审批，进一步做好重整、和解企业的信用修复。

三、鼓励金融机构开展破产相关融资业务

11. 鼓励提供破产财产变价融资。鼓励金融机构按照市场化、法治化原则，为破产财产的拍卖、变卖提供融资支持，提升破产财产处置成功率。

12. 鼓励参与破产企业挽救融资。鼓励金融机构按照市场化、法治化原则，对重整、和解企业提供信贷支持。鼓励符合条件的金融机构依法设立不良资产处置基金，参与企业重整、和解。

13. 鼓励探索破产费用与共益债务融资。鼓励金融机构按照市场化、法治化原则探索，向担任管理人的社会中介机构或个人提供破产费用与共益债务融资。

四、依法保障金融机构合法权益

14. 依法保障金融机构破产知情权、参与权。人民法院受理破产申请后，应当及时在全国企业破产重整案件信息网上公布破产申请受理等信息，督促管理人依法及时通知金融机构申报债权。管理人应当为金融机构债权人查询债务人财产状况报告、债权表、债务人财务资料、评估报告、审计报告、债权人会议决议、债权人委员会决议以及重整计划草案等参与破产程序所必需的资料提供便利。金融机构债权人应当遵守相应的保密义务。人民法院应当督促管理人配合金融机构债权人查询上述资料。

15. 保障金融机构债权人的担保物权及时行使。破产清算和破产和解程序中，对享有担保物权的金融机构债权人，可以随时向管理人主张就该担保物行使优先受偿权，管理人应及时变价处置担保物，在留存处置担保物对应的处置税款、费用等必要支出后及时向金融机构债权人清偿，但因单独处置担保财产

会降低其他破产财产的价值而应整体处置的除外。破产重整程序中,管理人或者自行管理的债务人应当及时确定设定有担保物权的债务人财产是否为重整所必需,如不是重整所必需,管理人或者自行管理的债务人应当及时对担保物变价后进行清偿。破产重整程序中,如担保物有损坏或者价值明显减少的可能,足以危害金融机构债权人担保物权的,金融机构债权人可以向人民法院请求恢复行使担保权,但是担保物是重整所必需并且管理人或者自行管理的债务人提供与减少价值相应担保或者补偿的除外。

16. 保障重整中金融机构债权人对担保物价值的审查。破产重整程序中,对债务人特定财产享有担保物权的金融机构债权人对担保物的评估结论有异议的,可以向管理人提出异议,管理人应当及时作出答复。金融机构债权人对管理人答复仍有异议的,可以向人民法院提出异议。人民法院应当对异议进行审查,必要时可以召开听证会。如管理人、人民法院认为异议成立,应当责令评估机构修正评估报告、重新评估,必要时更换评估机构评估。

17. 保障实质合并破产程序中金融机构债权人的异议权。对于拟实质合并破产的案件,人民法院应当以听证会等方式听取金融机构债权人的意见。金融机构债权人对实质合并破产裁定不服的,可以自裁定书送达之日起十五日内向上一级人民法院申请复议。

18. 保障重整计划草案制定过程中金融机构债权人的表达权。管理人、破产企业在制定重整计划草案时,应当积极听取金融机构债权人的意见和诉求。人民法院应当加强对重整计划草案合法性和可行性的审查,必要时可以召开听证会,听取金融机构债权人的意见。

19. 积极打击破产欺诈。人民法院和管理人应当加大对破产企业财产的追查力度,积极保护金融机构债权人的合法权益,并及时向金融机构债权人通报有关情况。破产企业有关人员涉嫌犯罪的,人民法院和管理人应当及时将犯罪线索移送司法机关或者监察机关。金融机构应当依法积极支持、配合管理人追查破产企业财产,及时向人民法院和管理人提供发现的破产欺诈行为线索。

五、附则

20. 强制清算案件,参照适用本实施意见。

21. 本实施意见自发布之日起施行。

关于做好破产企业登记事项办理完善市场主体退出机制优化营商环境的实施意见

为贯彻落实国家发展和改革委员会、最高人民法院、国家市场监督管理总局等联合印发的《关于推动和保障管理人在破产程序中依法履职进一步优化营商环境的意见》及江苏省高级人民法院、江苏省市场监督管理局联合印发的《关于做好破产企业登记事项办理优化营商环境的实施意见》,进一步优化破产企业登记事项办理流程、提升办理工作质效、完善市场退出机制、推动营商环境持续优化,结合我市工作实际,制定本实施意见。

一、支持和保障管理人依法履职

1. 完善保障管理人依法履职工作机制。审批部门、市场监管部门应当按照法律、行政法规的规定,积极支持和配合管理人依法履行接管、调查、管理、处分破产企业财产等职责,建立和完善与支持管理人依法履职要求相配套的工作机制。办理破产法院应当加强对管理人办理涉企业登记事项的指导与监督。

2. 强化管理人身份认同。管理人有权申请办理破产企业档案查询、变更登记、注销登记、备案登记等手续,上述申请视为破产企业自行申请。管理人经办人员可以持人民法院受理破产申请裁定书、指定管理人决定书以及经办人员授权委托手续、有效身份证件,向审批部门、市场监管部门申请办理相关手续。

3. 支持对破产企业持有股权的解封。审批部门、市场监管部门应当依据办理破产法院或原查封法院出具的解除保全裁定书以及协助执行通知书,解除对破产企业持有股权的查封。破产申请受理后,办理破产法院裁定驳回破产申请的,应当及时通知原采取保全措施的法院按照原保全顺序恢复保全措施。

二、规范破产企业变更登记

4. 严格破产企业变更登记。在人民法院受理破产申请后,破产清算程序终结前,或者破产重整、破产和解程序终止前,除经办理破产法院通知、管理人申请外,审批部门、市场监管部门不予办理破产企业登记事项变更或相关备案业务。

5. 依法支持重整计划或重整计划草案的执行。根据人民法院裁定批准的重整计划或重整计划草案,需要办理破产重整企业股东登记事项变更,但因企业原股东持有的股权已被质押或被查封,管理人无法申请办理股东变更登记的,办理破产法院可以采取出具协助执行通知书的方式,通知审批部门、市场监管部门协助解除查封、涤除质押,并办理股权变更登记。查封解除或者质押涤除后,办理破产法院应当及时将有关情况告知质押权人和原采取保全措施的机关。

6. 建立破产企业相关人员任职限制登记制度。企业董事、监事、高级管理人员违反忠实勤勉义务,未履职尽责,致使所在企业破产,被人民法院判令承担相应责任的,由相关法院通过江苏省市场监管信息平台,对相关人员进行任职资格限制。

7. 破产企业信用修复。重整计划、重整计划草案、和解协议执行完毕的,被列入经营异常名录或严重违法失信企业名单的企业,已经按照《企业信息公示暂行条例》《企业经营异常名录管理暂行办法》《严重违法失信企业名单管理暂行办法》等规定履行了相关义务的,可以向市场监管部门申请移出经营异常名录或严重违法失信企业名单。符合条件的,应当准许其申请,并通过国家企业信用信息公示系统将移出记录向社会公示。

三、落实破产企业简易注销制度

8. 破产企业简易注销制度适用范围。人民法院依法裁定宣告破产并终结破产程序的企业及其分支机构的注销,适用简易注销制度。

管理人申请办理破产企业及其分支机构简易注销登记的,应当提供以下材料:

(1)企业注销登记申请书;

(2)人民法院宣告破产的裁定书原件、终结破产程序的裁定书原件;

(3)人民法院指定管理人决定书以及经办人员授权委托手续、有效身份证件;

(4)其他办理简易注销需要提供的文件。

9. 营业执照、公章遗失的处理。经人民法院裁定宣告破产并终结破产程序的企业,在办理企业注销登记时,管理人通过国家企业信用信息公示系统免费发布营业执照作废声明或者在报纸刊登遗失公告后,可不再补领营业执照。管理人无法在企业注销登记相关文书材料中加盖企业公章的,加盖管理人印章;如未刻制管理人印章的,加盖被指定为管理人的机构公章。

10. 有分支机构和对外投资企业的破产企业的一般注销。破产企业有分支机构、对外投资企业的,管理人一般应在破产清算中对其分支机构、对外投资企业处理完毕后,再向审批部门、市场监管部门申请办理企业注销登记。人民法院对管理人代表破产企业申请对外投资企业破产清算、强制清算,符合受理条件的,应当予以受理。对外投资企业已被受理强制清算或者被宣告破产的,视为对外投资已处置完毕。

11. 有对外投资企业的破产企业的特殊注销。管理人勤勉尽责无法在合理期限内处置对外投资企业的,经办理破产法院同意,可向审批部门、市场监管部门申请办理破产企业的注销登记。

审批部门、市场监管部门应当根据管理人申请及办理破产法院的协助执行通知书办理破产企业注销登记。

破产企业同时具备以下情形的,办理破产法院可出具协助执行通知书,要求审批部门、市场监管部门协助办理破产企业的注销登记:一、破产企业破产财产已分配完毕,且未发现有可供补充分配的财产;二、破产企业持有的对外投资企业的股权无法通过转让拍卖、变卖等方式处置,且经债权人会议表决不再对对外投资企业进行处置;三、破产企业管理人已及时向对外投资企业送达受理破产申请裁定书,通知对外投资企业对账或申报债权;四、破产企业管理人无法解散对外投资企业、组织对外投资企业自行清算,亦无法申请对外投资企业破产清算或强制清算;五、债权人及其他利害关系人对破产企业管理人拟办理破产企业注销登记未提出异议。

破产企业注销登记后,对外投资企业出现解散情形、被申请强制清算的,人民法院不得以该对外投资企业可自行清算为由不予受理。

12. 破产企业股权被查封、质押情形下的注销登记。破产程序终结时,破产企业原股东持有的股权被质押或查封的,不影响管理人申请办理企业注销登记记,审批部门、市场监管部门应予办理。

四、创新市场主体退出机制

13. 探索公益强制清算。对于长期吊销未注销的企业,属地市场监管部门可以作为申请人,向人民法院申请强制清算,符合强制清算受理条件的,人民法院应当予以受理。

14. 推进公益破产清算。对于长期吊销未注销的企业,属地市场监管部门有罚款、罚金、费用等款项未收到,可以直接向人民法院申请企业破产清算。属地市场监管部门作为申请人、启动强制清算程序后,对企业符合破产受理条件、需要转入破产程序的,人民法院应当督促清算组申请破产清算。

15. 加强对市场主体的宣传和引导。人民法院和审批部门、市场监管部门应当积极引导有经营前景的企业通过重整、和解程序,获得救治再生,引导应当退出市场的企业及时退出市场,推动实现优胜劣汰。

16. 完善破产企业登记信息公开共享机制。破产申请受理后,人民法院应当通过江苏法院破产平台及时向国家企业信用信息公示系统江苏地方频道推送有关企业破产程序启动、程序类型、程序终止、破产法院、管理人联系方式等信息,实现企业破产状态在两网之间的动态更新和实时公示。审批部门、市场监管部门应当配合上级部门逐步推动市场主体登记信息与人民法院的动态共享,提升人民法院、管理人登记信息查询便利度。

五、附则

17. 建立常态化沟通协调机制。市法院金融审判庭和市行政审批局审批一处、市市场监管局登记注册指导处作为对口联络部门,开展日常沟通协调,定期召开联席会议,通报相关工作情况。

18. 强制清算案件,参照适用本实施意见。

19. 办理破产法院需要审批部门、市场监管部门协助执行的,审批部门、市场监管部门应当按照法院生效法律文书和协助执行通知书办理协助执行事项。人民法院要求协助执行的事项,应当属于审批部门、市场监管部门的法定职权范围。审批部门、市场监管部门对按法院要求协助执行产生的后果,不承担责任。

20. 本实施意见自发布之日起施行。

附录二

优化法治化营商环境大事记

无锡法院2022年度优化法治化营商环境10件大事

【知识产权法庭落地无锡】6月9日，无锡知识产权法庭正式揭牌成立，这是全省第三家知识产权法庭，今后只要发生在无锡市辖区内的专利、植物新品种、集成电路布图设计、技术秘密、计算机软件的权属、侵权纠纷以及涉驰名商标认定、垄断纠纷的第一审知识产权民事、行政案件，以及发生在无锡市辖区内除依法应由基层人民法院管辖之外的第一审知识产权民事、行政和刑事案件，将全部由无锡知识产权法庭管辖。无锡知识产权法庭的成立，对推动全市知识产权全链条保护、构建知识产权大保护工作格局具有里程碑意义。

【我们有了国际商事法庭】7月22日，最高人民法院批复，同意在无锡市中级人民法院内设专门审理涉外商事案件的机构，同时将原由无锡市新吴区人民法院受理的第一审涉外商事案件及涉我国香港、澳门特别行政区和台湾地区的民商事案件调整由无锡市中级人民法院审理。这是无锡中院继知识产权法庭设立后的又一家由最高人民法院批准设立的专门审判机构，也是全省第二家国际商事法庭。此外，无锡中院联合浙江大学、对外经贸大学、江南大学共同成立涉外司法研究中心。

【滨湖法院金融法庭成立】11月28日，滨湖区人民法院金融法庭和无锡中院金融司法研究中心揭牌。金融法庭以太湖法庭为基础，选址太湖新城金融商务区，将针对辖区金融机构林立等特点，对金融类案件进行集约化审理。滨湖法院金融法庭经最高人民法院批复同意成立后，主动作为，与主要银行试行金融纠纷要素式全链条智能化流程平台，5月至12月共办理2372件金融案件，矛盾纠纷涉及金额4.81亿元，平均审理天数缩短到20天，初步实现金融纠纷案件集中统一、快速高效审理目标。

【破产审判府院联动两个意见出台】12月6日，无锡中院与人民银行无锡市中心支行、无锡银保监分局、市行政审批局、市市场监管局召开联席会议并会签意见，共同出台《关于做好破产企业金融事项办理优化营商环境的实施意见》和《关于做好破产企业登记事项办理完善市场主体退出机制优化营商环境的实施意见》，进一步提升破产案件重整、和解成功率，推动困境企业重整再生，提升企业破产清算效果，为无锡经济高质量发展加持赋能。

【经营异常企业经公益清算后可强制退出】为打通市场主体退出通道，优化法治化营商环境，惠山区人民法院积极探索，与惠山区市场监督管理局联动协作，在全市率先建立了经营异常企业公益清算强制退出机制，促进经营异常企业有序退出市场，有效释放生产要素。截至2022年年底共受理公益清算案件50件，全部完成破产清算程序，顺利退出市场。该创新机制入选江苏法院司法改革案例。

【类个人破产制度试点工作全面铺开】全域启动与个人破产制度功能相当的改革试点，制定包括5大类60余项程序节点要求的工作指引，探索出兼具“救济诚实而不幸者”和“预防逃废债”功能的类个人破产新路径。探索出兼具“救济诚实而不幸者”和“预防逃废债”功能的类个人破产新路径。共受理案件156件，审结140件，其中20件成功达成清偿方案，豁免债务2243万元，帮助一批诚信创业失利者东山再起，为个人破产立法提供了丰富的实践样本和经验基础。锡山区人民法院创建的审执结合衡平机制、唐某类个人破产案件被评为江苏法院“类个人破产”创新机制和优秀案例。

【保护科技型企业和高科技人才有了新招】无锡中院积极回应城市产业转型升级、科技型企业蓬勃发展以及劳动力结构深刻变化的经济发展新形势，聚焦科技型企业与高科技人才的和谐共生关系，联合市人社、市总工会、市工商联创新“科技型企业劳动人事争议‘调裁审一体化’工作”，探索建立契合科技型企业劳动人事争议特点的纠纷预防化解新路径，推动以法治化手段优化人才创新生态，该项目被省“两办”纳入2022年度设区市自主改革事项清单。

【服务保障“放管服”改革十条意见出炉】3月25日，无锡中院出台《关于发挥行政审判职能服务和保障“放管服”改革优化法治化营商环境十条意见》。该意见针对行政诉讼中与市场主体权利保障紧密相关的行政登记、行政许可、行政处罚、行政协议、行政允诺、行政补偿和赔偿、劳动和社会保障等类型案件的审理思路、审查重点、裁判导向提出了具体意见，为监督支持行政机关依法行政、切实维护市场主体合法权益，助力法治政府建设、营造稳定、公平、透明、可预期的法治化营商环境发挥积极作用。

【治理"冒名登记"有办法了】10月26日，无锡中院联合市检察院、市公安局、市人社局、市行政审批局、市市场监管局、市税务局共同出台《关于妥善处理以冒用他人身份信息等欺诈手段办理市场主体登记问题的指导意见》。该意见从发现被冒名登记后的救济途径、是否冒名的审查判断标准、冒名登记行为分类处理等方面，对如何处理冒名登记问题作了细致全面的规范，为有效治理长期以来存在的"冒名登记"乱象提供了制度支撑和操作路径。

【信用受损也可修复】无锡法院深入开展以信用修复"暖企"专项行动为牵引的"优化法治化营商环境执行年'1+4'"专项行动，综合运用信用修复、教育督促等措施，对9209家纳入失信名单的被执行人企业进行集中治理，引导7334家企业恢复信用或退出"黑名单"。设立全省首个"信用修复辅导工作站"，探索纳失预警、纳失宽限期、信用修复证明等机制，对因疫情陷入困境的企业慎用"纳失"措施。

无锡法院2021年度优化法治化营商环境20件大事

1月18日,长江流域环境资源第一法庭开出最高金额“罚单”,对一起污染案的被告单位某钢铁公司擅自篡改污染物自动在线监测数据、超标排放污染物的行为判处罚金800万元。此案在引导企业合规排放,倒逼行业进行环保技术升级改造,承担企业社会责任等方面起到了良好的示范作用。

2月25日,首次法企“双月谈”会议召开。市法院联合市工商联、市企业联合会和企业家协会,与企业家面对面、“点对点”了解市场主体生产经营中面临的堵点、痛点、难点问题,为解决经营难题、化解市场风险出谋划策。全年召开5次座谈会,涉及环保、物联网、现代制造业、金融业等十几个行业,涵盖投资者权益保护、公司治理、合同交易、知识产权保护、多元解纷、劳务用工、办理破产等多项主题,受到企业家欢迎。

3月9日,发布《关于服务和保障太湖湾科创带建设的意见(试行)》。明确十项具体措施,全力打造科创带企业的知识产权创造、保护、运用、管理、服务全链条,落实知识产权最严保护。在无锡国家数字电影产业园、太湖湾科创城、无锡太湖国家旅游度假区、宜兴经济技术开发区分别设立知识产权巡回审判庭,惠山区法院获得知识产权管辖权,致力将知识产权司法保护的触角延伸到创新最密集的地方。

3月31日,出台《关于推进法治化营商环境建设专项行动方案(2021)》3.0版。升级契合评价指标体系的24项司法服务举措,并同步制定《关于优化提升法治化营商环境工作方案》,对全年工作任务进行分解,狠抓细化落实,持续打造稳定、公平、透明、可预期的法治化营商环境。

4月起,全面开展“法企同行”护航行动。组织“问需于企、精准发力”专题调研,深入企业举办主题讲座,收集困扰企业发展的难点问题和反映强烈的突出问题,研究提出对策建议。市法院领导带头走访“专精尖”企业,专题调研“物联网+金融”支持中小微企业解决融资难等问题。

4月13日，举行“优化营商环境服务创新发展”新闻发布会。发布无锡法院服务保障数字经济发展十大典型案例，为数字经济与实体经济融合发展明晰规则；向社会通报服务保障数字经济发展的措施与做法，妥善审理涉新交易新模式新业态案件，加强数字产权、数字版权保护和数据安全与个人信息保护等。

6月17日，发布《无锡地区破产案件管理人工作指引(2021版)》。通过合理划分法院和管理人的各自职能范围，为管理人执行职务提供更为具体、明确、可行的指引，构建科学规范的管理人履职指引体系，激励和监督管理人履行勤勉忠实义务，保障债务人企业、债权人和相关利益主体的合法权益。

6月28日，发布《关于防止以刑事手段插手经济纠纷的实施意见(试行)》。围绕刑事法律和司法解释的执行、刑法基本原则的坚持、相关罪名犯罪构成要件的把握、以审判为中心的刑事诉讼制度改革的推进、强制措施和涉案财物处置措施的慎用、企业家合法财产和违法财产的区分等方面作了明确规定。对以刑事手段插手经济纠纷坚持零容忍，加快形成适应推动国内一流营商环境的司法工作机制，让企业家安心创业、放心投资、专心经营。

7月16日，出台《关于充分发挥行政审判职能依法为城市更新提供司法服务和保障的实施意见》。明确18条司法措施，建立沟通对接机制，健全审理裁判机制，完善多元解纷机制，依法服务和保障城市更新行动有序进行，努力实现维护行政相对人合法权益与保障城市更新的有机统一。

7月16日，南京海事法院巡回审判基地揭牌暨江阴法院临港经济开发区人民法庭启用。作为“家门口的海事法庭”，南京海事法院江阴临港巡回审判基地主动融入长三角一体化发展、长江经济带发展重大战略，为无锡打造全国性综合交通枢纽城市、江阴国际化港口建设、高水平对外开放贡献司法智慧。

8月11日，召开“持续优化营商环境全力保障高质量发展”新闻发布会。发布《2020年度金融审判十大案例》与《2020年度破产审判十大案例》，规范金融和破产领域法治秩序。同时，向社会通报法院充分履行审判职能防范系统性金融风险、优化法治化营商环境的司法举措，展示无锡法院以高质量司法持续优化营商环境、全力保障高质量发展的能力和水平。

8月18日，举办“法佑创新创业护航企业发展”锡法君说“小”案网络直播讲堂。通过“小”案释法和互动答疑，为中小投资者普及法律常识，提示法律风险,向广大网民传递公平正义正能量,引来65万网友的围观、点赞。无锡法院积极开展保护中小投资者系列宣传活动,为持续推进无锡法治化营商环境建设营造良好的社会舆论氛围。

9月1日,重获外观设计专利案件管辖权,并受理首例侵害外观设计专利权纠纷案。根据最高院批准的部分知识产权案件管辖调整的规定,无锡中院获得外观设计专利以及300万元以上的大标的非技术类知识产权案件管辖权,知识产权审理和保护范围得到有效拓展,也充分回应了无锡企业对专利保护的迫切需求。

9月30日,家艺小镇"党建+网格审务工作站"启动仪式暨打造法治营商环境企业专项调研座谈会在家艺小镇举行。该审务工作站将司法服务触角延伸至市场行业领域,为企业提供多种纠纷解决方案和快捷、便利的诉讼服务。梁溪区法院共建成19个"党建+网格审务工作站",参与处理各类纠纷681件,提供诉讼服务42件,提供法律咨询及法律宣讲327场次,化解诉前矛盾纠纷128件。

10月26日,开展"使命2021-雷霆"专项执行行动网络直播活动。全天持续13小时不间断,网易新闻、无锡观察、哔哩哔哩等网络平台全程同步直播,直播观看量累计530万人次。全天执结案件160件,结案到位金额3111.46万元。无锡法院聚焦涉民生、涉金融、涉府、涉企等特殊主体案件,开展各类执行专项行动,全年共执结案件4万件,执行到位171亿元。

10月29日,召开"类个人破产试点"新闻发布会,通报个人债务集中清理工作开展情况并发布典型案例。锡山区法院作为全省法院试点单位,积极探索衡平"救济诚实而又不幸的人"与"预防逃债"两项功能、凸显"自有财产、免责制度、失权复权"三项内容的"个人破产"新路径,让诚实而不幸的人有重新创业的机会。

11月26日,"以'物联网+执行'促'智能化+善治'——无锡法院探索善意文明执行新路径"获2021年无锡市政法工作创新项目一等奖。无锡法院研发的物联网电子封条及运维系统软件V1.0获计算机软件著作权登记。该院运用物联网电子封条、物联网查封财产监管系统和物联网称重系统,通过"智"查、"活"封、"快"处,切实解决执行难,践行善意文明执行。此做法得到全面依法治国委员会办公室督察组肯定,被上级法院推广,人民法院报头条报道。

11月29日,对一起涉外商投资企业及国际知名商标的知识产权侵权案件作出200万元的高额判赔。此案中,无锡中院适用民事诉讼法规定发出首份证据提供令,并根据提供证据情况作出了实体判决,为有效解决知识产权侵权案件中权利人举证难问题提供了实践样本,对审理同类案件具有指导意义。

12月3日,无锡法院被执行人信用码查询系统正式上线。该系统以无锡两级法院执行案件的信息数据为基础,利用数字化手段自动生成被执行人专属信用二维码和电子信用证明,通过“红、黄、绿”三色标识码,让被执行人信用情况可视化,同时供社会公众实时查询。该系统集成信用画像、信用修复、积分增信等功能,截至12月底,接受查询7万人次,85人提出信用恢复申请。无锡法院运用执行大数据赋能社会信用体系建设项目获评法治惠民项目第一名。

12月29日,发布《关于服务和保障无锡“走出去”企业应对风险挑战的实施意见》。聚焦助推“一带一路”交汇点建设,通过实施国际商事审判精品战略、建立国际商事线上服务平台和“一站式”国际商事争端调解中心、深化国际司法合作交流等措施,支持本土企业加快全球布局,促进提升应对风险、参与国际竞争的能力水平。此举受到市委主要领导的批示肯定。

附录三

媒体报道

江苏无锡中院：提升司法服务　优化营商环境

赵正辉

“公正高效的法治环境给企业带来了活力，也给无锡吸引投资增添了魅力。”带着公司刚刚成功上市的喜悦，无锡某科技有限公司董事长葛志勇说。曾因涉嫌专利侵权，该公司成为被告陷入诉讼之中。无锡中院一审判决该公司胜诉，原告又提起上诉和申诉，虽然最终维持原判，但公司一度出现恐慌，技术人才和众多客户也开始观望，公司发展势头受挫。

这期间，无锡中院开启了“百千万”专项行动，知识产权审判庭的法官进企释法，给企业吃了“定心丸”，留住了技术人才，打消了客户的顾虑，使企业运行回归正常。2020 年 5 月，该公司成功上市。

这是今年无锡全市两级法院“联络百名代表委员，走进千个基层网格，服务万家企业”的“百千万”专项行动成果之一。今年 3 月，全市法院共 1000 余名法官进入基层网格，走访 2361 名企业界代表。据介绍，2019 年 11 月，江苏省无锡市中级人民法院出台《关于进一步优化法治化营商环境的实施意见》，紧紧围绕“数字经济、总部经济和枢纽经济”三大核心发展战略，拿出 27 条具体措施，努力实现公正高效司法，优化营商环境。

新冠肺炎疫情给企业用工带来较大困难，一些企业相互派遣员工，以此缓解用工紧张局面，同时也节约了用工成本。但用工可能带来的工伤或与新单位之间形成冲突和争议，存在法律风险隐患。对此，无锡中院迅速进行有针对性的研究，拿出了有效办法，提出了防范“互派员工”这一用工新模式法律风险的建议，为企业解了心结。

近年来，无锡法院不断提升司法服务，为企业提供多样化、强有力的法律支持。通过将“智慧法院”建设跨入“云端”，借助物联网强大功能，在网上动态监管出质和被查封财产，既保证了企业的使用权，也避免“诉讼困企”的不良影响。

此外，无锡法院还借力互联网建立“智槌”网拍系统，大幅提高拍卖成交率、溢价率和流转效率，通过网上司法拍卖助力节约企业成本。2019 年以来，全市法院通过网上司法拍卖这一办法，共为企业节约拍卖佣金近 3 亿元。

人民日报 2020年9月3日 星期四 19 法治

法治头条

在海拔5373米的西藏山南普玛江塘乡，民警驻守在世界海拔最高的边境派出所

高山之巅的忠诚守护者

高原上的"高泥湾"

冰川绝境的"逆行者"

守护边境，温暖人心

誓言无悔守边疆

金台锐评

斩断骚扰短信电话的利益链

江苏无锡中院：

提升司法服务 优化营商环境

《人民日报》(2020 年 9 月 3 日)

“微”板块串起多维度司法服务
江苏宜兴“法官 + 工作站”夯实基层社会治理根基

丁国锋

常态化疫情防控下,法院服务基层社会治理出现了哪些新变化?近日,江苏省宜兴市人民法院“法官 + 工作站”开启云上“微课堂”,该院官林法庭副庭长吴旻昊以《规范商事交易,防范商业风险》为题,通过视频会议方式为分散在全国20个省市的100多名宜兴电缆企业供销经理上了一堂生动的普法课。

“课件素材均来自镇上电缆企业的真实案例,既是以案释法又作了法律风险提示,还视频回答了现场提出的问题,会后又搜集到20多个问题,我都一一单独连线作出解答。”吴旻昊说,疫情影响不能大范围聚集开讲座,但“微课堂”这种方式很接地气、很受欢迎。

记者近日在宜兴法院采访了解到,通过积极开发“法官 + ”信息化平台,该院整合了“智慧法院”建设的各类线上线下资源,并一举升级打造了微解纷、微指导、微立案、微庭审、微直播、微课堂、微法规、微法官、微执行9大板块,集咨询、调解、立案、审理、执行等全过程司法服务于一体的新模式,给群众带来全方位高效便捷的诉讼服务体验。

线下平台线上服务

宜兴法院“法官 + 工作站”集线下平台建设和线上、掌上诉讼服务为一体,目前已经在18个镇(街道)全面铺开,还延伸到电线电缆、金融保险等行业组织。通过入驻社区服务中心,让当事人就近就能享受到法院微服务,基层组织也增添了以法官为主体的专业调解力量。

记者在宜兴市宜城街道枫隐社区看到,“法官 + 工作站”与社区的“徐佳倩调解工作室”联合在社区服务中心挂牌,宜兴经济开发区法庭庭长蒋立军以“网格法官”身份挂钩服务该社区。社区工作人员介绍说,一些疑难复杂纠纷尤其是专业法律问题,通过显示屏直接点击“微解纷”模块,按照提示递交调解申请并预约调解时间,双方当事人就可以通过电脑或者手机在线视频调解的方式,实现法官见证参与下的调解。

不仅如此，社区工作人员包括人民调解员，还可以通过“微直播”模块，在线观摩全国各地法院典型案例的现场庭审，为提升基层干部法治素养提供了便捷实用的新平台。“法院积极延伸司法职能、主动参与服务基层社会治理，有效缩减了司法职能与网格化治理相融合的时空距离，方便老百姓和法官‘面对面’，丰富了多元化解基层矛盾纠纷的方法手段。”宜兴市委副书记、政法委书记沈晓红评价说。

通过“一根网线、一块屏”，基层社会矛盾调处中心的司法资源得到有效整合。人民法庭通过智慧法院系统，健全线上线下一站式解纷机制，增强诉讼服务便利性、便捷性和高效性；司法所、法律服务所解决了矛盾纠纷专业化调处难题；基层工会、妇联、劳动、民政、市场监管、土地管理等部门，依托设置在街镇的“法官+工作站”，解决了突发、重大、群体性矛盾纠纷所需的精准法律解读难题。

调解与普法更有效

7月21日下午，宜兴法院刑庭庭长黄澄来到该市家庭教育指导服务中心新成立不久的“法官+工作站”，为暑假期间的孩子们带来未成年人暑期法治小课堂。

“你以为是天上掉‘馅饼’，躺着也能赚钱？其实是掉入了犯罪的‘陷阱’……”孩子们通过“微庭审”远程观看了一起帮助信息网络犯罪活动罪案件庭审。一些难懂的法律词汇，在法官通俗易懂的分析解说下，听得孩子们频频点头。

“我们已经收录25个小视频，在‘微课堂’平台随时可以点击收看。”宜兴法院党组成员、审委会专委许锡良介绍说，“法官+工作站”有效集成“微课堂”“微指导”等云端功能，为未成年人法治教育提供了广阔平台。

“由于案多人少矛盾长期得不到有效缓解，直接影响法官进网格的时间和精力，前移诉源治理端口，有效探索全域解纷、全程服务、全员赋能的实效性，只要法官能做的事，通过‘法官+’的信息化手段，辅之以线下工作站实体运作方式，让法官延伸社会治理工作既看得见又摸得着。”宜兴法院党组书记、院长方海明说。

据介绍，宜兴法院最早在道路交通一体化矛盾调处中心开启法官远程视频指导工作。如今，依靠“微指导”功能，交警大队解决了前端调解中迫切需要法官直接指导的问题。许锡良介绍说，当事人可以进行预约，一些疑难复杂问题经后台集体讨论会商后，再及时答复当事人，对于进入诉讼程序的案件，当事人家属亲友可登录“微直播”，同步观看庭审直播。

6月23日，宜兴法院联手该市企业家协会打造全省首家线缆企业信用修复指导工作站、破产调解联络站，依托“法官＋工作站”平台，发挥企业家协会调解的专业性优势，构筑线缆行业矛盾纠纷多元化解模式。

机制创新助力实质化解

近日，宜兴法院围绕前期对“法官＋工作站”平台机制等经验探索，出台《关于全面推进“法官＋工作站”建设的实施意见》，要求将法院司法职能与网格化社会治理有机结合，打通服务群众“最后一公里”。

意见明确，将以数字化改革为牵引，创新和发展新时代“枫桥经验”，形成诉讼与非诉讼一站式解纷、线上与线下立体化服务的新格局，以一体化、均衡化、便捷化的诉讼服务推进基层治理体系和治理能力现代化。方海明介绍说，这项机制深度融合“智慧法院”、诉源治理、矛盾纠纷多元化解、诉讼服务、案件审理与裁判执行、法治宣传教育等多维度司法工作，使之成为一个完整的服务链条，推进基层治理资源整合提升。

据了解，宜兴法院近年来在推进基层社会治理中探索创新了不少因地制宜的举措。其中通过嵌入“陶都模式”，构建了以“网格＋综治＋法庭＋社会组织”为主体、以“依靠党委领导、法庭前移指导、对接多元组织、分层递进调解”为支撑的纠纷调处网络，推动基层矛盾实质化解决。2021年以来，经该模式前端化解纠纷2800余件，诉前由法庭介入调解141件，通过法庭诉前调解程序9123件，成功化解2432件。

宜兴法院党组成员、副院长陈国斌说，下一步将在实体平台全覆盖基础上，构建掌上“法官＋工作站”，推出“法官＋”微信小程序，使当事人足不出户通过手机即可享受全方位的司法“微服务”。

宜兴法院“法官＋工作站”，夯实了基层治理根基，促进了审判质效的提升。今年1月至6月，该院受理案件16,610件，审结12,612件，法定正常审限内结案率、一审服判息诉率、民事案件调解撤诉率、一审判决案件被改判发回重审率、人均办案数等质效指标均位于无锡基层法院前列，综合得分位列无锡基层法院第一名，蝉联“无锡审判质效优审法院”。

《法治日报》(2022 年 8 月 6 日)

无锡:“物联网”为执行赋能增效

潘唐玮

世界物联网看中国,中国物联网看无锡。

在2019年世界物联网博览会上,“物联网看无锡”成为热词。物联网在江苏无锡发展的这十年,是中国物联网先行先试的十年,也是中国物联网产业发展突飞猛进的十年。江苏省无锡市中级人民法院抓住机遇,在审判执行工作中引入物联网思维,与物联网产业研究院签署《物联网技术司法应用战略合作框架协议》,共同探索物联网技术的司法应用,在智慧法院建设进程中向前迈出了坚实的一步。

电子封条——人员财产可掌控

找人难,找“昼伏夜出”故意躲避法院的被执行人更难。无锡法院研发的物联网电子封条专治被执行人“躲猫猫”。

被执行人王某长期下落不明,宜兴市人民法院运用电子封条查封了其名下的房产。日前,王某妻子回家时,触发电子封条语音播报:“请注意,这是无锡法院的查封财产,未经许可不得破坏。请尽快履行法律文书确定的义务!”反复播放的语音给王某妻子造成了极大的法律震慑力,立即主动联系法院,表示尽全力配合法院找回王某并履行义务。目前王某在宜兴法院的两个执行案件近35.5万元全部履行完毕。

“电子封条不是最新事物,但是物联网技术支持下的电子封条不仅‘新’,而且‘能’!”无锡中院执行指挥中心主任闵仕君介绍,“除了具有实时取证、提前预警等功能外,物联网技术的电子封条还‘能’在三个方面——一是价格便宜,千元不到,可以推广;二是续航长久,半年以上,省心省力;三是实时监控,终端与平台互联,反应迅速”。

同传统的纸质封条相比,物联网电子封条除了具有智能感知、实时取证、即时警告、威慑力强的特点外,还有一项特别功能,使用人可以通过微信小程序,随时查看查封现场。

“对查封标的最关注的人是案件的申请执行人,现在申请执行人可以通过微信小程序实时关注法院查封的标的,实时关注被执行人是否的确下落不明、长期不回家,进而消除因执行不能而对法院工作产生的怀疑。"无锡中院执行局副局长朱莨表示,"通过电子封条的实时查看功能,可以让申请执行人真正理解法院的工作"。

"活"查封——让企业在危机中有转机

善意文明执行是"以人民为中心"理念在人民法院工作中的体现。"如何在执行过程中,既保证被执行人企业查封的财产价值不减少,又能让企业正常生产经营,一直是法院执行工作中的难点。"无锡中院党组成员、执行局局长邱必友说:"通过物联网技术赋能,我们找到了切实可行的解决方案。"

无锡中院在宜兴某铜业公司案件执行工作中运用物联网技术监管系统,既"看"住了厂房设备,又让企业正常开展生产经营。在网络司法拍卖这家公司整体资产过程中,5281 人次围观,6 个竞拍者,出价 63 次,从起拍价 1.2 亿余元竞拍到 1.6 亿余元,溢价 4000 万元,直接超过了第一次拍卖流拍价。

"我们企业是法院'活'查封的直接受益者。企业只是因担保受到牵连,经营状况一直很好。如果法院一封到底停了我们的生产线,那后果不堪设想,不仅企业会亏损,我们工人也将失去工作。法院是好样的!"该公司生产线工人王某连连为法院的"活"查封点赞。

"活"查封就是无锡中院借助物联网技术研发的"查封财产监管系统",以物联网、人工智能等技术为支撑,通过对查封财产"轮廓体积、重量位置、实时状态、异常行为"的感知和对物品精准识别等技术,实时采集被执行人企业生产经营中的客观信息。然后通过终端协同及边缘计算,建模还原企业日常生产运营的真实状况,从而对生产经营企业原材料、产成品数量等进行全流程、全时段、全方位的感知和预警,实现"物态可监管、生产可延续、货值可稳控"的"活"查封效果。

电子称重——动产价格自动生成

11 月 6 日,尘封多年的无锡某金属材料公司迎来了一批特殊的"客人"——无锡市梁溪区人民法院的执行法官和相关工作人员,一批被执行的废旧器材作为金属原料要运往加工厂。"起吊后不到 1 秒,被称货物的重量就显示出来了。"执行法官介绍,"我们将感知系统安装在起重设备上,在起吊过程中,实时测量物品重量,检测结果立即显示在终端和手机小程序中,根据国家对相应金属挂牌指导价或者相应的市场价，无须委托评估，就可以直接计算执行标的的价值。同时我们还运用执法记录仪全程记录整个称重过程，并邀请公证机构进行公证，确保公平、公开、公正"。

"说实话，这批货物如果按照传统的方式请评估公司来评估价格，最后付完评估费、运输费、人工费，变现款也所剩无几了。"申请人中国建设银行股份有限公司无锡滨湖支行工作人员感叹地说："无锡法院的物联网电子称重系统在货物的搬运过程中就实现了称重，大大节约了人力物力及评估费。科技不仅是生产力，更是效率和金钱呀。"

"我们引入物联网思维，在'智联'中合作、在'智能'中重构、在'智慧'中重塑，充分运用物联网技术赋能法院各项工作，在智慧法院建设中走实走新，全力打造物联网应用的'无锡模式'。"无锡中院党组书记、院长钱斌表示。

人民法院报

贵州省发改委、高院、自然资源厅、信息中心联合出台意见

建立不动产登记领域信用联合惩戒机制

要闻简报

嫦娥五号返回器携带月球样品安全着陆 中国探月工程"绕、落、回"三步走规划如期完成

习近平致电代表党中央、国务院和中央军委祝贺探月工程嫦娥五号任务取得圆满成功

无锡："物联网"为执行赋能增效

中国政法实务大讲堂再次走进中国政法大学

景汉朝讲解司法改革的路径、重点与启示

第25期司法案例大讲坛聚焦涉冷冻胚胎案

"现在开庭"全媒体直播聚焦"江小白"商标之争

1100万网友在线观看

"杭互杯"主题征文颁奖仪式暨民法典与互联网司法研讨会举行

中国庭审公开网庭审直播一千万场颁证活动举行

打准"黑七寸" 改善"软环境"

——扫黑除恶专项斗争助力经济社会健康发展

决战扫黑除恶

《人民法院报》(2020年12月18日)

数字经济新型纠纷　法治护航保障权益

罗莎莎

随着我国数字经济的蓬勃发展,各类涉及新交易、新模式、新业态的矛盾纠纷也逐渐增加。近两年来,江苏无锡两级法院通过个案审理提炼裁判规则,指导行为和价值判断,积极营造有利于数字经济和数字化发展的法治环境。《法治日报》记者从无锡法院办理的涉及网络数字经济的新型纠纷案件中选取了4起案件,以案释法,以飨读者。

约定刷单增加销量　行为违法协议无效

2020年6月30日,周某与张某签订协议,约定由张某为周某所有的网店刷单,本金由周某支付,刷单费用为15元/单。周某给张某的运作时间为2020年6月30日至7月31日,在规定时间内,张某操作店铺产生的业绩利润超出周某所投入成本的,张某无须承担费用投入。超出规定时间未完成的,张某退还周某已支付刷单本金及刷单费用。

协议签订后,周某支付了刷单本金305,608元,张某使用其中的163,311.37元用于刷单,剩余142,296.63元未使用亦未归还周某。此外,周某还另支付用于买家秀爆款刷单费用45,800元及抢购刷单费用18,000元,张某均未履行。后双方终止合作,张某未按约定退还相关费用,周某经多次催讨无果,遂将其诉至无锡市锡山区人民法院,请求判令张某立即归还欠款206,096.63元及利息。后经法院合法传唤,张某未到庭亦未提供证据。

法院审理后认为,原被告双方签订该协议的行为属于恶意串通损害他人利益,该协议应属无效,合同无效后,因该合同取得的财产,应当予以返还。据此,法院支持周某的诉请,一审判决张某归还周某206,096.63元及该款自2020年9月14日起至实际给付之日止的利息。

法官庭后表示,网购现已成为年轻人首选的购物方式,而大多数人在网购时往往要通过网店的销量及评价来作出选择。本案中,周某为了提高其店铺的销量及好评,与张某签订了刷单合作协议,但刷单行为损害了普通消费者的知情权、公平交易权以及其他类似产品经营者的合法权益，扰乱了互联网交易秩序，刷单行为属于违法行为，相关协议均属无效。

未经许可上传视频 侵犯权益道歉赔偿

林某曾应邀作为嘉宾参加某电视台的一期美食节目，该期节目播出后，某公司对林某在电视节目中示范使用紫砂锅炖肉的一段视频进行剪辑，并将剪辑后形成的短视频上传于该公司运营的销售紫砂锅的网络店铺页面。林某认为该公司的行为侵害了自己的肖像权，遂将其诉至宜兴市人民法院。

庭审中，某公司承认使用美食节目的视频未经电视台和林某同意，但认为林某参与美食节目后，其肖像权已然让渡给电视台，故其并未侵害林某肖像权。

法院审理后认为，林某参加电视台美食节目，应视为林某许可节目制作方通过拍摄等方式使用其肖像，但并不等同于将自己的肖像权让渡给节目制作方，某公司未经林某许可擅自使用林某肖像的行为构成侵权，一审判决某公司以书面形式向林某赔礼道歉并赔偿损失 1. 2 万元。

法官庭后表示，在信息碎片化时代，短视频的市场规模不断攀升，一方面极大满足了大众的社交互动需求，另一方面也被广泛用于各种商业推广活动。短视频火爆的背后，侵犯他人著作权、肖像权、隐私权等现象层出不穷，而目前国内尚未出台针对短视频、自媒体行为的行业规范或行业标准，解决短视频网络侵权问题主要依靠法律途径。而网络空间并非法外之地，短视频的创作者和使用者均应严格遵守相关法律法规，广大网友如发现自己的权利被侵犯，要勇于拿起法律武器保护自己，共同营造良好的网络环境。

网络主播擅自转会 合同存续违约当赔

某网络直播公司与主播王某签订了《主播签约协议》，协议明确约定该公司担任王某在互联网线上演艺及未来可能涉及的线下演艺独家经纪公司，未经公司书面许可，王某在其他公司平台或自行从事与协议规定的在线演艺直播活动相同或类似行为，视为王某单方违约，应支付违约金 30 万元。

后王某未经公司书面许可，擅自强行退会，并在第三方平台直播。某网络直播公司遂诉至宜兴市人民法院，要求判令王某承担 30 万元违约金。

庭审中，王某辩称双方是劳动、劳务法律关系，而非合同关系，且某网络直播公司以《主播签约协议》掩盖非法用工目的，违反劳动法有关工作时间和休息时间的法律规定,因此双方之间的主播协议无效。

法院经审理认为,依照双方签订的《主播签约协议》,王某对自己的直播时间、地点、内容等有一定的自主决定权,其收入来源于直播平台中用户对主播打赏的网络增值服务收益分成,与劳动、劳务合同中的劳动、劳务报酬有明显区别,应认定双方为合同法律关系。王某在合同履行期间擅自转会,已经构成违约,应赔偿某网络直播公司相应损失。法院依法根据双方当事人意愿进行调解,最终双方协商一致,王某与某网络直播公司签订的合作协议解除,由王某赔偿某网络直播公司5万元,双方对调解协议内容均无异议。

法官庭后表示,随着互联网技术不断发展,不少自媒体人、网络红人逐渐转型为网络主播,"主播经济"成为商品流通领域的重要一环。本案就是一起典型主播合同纠纷,王某为获得流量支持,选择加入类似经纪公司的直播公会,由公会为其提供资源推荐、专业培训、形象运营等服务,但擅自转会引发纠纷。法院通过审查主播收益、履约期限及违约金金额等方面,作出上述判决。

专属条款有约在先　违反协议模特败诉

2019年7月,经营淘宝店铺的张某与模特潘某签订《平面摄影合同》,约定潘某为张某提供服装平面拍摄、直播、后期照片处理等相关拍摄工作,其中还约定了"模特专属条款",即"合作期间,潘某不可以给其他店铺以及其他电商平台拍摄女装精品类目的淘宝平面图,不限制潘某为其他公司拍摄香水或化妆品等非女装类目的拍摄。若一方中途违约或无故解除合同,须向另一方支付20万元违约金"。后潘某违反约定在其他淘宝店作为女装模特进行拍摄,张某遂将其诉至宜兴市人民法院,请求判令潘某支付违约金并赔偿损失。

庭审中,双方一致认可合同已于2020年5月30日解除。张某认为因合同提前解除需另外寻找模特,实际损失7.5万元。潘某认为张某主张违约金20万元过高,同时指出张某拖欠其劳务报酬5.77万元,向法院提出反诉。

法院审理后认为,张某之所以与潘某约定合作期间不允许在其他店铺及电商平台拍摄同类目的淘宝平面图,注重的即是模特的个体形象及网络影响力等,避免过度竞争,此种情况下也会给予模特相匹配的报酬。同时,两人签订的合同未限制潘某拍摄非同类目的照片用于其他店铺营销,并不存在限制人身自由等基本人身权利的情形,应属有效。合同中既然有约在先,双方就应当严格遵守。因约定违约金过高,故法院综合考虑合同履行情况、过错程度等因素,酌情调整为实际损失的1.3倍,为9.75万元。张某应支付潘某劳动报酬 5. 77 万元，该款与违约金相抵扣。最终，法院一审判决潘某支付张某违约金 3. 98 万元。

法官庭后表示，“模特专属条款”是合同履行的一种特别方式，从商业利益上考量，签订“模特专属条款”有利于店家建立固定的品牌形象，避免品牌形象混同、恶意竞争；也有利于模特获得更大的品牌支持，签订该类条款属于正常商业行为。随着网络数字经济的蓬勃发展，新兴行业不断涌现，商业模式日益更新，灵活多变的合同条款是促成新兴业态发展的基因，新的商业合作形式能否获得成功，能否保持充分的市场活力，取决于创新的合同条款能否顺利实现。在数字经济时代，人们签订合同应当更加谨慎，切实增强契约精神，诚信履约。

06 法治日报 法律服务·说法

数字经济新型纠纷　法治护航保障权益

约定刷单增加销量　行为违法协议无效

网络主播擅自转会　合同存续违约当赔

未经许可上传视频　侵犯权益遭到赔偿

专属条款有约在先　违反协议模特败诉

合作破裂闹上法庭　非法代孕不受保护

零元购车反被套路　尽责执行圆满结案

庭前还清逾期房贷　合同仍可继续履行

“新供”业主还清逾期款项未构成根本性违约

《法治日报》(2021 年 5 月 23 日)

江苏首例上市公司预重整案圆满收官

丁国锋

6 月 11 日,此前被证监会实施退市风险警示的“*ST 中南”,在停牌一天后正式“摘帽”,撤销了退市风险警示及其他风险警示,公司股票简称恢复“中南文化”,6 月 12 日开盘后股票总市值超 60 亿元。

从 2018 年 5 月发生债务危机导致公司资金链断裂、生产运营全面停滞,到 2020 年江苏省无锡市中级人民法院立案重整审查,中南红文化集团股份有限公司(以下简称中南文化)能够涅槃重生,可谓一波三折。

《法治日报》记者采访了解到,该案系近年来江苏第四例上市公司重整案,也是江苏首例、全国第二例上市公司预重整案。法院和破产管理人通过庭外模拟破产清算状态,对破产重整后的债务清理、股权调整、债权受偿等作出预案,并将方案实现最优化,既确保了破产重整顺利进行,又最大限度保护了广大投资人权益,获得了各界广泛赞誉。

中南文化成立于 2003 年 5 月 28 日,注册资本为 9200 万元,主营业务为文化传媒和金属制造业务,2010 年 7 月 13 日在深圳证券交易所中小板上市。2015 年 5 月 27 日,其收盘价一度达到每股 58.8 元。在遭遇退市风险警示前的 2017 年 11 月 8 日,股票价格收盘最高价也达到每股 16.23 元。

2018 年,中南文化触发严重的债务危机,公司内部违规担保、债务逾期等导致银行账户冻结,各方面生产经营陷于停滞,当年 10 月 31 日被实施其他风险警示,股票简称改为“ST 中南”。根据《股票上市规则》等相关规定,又于 2019 年 6 月 20 日被叠加实施其他风险警示。后又因 2018 年度、2019 年度连续两年净利润为负值,2020 年 4 月 30 日被实施退市风险警示,股票简称变更为“*ST 中南”。

无锡中院于 2020 年 11 月 24 日正式裁定受理该公司重整申请后,公司股票于第二日被叠加实施退市风险警示。几番断崖式下跌后,股价一度跌到每股 1.07 元。

“基于无锡优厚的法治化营商环境,我们对中南文化破产重整案件充满信心。”该案审判长、无锡中院金融庭庭长陆晓燕介绍,法院在正式立案前进行了审查,为完成上市公司重整可行性报告,启动了旨在衔接庭内重整的庭外重组(后被称为预重整),并由中南文化聘请的法律顾问担任预重整引导人,开展债权申报、资产审计评估、招募投资人等工作。

为使预重整成果能够延伸至庭内重整，无锡中院指导预重整引导人，在债权申报、债权审查环节，向债权人建议预重整中的债权申报内容和债权审查结果延伸至庭内重整，得到了绝大多数债权人的书面认可。

“重整中很多协商可谓一波三折。”陆晓燕说，很多之前被套的资金损失巨大，法院为此作了重整投资人工作，分析了投资利弊，让相关单位增强了信心，形成了最终携手解决企业债务危机的合力。

“我们牵头组建了纾困基金，通过破产清算中的司法拍卖程序，取得了中南集团持有的中南文化 3.4 亿股股票，成了上市公司控股股东，并通过搭建债务人、债权人、潜在投资方等各方面的沟通平台，明确上市公司遗留问题解决的处置路径，共同寻求一条危机化解途径。”中南文化法律顾问、预重整引导人之一、江苏世纪同仁律师事务所律师丁韶华说。

2020 年 9 月 10 日、11 日，无锡中院分别召开了预重整债权人会议、出资人会议，绝大多数债权人、出资人表决同意了重整预案，并在预重整引导人的建议下进行了书面认可。

之前，无锡中院考虑到企业的金属制造业板块的主要经营实体为中南重工，提级管辖了江阴法院已受理的中南重工重整案，使母公司、子公司协同重整，以支撑和加强中南文化的盈利能力和可持续经营能力。

11 月 24 日，无锡中院经证监会、最高人民法院批准，正式裁定受理中南文化重整一案，次日又批准了中南文化在管理人的监督下自行管理财产和营业事务。法院要求以重整预案为基础制作重整计划草案，同时增发股票，通过出资人权益调整实施资本公积金转增，不向股东分配。

12 月 25 日，无锡中院召集召开第一次债权人会议和出资人会议，高票表决通过了重整计划草案，将模拟破产清算状态下的普通债权受偿率 22.59% 提高至重整中的 50%。同日，无锡中院作出民事裁定书，裁定批准了中南文化重整计划，终止了中南文化重整程序。

其中，要求超 10 亿股转增股票、重整投资人受让资本公积金转增股票款 8 亿元、重整投资人提供解决上市公司违规担保款 0.39 亿元陆续汇至管理人账户，与中南文化提供偿债的自有资金 1.1 亿元，均按重整计划划转至重整投资人及各债权人指定账户，结清了债务 24.56 亿元。

2021 年 3 月 25 日，无锡中院裁定确认重整计划执行完毕，所涉债务清理、股权调整均已完成，该预重整案圆满收官。

据了解,该案中设立的预重整引导人制度系全国首例。“在法院指导下,由债务人聘请的法律顾问担任预重整引导人,运用专业力量主持各方协调、招募重整投资人、制作重整预案,并通过债权人和出资人出具书面承诺的程序设计,将相关工作成果延伸至法院的庭内重整中使用,为庭内重整的顺利进行打下坚实基础。”丁韶华说。

“实际上是发挥了预重整的试错功能!”无锡中院院长钱斌介绍,通过论证重整可行性,提升庭内重整程序启动的精准度,便于审判团队作出精准的司法判断。同时,通过将庭外重组与庭内重整兼容并蓄,有效解决了“先有鸡还是先有蛋”的问题。

正是预重整机制,帮助法院大大节省了司法资源,提升了司法质效,使中南文化在该案正式受理重整之后短短31天,即表决通过重整计划草案,成为全国审理时间最短、审理速度最快的上市公司重整案件,为多元纠纷化解机制在市场化破产领域的运用塑造了成功样本。

06

案件

LEGAL DAILY

江苏首例上市公司预重整案圆满收官

厅官充当涉黑组织“保护伞”获刑十四年

青海省检察院发布毒品犯罪典型案例

宾馆开房为他人吸毒提供场所构成犯罪

荆州警方侦破部督特大跨境电诈案

受害人被骗395万元 警方已全部追回

出借银行卡帮助转移资金1.2亿元

6名被告人一审均被判处有期徒刑

民警蹲守4天抓获盗窃案

使用伪造驾驶证被刑拘

丹东警方捣毁一赌博窝点

《法治日报》(2021年7月7日)

强化知识产权保护　优化法治营商环境

罗莎莎　何　逸　叶棋刚

随着国家创新战略的深入实施，知识产权的司法保护力度不断加大，人们保护知识产权的意识也在不断增强。《法治日报》记者从江苏省宜兴市人民法院了解到，该院近年来充分发挥司法保护知识产权的职能作用，着力打造符合新发展阶段需要的专业审判队伍，进一步促进法治化营商环境建设。

2019 年至今，宜兴法院共受理各类知识产权案件 392 件，审结 320 件，案件类型包括侵犯著作权、侵害企业名称、假冒注册商标、不正当竞争等。记者从中选取 4 个典型案例，以期帮助广大读者了解知识产权的内容和范围，学习知识产权保护相关法律知识。

攀附名牌产生混淆　停止使用赔偿损失

远东电缆是一家大规模的电线电缆制造企业，在业内享有较高的知名度。安徽某电缆公司注册时，将“远东”两个字用于企业名称中。远东电缆有限公司发现后，认为其行为影响了本公司的销售与声誉，遂将安徽这家电缆公司诉至宜兴市人民法院，要求其停止使用“远东”字号、赔偿损失并赔礼道歉。

宜兴法院经审理查明，原告“远东”字号自 1992 年使用至今，先后获得江苏省乃至全国性的多项荣誉奖励，“远东电缆 FAR EAST CABLE 及图”商标于 2015 年被认定为驰名商标。被告安徽某公司的经营范围为电线电缆生产、销售，电缆辅料、塑料制品等安装及销售，其销售的电缆外包装上标注了企业名称。

法院认为，“远东”品牌电缆具有较高的市场知名度，“远东”字号不仅起到了区别不同经营主体的商业标识作用，积累了较高的商业信誉，且“远东”文字及图形商标也获得过驰名商标的保护。安徽某公司作为同行竞争者，在注册企业名称时应当知道“远东”字号的知名度，但未尽到善意避让义务，可以认定其主观上具有攀附“远东”字号商誉，以此获取不正当利益的意图。安徽某公司使用该字号会让公众产生混淆和误认，也会认为两家公司间存在特定关联性。

法院综合考虑“远东”字号的知名度、安徽某公司的主观过错、企业规模、侵权时间、涉案商品的种类及价值等因素，判决被告立即停止使用“远东”字号，办理企业名称变更手续，并向原告远东电缆有限公司赔偿经济损失 20 万元。

承办法官庭后表示，企业名称，特别是企业字号，是区别不同市场主体的商业标识。有的经营者试图通过“搭便车”“傍名牌”的方式不劳而获，客观上容易造成消费者误认和混淆，从而对商品和服务来源产生错误的认识，构成不正当竞争，破坏了公平公正、竞争有序、诚信守法的经营环境。擅自使用他人的企业名称，引人误认为是他人的商品，给被侵害的经营者造成损害的，应当承担损害赔偿责任。

网购玩偶赠送顾客　作品相似构成侵权

《海底小纵队》是一部深受儿童喜爱的动画片，著作权人为万达儿童文化有限公司。2020 年 7 月，万达儿童公司发现宜兴市和桥镇的一家蛋糕店在制作的蛋糕上摆有《海底小纵队》中的巴克队长、皮医生、呱唧等卡通形象作为装饰，认为这一行为侵害了自己的著作权，遂要求其停止侵害，并赔偿经济损失 5 万元。案件诉至法院后，被告蛋糕店辩称，卡通配件系店员网购所得，是赠送给客户的，并不营利。

宜兴市人民法院经审理认为，未经著作权人或相关权利人许可，除法律规定的特别情形外，任何人均不得以出售或者赠与方式向公众提供作品的原件或者复制件。本案中，被告销售的蛋糕上用于装饰的卡通玩偶形象与涉案皮医生、巴克队长、呱唧等美术作品基本相同，通过综合判断应认定案涉卡通玩偶形象与案涉美术作品构成实质性相似。被告未经著作权人许可，以蛋糕装饰品形式向不特定公众提供了《海底小纵队》人物的复制品，侵犯了万达公司对上述美术作品享有的发行权，应依法承担停止侵权、赔偿损失等民事责任。

据此，法院作出一审判决，判令蛋糕店立即停止侵权行为，同时赔偿万达公司经济损失及合理费用共计 1.3 万元。

承办法官表示，像海底小纵队、超级飞侠、小猪佩奇等诸多小朋友喜爱的卡通形象均属于法律保护的著作权范围，经营者应避免使用原创设计或选择具有资质的装饰品供应商，以免出现侵犯他人知识产权行为的发生。

未经授权擅自经营　误导消费赔偿三万

近年来，新式茶饮市场火爆，由于需求量大、门槛低、利润高，吸引了不少创业者加入其中。但也有少数商家只盯着知名茶饮店的品牌、知名度,在未经授权的情况下私自开设店铺“蹭热度”。

2016 年 7 月,“汴京茶寮”茶饮品牌开始筹备创立,品牌形象由一系列日系风格的美术作品组成,先后在南京等地开设店铺,深受消费者喜爱。近两年,不断有客户加盟咨询,已在全国开设加盟店近百家。

2019 年 7 月,“汴京茶寮”经营者发现蒋某未经许可和授权,擅自经营宜兴市区的“汴京茶寮”奶茶店,并使用了“汴京茶寮”具有一定影响力的商品名称及包装装潢广告语对外进行宣传。“汴京茶寮”经营者认为,蒋某的行为属于不正当竞争,随即向宜兴法院提起诉讼。庭审中,蒋某辩称原告著作权主体不适格,不受著作权的保护。

法院审理查明,原告“汴京茶寮”在饮品市场内具有一定的规模及市场占有率,其所售卖的“汴京茶寮”产品及广告宣传语、图片、包装、装潢等在全国同行业内及有关消费群体中有一定的影响。被告主观上具有使用与原告相似的商品名称、包装等方式提升自身的知名度的故意,客观上导致客户看到上述信息,足以误认为是他人商品或者与他人存在特定联系,造成消费者的误认和混淆,给原告的合法权益造成影响。

最终,宜兴法院判令蒋某停止不正当竞争行为,赔偿原告经济损失及合理费用共计 3 万元。

承办法官表示,目前,各种“网红品牌”兴起,但有的经营者在开设店铺时,缺少对所涉品牌的关注和全方位了解,在签订加盟合同时缺少足够的注意,特别是对品牌的商标专用权、著作权等知识产权内容掌握不够,有可能会加盟所谓山寨品牌,从而出现“真假李逵”之争,陷入不必要的麻烦,造成经济损失。

明知假货销售营利　认罪认罚拘役六月

近年来,医用口罩成为抢手货。陈某嗅到其中的“商机”后,从某小厂家购进了一批 3M 牌 9001 型号口罩、9002 型号口罩,但该批 3M 牌系假冒伪劣商品。陈某以每个 4 元至 10 元不等的价格销售,很快就被急需口罩的消费者抢购一空。

据统计,2020 年 1 月 24 日至 29 日期间,陈某共计销售假冒 3M 口罩上万个,销售金额达人民币 61, 765 元。

2020 年 1 月 31 日,有群众将该情况反映至宜兴市市场监督管理部门,陈某随即被公安机关抓获归案。归案后的陈某如实供述了销售假冒 3M 商标口罩的事实,并签署了认罪认罚具结书。案发后,陈某已向其中一名购买者退还人民币 8500 元。案件审理中,陈某家属代其退还违法所得人民币 1 万元。

法院经审理认为,被告人陈某销售明知是假冒注册商标的商品,销售金额数额较大,其行为已构成销售假冒注册商标的商品罪,依法应予惩处。结合陈某归案后的认罪态度等情节,最终以销售假冒注册商标的商品罪,依法判处其拘役 6 个月,并处罚金人民币 4 万元;陈某退缴在案的违法所得 1 万元,予以没收,上缴国库。

承办法官表示,本案中,被告人陈某明知购进的 3M 口罩为假冒注册商标的商品依然在店中售卖,其行为已构成犯罪。法官提醒广大消费者,购买商品尤其是口罩等防疫物资时一定要注意查看商品的标识,通过二维码、防伪标识等方式查询真伪,谨防上当。经营者不能因蝇头小利就违反法律规定,在明知是假货的情况下售卖,否则将受到法律的严惩。

06

法律服务·说法

强化知识产权保护 优化法治营商环境

企业内讧面临清算 破解僵局重获新生

《法治日报》(2022 年 3 月 20 日)

用司法妙手修复残缺信用
无锡法院多项创新举措推进信用修复

丁国锋　何　薇

近日,江苏省无锡市市政建设集团有限公司的纳税信用级别由 M 级提升至 A 级,在经历了一年的重整波折后,这家无锡老牌市政施工企业的纳税信用等级成功修复,2021 年实现净利润 1516 万元,成为全市首家完成破产重整税务信用修复的企业。

作为社会诚信体系建设中的关键一招,信用修复既能给失信者"复权"的机会,也能减少信用惩戒带来的"误伤"。无锡法院充分运用法律法规和司法手段,竭力为破产重整的企业、诚实而不幸的创业失败者以及自愿履行的被执行人进行信用修复,帮助解决其"欲而不能"的难题,让曾经的失信者过而能改,残缺的信用恢复如初。

隔断不良信用企业轻装上阵

据了解,仅 2017 年至 2021 年间,无锡法院通过破产重整、和解程序,先后帮助 30 家有价值的危困企业重获新生。但在实际推进中,破产企业的信用修复仍是一大难题,除了银行信用修复难,重生企业的税务信用等级提升、工商信用信息更新等均存在现实困境。

2020 年 5 月,已经成功重整的无锡尚德太阳能电力有限公司,将一家银行告上法庭。原来,尚德公司曾是世界上最大的太阳能光伏技术企业,后因巨额负债走上破产重整之路。

2013 年在无锡市中级人民法院主持下重整成功后,银行负面信用记录却成了"绊脚石",甚至有涉案银行将本应减免的部分债权作为不良征信记录上报征信系统,有违破产法规定。"明明已经按照重整计划偿还了债务,银行方面仍不将贷款逾期未清偿的不良记录删除,致使公司征信受损,连带融资也受到影响。"该公司负责人说。

前不久，新吴区人民法院对这起重整企业诉银行信用修复案作出一审判决，支持了尚德公司要求银行删除其不良征信记录的诉请。

“重整过程中，继续经营的破产企业迫切需要给予一定的税收优惠政策以减轻成本，但前提是有良好的税务信用等级，而提高税务信用等级，又需要先清偿税收债务，这就陷入了闭环式困境。”无锡中院金融庭破产法官沈君告诉《法治日报》记者。

在无锡市政建设集团有限公司的破产重整中，因无法摆脱信用等级低带来的高额成本，公司员工一度出现恐慌。其间，惠山区人民法院联合税务局对其进行税务指导，及时解封该公司的税务账户，定期督促其按时报税、按时纳税，并协助提交申报材料……最终，该企业的税务信用级别提升至 A 级，公司运行也回归正常。

为彻底解决此类问题，无锡中院加强与税务局联动，联合印发了《关于企业破产涉税处置的实施意见》（以下简称《实施意见》），明确重整企业在重整计划执行完毕后，税收债权即告清结，税务机关应当对重整企业进行纳税信用等级修复。“因‘披着’破产重整的外衣，这类企业面临各种信用风险。”无锡中院副院长陈靖宇表示，法院联合政府相关部门对重整企业进行多层面的信用修复，促使其重新轻装上阵，最大限度提高重整企业生命力。

设立信用考察期通过即“重生”

债主起诉、银行断贷、账户被封……一年前，唐女士的信用跌到了谷底。

唐女士的母亲在无锡经营某包装厂 20 多年，后因市场环境变化和经营策略失误，结欠了大量债务，母亲去世后，由其接手经营并承担还款责任。“我已经变卖了所有房产和设备，还有 100 多万元债务，压得人实在喘不过气来。”回忆当时的惨状，唐女士仍心有余悸。

恰逢锡山区人民法院正在进行“类个人破产”试点。该院副院长潘洪峰介绍，类个人破产试点工作挽救了诚实而不幸的创业失败者，给他们提供信用修复的机会，以尽早摆脱债务困扰，更轻松地融入社会生产、创业。

2021 年 4 月，唐女士正式向法院申请个人债务集中清理。在后来形成的清偿方案中，债权人申报的债权金额核定为 110 余万元，豁免其 60% 的债务，清偿率为40%。

虽然免掉了超过一半的债务，但这并不意味着完全“松绑”。按照规定，清偿计划作出后，唐女士即进入为期5年的信用考察期。其间，法院对她的职业任职资格、高消费、收入支配等部分权利进行限制，若其能及时大额清偿，则视情况缩短期限。

据介绍，锡山法院作为无锡首个开展“类个人破产”试点工作的基层法院，已受理案件6件，其中5件已结案，涉及债权金额400余万元，清偿200余万元，豁免债务100余万元。

“针对债务人设置信用考察期，除了以示惩戒外，更是对其信用的进一步考察，本质上也是一种信用修复过程。只有通过了考察，债务人才能解除信用惩戒，真正获得免责和复权。”无锡中院金融庭负责人徐冰介绍，近期相继出台《“与个人破产制度功能相当”试点工作指引（试行）》及《实施意见》，标志着无锡法院精心编织的“信用大网”正在全市范围铺开。

激励被执行人主动修复信用

拿起手机打开无锡中院微信公众号，点击信用查询、输入公司信息后，一个“绿码”赫然跳出……回想起上个月还是“黄码”，曾在无锡两级法院涉及执行案件10余起的黄某悬着的心终于放了下来。

2021年12月3日，就在无锡法院被执行人信用码查询系统上线的当天，黄某第一次查到了自己的信用“黄码”，顿时慌了。没几天，黄某就赶忙向法院递交了信用修复申请。法院核查发现，黄某这几年一直在积极还款，没有逃避，并在近期还清了涉案债务。鉴于此，法院随即运用信用修复机制，帮助黄某提升了信用评价，及时消除了负面影响。

作为信用查询的“爆款”利器，信用码系统上线一周，查询次数就已破万，来法院申请恢复信用的被执行人更是络绎不绝。“以全市法院执行案件信息为基础，利用数字化手段自动生成被执行人专属的信用二维码和电子信用证明，并以‘红、黄、绿’三色码进行标识。”无锡中院执行指挥中心主任闵仕君介绍，通过对执行大数据的分析，可以勾勒出个人的信用脸谱、评估某个企业的失信风险度，这让信用可视成为现实，也为风险预判提供了直观依据。

不少案件的失信者,从“拒不还”到“主动还”,信用二维码的激励作用显露无遗。据悉,社会公众可以随时随地通过无锡中院微信公众号、灵锡 App 等途径查询到信用二维码。至今,已有 460 余名被执行人申请信用恢复,积极主动履行义务共计 8750 余万元。

03 政法 法治日报

境内境外网上网下齐发力坚决斩断犯罪链条

最高检公安部联合督办五起特大跨境电信网络诈骗案

用司法妙手修复残缺信用

无锡法院多项创新举措推进信用修复

全国检察机关第二届文化品牌选树展示活动启动

《法治日报》(2022 年 4 月 13 日)

助力执行，互联网之后物联网来了

郑卫平　李思红　何　薇

2010 年，国家传感网创新示范区落户太湖之滨的江苏省无锡市。经过十多年的磨砺，无锡形成了涵盖芯片、感知、传输、平台、应用与安全的完整产业链，不但缔造了中国物联网产业的“首航之城”，而且开启了中国物联网发展的“领航之路”，在世界物联网版图上烙下显著的“太湖印记”。

近年来，无锡市中级人民法院与无锡物联网产业研究院开展物联网技术司法应用战略合作，拓展物联网技术在执行领域的应用，初步探索出运用物联网促进善意文明执行的新路径。

财产监管系统可实现“边查封边经营”

在执行中如何既能保证被执行人企业财产价值不减少，又能让企业正常生产经营？

3 月 17 日，春风拂面，油菜花开。带着疑问，记者走进江苏省宜兴市的华美电缆有限公司。公司董事长华健带着记者走进了一间 1.6 万平方米的厂房，走到一台长约 50 米、高约 2.5 米的德国产尼霍夫铜大拉机前，华健高兴地说：“2020 年 11 月 11 日，法院将这间厂房和厂房内的机器整体拍卖，经过多轮竞价我们公司买了下来，我们越来越觉得这是优质资产。”

与记者同行的无锡中院执行局法官翁强说，眼前的厂房和机器设备原属于无锡市某铜业有限公司，该公司因担保被 7 家金融机构同时起诉，系列案件经审理后进入执行程序，执行总标的额约 8 亿元。无锡中院经财产调查，发现该公司主要可供执行财产只有 4.4 万平方米的厂房及相关机器设备，但该企业生产经营正常，并且是宜兴市铜加工行业骨干企业。

对于这样一家企业，无锡中院充分运用与无锡物联网产业研究院共同研发的“物联网查封财产监管系统”，在不生产经营的东厂区运用边缘感知系统、物联网监管系统对重要区域和重要资产进行实时监管，设备移动或外来拆除都会进行自动报警；对于西部生产产区，综合使用多种设备、运用多种感知技术，从

10 个维度实时监测库存产品数量的增减、品种的更换,低于或少于设定值系统就会自行报警。

上述执行方案实施后,因财产监管得力和企业生产经营正常,铜业公司整体资产的拍卖价达 1.6 亿元,溢价 4000 万元,远超采用物联网技术监管前第一次拍卖流拍价。

华健看过法院动态监控的实时图像,发现监控区域出现小狗小猫这样的动态事物都能看得很清楚。华健说:“法院运用财产监管系统,全流程、全时段、全方位感知和监管被执行企业的厂房、原材料、生产设备、成品等有价值财产,实现企业‘边查封边经营’,这让我们有信心买下这间厂房和设备。”

在无锡中院执行指挥中心,通过观看演示,记者进一步感受到“物联网查封财产监管系统”的强大功能:系统通过前端物联网设备的轮廓体积感知、重量位置感知、状态感知、异常行为感知,尤其是通过物品精准识别感知技术,动态监管被执行企业厂房内全貌,并实时回传至后方监管平台。监管平台对厂房内的变动和异动不但能及时掌握,而且看得清清楚楚、明明白白。

无锡中院院长钱斌深有感触地说,无锡中院在抓善意文明执行的过程中,将传统的“保全特定财产”理念转变为“保全特定财产价值”,针对执行工作出现的堵点和难点,运用物联网技术,对被执行企业进行整体动态监管,真正实现“生产可延续、货值可稳控、查封可监管”,最大限度降低对被执行企业正常生产经营活动的影响,充分保障申请执行人的权益,为做好“六稳”工作、落实“六保”任务提供司法服务。

电子封条远距离全天候全方位感知执行现场

电子封条不是新鲜概念,物联网电子封条与一般的电子封条有什么不同?这种封条能不能成为善意文明执行的利器?

带着几分好奇,3 月 18 日下午,记者走进江阴市的某模具公司。近 600 平方米的厂房内,机器轰鸣,砂轮飞转,钻头旋转,钢花飞溅,一根根直径约 20 厘米的圆柱形 H13 钢,经过锯床、车床、钻床、热处理等程序,变成可用于太阳能等产业的铝挤压模具。

公司负责人舒某告诉记者,江阴市人民法院在关键时刻救了他们一把。舒某说着打开手机,找到一份请求书,请求书上摁了密密麻麻的鲜红手印。请求书是模具公司的职工在2020年12月4日联名写给江阴法院的:受疫情影响,我公司不能一次性付清某国贸公司的钢材款,我们承诺每月付5万至10万元。我们还有三个月的工资未领,我们上有老下有小,如果我们公司破产,日子真的没法过。舒某说:"职工写请求书,真的是迫不得已。他们公司因买卖合同纠纷,被江阴法院判决向申请执行人支付货款及利息合计125万元。"

江阴法院执行局法官谷磊介绍,法院在执行中查明,模具公司除车间内20多台机器设备外,无其他可供执行财产,而一旦设备被拍卖,该公司将面临破产。调查还发现,该公司属技术型生产企业,投产8年来,生产经营效益一直较好。执行法官想说服申请执行人,给被执行人一个机会,能不能等一等。可申请执行人表示很为难,在疫情下,他们企业经营也受到影响,货款不能及时和足额回笼,他们的日子也不好过。他们请人估算了一下,模具公司的设备差不多能拍卖100万元。他们还担心,若是不能一次性执行到位,很可能夜长梦多,甚至是节外生枝。

双方都有困难,各持已见,到底该如何破局?江阴法院执行局局长蔡林说:"在进一步听取模具公司职工的意见后,我们感到办一家公司不容易,模具公司的设备还是不能轻易进行司法拍卖,但如何能让申请执行人放弃他们原来的想法?中院开发的物联网电子封条解决了我们的难题。"江阴法院执行人员在执行过程中,邀请申请执行人到现场共同观摩鱼眼式电子封条的功能,申请执行人看到电子封条查封下的场景后,终于同意被执行人分期付款。

江阴法院对模具公司财产进行"活"查封,即模具公司继续进行生产,同时,在生产厂房高处安装鱼眼式电子封条,结合边缘感知技术,对车间内所有机器设备进行动态监管,一旦设备发生位置偏移或挪动,电子封条就会将现场照片和视频回传,并以警报事件方式通知执行人员和申请执行人。

电子封条在哪个位置?面对记者的提问,舒某指向车间中部十几米高的大梁上一发光的电子产品。记者抬头望去,那产品看上去也就砖块大小,不注意看还真看不出来。谷磊打开手机,找到那款封条的照片,两个摄像头像两个炯炯有神的鱼眼。谷磊介绍,这款电子封条是2020年12月30日下午装的,当时气温零下7摄氏度,装好后尽管大家冻得直哆嗦,但每个人脸上都洋溢着笑容。舒某说,晚上电子封条内配置的集成镭射灯能清晰地将"江苏省无锡市中级人民法院封"的字样投到地面上,警示要尽快履行法院的判决。白天地面上看不到字,不影响生产,也不影响谈生意,显得很人性化。

舒某介绍,他们的产品现在销往安徽、湖北、四川等省,等执行款全部还清后,他们准备买下这个鱼眼式电子封条,用于车间的安保。

离开模具公司,记者找到申请执行人的代理律师卢某,她说模具公司已付了70余万元执行款,她对模具公司的还款充满信心,并表示,当时法院要是真的将模具公司的设备拍卖了,无异于杀鸡取卵。法院通过电子封条监管查封财产,救了企业,稳了就业,保了民生,真正实现了多方共赢。

在无锡中院执行指挥中心,中心主任闵仕君结合一幅幅执行现场的画面,详细介绍了他们研制的物联网电子封条。与一般的电子封条相比,物联网电子封条有以下优点——

监控范围较广。依托鱼眼式全景摄像头,采用吊装与壁装方式,实现大范围无死角、全景式的监控摄像,能清晰地监控近4000平方米的区域。

现场拍摄清晰。封条中嵌入含摄像头、感知卡、语音播报设备等集成感知终端,具备全时段感知功能。无外来事件时,采取低功耗值守模式,每48小时向平台自动回传一张查封现场照片,执行人员可通过照片对现场进行分析,进而采取相应措施。

自动报警快速。封条持续震动或被强行拆除时,会自动拍摄6秒以上视频及3张现场照片,并上传至管理平台,有利于对破坏查封标的或封条的行为及时固定证据。

应用前景广泛。封条体积小,即贴即用,不易撕毁,还具有防水、防晒及自动曝光功能,适用于任何场所。可利用手机充电器充电,电池持续能力可达6个月。目前,该电子封条成本在千元左右,如批量生产,成本还会降低。

智能称重系统对特殊地产的处置一步到位

“马山五号桥工业园内那批废旧机器设备的处置,原来可能一两个月都办不好,现在,四五个小时就搞定了。”谈起梁溪区人民法院对被执行人抵押的一批废旧机器设备的处置,无锡中院执行局局长邱必友显得较为兴奋,接着他就谈到了引以为傲的物联网智能称重系统。

何谓智能称重系统?该系统真有那么强的功能吗?记者走进了位于无锡市西南郊的马山五号桥工业园。

在车上,记者看了相关案情:某金属复合新材料有限公司因借款合同纠纷,被梁溪区法院判决归还原告借款本金及利息 846.96 万余元，原告有权以该公司抵押的机器设备折价、拍卖或变卖所得价款在 1450 万元范围内优先受偿。由于被执行公司长期停产，抵押的机器设备早已生锈。

工业园王经理一见面就领着记者来到现场。在园区一条长约 50 米的走廊内，王经理说，那些抵押的机器设备一直放在走廊内，走廊里放不下，院子里还放了一部分。

法院已判决了，那为什么不尽快处置那批机器设备呢？对记者的这一提问，翁强说，在执行中，对钢材、电缆等体积大、难移动、难称重的特殊动产，一般需要委托专业评估机构，由评估机构来联系起吊公司和出具评估报告。其间，工作人员还要做很多辅助性的工作，结果除去评估、起吊、搬运等费用，变现款早已所剩无几。此外，有部分评估机构还不愿意受理。翁强介绍，这里当时抵押的机器设备体量太大，要是运用传统的工作方法，工作会很烦琐，既费时又费力，相关的费用支出也会很多。

王经理说，申请执行人希望那批设备尽快变成“真金白银”，我们也希望尽快处置，否则会对我们园区厂房出租和生产经营产生影响。

如何尽快并且最大限度地节约费用处理那批设备，是执行人员的心头大事。在焦急中，他们想到了无锡中院与物联网产业研究院合作研发的物联网智能称重系统。

2020 年 11 月 6 日，无锡中院、梁溪区法院和梁溪公证处、吊装公司的有关人员走进了马山五号桥工业园，法院工作人员先校准称重系统中的电子秤，然后将感知器安装在起重设备上，设备起吊后 1 秒钟，被称设备的重量就显示在电脑终端和执行法官的手机微信小程序中，执行人员通过网络相关平台依据国家相应金属挂牌指导的价格进行价值估算，立即得出了所要处置财产的价值。称重完毕后，机器设备就被搬运到运输车辆上。相较于长达数月的传统评估、拍卖处置程序，梁溪区法院仅用 5 个多小时，就成功称重并处置 193 吨设备。对称重过程，公证机构现场公证，执法记录仪全程记录。

在无锡中院执行指挥中心，通过观看演示，记者进一步发现智能称重系统具备以下特点：

提醒功能强。称重过程中发生超载、欠载、低电压、低电量时都会进行自动提醒，避免有风险的操作。称重过程中不因称重物的晃动或位置的偏离而影响称重效果。

操作系统方便。称重过程中无须布设前端系统，可直接安装使用，同时通过遥控器无线操作，避免发生意外事件。

使用范围广。从3吨到30吨，可随意选择并设置。根据不同的超重设备，还分别配置了不同的配套感知系统，便于安装和使用。

无锡中院副院长蒋飞说："运用物联网智能称重系统，一次起吊过程就完成标的物的称重，一次称重数据的网上反馈就完成处置标的物价值的确定，一次称重过程就完成标的物的搬运和处置，省去诸多环节，大幅降低了对特殊动产处置的工作量，还节约了处置的时间和费用。当然，依托物联网技术促进善意文明执行是新生事物，还有一个发展完善的过程，我们将坚持在使用中完善，在完善中提高。"

执行周刊

执意 执着 执行

各界动态

院长话执行

强化善意文明执行 促进社会和谐稳定

本刊特稿

助力执行，互联网之后物联网来了

《人民法院报》(2021年4月7日)

无锡:增强司法“内力” 提升城市“魅力”

赵 播 何 薇 赵 伟

近两年,江苏无锡紧随上海、广东深圳等地,成为全国范围内营商环境便利度较高的主要城市之一。古老的江南水城焕发出新的生机,法治的力量烘托起一个充满活力的城市。疫情的阴霾正在逐渐消散,希望和机遇在这片土地复苏,无锡的璀璨图景正在一笔一画地勾勒——至 2021 年 10 月,已有超过 2000 亿元投资涌入锡城,上市公司数量已超 170 家。

越来越多的企业关注这座城市,越来越多的人看好这座城市的未来。

力堵“失信漏勺” 稳住营商“基本盘”

诚信是企业发展的基石,也是衡量一个地区营商环境优劣的核心和关键。如何让守信者得“甜头”、失信者有“痛感”,无锡市两级法院对此做了大量司法工作和机制探索。

庭审中的虚假陈述、恶意诉讼等行为不仅损害公平竞争的市场环境,也会妨碍社会信用体系的构建。为了保住诚信这一无形资产和金字招牌,无锡法院在庭审甄别辨假、加强查处力度方面做了大量工作。2019 年 7 月,浙江一装饰公司严重违反诚实信用原则,在一审、二审期间多次作虚假陈述,无锡市中级人民法院对其开出了 30 万元的“罚单”。

据统计,近三年来,无锡法院已对 100 余起涉企业虚假陈述、恶意诉讼等行为进行了处罚,并向司法局、律师事务所等部门发送加强律师管理、杜绝虚假陈述的司法建议,诉讼欺诈行为得到有效遏制。

“法官,我知错了。我愿意分期付款,请把我移出失信名单吧。”

李某是无锡某纺织机械公司的法定代表人,因有履行能力而拒不履行还款义务,于 2021 年 9 月被法院依法纳入失信被执行人名单。李某的儿子正在读高三,本准备报考军事院校,却因为父亲的行为无法通过学校的政治审查。了解到自己的“赖债”行为给儿子带来巨大的负面影响后,李某十分懊悔,主动联系法官要求分期付款,并如约还清了所有欠款。

近年来,无锡法院改变法院一家“单打独斗”的工作策略,先后与 11 家银行及公安、不动产、公积金等单位建立财产查控网络，与国税局、教育局、旅游局等18家单位联合出台规范性文件，精心织构出“一处失信、处处受限”的信用联合惩戒格局。

力破“融资瓶颈” 打通企业“血脉”

对企业来说，资金就是血脉，也是企业的“命门”和“死穴”。

2020年冬，正是供电送热的吃紧关头，江阴一热电厂却因银行账户被冻结，无法购买煤炭等原材料继续发电供热。该热电厂位于江阴临港经济开发区石化新材料产业园，是园区唯一的热电联产热源点，承担着42家企业的蒸汽供应。此前，因受母公司经营影响，热电厂深陷债务危机，并被法院依法冻结了所有银行账户。

“一旦该企业停产停气，将严重影响园区相关化工企业的正常生产秩序……请贵院对涉该企业账户予以解冻。”事关地方行业生产，江阴市政府发来了求助函。

“该热电厂具有公益性质，如何在保障银行利益的前提下，又为企业预留必要的流动资金和账户往来，最大限度降低对企业正常生产经营活动的不利影响，是最大的难题。”该案承办法官、无锡中院金融庭法官贾建中坦言。

面对这一紧急而特殊的情况，贾建中与合议庭的成员进行了集体讨论，并多次召集会商，本着既要平衡好各方利益，又要解决好融资和发展矛盾关系的原则，最终拿出了一个使各方都接受的解决方案：法院对账户予以解封，企业承诺账户资金专用于支付工人工资、购买原材料等日常生产经营，银行和地方政府对该账户进行共同监管。账户“活查封”既盘活了企业，又解决了纠纷，体现了法律的温度和司法的智慧。

近几年，无锡法院在破解企业融资难问题上“绞尽脑汁”。早在2019年，无锡中院就开始引入物联网思维，在企业资产的有效出质上进行大胆探索。2020年，无锡中院与无锡物联网产业研究院签署《物联网技术司法应用战略合作框架协议》，共同研发物联网技术的司法应用。2020年底，无锡中院正式出台《关于促进物联网金融健康发展的指导意见》，借助物联网强大功能，在网上动态监管出质和被查封财产，“网出质”和“活查封”应运而生。

“通过物联网技术实现对质物的监管和公示，既能保障银行的金融债权，又能保证企业对资产的使用权，有助于中小微企业融资和运行，避免了‘诉讼困企’的不良影响。”无锡中院金融庭副庭长徐冰介绍道。

力解“劳资烦扰” 盘活“人才市场”

“全心全意小天鹅”是消费者耳熟能详的广告词。小天鹅公司是一家以高新科技为导向的家电企业,对于公司而言,高新技术的商业机密关系企业命脉,是它们得以开拓市场、竞争客源的重要筹码,故而对高级技术人才的管理与约束尤为重要。

2021 年 5 月,无锡中院开庭审理了无锡小天鹅公司与该公司原员工龚某的竞业限制协议纠纷。如何厘清这起较为复杂且极具典型意义的劳资纠纷案件中的责任归属与行为性质,关系到劳资双方合理合法权益、公司商业机密的保障等诸多问题。

无锡中院劳争庭法官在仔细研读此案先前的劳动仲裁、一审判决的基础上,对竞业竞争协议框定范围、案件证据、时间线索等进行严密梳理,认定一审判决合法合理,龚某确有违反协议的行为存在,确已对小天鹅公司造成损失,一审判罚的额度也较为合理。同时驳回了小天鹅公司进一步要求龚某赔偿违反保密协议的主张,避免了对龚某行为的重复评价。这起历经劳动仲裁、一审诉讼、二审上诉的纠纷,终于尘埃落定。

近年来,随着企业由高速增长向高质量发展转型,因竞业协议引发的诉讼逐年增多。面对这一痛点,无锡法院主动对接企业,走访调研了解情况,并联合市工商联、市总工会等多家单位给出依法用工、化解矛盾的建议。同时,结合典型案例以案说法,向受访企业发放劳动争议典型案例宣传手册,力求探索出令用人单位和劳动者由事后维权转向事先预防的“法企同行”道路。

新冠肺炎疫情给各行各业的用工带来了不便,“共享员工”这一新型用工模式依靠相互借用员工缓解用工紧张难题,节约用工成本,在企业中逐渐盛行。该模式是无锡企业应对劳动力不足的创新点、活力点,也是无锡法院解决劳资争议的关注点、着力点。新模式的诞生必然会出现一些劳资纠纷新问题,譬如工伤责任单位认定、员工与新单位发生矛盾时如何调解等,不少法律风险和纠纷隐患亟待解决。

对此,无锡法院法官们选择主动出击,既“坐堂”问案,治已有之病,又“进网格”解困,医未显之疾。无锡中院劳争庭法官了解到一些企业为“共享员工”附带的法律风险和难题犯愁,迅速进行了有针对性的研究,拿出了切实有效的解决方法,为企业提出防范“共享员工”新模式法律风险的建议,给企业解除了风险和心结。

力惩“知产窃贼” 守护创新“动力源”

“公正高效的法治环境给企业带来了活力,也给无锡吸引投资增添了魅力。”无锡奥特维科技有限公司董事长葛志勇带着公司成功上市的喜悦,说出了心里话。

奥特维公司是无锡一家高端智能设备生产商,企业创立之初就遭遇巨大危机,生产的太阳能电池串焊设备被诉侵犯他人专利权。

“经过严格的技术特征比对,可以认定被控侵权产品未落入涉案专利要求的保护范围,奥特维公司不构成专利权侵犯。”无锡中院一审判决奥特维胜诉,原告先后提起上诉和申诉,但最终仍旧维持原判。此番过后,奥特维公司更加重视技术创新和产权保护,目前已通过自主研发掌握十余项核心技术,累计取得专利591项,并于2020年5月成功上市。

专利技术是企业独享的创新成果,仅2020年,无锡全市专利授权量达到6万余件,同比增长58.35%。面对巨大的知识产权保护需求,无锡法院积聚内力,全方位服务企业,为企业创新提供强有力的法律支持。

“生了孩子却随别人的姓。”这是企业最不愿意看到的事情。

江苏中讯数码电子有限公司是华东地区最大的通讯终端设备制造企业,也一直是全球酒店电话机知名品牌TELEMATRIX的代工商。该电话机品牌商标早年间被某公司抢注,该公司还以拥有TELEMATRIX在国内的商标权为由,向法院起诉中讯公司侵权。一系列操作使得中讯公司遭受巨大打击,不仅失去了与大品牌的代工合作,公司声誉更是受到严重影响。

2016年4月,中讯公司正式向无锡中院起诉,控告某公司恶意提起知识产权诉讼,应赔偿其经济损失,并在全国性媒体上刊登声明消除影响。此案历经一审、二审,最终法院认定某公司恶意取得商标权后提起诉讼的行为构成恶意诉讼,应承担赔偿责任。

诉讼期间,中讯公司一度陷入恐慌,技术人才和众多客户也开始观望,上升势头严重受挫。为了避免企业“赢了官司,输了市场”,无锡中院以“服务万家企业”专项行动为契机,主动进企释法,给企业吃了“定心丸”,留住了技术人才,打消了客户的顾虑,使企业运行回归正常。

近年来,无锡法院还陆续推出“问需于企”专题调研、“服务万家企业”送法上门、“双月谈”法企座谈会等举措,让知产保护出现在企业最需要的时候。为更好地服务企业，助力解决关键技术受制于人等问题，2021 年 3 月，无锡中院发布《关于服务和保障太湖湾科创带建设的意见（试行）》，拿出了十项对科创企业知识产权进行立体保护的措施，力挺企业创新。

无锡物联网产业研究院院长、感知集团董事长刘海涛感慨道：“这里有着品牌保护的司法软实力，让我们众多科技型企业投资更放心、创业更安心。”

近三年来，无锡法院妥善审理涉企知识产权纠纷数百件，其中适用惩罚性赔偿案件 10 件，最高判赔 290 万元；通过刑事审判没收违法所得 825 万元，判处罚金超 8000 万元，有力保护了企业的创新力。

司法“内力”成为无锡的软实力，增添了无锡营商“魅力”。成体系成规模的优化法治化营商环境“组合拳”已经就绪，无锡这座太湖之滨的科创名城未来值得期待。

《人民法院报》（2022 年 1 月 24 日）

无锡梁溪：打造优化营商环境的全生态模式

苟连静

工商基因，无锡传承。梁溪区位于江苏省无锡市中心，是江苏省唯一的商贸流通创新发展示范区。近年来，梁溪区人民法院充分发挥审判职能作用，紧紧锚定高质量发展持续发力，通过“祛病痛”“除障碍”“治未病”，为每一个民商事案件中的民营企业提供法治养分，滋养出助推民营经济健康发展的公平、透明、可预期的法治环境，良性循环的营商环境全生态模式雏形初显。

“祛病痛”：推进“腾笼换鸟”激发市场活力

不破不立。顺应竞争法则，畅通市场退出机制，是梁溪区法院民二庭经常需要面对的课题。在这个过程中，如何确保资产处置高效规范，同时兼顾社会利益，是对法官们裁判智慧的挑战。

“公司经营期限届满，我们大家都同意清算，但清算组一直拖延清算！”因大小股东间矛盾尖锐，小股东朱某等 7 人联合向梁溪区法院提出申请，请求对资产高达上亿元的禾嘉置业发展有限公司进行司法强制清算。

承办法官罗扬对禾嘉公司进行情况摸底后发现，禾嘉公司的全资子公司有大量未分配利润和往来款，如果采用常规清算方式，比如由子公司自行清算，由于流程烦琐，势必影响母公司的清算计划；如果整体挂网拍卖，则不利于母公司最大限度收回投资款，不利于充分保护母公司的权益。

与此同时，子公司是一家房地产开发企业，具备相关资质，声誉较好，有一定的壳价值，而一旦启动自动清算径行注销，不仅浪费资源，而且后续如果出现已售商品房的质量问题，不利于保护业主权益。

“子公司是陷入困境但有社会价值的市场主体，我们要充分发挥审判对市场主体的救治功能。”经法官专业会议集体讨论，法院最终提出了创新的解决思路：先减资，后拍卖。

在法院的指导下，清算组对子公司依法进行利润分配、减资，收回款项 1500 余万元，提高了禾嘉公司的资产处置效率，最大限度照顾了禾嘉公司的股东利益。

同时,以拍卖股权、保留原壳的方式处置子公司。购买人将其更名为一家房地产服务咨询公司,市场资源得以盘活,业主利益得到保障。

梁溪区法院副院长郁宝根表示,因种种原因,部分企业虽“宕机”已久,却迟迟不清理债权债务,无法退出市场盘活资产。这些“僵尸企业”各有各的症结,需要法官精准把脉,开具个性化药方。

无锡市双河装潢包装纸箱厂是一家股份合作制企业,已久不经营,资产不明。2020 年 7 月,股东们协商一致,决议解散双河厂,并向法院申请强制清算。事实上,股份合作制企业既不是公司又不是合伙企业,通常不适用公司法和合伙企业法。但如果对此类企业的法律难题不管不问,就不能为其打通依法退出市场的司法救济渠道。为化解“僵尸企业”退市难的问题,经研判,梁溪区法院决定对此案突破性地参照适用公司法进行处理,对双河厂的清算申请予以受理。

破产清算的过程中,需要保障资金安全。2021 年 10 月 14 日,梁溪区法院“金睛监管项目”正式启动。民二庭庭长汤然介绍,借助银行开发的企业资金管理平台 App,法官可对破产案件专用账户进行“零时差”监管,确保破产企业资金严格管理、使用规范,助推破产案件高质量审结。

梁溪区法院成立以来,坚持高点定位、一案一策,充分发挥破产审判职能,成功推动 52 家落后企业完成破产清算有序退出市场,及时结清各类债权 33. 49 亿元;发挥司法拯救功能,促进困境企业重整再生,盘活资产 3. 86 亿元,两家企业重获新生。

“除障碍”:优化内外微环境助力轻装上阵

企业是经济的基本细胞,企业兴则经济兴。但一些企业由于内部微循环不顺畅,股东之间冲突不断,给企业的运转带来负面影响。股东纠纷诉至法院后,法官如果能巧手除障碍,则可以助推企业行稳致远。

股东知情权是最常引发纷争的缘由,“我要查账”是很多股东要求实现的权利。我国现有法律规定,股东有权查阅、复制财务会计报告,可以查阅会计账簿,但是查看的边界在哪里?对于会计凭证,股东是否有权利看、能否带专业会计人员一起看,在实践中存有争议。

2021 年 10 月 22 日，民二庭副庭长莫燕对一起股东知情权案件进行宣判，认定会计凭证是会计账簿的重要组成部分，股东有权查看。“公司和股东之间的权利义务是需要平衡的。”有着 17 年丰富商事审判经验的莫燕，对于如何精准拿捏这之间的尺度，已经摸索出了一整套评断标尺。

“让股东知道公司的实际经营状况、实时经营状态，有利于他们凝心聚力，跟公司同呼吸共命运。但很多股东并非专业管理者，对于公司的长远规划、战略发展，还是要信任公司的掌舵者。”商事案件判决后，法官们往往还会“护一程”，对公司进行回访，帮助打开股东心结，捋顺股东的心气儿，让大家心往一处想，劲往一处使。

当股东、拿分红，是很多人的美好向往，但事实上并不常如愿。“股权”转让了，钱却没拿到，徐某为此焦急上火。徐某向一家科技有限公司投资 200 万元，自认为已经是拥有 10% 股权的股东，一年后，徐某将这 10% 的股权作价 200 万元转让给该公司法定代表人宋某，没想到，宋某不付款，无奈成讼。

主审法官经过审理发现，徐某的 200 万元确实汇到公司账上了，但公司因内部原因，未能完成增资扩股，徐某实际上并没有取得公司股权，公司应该返还款项。法院判定，宋某作为法定代表人以及 200 万元投资款的实际使用支配者，应代表公司返还。

“尽心尽责，为民解忧。”2021 年 9 月 14 日下午，徐某向梁溪区法院送来锦旗，感谢主审法官在这起股权转让纠纷案中，准确认定案涉款项性质，高效率、高质量地审理案件，有效维护投资人的合法权益。

依法平等保护各类市场主体，是优化营商环境的重要目标，哪怕只是一笔 0. 44 元引发的纠纷，梁溪区法院法官依然坚持抽丝剥茧、去伪存真。

2021 年 1 月，市民小余在一家火锅店消费 357. 56 元，结账时店家“四舍五入”按照 358 元收费。小余认为店家多收了 0. 44 元，涉嫌价格欺诈，几次协商未果，诉至法院要求退一赔三。承办法官张国元认为，店家提供的结算小票写明了具体金额，而且“四舍五入”有亏有赢，不属于欺诈，遂判决火锅店退返 0. 44 元。

疫情给诸多行业造成巨大冲击，许多市场主体面临发展困境，法院在现有法律框架内，用公平公正的判决为市场主体保驾护航，同时，也通过案件的释法说理，强化企业依法合规经营意识。

为依法保障胜诉企业的合法权益,梁溪区法院组织开展"使命2021—初夏""使命2021—雷霆"等专项执行活动,执结金融案件1564件,实际执行到位金额3.19亿元;执结双方互为企业案件107件,实际执行到位金额844.31万元;推进执转破工作,移送破产审查案件20件,涉及执行案件164件。

星星之火,可以燎原。法院依法公正高效审理和执行的每一个民商事案件,都是点点法治之光,它们交相辉映,为各类市场主体提供更高水平司法服务和平等司法保护,促进法治观念立起来、法治民企建起来、营商环境靓起来。

"治未病":普法送法滋养法治基因

近年来,梁溪区法院充分发挥普法宣传工作优势,贯彻落实"谁执法谁普法"普法责任制要求,站稳人民立场,结合"五进五必访""我为群众办实事"等实践活动,将法治养分源源不断地向公众输出。

"保证合同中对保证方式没有约定,该承担什么责任?"2020年7月28日,在梁溪区智慧大厦,20余名租户与法官进行法律互动,结合典型案例,现场一问一答,"接地气"地普法让现场气氛很是活跃。

据统计,梁溪区全口径税收超亿元楼宇达10幢、超千万元楼宇达70幢。针对繁荣的楼宇经济特点,梁溪区法院多次组织法官开展类似的送法进楼宇活动。

为了有的放矢、雪中送炭,法官们提前制作课程"菜单"以供选择,从"讲什么听什么"的传统模式,转变为"缺什么补什么",为不同职业和岗位的人群提供特色"菜单",实现精准普法。主讲法官们还根据集中需求整理出《民法典合同编十大亮点解析》,具有很强的针对性和指导性,受到热烈追捧。

把矛盾化解阵地前移到企业门前,推动诉源治理,是梁溪区法院助力优化法治化营商环境的又一创新举措。2021年9月30日,梁溪区法院第19个"党建+网格审务工作站"在家艺小镇启动,作为建在企业门前的审务工作站,将零距离解决企业的痛点、难点、堵点问题。

家艺小镇是家居建材市场聚集地,周边汇集了众多知名家居品牌企业,同时是消费者权益纠纷、劳动者权益纠纷的集中爆发点。在同日举行的法治化营商环境专项调研座谈会上,多名企业代表就对审务工作站的设立报以极大的热情。

梁溪区法院立案庭庭长陆杰介绍，建立审务工作站后，法官主动下市场进企业，通过送法上门、巡回法庭等方式，及时解决难题、化解纠纷，既打击不良主体弄虚作假、恶意串通、假冒伪劣、以次充好等不法行为，又支持正当市场主体的合法请求，从而推动企业在法治轨道上健康发展。

在审务工作站内，有先进的远程视频调解设备，能实现线上即时咨询和纠纷调解，有多年民商事审判经验的无锡市“十佳法官”刘坚，也有“全国人民调解能手”费建兴，梁溪区委政法委和梁溪区法院集中最优质的人力物力资源，致力于将其打造为“营商环境政法品牌”。

法周刊

法眼 法度 法魂

2022年2月15日

法治热点

一吐为快

和小张的三次对话

本刊特稿

无锡梁溪：打造优化营商环境的全生态模式

清退诉讼费有感

对话新闻当事人

优化营商环境 服务长远发展

《人民法院报》(2022 年 2 月 15 日)

借力大数据，诚信建设快“码”加鞭

郑卫平　李思红　闵仕君

江苏无锡自古就是鱼米之乡，被誉为“太湖明珠”，现在，它又有了一张新的城市名片，那就是“物联网之都”。

近年来，无锡法院借助“物联网之都”的优势，充分运用大数据、人工智能等现代信息技术，借鉴疫情防控中“健康码”，研发上线“被执行人履行能力大数据智能分析系统”“被执行人信用码查询系统”（以下简称信用码系统），充分发挥执行大数据功能，坚持正向激励和反向惩戒相结合，探索出了一条“切实解决执行难”与社会信用体系建设双向融合、双向促进的新路子。今年3月，信用码系统被江苏省社会信用体系建设领导小组评为江苏省社会信用体系建设工作创新项目，并被江苏省公共信用信息中心在全省推广。

“码上查询”：一体化展示信用“底色”

今年3月9日，一名中年男子脸色沉重地走进了无锡市梁溪区人民法院执行局。中年男子姓刘，显得有些疲惫和憔悴。法官吴迎春拉把椅子让刘某坐下，他对刘某的到来先是有些诧异，很快又感到这是意料中的事。

之所以诧异，是因为刘某曾当过“老赖”。张某系瓷砖供应商，刘某因家中装修需要向张某采购瓷砖，因瓷砖色差问题，刘某与装修公司发生争议，并拒绝支付张某剩余瓷砖货款。后张某诉至梁溪区法院，法院判决刘某向张某支付剩余货款。法院判决生效后刘某未按照生效判决履行义务，张某遂向法院申请强制执行。案件立案后，梁溪区法院于2月初向刘某送达了执行通知书及权利义务告知书等，及时告知了刘某信用码的规则和信用惩戒的后果，督促其及时履行义务，并给予了一定的履行期限，此间刘某的信用码转为绿码。刘某收到法院相关通知后置之不理，未主动履行还款义务。

吴迎春之所以感到是意料中的事，是因为刘某在三番五次不履行生效法律文书确定的义务后，他的信用码转为黄码。刘某很快得知，黄码将对其生活及出行等产生诸多不利影响，这下，他不淡定了，很快就赶到了法院。

刘某这次到法院一次性履行了还款义务，并向梁溪区法院申请了信用恢复。至此，本案顺利执结完毕。

吴迎春肯定了刘某关注其自身信用状况，积极主动履行生效法律文书确定的义务的行为。

刘某何以从被“追着还”“逼着还”到主动还？无锡市中级人民法院综合协调处处长缪星介绍了无锡中院研发运行的信用码系统的功能。

近年来，无锡中院联合市信用办，依托执行大数据，研发运行信用码系统，通过“红、黄、绿”三色标识码形式，社会公众可以随时随地查询交易对象的信用状况，被执行人也可以查询其自身的信用状况。缪星打开手机，进入无锡中院的微信公众号，介绍了该系统的“三精”：

履行力分析重在“精细”。依托中院自行研发的“被执行人履行能力大数据智能分析系统”，全方位查询被执行人银行账户、证券、股权、车辆、房产等主要财产信息以及纳税、信用等级等信息，对被执行人社会关系、资金往来、生活消费等情况进行全方位、精细化分析，综合确定被执行人是否具备履行能力，是否存在转移资产、隐匿财产、规避执行等有违诚信的情况。

信用度界定重在“精准”。在全面分析基础上，客观判定被执行人财产申报情况、履行情况，相应采取不同措施，并利用信息技术手段，自动生成被执行人专属信用二维码和电子信用证明。有执行案件，但未被法院采取强制措施的，显示为绿码；被执行人因不申报财产、申报不实等事由，被法院采取限制高消费措施的，则显示为黄码；被执行人在执行过程中有能力而拒不履行等，被纳入失信被执行人名单的，则显示为红码。

信息化渠道重在“精心”。充分考虑用户体验，精心联通不同的信息化渠道，社会公众可以通过无锡中院微信公众号、诉讼服务网或从无锡智慧法院App以及灵锡App，随时随地用手机查询两级法院执行案件被执行人信用码标识显示情况，通过对查询对象的社会信用情况进行“画像”，为个人社会交往、企业商业交易等活动提供参考。

据缪星介绍，自2021年10月信用码系统上线以来，共有375名被执行人主动到法院履行了生效判决。

“正向激励”：信用修复有渠道

2021年1月，被执行人某建设公司负责人陈某主动找到申请执行人某地基公司，在场的还有无锡中院的王法官。

在某地基公司与某建设公司国内非涉外仲裁裁决一案中，被执行人某建设公司未能按照生效的法律文书向申请执行人支付约70万元的案款，故申请执行人向法院申请强制执行。在执行立案后，法院向被执行人发送有关信用码标识规则以及信用惩戒措施的短信，告知其相关法律法规以及可能产生的后果。

“说实在的，70万元我一下确实拿不出来，但如果你相信我，这钱从现在起我一定分期还，并且愿意加快还款的步伐和加大还款的数额，我可以写还款承诺书。”陈某诚恳地对申请执行人某地基公司负责人孙某说。

孙某很快明白了陈某的意思，遂让陈某写下还款承诺书，陈某马上拿起笔写了起来。孙某拿起写好的承诺书看了看，提了些修改意见，陈某感到修改的内容有些苛刻，但还是接受了。根据陈某的书面申请，执行法院依法解除了相应强制措施，陈某的信用码也从黄码恢复为绿码。

该案执行法官刘晓伟在回顾案件执行过程时表示，社会主义市场经济是信用经济，推动诚信社会建设是优化营商环境的重要手段。信用码系统的上线，无疑为企业评估交易风险提供了重要的参考，同时迫使失信企业主动履行义务，把失信的影响降到最低。因此，信用码系统的上线以及社会信用体系的建设与完善，有利于优化营商环境，助力“切实解决执行难”。在这起涉企业的执行案件中，科学运用信用码的激励功能，让被执行人某建设公司积极还款，同时，黄码及时转绿码，消除对于企业的负面影响。

无锡中院深入贯彻落实善意文明执行理念，联合市信用办制定出台《关于推行全市法院被执行人信用码的实施细则》，为被执行人提供信用修复渠道，引导被执行人守信履约，激励被执行人“造血”再生。无锡中院执行局副局长朱莙详细介绍了有关情况——

实行“信用画像”主动告知。执行立案后，第一时间通过执行通知书、权利义务告知书等方式，将信用码规则和信用惩戒后果等告知被执行人。被执行人信用码转为黄码时，再次通过短信和电话录音形式，向被执行人释明，并告知申请信用修复的条件、程序，督促其主动修复信用。被执行人信用码转为红码时，除进行第三次释明外，法院还将联合社会信用管理部门，共同约谈失信被执行人，督促其积极配合执行。

实行“信用危机”及时修复。被执行人如有积极履行义务的意愿，可以向法院作出信用承诺，法院经审查，且经申请执行人同意的，可以暂停适用信用惩戒措施，将信用码恢复为绿码。被执行人如积极履行义务，或积极配合法院调查、处置财产，可以向法院申请信用修复，法院经审查，符合条件的，修复其信用评价，恢复为绿码。

实行“信用评价”积分增信。被执行人可以通过灵锡 App、信用中国（江苏无锡）网站等渠道，经实名认证，激活、查询个人信用分“阿福分”，并根据平台规则提高“阿福分”，也就是个人信用分。法院将根据执行案件情况，综合考虑个人“阿福分”情况，决定是否暂停或解除信用惩戒措施以及是否修复被执行人信用评价。

据了解，信用码系统上线以来，查询次数 9 万人次，460 名被执行人向法院提出信用恢复，积极主动履行义务金额共计 8750 万余元。

“反向惩戒”：震慑失信行为

在推行信用码机制、激励被执行人主动履行的基础上，对拒不履行义务的失信被执行人，加大强制执行力度，强化震慑效果，让失信被执行人“一处失信、处处受限”，以反向惩戒促进信用体系建设。无锡中院执行局执行实施处处长姚震宇介绍了该院的相关做法。

“共享 + 公开”，形成失信曝光的强大压力。与市信用办加强协作，促进司法大数据与信用数据信息共享融合，全力支持社会信用体系建设。每周向市公共信用信息平台推送失信被执行人名单、每半年推送刑事判决信息等数据。2021 年上线至今，累计推送各类自然人、社会法人基础信息 8 万余条。充分运用中国执行信息公开网、淘宝网、江苏法院诉讼服务网等，公开失信被执行人名单信息、终本案件信息、网络司法拍卖信息等，满足社会公众多渠道了解信用信息需求。

“攻坚 + 直播”，形成打击失信的强大声势。无锡法院长期关注并重点打击拒执犯罪。在无锡市委政法委的牵头下，多次会同市公安局、市检察院召开联席会议，并联合发布《关于敦促被执行人主动履行生效裁判确定义务的通告》，吹响年终岁末打击拒执的“冲锋号”。2021 年，无锡中院发布 4 篇打击拒执犯罪典型案例，有效发挥案例警示和普法教育作用，助推形成遵纪守法、诚实守信的社会风尚。与此同时，开展“使命 2021—雷霆”专项执行行动、“根治欠薪冬季行动”，聚焦涉民生、涉黑恶财产、涉政府涉金融、涉企业四大类案件开展集中攻坚执行，聚焦涉案款物开展专项清理处置。

“监督 + 惩戒”，形成处处受限的强大震慑。2021 年，无锡中院深入贯彻落实中央政法委《关于加强综合治理从源头切实解决执行难问题的意见》，牵头建立由 43 家成员单位组成的联席会议制度，着力构建“资源共享、协作共进”的执行综合治理新格局，与无锡市不动产登记中心、无锡市市场监督管理局、人保无锡公司共同打造协作联动新局面。

借助强化综合治理的东风，无锡中院乘势而上，联合市信用办制定《关于推行全市法院被执行人信用码的实施细则（试行）》，上线信用码系统，以信息化执行手段，丰富和完善“切实解决执行难”长效机制建设，推进法治无锡、信用无锡建设。强化执行联动和失信联合惩戒。商请市委组织部出台《关于构建干部监督协同工作机制的操作口径（试行）》，建立资格审查机制，在任用党员干部、选举代表委员时，加强对公职人员的信用监督。协助市信用办开发运行“市公共信用信息联合奖惩系统”，市行政审批局将系统嵌入政务管理服务平台，在行政审批、信用评级等方面形成“奖励守信、惩戒失信”的大格局。向市税务局等多个单位定期推送失信被执行人名单，限制失信被执行人享受税收优惠政策、参与土地招拍挂、参加团队旅游等。

2021 年，无锡两级法院执结案件 65,660 件，执结到位金额 171.14 亿元。对被执行人采取罚款、拘传、拘留等强制措施共计 369 人次。开展累计超过 15 小时的强制执行大型网络直播活动，550 余万网友在线观看，营造失信可耻的舆论氛围。

“人无信不立、业无信不兴。无锡法院将继续推进现代信息技术与执行工作深度融合，千方百计激励守信，‘天罗地网’打击失信，为营商环境建设和城市发展增添盎然‘绿色’。”无锡中院党组成员、执行局局长邱必友表示。

执行周刊

执意 执着 执行

各界动态

院长话执行

深入推进执行改革 回应群众司法需求

本刊特稿

借力大数据，诚信建设快“码”加鞭

温情执行护“蕾”成长

《人民法院报》(2022 年 6 月 1 日)

无锡:司法之笔擘画劳资“同心圆”

朱　昊　何　薇　许晓倩

近年来,江苏省无锡市两级法院受理的劳动人事争议案件持续高位运行。2021 年,无锡法院审结劳动争议案件 5308 件,同比上升 17.59%。今年 1 月至 7 月,全市法院新收劳动争议案件 3094 件,创下历史新高。

衡平劳资关系、防范用工风险、优化人才环境……在疫情反复和案件“井喷”的双重压力下,无锡法院进行了一系列探索与努力,大量劳动争议、欠薪纠纷得到稳妥化解,有力保障了无锡地区企业用工稳定、经济活力旺盛,保障了经济社会高质量发展。

协调化解助企业困境中“破局”

结束了收购洽谈,老张总算看到了一线曙光。

两年前,老张管理的公司已经开始走下坡路,碰上疫情,更是雪上加霜。2021 年 9 月,因不堪长期亏损,公司开始拖延员工工资,并于年底通知员工解除劳动合同,理由是“客观情况发生重大变化,致使劳动合同无法履行”。

“都是跟了自己多年的老员工,要不是公司实在没效益了,真的不愿意走这一步。”回想去年冬天,老张红了双眼。

2022 年 1 月 6 日,锡山区仲裁委收到了老张公司 13 名员工的仲裁申请,要求公司支付劳动报酬及赔偿金,共计 80 万元。

仲裁委在仲裁阶段促成 7 个争议较小的案件达成了和解协议,因涉及劳动者较多,仲裁委与锡山区人民法院取得联系,希望通过研判商讨,共同化解纠纷。

锡山区法院民一庭法官邓方媛了解情况后,立即打通了公司代理人的电话,并得到了“愿意积极配合处理劳动纠纷”的承诺。

“我们了解到,当时正好有其他公司表示愿意收购该公司,一旦收购成功,公司面临的债务难题就能得到解决,这为化解该案提供了一个很好的契机。”邓方媛团队随后多次召集用人单位和员工代表进行会谈,反复协商计算工资、佣金、奖金等数额，稳定双方预期。同时，召集调解员对疫情形势和劳资矛盾进行分析，在调解时引导劳动者和用人单位相互理解。

进入审理程序后，法官团队指导用人单位和劳动者填写要素表，有效固定案件基本事实，使案件争议焦点一目了然；庭后，再根据不同当事人的岗位情况和各自诉求进行调解。

经过几个月的努力，原被告双方终于达成了一致意见。5月底，该公司被成功收购，目前处于良性运营阶段。

疫情之下，各行各业都很艰难。在经营跌至冰点的日子里，企业的不同做法上演着世间百态。有些企业尽管经营困难，但是在努力破局。

无锡市中级人民法院副院长杨志钢介绍了另外一起案件。上海某工程公司遭遇开发商拖欠工程款，判决之后仍不履行，为了给农民工发工资，公司负责人邓某不惜高息借款。江阴市人民法院十分关注该案，调解中多次联系双方代理人交换意见，并协调双方代理人到庭进行和解，最终帮助邓某顺利拿到了被拖欠的1017万元工程款，100余名民工的工资发放到位。资金及时注入，人员原地坚守，也让这家企业渡过难关，实现了全面复工。

"虽然疫情对用人单位和劳动者均造成了一定的影响，企业善待员工，员工也会善待企业。法院在审理时要兼顾保护劳动者合法权益与保障企业健康发展，通过'双保护'，争取变'两难'为'双赢'。"杨志钢说。

面对新情况新问题，无锡法院开展"法企同行""千名法官进网格""送法进企业解难题促发展"等活动，法官们主动融入基层，推动矛盾化解关口前移，从源头上预防和减少劳动争议。

新吴区人民法院将劳动争议调解室设在了当地商会，提供"家门口"的解纷服务；梁溪区人民法院联合相关部门协同设立"梁溪区总工会驻梁溪区人民法院职工法律援助站"，自2020年以来调解案件700余起……这些举措稳定了劳动者队伍，有力缓解了企业的"劳资烦扰"。

规范管理激励灵活用工新模式

2021年11月25日，在无锡中院第十五法庭，劳动争议庭法官张亚静现场宣判一起欠薪纠纷案，要求涉案酒店按期向劳动者支付工资差额。

"酒店因疫情停业3个月，钱没赚到，还得付员工工资。"老板陈女士委屈地走出法庭。

留心到陈女士的表情，在陈女士临走时，张亚静特意对她说：“给您一份企业用工法律风险提示，里面涵盖了各种用工管理问题，请您回去多了解了解。”

在给陈女士的这份“用工法律风险清单”上，张亚静着重标注了第25条：企业因疫情原因停工停产，在一个工资支付周期内应按劳动合同规定的标准支付职工工资；超过一个工资支付周期的，若职工没有提供正常劳动，企业应当发放生活费，生活费标准按照不低于最低工资标准的80%计算。

“疫情期间易发生欠薪案件，如果能及时将该风险点告知企业，能很大程度上避免此类案件的发生和再发生。”张亚静说。

据了解，自2020年疫情暴发以来，无锡法院先后近百次向辖区500余家企业发送了《企业用工法律风险提示》。

张亚静介绍，由无锡中院制作的《企业用工法律风险提示》涵盖劳动合同订立、劳动合同履行与变更、劳动合同解除与终止等内容，“因疫情防控措施导致劳动者无法按时返岗，是否算旷工”“疫情期间如何依法支付劳动者工资报酬”等社会关注的涉疫情劳动关系问题在提示中都有体现。

无锡中院还配套制作了《企业用工管理指引手册》《疫情防控期间劳动争议纠纷相关问题政策梳理》《劳动争议典型案例宣传手册》等，帮助用人单位依法用工、化解劳资矛盾解决纠纷。

疫情对企业用工带来了极大的不便，这种情况下，企业间依靠相互借用员工缓解用工紧张、节约用工成本，由此衍生出“共享员工”这一新型用工模式。

“共享员工”这一新兴模式很快被无锡地区不少企业推崇效仿，“这一模式中，工伤责任单位如何认定？员工与新单位发生矛盾时该如何处理呢？”无锡法院法官深入企业走访时，了解到一些企业正为“共享员工”带来的法律风险和难题犯愁，便迅速进行了针对性的研究，制定出防范“共享员工”新模式法律风险的4条建议提示，建议包括：借出单位不得以营利为目的借出员工，借出单位需承担向员工支付工资、代扣代缴个人所得税并为其缴纳社会保险和住房公积金的法定义务等，帮助企业预防和化解了经营风险。

目前在无锡地区，云海肴、探鱼等餐饮企业，以及网约车、外卖员、手艺工人等达成了“共享员工”合作。无锡健鼎电子公司也通过这种方式缓解了因疫情带来的用工难题。

谈到无锡法院的司法作为，中国民营经济国际合作商会会长，红豆集团有限公司党委书记、董事局主席周海江表示，疫情之下，法官主动服务企业，体现了司法的能动性，良法善治更能体现司法的智慧和关怀。

力践人才和科技型企业权益“平衡保护”

盛夏时节的官林，到处都是工人们忙碌的身影，一排排线缆在货车上整齐地排列着，准备运往全国各地。宜兴市官林镇是国内最大的电线电缆产业集群，拥有线缆行业技术工人7000余人，2021年产值超670亿元。

宜兴电线电缆企业联合会会长宗国平介绍，宜兴市人民法院官林人民法庭为他们“量身”打造了企业用工管理制度，“企业的技术人才一个也没有流失”。

人才是企业持续发展的血脉。常态化疫情防控下，规范企业用工管理，让技术技能型人才留得住、用得好，安心科技创新发展，对于高质量发展中的经济社会，寻找问题的解决之道迫在眉睫。

今年3月，无锡中院牵头推动的“深化科技型企业劳动人事争议调裁审一体化”项目获省两办立项，5月，无锡中院联合市人社局、市总工会、市工商联发布《关于深化科技型企业劳动人事争议“调裁审一体化”工作积极推进新时代人才强市建设的实施意见》，推出18条举措，建立健全符合科技型企业人事争议特点的纠纷预防化解机制。

该意见出台不久，惠山区法院驻惠山区φ+国际人才社区科技型企业劳动争议巡回审判点正式成立。平台集调解、仲裁、审判“三位一体”，是专门为科技型企业打造的劳动争议多元化解平台。

“不同于一般的劳资纠纷涉及金额小、影响可控，科技型企业劳动人事争议，此类纠纷涉及高级管理人员和企业核心技术，处理不妥对双方当事人来说可能会‘伤筋动骨’。”无锡中院劳动争议庭法官姜丽丽谈道，为此，该意见特别强调全流程贯穿协商、调解，最大程度钝化矛盾。

无锡著名民营企业小天鹅电器有限公司力克疫情影响，今年上半年实现了利润稳中有增，上升势头明显。该公司法务负责人余辉感触很深：“这与法院和劳动部门的联合保护密不可分。当前，公司的用工模式规范合理，人才流失率也比较低。”

疫情期间，无锡法院联合劳动监察队、仲裁院等部门，多次走访小天鹅公